国富论 Econexplorer
探究国民财富的奥秘

山东半岛蓝色经济区发展报告2015

黄少安 李增刚◎主编

GUANGXI NORMAL UNIVERSITY PRESS
广西师范大学出版社
·桂林·

山东半岛蓝色经济区发展报告. 2015
SHANDONG BANDAO LANSE JINGJIQU FAZHAN BAOGAO

图书在版编目（CIP）数据

山东半岛蓝色经济区发展报告. 2015 / 黄少安，李增刚主编. —桂林：广西师范大学出版社，2016.5
ISBN 978-7-5495-8180-1

Ⅰ. ①山… Ⅱ. ①黄…②李… Ⅲ. ①山东半岛—沿海经济—经济发展—研究报告—2015 Ⅳ. ①F127.52

中国版本图书馆 CIP 数据核字（2016）第 100726 号

广西师范大学出版社出版发行
（广西桂林市中华路 22 号　邮政编码：541001
网址：http://www.bbtpress.com）
出版人：张艺兵
全国新华书店经销
山东新华印务有限责任公司印刷
（山东省济南市高新区世纪大道 2366 号　邮政编码：250104）
开本：787 mm × 1 020 mm　1/16
印张：22.75　　字数：300 千字
2016 年 5 月第 1 版　　2016 年 5 月第 1 次印刷
定价：58. 00 元

序言

韩寓群
（山东省人民政府原省长，山东大学山东发展研究院理事长、院长）

自《山东半岛蓝色经济区发展规划》获批以来，山东半岛蓝色经济区经济社会各项事业取得了全面发展，尤其是海洋经济取得了飞速发展。2014年，山东半岛蓝色经济区生产总值达到2.77万亿元，增长8.9%，对山东省经济增长的贡献率达到46.0%。这表明，山东半岛蓝色经济区不仅经济增长率高于全省，而且对山东省经济增长的贡献也是最大的。

2014年和2015年，《中韩自由贸易协定》和“一带一路”战略不仅是全国对外开放的重要内容，更是对山东省具有重要意义的大事。山东省是中国离韩国最近的省份。从20世纪80年代开始，山东省就与韩国进行贸易，韩国从1988年开始就到山东进行投资。目前，韩国是仅次于中国香港地区的山东省第二大外商直接投资来源地，是仅次于美国的山东省第二大贸易伙伴，是山东省接待外国游客最多的来源地；从全国各省与韩国的对外经贸额来看，山东省是最大的。这表明，山东省和韩国经贸关系密切，《中韩自由贸易协定》将会对山东省、对山东半岛蓝色经济区产生重要影响。“一带一路”战略是国家对外开放的重要举措。“一带一路”沿线有很多国家，山东省与这些国家经贸关系很密切，特别是东盟。从进出口的角度看，山东省与“一带一路”沿线国家的贸易额占山东省对外贸易额的25%。“一带一路”沿线国家还是山东省对外直接投资的主要目的地。所以，要好好研究山东省、山东半岛蓝色经济区融入、参与“一带一路”战略的问题。2015年的《山东半岛蓝色经济区发展报告》的专题报告部分，分别研究了这两个问题，很有意义。

我相信，山东大学经济研究院黄少安教授、山东大学经济研究院李增刚教授主编的《山东半岛蓝色经济区发展报告（2015）》将为山东半岛蓝色经济区建设提出有针对性的政策建议，为推动山东半岛蓝色经济区建设、推动山东省海洋经济发展乃至全国海洋经济发展做出重要贡献。

内容简介

《山东半岛蓝色经济区发展报告（2015）》包括年度报告和专题报告两大部分，共六章。年度报告对山东省半岛蓝色经济区规划主体区各地市的经济社会发展总体情况，三次产业发展情况，投资、贸易和金融发展情况，人民生活和科技发展情况进行了总结。专题报告有两个，分别研究了《中韩自由贸易协定》与山东半岛蓝色经济区建设和“一带一路”战略与山东半岛蓝色经济区建设的问题。

第一章“2014年山东半岛蓝色经济区经济社会发展情况”围绕山东半岛蓝色经济区规划主体区的地区生产总值及其增长率、海洋经济产值及其增长率、三次产业结构、财政收入与支出、物价水平等方面进行总结，并对山东半岛蓝色经济区规划主体区各地市2006年至2014年的经济社会发展情况进行了纵向比较，对山东半岛蓝色经济区规划主体区和规划联动区进行了横向比较。

第二章“2014年山东半岛蓝色经济区产业发展报告”对山东半岛蓝色经济区规划主体区农林牧渔业及工业与建筑业的产业发展情况进行了总结，并与山东半岛蓝色经济区规划联动区的发展情况进行了横向比较，对2006年至2014年的发展情况进行了纵向比较。

第三章“2014年山东半岛蓝色经济区固定资产投资、贸易和金融发展报告”对山东半岛蓝色经济区规划主体区的固定资产投资、国内外贸易、利用外资和金融业发展情况进行了总结，并与山东半岛蓝色经济区规划联动区的情况进行了横向比较，对2006年至2014年的发展情况进行了纵向比较。

第四章“2014年山东半岛蓝色经济区人民生活与科技发展情况报告”对山东半岛蓝色经济区规划主体区人民收入与支出、恩格尔系数、人均住房情况和科技发展情况进行了总结，并与山东半岛蓝色经济区规划联动区的情况进行了横向比较，对2006年至2014年的发展情况进行了纵向比较。

第五章“《中韩自由贸易协定》与山东半岛蓝色经济区建设”在回顾《中韩自由贸易协定》谈判、签署的过程与主要内容的基础上，分析了中国、山东省和山东半岛蓝色经济区各地市与韩国的贸易、投资、旅游等经贸关系，提出了山东半岛蓝色经济区要进一步抢抓《中韩自由贸易协定》机遇，进一步扩大与韩国经贸往来的政策建议。对政府的建议包括：（1）在山东省层面进行总体规划，明确山东半岛蓝色经济区各地市抢抓《中韩自由贸易协定》机遇的重点方向，避免重复和过度竞争；（2）各地市政府制定抢抓机遇、应对冲击的措施；（3）各地市要加快中韩产业园的建设和规划，打造中韩经贸合作与往来的平台；（4）各地市要加强与韩国经济合作伙伴关系城市和友好城市以及友好合作关系城市的沟通和衔接，至少要与这些城市成为经贸往来密切的伙伴；（5）建立政府主导的多层次的联席会议制度；（6）威海市的开放水平需要进一步提高，争取建成威海自贸区（Free Trade Zone），至少是综合保税区或保税港区。对企业的建议包括：（1）要研究《中韩自由贸易协定》可能对本企业、产业产生的影响；（2）根据韩国经济社会特点、产业特点等选择合适的投资领域；（3）未雨绸缪，人才先行。

第六章“‘一带一路’与山东半岛蓝色经济区建设”主要研究了“一带一路”战略的目标、沿线国家的经济社会情况、沿线国家与中国特别是山东省的经贸往来关系、山东半岛蓝色经济区各地市对“一带一路”战略的反应，指出山东省和山东半岛蓝色经济区抢抓“一带一路”战略的重要性和政策建议：（1）“中央搭台、地方唱戏”，“政府搭台、企业唱戏”；（2）通过自身基础设施建设，成为重要的战略支点和节点城市；（3）通过各种方式，扩大对“一带一路”沿线国家或地区的贸易；（4）扩大对“一带一路”沿线国家或地区的直接投资，转移、消化过剩产能；（5）通过工程承接、劳务派出等扩大与“一带一路”沿线国家或地区的经济合作；（6）利用友好城市、合作城市等关系加强对山东省和各地市的宣传与合作；（7）通过承办或主办等形式举办各种中外论坛、展览会，扩大影响和知名度；（8）预测在“一带一路”沿线国家或地区投资的风险并进行防范。

目录

/第一章/

2014年山东半岛蓝色经济区经济社会发展情况

李增刚 金莉莉*

2014年是山东半岛蓝色经济区规划上升为国家战略的第四年。按照中国共产党“十八大”报告提出的建设“海洋强国”的战略目标，山东半岛蓝色经济区实现了经济社会的全面发展。本章首先对2014年山东半岛蓝色经济区经济社会发展总体情况进行总结，接着对山东半岛蓝色经济区主体区的经济社会发展总体情况，特别是《山东半岛蓝色经济区规划》获得国务院批复前后经济社会发展总体情况进行纵向比较分析，然后对山东半岛蓝色经济区主体区和联动区各地市的经济社会发展情况进行比较，最后在横向比较和纵向比较的基础上总结山东半岛蓝色经济区经济社会总体发展的特征。

第一节 2014年山东半岛蓝色经济区经济社会发展总体情况

本节根据全国、山东省、山东半岛蓝色经济区主体区各地市发布的2014年经济和社会发展统计公报，总结2014年山东半岛蓝色经济区经济社会发展总体情况。

一、山东半岛蓝色经济区的地区生产总值和增长率

2014年，山东半岛蓝色经济区实现生产总值27715.4亿元，比上年增

* 李增刚，经济学博士，山东大学经济研究院教授；金莉莉，山东大学经济研究院硕士研究生。

长 8.9%，[①]对山东省地区经济增长的贡献率达到 46.0%。[②]纵向比较，相对于过去三年山东半岛蓝色经济区的地区增长率有所下降；横向比较，基本上与山东省 8.7% 的增长率持平，略高于全国 7.4% 的增长率；与山东省其他三大经济规划区相比，低于黄河三角洲高效生态经济区和西部经济隆起带，略高于省会城市群经济圈。表 1–1 和图 1–1 给出了 2014 年山东半岛蓝色经济区生产总值、增长率以及纵向和横向比较的情况。

表 1–1 2014 年山东半岛蓝色经济区生产总值和增长率及其比较

2014 年		地区生产总值（亿元）	27715.4
		增长率（%）	8.9
纵向比较	2010 年	地区生产总值（亿元）	18724.9
		增长率（%）	13.3
	2011 年	地区生产总值（亿元）	21395.7
		增长率（%）	14.3
	2012 年	地区生产总值（亿元）	23456.8
		增长率（%）	10.7
	2013 年	地区生产总值（亿元）	25728.8
		增长率（%）	9.7
横向比较（2014年）	山东省	增长率（%）	8.7
	全国	增长率（%）	7.4
	黄三角	地区生产总值（亿元）	8499.8
		增长率（%）	9.1
	省会城市群	地区生产总值（亿元）	20879.3
		增长率（%）	8.7
	西部隆起带	地区生产总值（亿元）	17386.0
		增长率（%）	9.8

数据来源：2010 年、2011 年、2012 年、2013 年和 2014 年的山东省经济和社会发展统计公报、《中华人民共和国 2014 年国民经济和社会发展统计公报》和《山东省统计年鉴（2015）》。

① 来自《山东省统计年鉴（2015）》。
② 来自 2015 年山东省经济和社会发展统计公报。

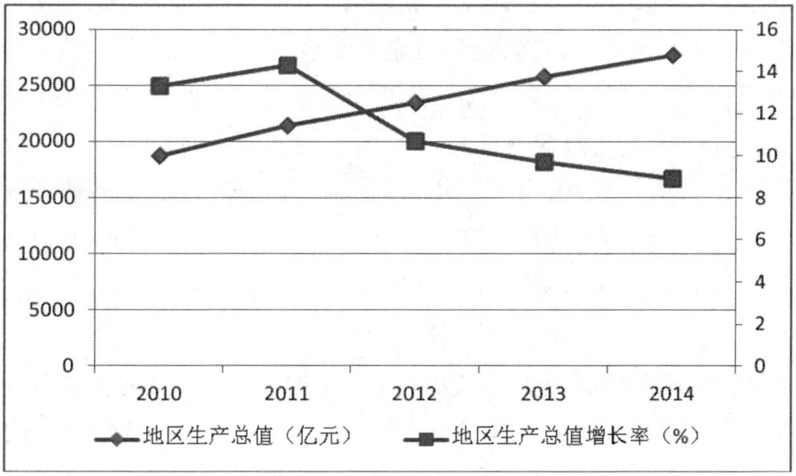

（a）纵向比较

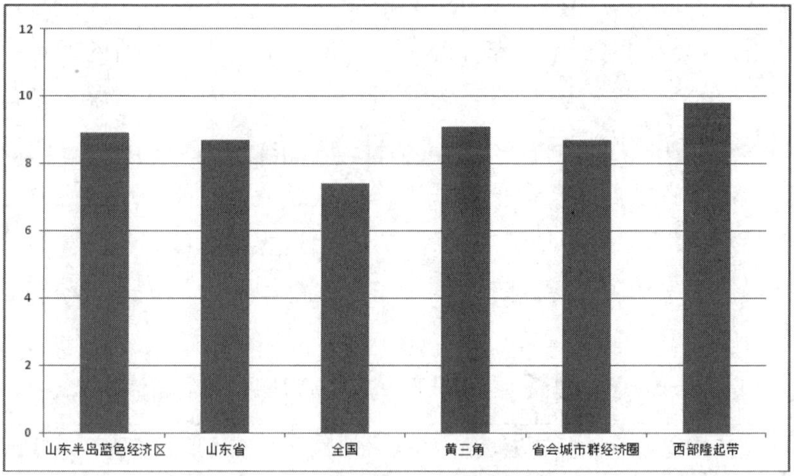

（b）横向比较（%）

数据来源：表 1-1。

图 1-1 2014 年山东半岛蓝色经济区生产总值和增长率及其比较

二、山东省海洋经济产值

由于山东半岛蓝色经济区主体区涵盖了山东省全部海域和临海县市，因此山东省海洋经济产值也就是山东半岛蓝色经济区的海洋经济产值。在2006年至2011年的山东省经济和社会发展统计公报中都有关于海洋经济产值的专门信息，包括海洋经济产值、海洋经济各产业的发展情况，2012、2013、2014年的山东省经济和社会发展统计公报中虽然没有这部分内容，但从其他相关资料中可以查到。根据山东省《政府工作报告》，2012年山东省“海洋经济产值达到9000亿元以上，占全国海洋经济比重18%左右”；根据山东省海洋与渔业2014年工作会议的数据，2013年山东省“海洋生产总值超过1万亿元，比上年增长12%，约占全省地区生产总值的18.1%”[①]。根据山东省海洋与渔业2015年工作会议的数据，2014年，山东省海洋生产总值达1.04万亿元，比上年增长8%以上，约占全省地区生产总值的17.6%[②]。

表1-2和图1-2给出了2006年至2014年间山东省海洋经济总产值、海洋经济总产值的增长率和海洋经济总产值占地区生产总值的比重。从中可以看出，2006年至2014年间，山东省海洋经济总产值从2006年的3000亿元增长到2014年的1万多亿元，增长了2倍多；海洋经济总产值增长率远高于山东省地区生产总值增长率；海洋经济总产值占地区生产总值的比重不断提高，到2014年已经达到17.6%。这表明，山东省海洋经济发展迅速，远快于山东省地区生产总值增长率，整体上山东省海洋经济对地区经济增长的贡献不断提高。

表1-2 山东省海洋经济产值及其占地区生产总值比重

年份	山东省海洋经济产值（亿元）	山东省海洋经济产值增长率（%）	山东省地区生产总值（亿元）	山东省地区生产总值增长率（%）	海洋经济总值占地区生产总值的比重（%）
2006	3002.6	20.6	21900.2	14.7	13.71
2007	3675.2	22.4	25776.9	14.2	14.26

① “2013年山东海洋经济生产总值突破万亿元大关”，http://www.hycfw.com/HotFocus/qq/2014/01/14/163656.html。
② “山东2014年海洋总产值超万亿”，http://www.zgqdlsjj.com/2015/0123/118392.shtml。

续前表

年份	山东省海洋经济产值（亿元）	山东省海洋经济产值增长率（%）	山东省地区生产总值（亿元）	山东省地区生产总值增长率（%）	海洋经济总值占地区生产总值的比重（%）
2008	4415.3	20.1	30933.3	12.0	14.27
2009	5408.4	22.5	33896.7	12.2	16
2010	6808.1	25.3	39169.9	12.3	17.38
2011	7892.9	17.2	45361.9	10.9	17.4
2012	9000	14.0	50013.2	9.8	18
2013	10000	12.0	54684.3	9.6	18.1
2014	10400	8.0	59426.6	8.7	17.6

数据来源：2006 年至 2011 年山东省海洋产业总产值及其增长率来自 2006 年至 2011 年山东省经济和社会发展统计公报；2012 年的海洋经济产值数据来自 2013 年的山东省《政府工作报告》；2013 年的海洋产值数据来自 http://www.hycfw.com/HotFocus/qq/2014/01/14/163656.html；2014 年的海洋产值数据来自 http://www.zgqdlsjj.com/2015/0123/118392.shtml ；2006 年至 2010 年的山东省地区生产总值及其增长率来自 2011 年山东省经济和社会发展统计公报；2011 年至 2014 年山东省地区生产总值及其增长率来自 2014 年山东省经济和社会发展统计公报；2012 年海洋经济产值增长率根据计算得出；海洋产业产值占地区生产总值的比重根据海洋产业总产出与地区生产总值计算得出。

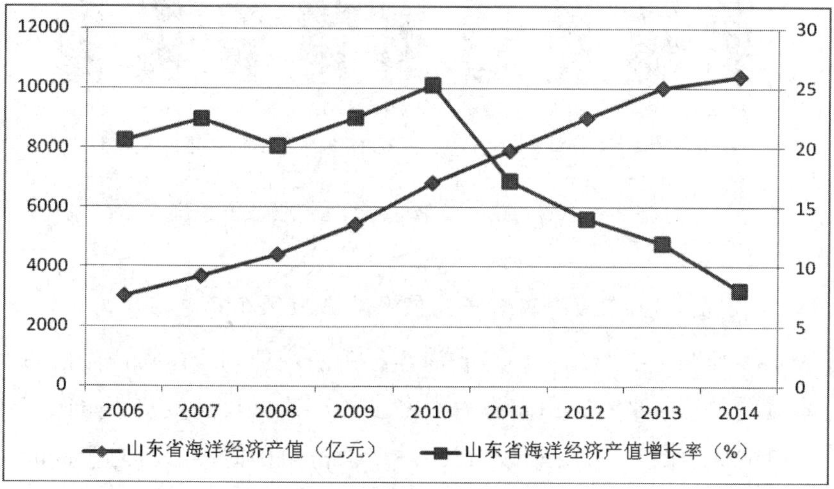

（a）山东省海洋经济产值及其增长率

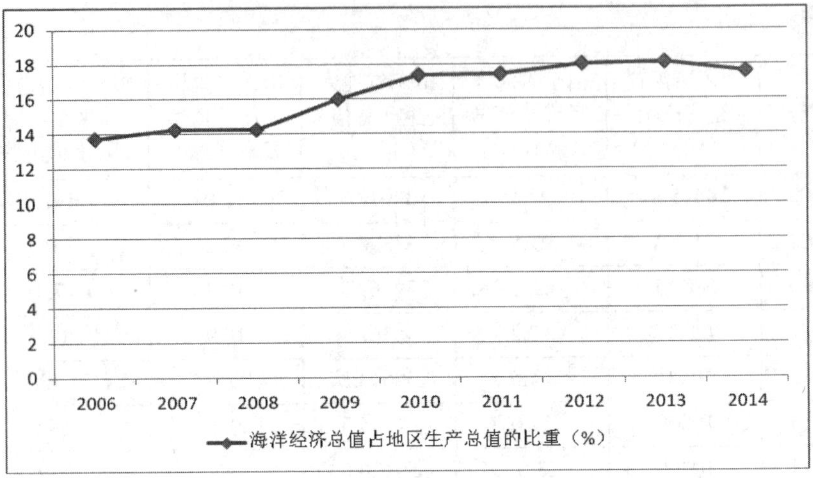

（b）山东省海洋经济总产值占地区生产总值比重（%）

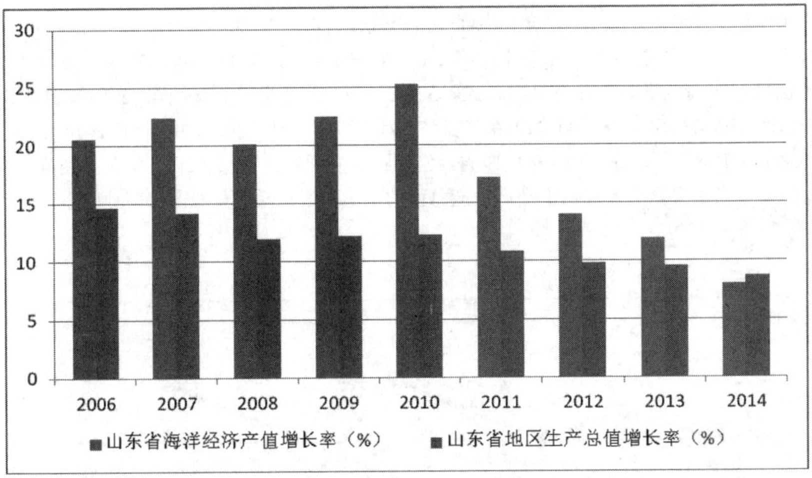

（c）山东省海洋经济总产值增长率与山东省地区生产总值增长率比较

数据来源：表1-2。

图 1-2 山东省海洋经济产值及其占地区生产总值比重

表 1-3 和图 1-3 给出了山东省海洋经济总产值与全国海洋经济总产值的总体情况。总体来看，山东省海洋经济总产值增长速度快于全国海洋经济总产值增长速度，山东省海洋经济总产值占全国海洋经济总产值的比重不断提高。2014 年，山东省海洋经济总产值占全国海洋经济总产值的比重

达到 17.4%。这说明，山东省海洋经济在全国的整体地位不断提高。

表 1-3 山东省海洋经济产值占全国的比重

年份	山东省海洋经济产值（亿元）	山东省海洋经济产值增长率（%）	全国海洋经济总产值（亿元）	全国海洋经济总产值增长率（%）	山东省海洋经济产值占全国海洋经济产值的比重（%）
2006	3002.6	20.6	20958	13.97	14.33
2007	3675.2	22.4	24929	15.1	14.74
2008	4415.3	20.1	29662	11.0	14.89
2009	5408.4	22.5	31964	8.6	16.92
2010	6808.1	25.3	38439	12.8	17.71
2011	7892.9	17.2	45570	10.4	17.32
2012	9000	14.0	50087	7.9	17.97
2013	10000	12.0	54313	7.6	18.41
2014	10400	8.0	59936	7.7	17.4

数据来源：2006 年至 2011 年山东省海洋产业总产值及其增长率来自 2006 年至 2011 年山东省经济和社会发展统计公报；2012 年山东省海洋经济产值数据来自 2013 年的山东省《政府工作报告》；2013 年山东省海洋经济产值来自 http://www.hycfw.com/HotFocus/qq/2014/01/14/163656.html；2014 年的海洋产值数据来自 http://www.zgqdlsjj.com/2015/0123/118392.shtml； 2006—2014 年全国海洋经济总产值及其增长率来自各年的《中国海洋经济统计公报》；山东省海洋经济产值占全国海洋经济总产值的比重根据计算得出。

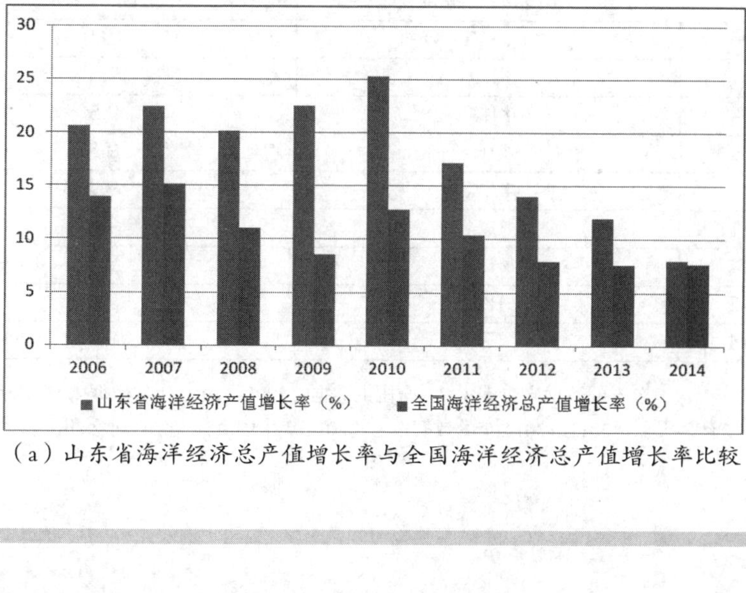

（a）山东省海洋经济总产值增长率与全国海洋经济总产值增长率比较

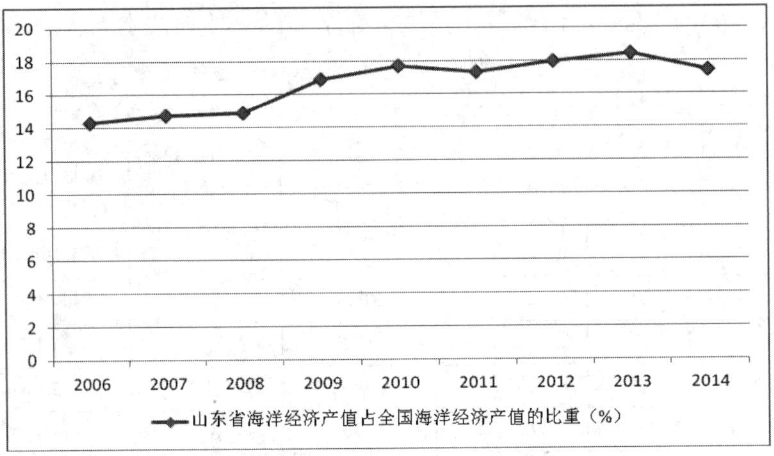

数据来源: 表1-3。

（b）山东省海洋经济总产值占全国海洋经济总产值比重（%）

图 1-3 山东省海洋经济产值占全国海洋经济产值的比重（%）

表 1-4 和图 1-4 给出了 2006 年至 2014 年间山东省海洋经济总产值占地区生产总值和全国海洋经济总产值占国内生产总值的比重，表明山东省海洋经济总产值占地区生产总值的比重远高于全国海洋经济总产值占国内生产总值的比重，说明海洋经济在山东省的重要性高于全国。

表 1-4 2006—2014 年山东省海洋经济总产值占地区生产总值和全国海洋经济总产值占国内生产总值的比重

年份	山东省（%）	全国（%）
2006	13.71	10.0
2007	14.26	9.6
2008	14.27	9.5
2009	16	9.5
2010	17.38	9.9
2011	17.4	9.6
2012	18	9.6
2013	18.1	9.5
2014	17.6	9.4

数据来源：山东省的数据来自表 1-2；全国的数据：2006—2010 年的数据来自《2011 年中国海洋经济统计公报》，2011—2014 年的数据来自《2014 年中国海洋经济统计公报》。

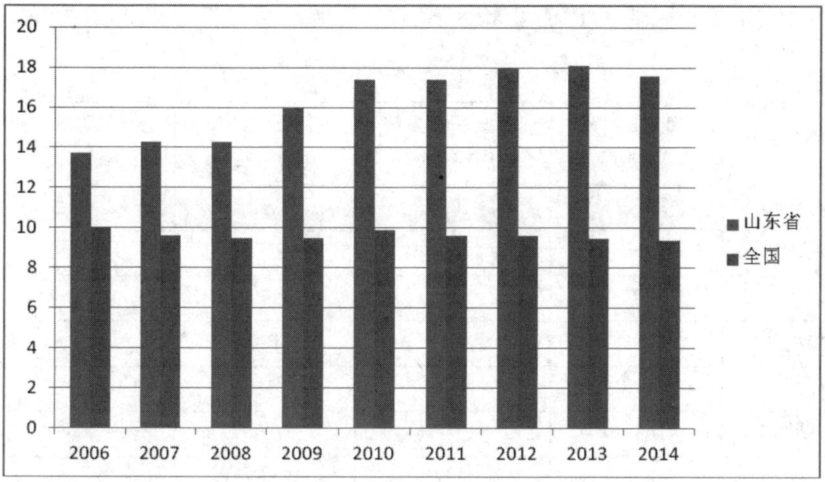

数据来源: 表 1-4。

图 1-4 2006—2014 年山东省海洋经济总产值占地区生产总值和全国海洋经济总产值占国内生产总值的比重（%）

三、各地市地区生产总值及其增长率

2014 年，山东半岛蓝色经济区主体区各地市地区生产总值增长速度都比山东省地区生产总值的增长速度快。在各地市地区生产总值增长中，最高的为东营市和日照市，达到 10%，最低的为滨州市，为 7.6%，均高于全国的 GDP 增长率。从各地市的人均地区生产总值来看，东营市的人均地区生产总值最高，达到 163982 元，其次为威海市、青岛市，最低的为潍坊市；潍坊市、日照市和滨州市的人均地区生产总值低于山东省的人均地区生产总值，七个地市的人均地区生产总值都高于全国人均 GDP。从人均地区生产总值增长率来看，东营市、烟台市、潍坊市、威海市、日照市的人均地区生产总值增长率高于山东省的增长率，只有青岛市和滨州市的人均地区生产总值增长率低于山东省；山东半岛蓝色经济区规划主体区七个地市的人均地区生产总值增长率全部高于全国的增长率。表 1-5 和图 1-5 给出了山东半岛蓝色经济区规划主体区各地市的地区生产总值及其增长率和人均地区生产总值及其增长率的数据。

2014年山东半岛蓝色经济区各地市的地区生产总值及其增长率和人均地区生产总值及其增长率

地区名称	地区生产总值（亿元）	地区生产总值增长率（%）	人均地区生产总值（元）	人均地区生产总值增长率（%）
青岛市	8692.1	8.0	96524	7.5
东营市	3430.5	10.0	163982	9.4
烟台市	6002.1	9.1	85795	8.9
潍坊市	4786.7	9.1	51826	8.9
威海市	2790.3	9.8	99327.2	9.3
日照市	1611.9	10	56349	9.3
滨州市	2276.7	7.6	59557.0	6.9
山东省	59426.6	8.7	60879	8.1
全国	635910	7.3	46629	6.7

说明：（1）山东半岛蓝色经济区规划中，滨州市只有无棣县和沾化县属于规划主体区，但是县域数据很难找到，只能够用滨州市的数据。（2）威海市的人均地区生产总值的增长率为计算结果，在数据来源中说明了计算方法。

数据来源：（1）各地市的地区生产总值及其增长率的数据来自各地市2014年的经济和社会发展统计公报；山东省地区生产总值及其增长率的数据来自山东省2014年的经济和社会发展统计公报。（2）东营市、烟台市、潍坊市、日照市、滨州市和山东省的人均地区生产总值及其增长率数据来自各地市和山东省2014年经济和社会发展统计公报；青岛市的人均地区生产总值来自青岛市2014年经济和社会发展统计公报，青岛市人均地区生产总值增长率根据2014年的人均地区生产总值和2013年的人均地区生产总值（89797元）计算得出；威海市的人均地区生产总值根据地区生产总值和常住人口量计算得出，常住人口量来自威海市2014年经济和社会发展统计公报，人均地区生产总值增长率根据计算出来的人均地区生产总值和上一年的人均地区生产总值计算得出，上一年的地区生产总值来自《威海市统计年鉴（2014）》；（3）全国的数据全部来自《中国统计年鉴（2015）》，见国家统计局网站。

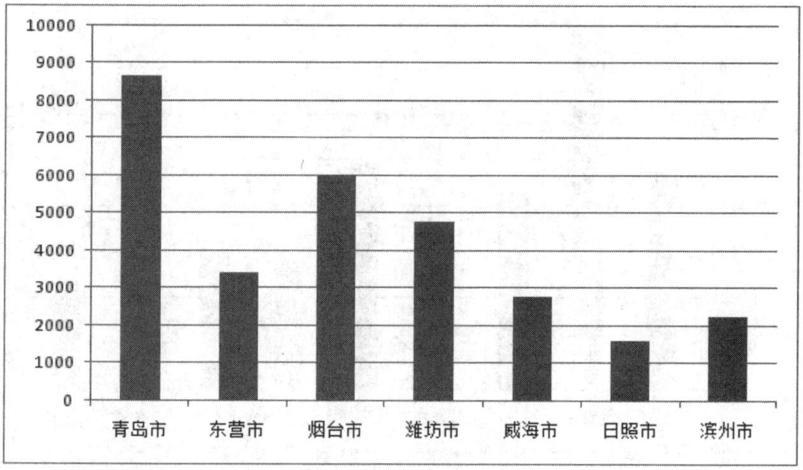

（a）各地市的地区生产总值（亿元）

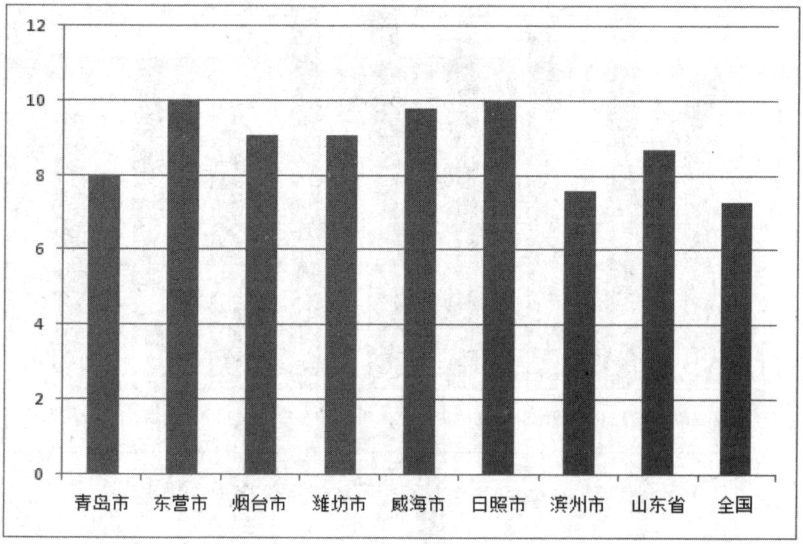

（b）各地市地区生产总值增长率（%）

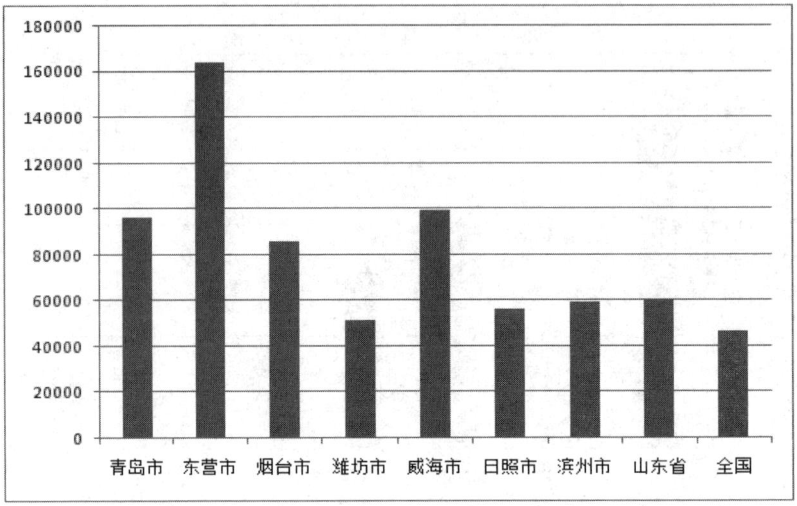

（c）各地市人均地区生产总值（元）

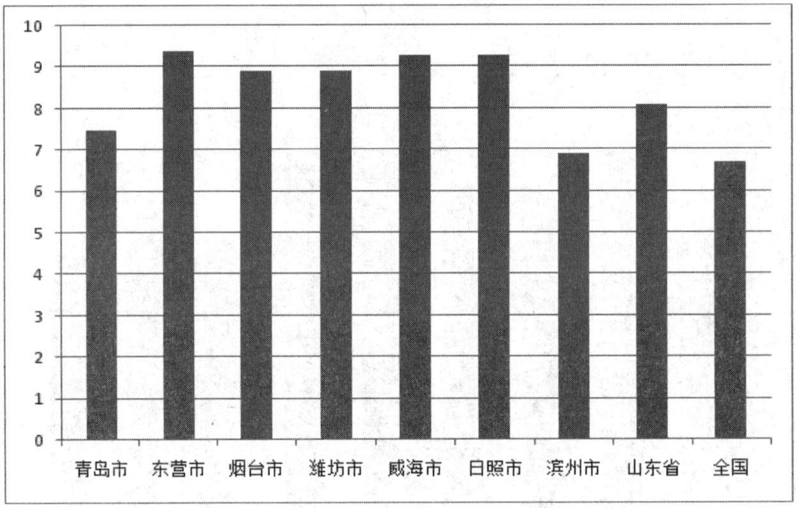

（d）各地市人均地区生产总值增长率（%）

数据来源：表1-5。

图 1-5 2014 年山东半岛蓝色经济区各地市的地区生产总值及其增长率和人均地区生产总值及其增长率

四、三次产业结构

山东半岛蓝色经济区七地市的产业结构都形成了"二三一"或"三二一"的特征。其中，青岛市在 2011 年第三产业增加值首次超过第二产业增加值之后，第三产业所占比重进一步提高，说明青岛市正在向以服务业为主的地区进一步发展；其他地市全部都是第二产业占最大比重，并且都在 50% 以上，说明第二产业在各地市中的重要地位。从增长率上来看，第一产业产值增长率明显低于第二产业和第三产业，说明第一产业在各地市的地位不断下降。山东半岛蓝色经济区七地市总的三次产业结构与山东省和全国的三次产业结构相比较，山东半岛蓝色经济区七地市的三次产业中，第二产业所占比重明显高于山东省和全国，而第一产业和第三产业所占比重都低于山东省和全国。这表明，山东半岛蓝色经济区各地市仍然以第二产业为主。表 1-6 给出了山东半岛蓝色经济区主体区各地市的三次产业产值、增长率与产业结构。

表 1-6 各地市三次产业增加值、增长率和产业结构

地区名称	三次产业产值与增长率						三次产业结构
	第一产业		第二产业		第三产业		
	增加值（亿元）	增长率（%）	增加值（亿元）	增长率（%）	增加值（亿元）	增长率（%）	
青岛市	362.6	3.9	3882.4	8.4	4447.1	7.9	4.2:44.6:51.2
东营市	123.99	4.0	2345.08	10.5	961.42	9.2	3.6:68.4:28.0
烟台市	441.27	3.9	3212.35	8.8	2348.46	10.4	7.4:53.5:39.1
潍坊市	456.2	4.0	2432.0	9.7	1898.5	9.3	9.5:50.8:39.7
威海市	214.50	4.2	1410.07	10.0	1165.77	10.6	7.7:50.5:41.8
日照市	139.34	4.2	811.39	9.6	660.64	12.0	8.6:50.4:41.0
滨州市	221.42	4.2	1145.39	8.3	909.90	7.2	9.7:50.3:40.0
山东省	4798.4	3.8	28788.1	9.2	25840.1	8.9	8.1:48.4:43.5
全国	58332	4.1	271392	7.3	306739	8.1	9.2:42.6:48.2

数据来源：青岛市、东营市、烟台市、潍坊市、威海市、日照市、滨州市的数据来自各地市 2014 年的经济和社会发展统计公报；山东省的数据来自山东省 2014 年的经济和社会发展统计公报；全国的数据来自中华人民共和国 2014 年的国民经济和社会发展统计公报。

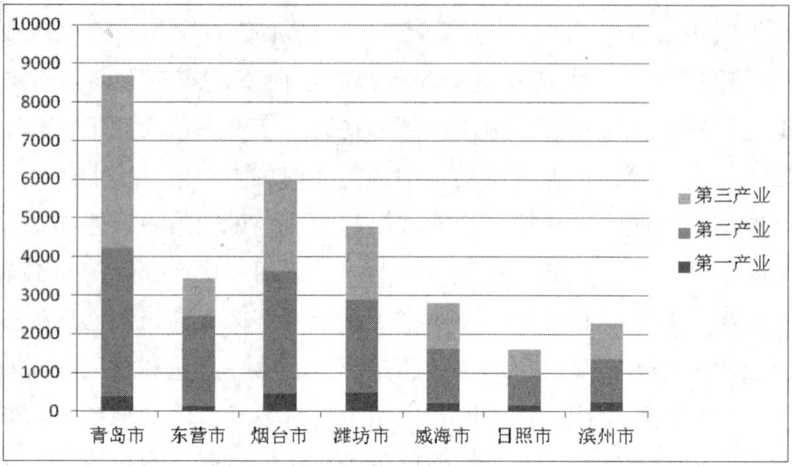

（a）各地市三次产业产值增加值（亿元）

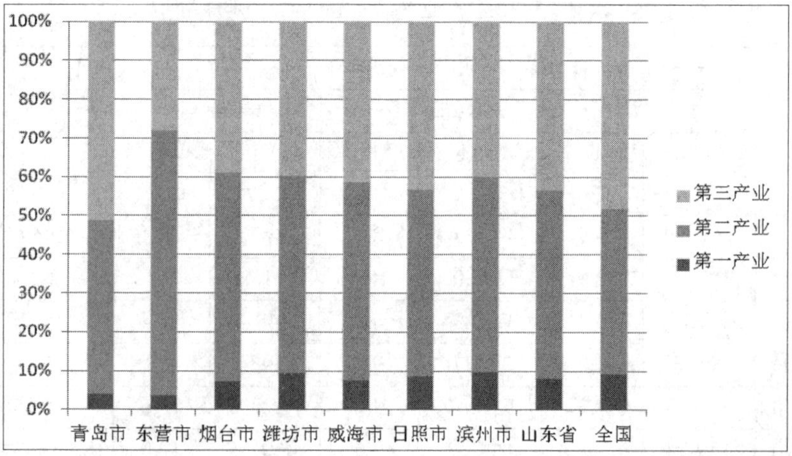

（b）三次产业结构

数据来源：表1-6。

图 1-6 各地市的三次产业增加值、增长率和产业结构

五、财政收入与支出

2014 年，山东半岛蓝色经济区主体区各地市的地方公共财政预算收入都有较大幅度增长，除滨州市外，其他地市的增长率都高于山东省 10.2% 的增长率。从各地市的增长速度看，青岛市的增长率最高，为 13.5%；威海市第二，为 13.1%；东营市位列第三位，为 12.2%。地方公共财政预算支出的增长速度滨州市最高，达到 7.3%；其次为潍坊市，为 6.8%；第三位为威海市，为 6.3%。各地市的地方公共财政预算支出都高于地方公共财政预算收入。表 1–7 和图 1–7 给出了 2014 年山东半岛蓝色经济区主体区各地市的财政收入和支出情况。

表 1–7 各地市财政收入与支出

地区名称	地方公共财政预算收入（亿元）	增长率（%）	地方公共财政预算支出（亿元）	增长率（%）
青岛市	895.2	13.5	1074.7	6.0
东营市	206.24	12.2	241.36	3.9
烟台市	490.16	12.1	574.86	6.1
潍坊市	430.2	12.1	527.8	6.8
威海市	220.79	13.1	280.60	6.3
日照市	110.07	11	167.77	6
滨州市	187.15	10.0	269.78	7.2
山东省	5026.7	10.2	7175.9	7.3

数据来源：全部来自各地市和山东省 2014 年的经济和社会发展统计公报。

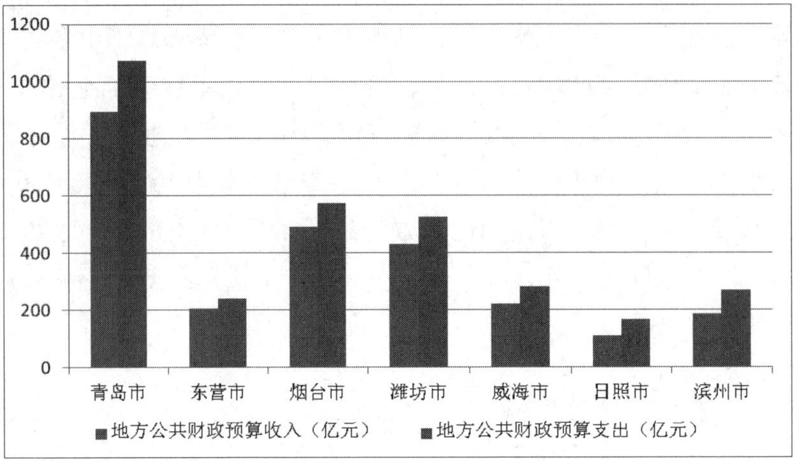

（a）财政收入和支出数额（亿元）

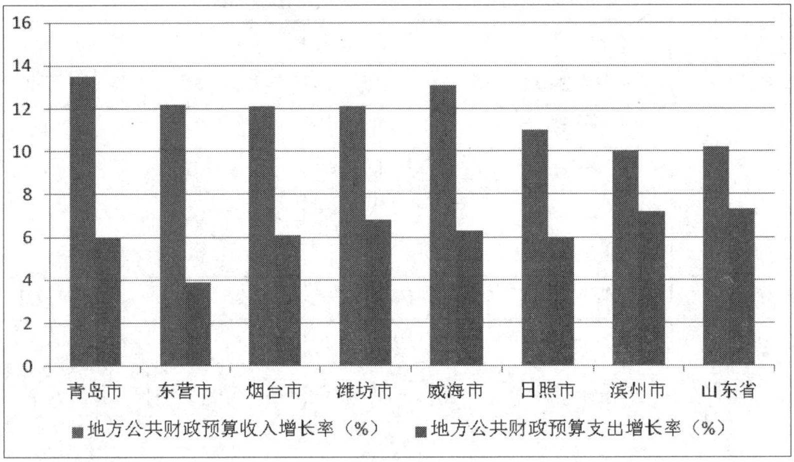

（b）财政收入和支出增长率（%）

数据来源：同表1-7。

图1-7 财政收入和财政支出状况

六、物价水平

2014 年，山东半岛蓝色经济区各地市的物价水平基本平稳，居民消费价格上涨指数除青岛市和威海市以外，其他各地市都低于山东省和全国水平。表 1–8 和图 1–8 给出了各地市的居民消费价格指数。

表 1–8 各地市居民消费价格指数

地区名称	居民消费价格指数（%）
青岛市	2.6
东营市	1.4
烟台市	1.9
潍坊市	1.3
威海市	2.4
日照市	1.8
滨州市	1.7
山东省	1.9
全国	2.0

数据来源：青岛市、东营市、烟台市、潍坊市、威海市、日照市、滨州市的数据来自各地市 2014 年的经济和社会发展统计公报；山东省的数据来自山东省 2014 年的经济和社会发展统计公报；全国的数据来自中华人民共和国 2014 年的国民经济和社会发展统计公报。

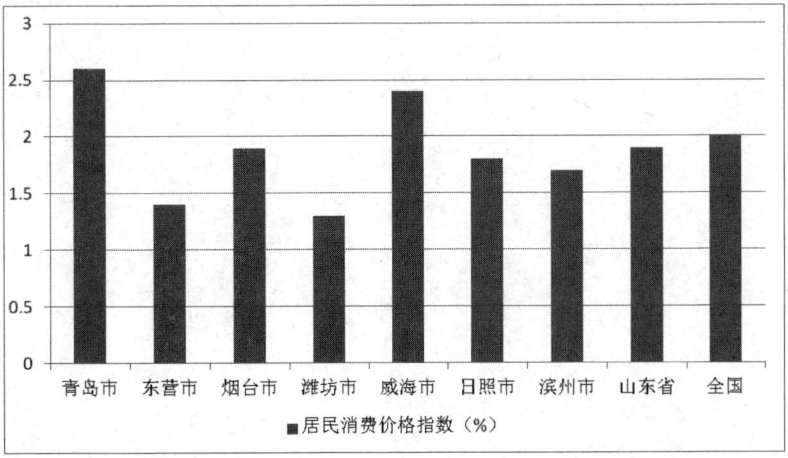

数据来源：表 1–8。

图 1–8 各地市居民消费价格指数

第二节 2006年至2014年山东半岛蓝色经济区经济社会发展总体情况：纵向比较

为了判断《山东半岛蓝色经济区规划》的实施绩效，我们对该规划于2011年1月获得国务院批准前后山东半岛蓝色经济区主体区各地市的经济社会发展情况进行了比较。本节采用《山东半岛蓝色经济区规划》获批前5年的数据和获批后4年的数据，主要比较四个方面的内容：一是地区生产总值及其增长率；二是三次产业结构的变化；三是财政收入与支出情况；四是物价水平。

一、地区生产总值及其增长率

（一）地区生产总值

山东半岛蓝色经济区各地市经济持续稳定增长，2014年与2006年相比，地区生产总值都大幅度增长，翻了一番多，其中日照市的地区生产总值2014年为2006年的3倍多。表1–9和图1–9给出了各地市2006年至2014年的地区生产总值的增长情况。

表 1-9 各地市 2006—2014 年地区生产总值（亿元）

年份 / 地区名称	2006	2007	2008	2009	2010	2011	2012	2013	2014
青岛市	3183.18	3750.16	4401.56	4853.87	5666.19	6615.60	7302.11	8006.6	8692.1
东营市	1425.48	1619.53	2028.27	2058.97	2359.94	2676.35	3000.66	3250.2	3430.49
烟台市	2405.75	2879.96	3409.22	3701.79	4358.46	4906.83	5281.38	5613.87	6002.08
潍坊市	1720.88	2056.02	2475.63	2707.23	3090.92	3541.85	4012.43	4420.7	4786.7
威海市	1190.8	1375.5	1546.33	1733.19	1944.7	2110.95	2337.86	2549.69	2790.34
日照市	505.87	629.58	774.22	864.66	1025.08	1214.07	1352.57	1500.16	1611.87
滨州市	833.67	1030.29	1239.06	1354.99	1551.52	1817.58	1987.73	2155.73	2276.71
山东省	21900.19	25776.91	30933.28	33896.65	39169.92	45361.85	50013.2	54684.3	59426.6
全国	216314.4	265810.3	314045.4	340902.8	401512.8	473104.1	519470.110	568845.2	636463

数据来源：青岛市、东营市、潍坊市、威海市、日照市、滨州市、山东省和全国 2006 年至 2012 年的数据来自各市、山东省和全国 2013 年统计年鉴；烟台市 2006 年至 2010 年的数据来自烟台市 2011 年统计年鉴；2013 年、2014 年的全部数据都来自各市、山东省和全国 2014 年经济和社会发展统计公报。

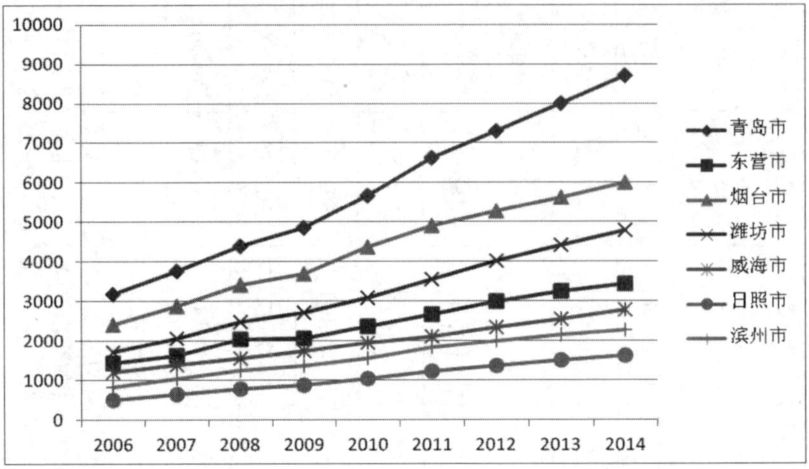

数据来源：表 1-9。

图 1-9 各地市 2006—2014 年地区生产总值（亿元）

（二）地区生产总值增长率

山东半岛蓝色经济区主体区各地市的地区生产总值增长率一直保持在较高水平。从统计数据来看，各地市的地区生产总值增长率除了个别地区个别年份外，都高于山东省地区生产总值增长率和全国国内生产总值增长率。2006 年、2007 年、2009 年、2010 年和 2013 年全部地市的地区生产总值增长率高于山东省；只有威海市在 2008 年、2011 年、2012 年、2014 年的地区生产总值增长率略低于山东省的地区生产总值增长率。从各地市的增长率来看，2011 年、2012 年、2013 年和 2014 年的增长率均低于 2006 年至 2010 年各年，虽然《山东半岛蓝色经济区规划》是在 2011 年初批准，但是不能就此简单得出《山东半岛蓝色经济区规划》是各地市增长率下降的原因，因为在这段时间无论是山东省还是全国的增长率都有较大幅度下降。表 1-10 和图 1-10 给出了 2006 年至 2014 年间各地市的地区生产总值增长率。

表 1-10 2006—2014 年各地市地区生产总值增长率（%）

年份 地区名称	2006	2007	2008	2009	2010	2011	2012	2013	2014
青岛市	15.3	15.5	13.2	12.2	12.9	11.7	10.6	10	8.0
东营市	17	16.1	13.7	12.4	13.4	12.7	12.1	11.2	10.0
烟台市	17	16.6	13.6	13.5	14.1	12.1	10.3	10.2	9.1
潍坊市	16.5	15.8	13.1	12.9	13.3	11.1	10.6	10.6	9.1
威海市	15.78	15.22	11.97	12.8	13.73	10.7	9.4	10.8	9.8
日照市	16.9	16.8	15.1	14.1	12.5	12.1	11.8	10.6	10.0
滨州市	17.55	16.92	13.1	13.44	13.49	11.98	10.8	9.8	7.6
山东省	14.7	14.2	12	12.2	12.3	10.9	9.8	9.6	8.7
全国	12.7	14.2	9.6	9.2	10.4	9.3	7.7	7.7	7.4

数据来源：青岛市、东营市、潍坊市、威海市、日照市、滨州市、山东省和全国 2006 年至 2012 年的数据、烟台市 2006 年至 2010 年的数据来自各市、山东省和全国 2012 年统计年鉴；烟台市 2011 年至 2013 年的数据以及 2013 年和 2014 年的全部数据都来自各市、山东省和全国 2013 年经济和社会发展统计公报。

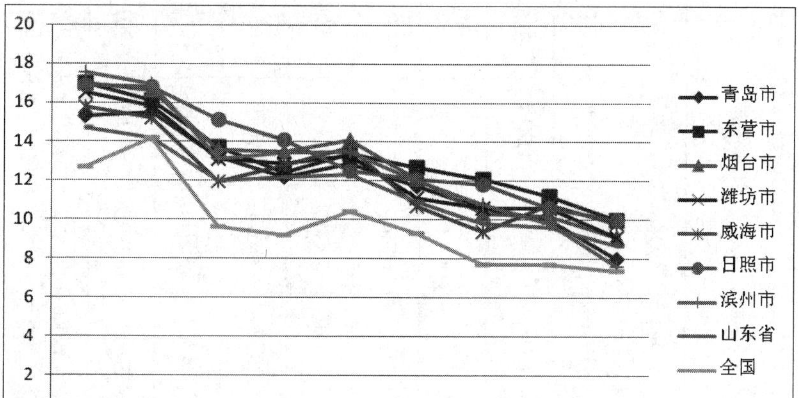

数据来源：表 1-10。

图 1-10 2006—2014 年各地市地区生产总值增长率（%）

（三）人均地区生产总值

各地市的人均地区生产总值稳步增长。其中东营市一直遥遥领先，其次为威海市和青岛市，潍坊市和滨州市的人均地区生产总值一直低于山东省，各地市的地区生产总值都高于全国平均水平。表 1-11 和图 1-11 给出了各地市 2006 年至 2014 年间人均地区生产总值的变化情况。

表 1-11 各地市 2006—2014 年人均地区生产总值（元）

地区名称 \ 年份	2006	2007	2008	2009	2010	2011	2012	2013	2014
青岛市	38608	44964	52266	57251	65827	75563	82680	89797	96085.7
东营市	72781	81794	101520	102370	116448	130811	145395	155892	163426.7
烟台市	34623	41271	48656	52683	62254	70339	75672	80358	85715.8
潍坊市	19652	23349	27923	30338	34273	38820	43681	47943	51764.2
威海市	47735	54923	61449	68614	76778	83199	92198	90879	99328.6
日照市	18718	23180	28340	31451	36870	43191	47851	52778	56152.9
滨州市	22398	28125	33671	36679	41643	48326	52591	56770	59303.0
山东省	23603	27604	32936	35849	41106	47335	51768	56323	60705.5
全国	16500	20169	23708	25608	30015	35198	38459	41908	46531.0

数据来源：除烟台市外，2006 年至 2012 年的数据全部来自各地市、山东省和全国 2013 年的统计年鉴；烟台市 2006 年至 2010 年的数据来自烟台市 2011 年统计年鉴，烟台市 2011 年至 2013 年的数据来自烟台市 2011 年至 2013 年经济和社会发展统计公报；2013 年、2014 年的全部数据来源同表 1-5。

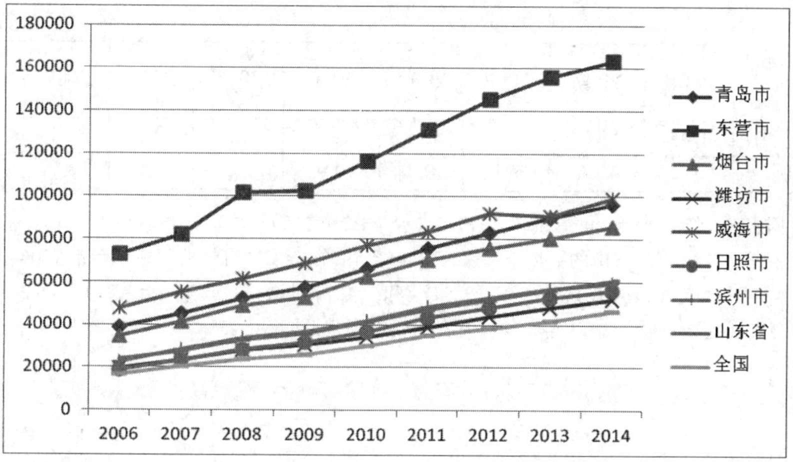

数据来源：表 1–11。

图 1–11 各地市 2006—2014 年人均地区生产总值（元）

（四）人均地区生产总值增长率

各地市人均地区生产总值增长率一直较高，均高于全国平均水平。不过，各地市的人均地区生产总值增长率变化较大，各地市之间差别较大，同一地市不同年份之间差别较大。以 2011 年山东半岛蓝色经济区规划获得批准为界，2011 年至 2014 年的人均地区生产总值增长率低于 2006 年至 2010 年。表 1–12 和图 1–12 给出了各地市 2006 年至 2014 年间的人均地区生产总值增长率的基本情况。

表 1–12 各地市 2006—2014 年人均地区生产总值增长率（%）

年份 / 地区名称	2006	2007	2008	2009	2010	2011	2012	2013	2014
青岛市	13.6	14.2	12.1	11.4	11.2	9.8	9.4	8.6	7.0
东营市	15.8	14.9	12.7	11.6	12.5	11.6	11.1	7.2	4.8
烟台市	16.7	16.2	13.1	13.2	14.5	12.5	10.2	10.1	6.7
潍坊市	16.2	15	12.4	12.2	12.1	9.6	9.8	10.2	8.0
威海市	15.44	14.77	11.44	12.37	12.43	10.54	10.8	–1.38	9.3
日照市	16.4	16.3	14.4	13.4	11.3	10.8	11.1	10	6.4
滨州市	16.88	16.26	12.6	13.0	12.57	10.93	10.2	9.3	5.3

续前表

年份 地区名称	2006	2007	2008	2009	2010	2011	2012	2013	2014
山东省	18.4	17	19.3	8.8	14.7	15.2	9.2	9.0	7.8
全国	12	13.6	9.1	8.7	9.9	8.8	7.1	7.1	11.0

数据来源：除烟台市和潍坊市外，2006 年至 2012 年的数据全部来自各地市、山东省和全国 2012 年的统计年鉴；潍坊市的数据全部来自各年经济和社会发展统计公报；烟台市 2006–2010 年的数据来自烟台市 2011 年的统计年鉴；2011 年和 2012 年的数据来自烟台市 2011 年和 2012 年经济和社会发展统计公报；2013 年、2014 年的全部数据来源同表 1–5。

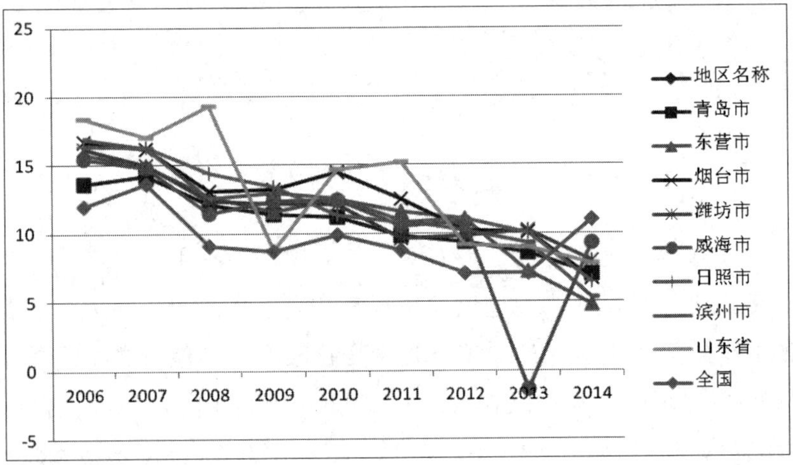

数据来源: 表1–12。

图 1–12 各地市 2006—2014 年人均地区生产总值增长率（%）

二、三次产业结构的变化

表 1–13 给出了山东半岛蓝色经济区规划主体区各地市 2006 年至 2014 年三次产业增加值及其增长率和产业结构。总体趋势表现为各地市的三次产业结构不断优化，其中最为明显的特征是第一产业比重不断下降，第三产业比重不断提高，第一产业增加值增长率明显慢于第二产业和第三产业。第三产业出现明显变化的是青岛市，从 2011 年开始，青岛市第三产业比重超过第二产业，发展成为“三二一”的产业结构；其他地市都为“二三一”的产业结构，并且第二产业占比都超过 50%，表明这些地市主要是以第二产业为主。图 1–13 给出了各地市三次产业结构变化的图形。

表 1－13 各地市三次产业增加值及其增长率与产业结构

年份	青岛市								
	产业增加值（亿元）			产值增长率（%）			三次产业结构（%）		
	一	二	三	一	二	三	一	二	三
2006	183.95	1666.96	1332.28	0.9	16.8	15.8	5.8	52.4	41.8
2007	203.59	1934.52	1612.05	–2.6	15.3	18.3	5.4	51.6	43.0
2008	223.4	2234.83	1943.33	1.4	11.1	17.1	5.1	50.8	44.1
2009	230.25	2420.14	2203.48	3.0	12.8	12.5	4.7	49.9	45.4
2010	276.99	2758.62	2630.58	1.4	12.6	14.4	4.9	48.7	46.4
2011	306.38	3150.72	3158.50	5.0	11.6	12.4	4.6	47.6	47.8
2012	324.41	3402.23	3575.47	3.2	11.5	10.5	4.4	46.6	49.0
2013	352.4	3641.4	4012.8	2.1	10.2	10.5	4.4	45.5	50.1
2014	362.6	3882.4	4447.1	3.9	8.4	7.9	4.2	44.6	51.2
年份	东营市								
	产业增加值（亿元）			产值增长率（%）			三次产业结构（%）		
	一	二	三	一	二	三	一	二	三
2006	53.27	1124.19	248.02	7	16.9	20.8	3.7	78.9	17.4
2007	60.63	1264.56	294.34	6	15.7	20.1	3.7	78.1	18.2
2008	70.08	1550.93	407.26	5	13.2	17.2	3.4	76.5	20.1
2009	74.73	1521.92	462.32	5	12.7	12.2	3.6	73.9	22.5

续前表

年份	产业增加值（亿元）			产值增长率（%）			三次产业结构（%）		
	一	二	三	一	二	三	一	二	三
东营市									
2010	87.38	1712.20	560.36	4.6	13.4	14.5	3.7	72.6	23.7
2011	99.18	1914.81	662.36	4.2	13.2	12.6	3.7	71.6	24.7
2012	104.34	2126.02	770.3	4	12.2	13.1	3.7	71.6	24.7
2013	117.19	2258.42	874.59	3.5	11.8	10.3	3.5	70.8	25.7
2014	123.99	2345.08	961.42	4	10.5	9.2	3.6	68.4	28.0
烟台市									
年份	产业增加值（亿元）			产值增长率（%）			三次产业结构（%）		
	一	二	三	一	二	三	一	二	三
2006	216.02	1462.24	727.49	5.9	20.3	14.3	9.0	60.8	30.2
2007	239.03	1755.79	885.14	3.8	17.8	18	8.3	61	30.7
2008	275.55	2065.15	468.52	2.0	13.6	16.5	8.1	60.6	31.3
2009	285.89	2227.32	1188.58	3.6	13.8	15.3	7.7	60.2	32.1
2010	334.49	2566.49	1457.48	3.5	12.1	20.3	7.7	58.5	33.4
2011	361.43	2830.88	1714.52	3	12.1	14.2	7.37	57.69	34.94
2012	377.31	2985.09	1918.98	4.6	10.2	11.6	7.2	56.5	36.3
2013	420.99	3075.12	2117.76	3.9	10.8	10.4	7.5	54.8	37.7

续前表

年份	烟台市								
	产业增加值（亿元）			产值增长率（%）			三次产业结构（%）		
	一	二	三	一	二	三	一	二	三
2014	441.27	3212.35	2348.46	3.9	8.8	10.4	7.4	53.5	39.1
年份	潍坊市								
	产业增加值（亿元）			产值增长率（%）			三次产业结构（%）		
	一	二	三	一	二	三	一	二	三
2006	211.81	991.14	517.93	0.2	20.8	16	12.31	57.59	30.1
2007	237.54	1180.94	637.54	2.7	16.5	19.8	11.55	57.44	31.01
2008	281.69	1423.64	770.30	5.7	12.6	16.4	11.38	57.51	31.12
2009	301.96	1526.05	879.22	4.6	13.7	14	11.15	56.37	32.48
2010	330.51	1720.29	1040.13	4.3	13.2	16	10.69	55.66	33.65
2011	359.28	1961.40	1221.17	4.2	12.3	11	10.14	55.38	34.48
2012	390.52	2166.17	1455.74	5.2	11.7	10.5	4.9	61.9	33.2
2013	433.1	2297.4	1690.2	3.3	11.5	11.4	2.96	61.17	35.87
2014	456.2	2432	1898.5	4	9.7	9.3	9.5	50.8	39.7
年份	威海市								
	产业增加值（亿元）			产值增长率（%）			三次产业结构（%）		
	一	二	三	一	二	三	一	二	三
2006	116.58	696.93	377.29	4.23	17.23	17.04	9.79	58.53	31.68

续前表

年份	威海市								
	产业增加值（亿元）			产值增长率（%）			三次产业结构（%）		
	一	二	三	一	二	三	一	二	三
2007	127.80	801.27	446.43	4.27	15.56	17.95	9.29	58.25	32.46
2008	132.28	890.64	523.41	4.06	10.82	16.22	8.55	57.60	33.85
2009	136.34	1000.98	595.87	5.03	13.84	12.87	7.87	57.75	34.38
2010	153.94	1087.03	703.73	1.3	11.36	17.75	7.92	55.89	36.19
2011	171.18	1139.36	800.41	1.4	12	10.8	8.11	53.97	37.92
2012	180.11	1249.3	908.45	5	9.4	9.7	7.7	53.4	38.9
2013	203.47	1312.93	1033.29	4.3	10.5	12.5	8.0	51.5	40.5
2014	214.5	1410.07	1165.77	4.4	10	10.6	7.7	50.5	41.8
年份	日照市								
	产业增加值（亿元）			产值增长率（%）			三次产业结构（%）		
	一	二	三	一	二	三	一	二	三
2006	73.89	248.08	183.9	2.5	21.5	17.3	14.6	49.0	36.4
2007	86.19	315.7	227.68	2.6	19.3	18.9	13.7	50.1	36.2
2008	82.73	413.11	278.38	5.7	17.1	15.5	10.7	53.4	35.9
2009	87.33	471.85	305.48	3.8	18.6	10.9	10.1	54.6	35.3
2010	100.26	561.55	363.27	4.5	12.9	14.3	9.8	54.8	35.4
2011	112.08	660.66	441.33	3.7	13.5	12.2	9.2	54.4	36.4

续前表

年份	日照市								
	产业增加值（亿元）			产值增长率（%）			三次产业结构（%）		
	一	二	三	一	二	三	一	二	三
	203.47	1312.93	1033.29	4.3	10.5	12.5	8.0	51.5	40.5
	214.5	1410.07	1165.77	4.4	10	10.6	7.7	50.5	41.8
2012	117.64	724.06	510.87	4.1	12.6	12.5	8.7	53.5	37.8
2013	131.45	784.33	584.38	3.5	10.7	12.1	8.7	52.3	39
2014	139.34	811.39	660.64	4.2	9.6	12	8.6	50.4	41.0
年份	滨州市								
	产业增加值（亿元）			产值增长率（%）			三次产业结构（%）		
	一	二	三	一	二	三	一	二	三
2006	97.21	505.83	232.63	4.9	18.99	20.79	11.66	60.44	27.9
2007	109.57	617	303.72	2.24	17.3	22.56	10.63	59.89	29.48
2008	122.69	730.46	385.92	2.92	12.25	18.65	9.9	58.95	31.15
2009	135.93	763.36	455.70	5.54	12.56	17.7	10.03	56.34	33.63
2010	155.48	847.31	548.73	4.9	12.44	17.93	10.02	54.61	35.37
2011	178.07	972.29	667.22	4.94	13.06	12.31	9.8	53.49	36.71
2012	189.51	1045.61	752.61	5.1	12.2	10.0	9.5	52.6	37.9
2013	211.02	1106.10	838.61	3.7	11.5	8.6	9.8	51.3	38.9
2014	221.4	1145.39	909.9	4.2	8.3	7.2	9.7	50.3	40.0

续前表

年份	山东省								
	产业增加值（亿元）			产值增长率（%）			三次产业结构（%）		
	一	二	三	一	二	三	一	二	三
2006	2138.9	12574.03	7187.26	5.2	16.6	14.5	9.8	57.4	32.8
2007	2509.14	14647.53	2620.24	4.0	15.8	14.6	9.7	56.8	33.5
2008	3002.65	17571.98	10358.64	5.1	12	13.9	9.7	56.8	33.5
2009	3226.64	18901.83	11768.18	4.2	13.9	11.2	9.5	55.8	34.7
2010	3588.28	21238.49	14343.14	3.6	12.8	13.5	9.2	54.2	36.6
2011	3973.85	24017.11	17370.89	4.0	11.7	11.3	8.8	52.9	38.3
2012	4281.7	25735.7	19995.8	4.7	10.5	9.8	8.6	51.4	40
2013	4742.6	27422.5	22519.2	3.8	10.7	9.2	8.7	50.1	41.2
2014	4798.4	28788.1	25840.1	3.8	9.2	8.9	8.1	48.4	43.5
年份	全国								
	产业增加值（亿元）			产值增长率（%）			三次产业结构（%）		
	一	二	三	一	二	三	一	二	三
2006	24040	103719.5	88554.9	5.0	13.4	14.1	11.1	47.9	40.9
2007	28627	125831.4	111351.9	3.7	15.1	16	10.8	47.3	41.9
2008	33702	149003.4	131340	5.4	9.9	10.4	10.7	47.4	41.8
2009	35226	157638.8	148038	4.2	9.9	9.6	10.3	46.2	43.4
2010	40533.6	187387.2	173596	4.3	12.3	9.8	10.1	46.7	43.2

续前表

年份	全国								
	产业增加值（亿元）			产值增长率（%）			三次产业结构（%）		
	一	二	三	一	二	三	一	二	三
2011	47486.2	220412.8	204982.5	4.3	10.3	9.4	10	46.6	43.4
2012	52377	235319	231626	4.5	8.1	8.1	10.1	45.3	44.6
2013	56957	249684	262204	4.0	7.8	8.3	10.0	43.9	46.1
2014	58332	271392	306739	4.1	7.3	8.1	9.2	42.6	48.2

数据来源：除烟台外，2006 年至 2012 年的数据全部来自各地市、山东省和全国 2013 年统计年鉴；烟台市 2006 年至 2010 年的数据来自烟台市 2011 年统计年鉴；烟台市 2011 年至 2013 年的数据、全部 2013 年、2014 年的数据均来自各地市、山东省和全国 2013 年、2014 年经济和社会发展统计公报。

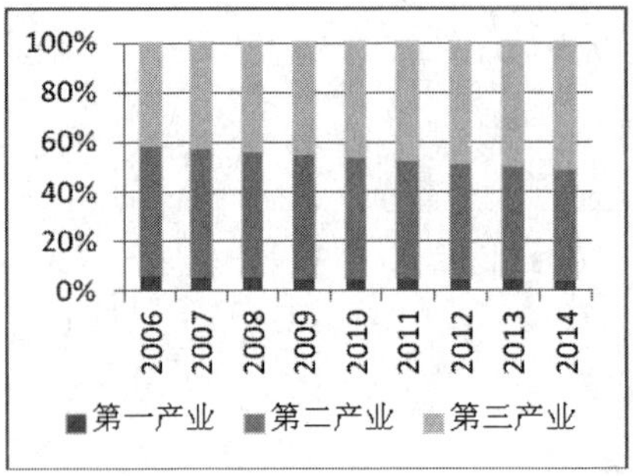

青岛市

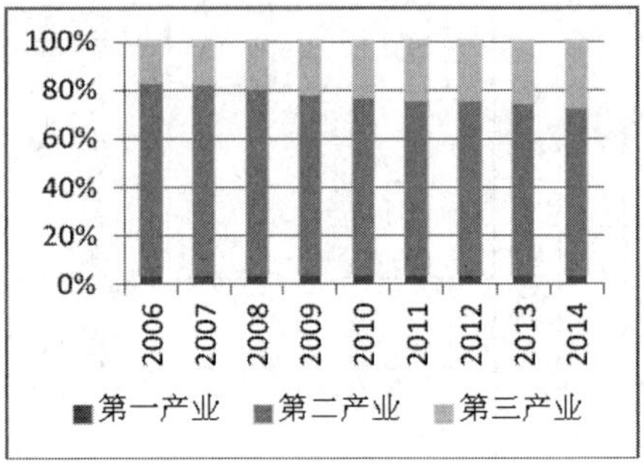

东营市

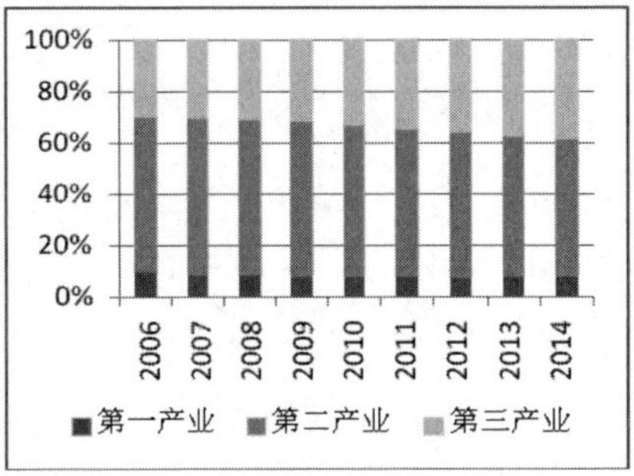

烟台市

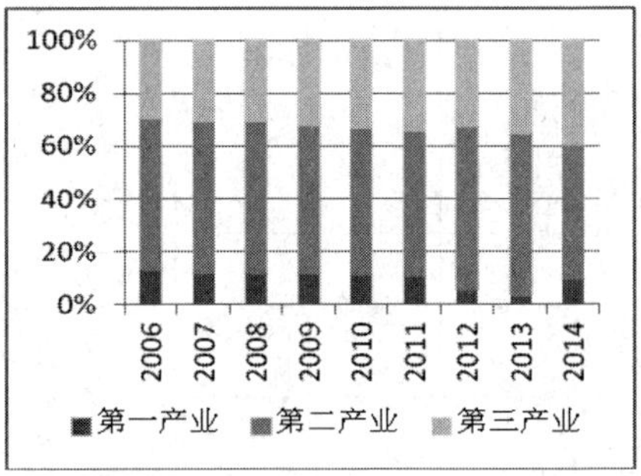

潍坊市

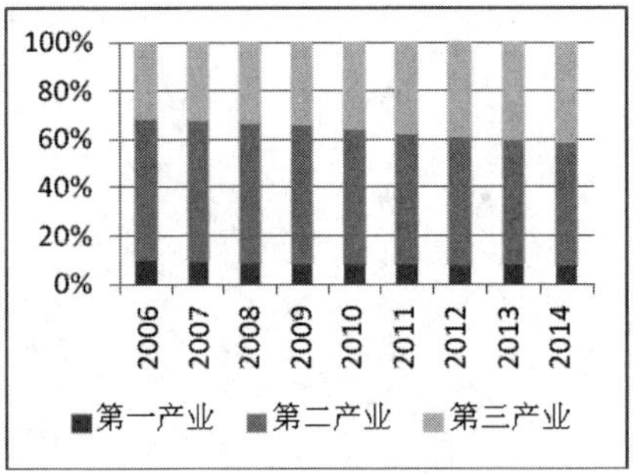

威海市

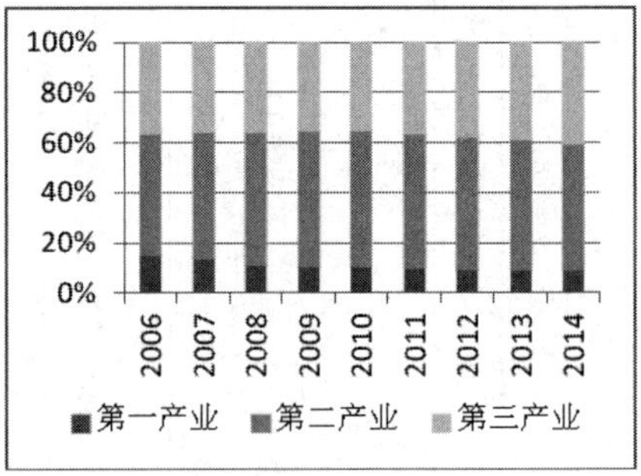

日照市

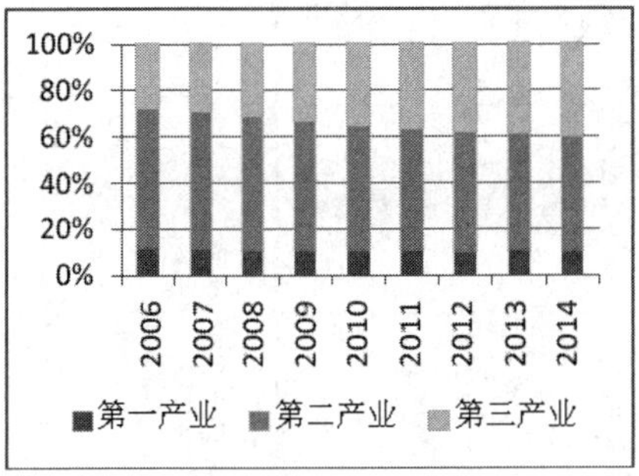

滨州市

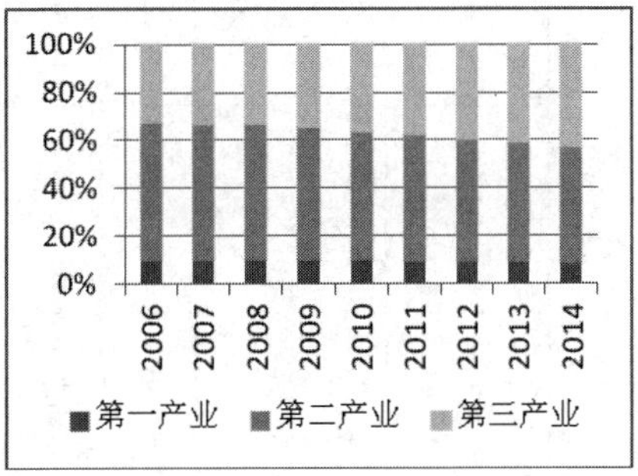

山东

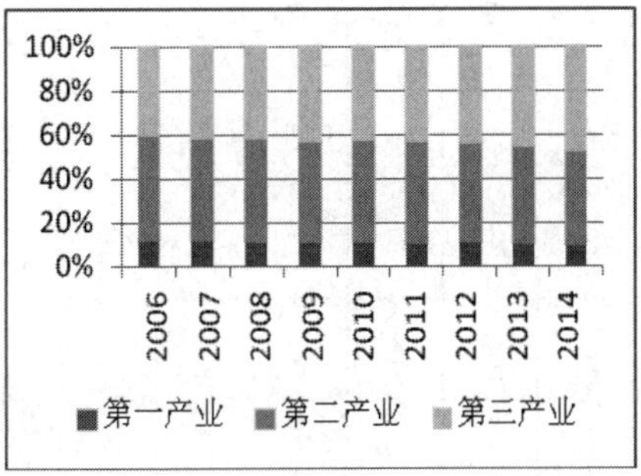

全国

数据来源: 表 1-13

图 1-13 山东半岛蓝色经济区主体区各地市的三次产业结构

三、财政收入与支出

（一）财政收入及其增长率

山东半岛蓝色经济区各地市的一般公共财政预算收入均有大幅度提高，大多数地市上涨 2 倍，平均年上涨幅度在 20% 以上，个别年份个别地市的上涨幅度达到 40%，各地市一般公共财政预算收入增长率的变化趋势基本相同。在《山东半岛蓝色经济区发展规划》获批之后，一般公共财政预算收入的上升并未表现出明显变化。表 1-14、1-15 和图 1-14、1-15 给出了各地市一般公共财政预算收入及其增长率情况。

表 1-14 各地市 2006—2014 年公共财政收入（亿元）

年份 地区名称	2006	2007	2008	2009	2010	2011	2012	2013	2014
青岛市	225.7663	292.5798	342.4359	376.9896	452.6138	566.1400	670.18	788.72	895.2
东营市	48.0975	60.1223	70.9531	80.8719	104.8821	135.2688	158.71	183.79	206.24
烟台市	112.4217	140.8190	166.1663	189.1166	237.7958	303.19	357.36	437.23	490.16
潍坊市	88.5497	110.5732	131.9579	157.9518	202.4316	253.9176	306.1	383.9	430.2
威海市	70.1079	82.0170	93.6665	102.5211	118.2707	136.4398	158.4	195.22	220.79
日照市	20.76	28.98	36.33	43.48	55.61	68.5	78.86	100.09	110.07
滨州市	45.1216	59.3707	70.3667	80.1707	103.9879	130.7601	150.46	170.09	187.15
山东省	1356.2526	1675.3980	1957.0541	2198.6324	2749.3842	3455.9267	4059.4	4560.0	5026.7

数据来源：除烟台市外，2006 年至 2012 年的数据来自各地市和山东省 2013 年统计年鉴；烟台市 2006 年至 2010 年的数据来自烟台市 2007 年至 2011 年统计年鉴，烟台市 2011 年和 2012 年的数据来自烟台市 2011 年和 2012 年的经济和社会发展统计公报；2013 年的数据来自 2013 年的经济和社会发展统计公报；2014 年数据来源同表 1-7。

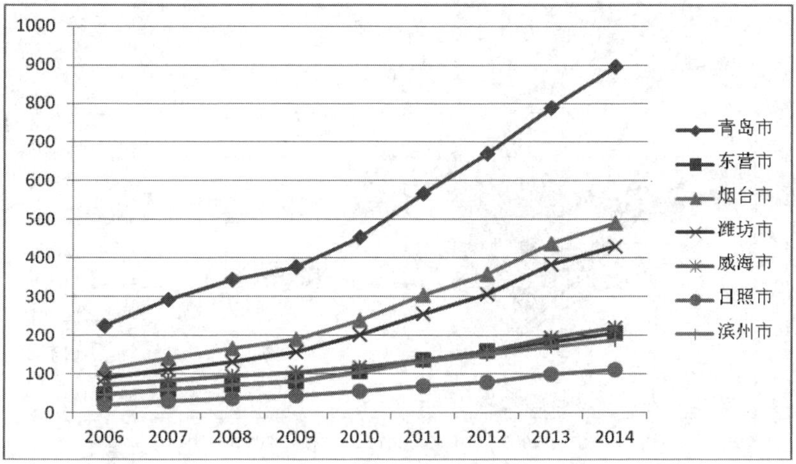

数据来源：表 1–14

图 1–14 各地市 2006—2014 年的公共财政收入（亿元）

表 1–15 各地市 2006—2014 年公共财政收入增长率（%）

	2006	2007	2008	2009	2010	2011	2012	2013	2014
青岛市	28	29.6	17	10.1	20.1	25.1	18.4	17.7	13.5
东营市	24.8	25	18	14	29.7	30	17.3	15.8	12.2
烟台市	29.2	25.3	18	13.8	25.7	27.5	17.9	12.6	12.1
潍坊市	25.2	24.9	19.3	19.7	28.2	25.4	20.6	15.6	12.1
威海市	21.8	17	14.2	9.5	15.4	15.4	16.1	13.4	13.1
日照市	40.7	39.5	25.4	19.7	27.9	23.2	15.1	15.5	11
滨州市	40.5	31.6	18.5	13.9	29.7	25.7	15.1	6.1	10
山东省	26.4	23.5	16.8	12.3	25	25.7	17.5	12.3	10.2

数据来源：除烟台市外，2006 年至 2012 年的数据来自各地市和山东省 2013 年统计年鉴；烟台市 2006 年至 2010 年的数据来自烟台市 2007 年至 2011 年统计年鉴，烟台市 2011 年和 2012 年的数据来自烟台市 2011 年和 2012 年的经济和社会发展统计公报；2013 年的数据来自 2013 年的经济和社会发展统计公报；2014 年数据来源同表 1–7。

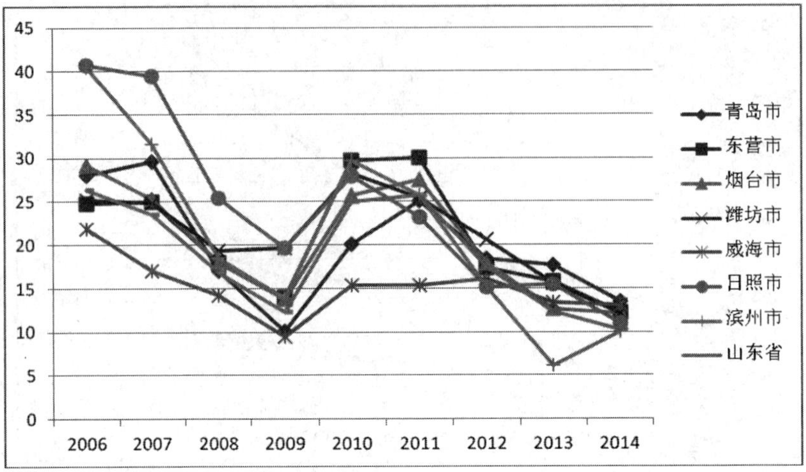

数据来源: 表1-15.

图 1-15 各地市 2006—2014 年公共财政收入增长率（%）

（二）公共财政支出及其增长率

各地市的一般公共财政预算支出总体上呈上升趋势，增长的幅度各年之间不同，差别较大，各地市增长率的变化趋势基本相同。与《山东半岛蓝色经济区发展规划》获得批准前的 2010 年相比，2013 年和 2014 年的一般公共财政预算支出都有所上升，但是增长率有所下降。表 1-16、1-17 和图 1-16、1-17 给出各地市 2006 年至 2013 年间的一般公共财政预算支出及其增长率的情况。

表 1-16 各地市 2006—2014 年公共财政支出（亿元）

年份 / 地区名称	2006	2007	2008	2009	2010	2011	2012	2013	2014
青岛市	236.7875	321.1777	369.4111	433.5754	532.3888	658.0605	765.98	1014.23	1074.7
东营市	61.8612	76.2821	89.7236	105.2619	141.9464	179.7989	208.4	232.25	241.36
烟台市	143.6891	174.4960	209.2492	248.0328	323.8648	407.53	476.87	541.74	574.86
潍坊市	114.9328	148.7856	182.3495	227.7162	291.0354	358.2607	425.6	494.0	527.8
威海市	88.2819	103.3613	122.2241	136.9102	167.9255	200.5904	244.31	263.99	280.6
日照市	32.67	46.38	57.08	72.85	94.83	124.35	138.02	158.24	167.77
滨州市	64.6732	84.9383	101.0792	124.8044	161.8432	201.1716	226.56	251.71	269.78
山东省	1833.44	2261.8495	2704.6613	3267.6716	4145.032	5002.0701	5901.7	6692.9	7175.9

数据来源：除烟台市外，2006 年至 2012 年的数据来自各地市和山东省 2013 年统计年鉴；烟台市 2006 年至 2010 年的数据来自烟台市 2007 年至 2011 年统计年鉴，烟台市 2011 年和 2012 年的数据来自烟台市 2011 年和 2012 年经济和社会发展统计公报；2013 年的数据来自 2013 年的经济和社会发展统计公报；2014 年数据来源同表 1-7。

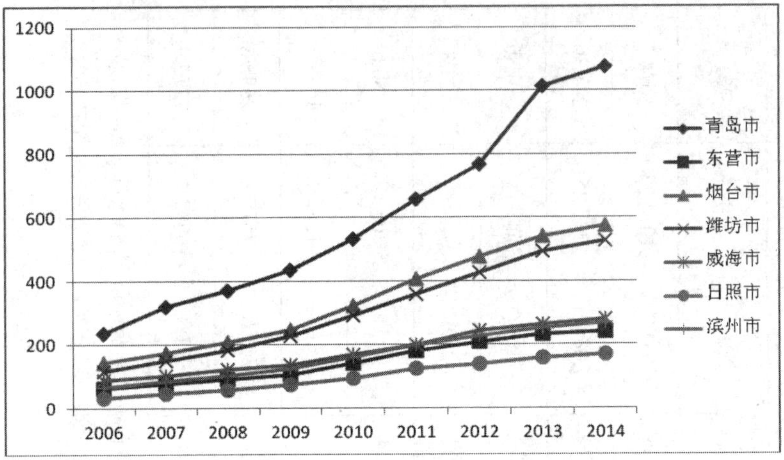

数据来源: 表1-16.

图 1-16 各地市 2006—2014 年公共财政支出（亿元）

表 1-17 各地市 2006—2014 年公共财政支出增长率（%）

年份 地区名称	2006	2007	2008	2009	2010	2011	2012	2013	2014
青岛市	16.6	35.6	15	17.4	22.8	23.6	16.3	32.4	6
东营市	22.3	23.3	17.6	17.3	34.9	26.7	15.9	11.4	3.9
烟台市	25.9	21.4	19.9	18.5	30.6	25.8	17	13.6	6.1
潍坊市	20.6	29.5	22.6	24.9	27.8	23.1	18.8	16.1	6.8
威海市	22	17.1	18.2	12	22.7	19.5	21.8	8.0	6.3
日照市	43.9	42	23.1	27.6	30.2	31.1	11	14.6	6
滨州市	33.6	31.3	19	23.5	29.7	24.3	12.6	11.1	7.2
山东省	25	23.3	19.6	20.8	26.8	20.7	18	13.4	7.3

数据来源：除烟台市外，2006 年至 2012 年的数据来自各地市和山东省 2013 年统计年鉴；烟台市 2006 年至 2010 年的数据来自烟台市 2007 年至 2011 年统计年鉴，烟台市 2011 年和 2012 年的数据来自烟台市 2011 年和 2012 年经济和社会发展统计公报；2013 年的数据来自 2013 年的经济和社会发展统计公报；2014 年数据来源同表 1-7。

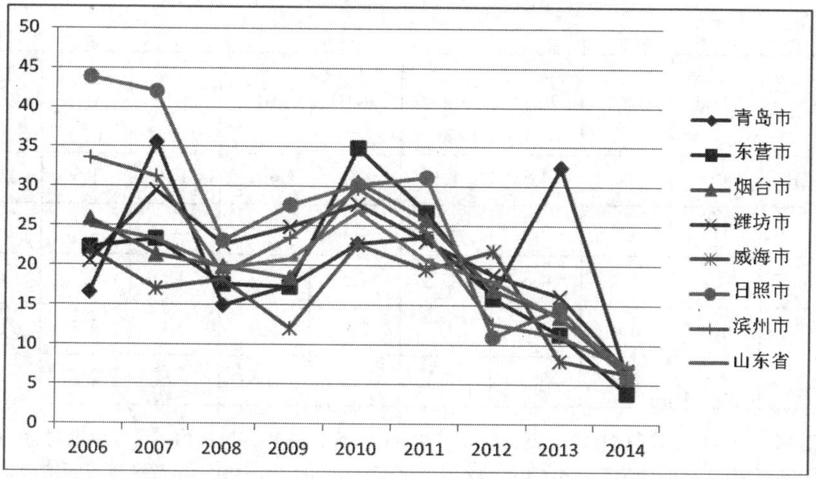

数据来源: 表1-17

图1-17 各地市2006—2014年公共财政支出增长率（%）

四、物价水平

各地市以居民消费价格指数来衡量的物价水平的变化趋势基本相同，各地市变化的幅度不同。其中，青岛市的居民消费价格上升幅度一直最大。比较《山东半岛蓝色经济区发展规划》获得批准前后的情况发现，2011年的居民消费价格指数上涨幅度较大，而2012年、2013年和2014年的上涨幅度明显下降，这与山东省和全国的居民消费价格指数上涨幅度的变化趋势一致，与规划获得批准之前的变化趋势也没有明显变化。表1-18和图1-18给出了各地市2006年至2013年的居民消费价格指数上涨幅度。

表1-18 各地市2006—2014年居民消费价格指数上涨幅度（%）

年份 地区名称	2006	2007	2008	2009	2010	2011	2012	2013	2014
青岛市	0.9	4.5	4.7	0.5	2.2	5.0	2.7	2.5	2.6
东营市	0.5	3.8	3.5	−1.0	2.3	4.4	2.4	2.0	1.4
烟台市	1.6	3.4	4.2	−0.8	2.3	4.4	1.8	1.8	1.9
潍坊市	1.0	3.8	5.2	0.5	2.6	4.4	1.7	1.6	1.3

续前表

年份 地区名称	2006	2007	2008	2009	2010	2011	2012	2013	2014
威海市	1.0	4.4	4.6	1.1	2.7	4.6	1.8	1.5	2.4
日照市	1.1	4.0	4.8	–0.2	1.1	3.4	2.4	2.1	1.8
滨州市	0.7	3.2	4.8	–0.8	2.5	3.9	2.1	0.7	1.7
山东省	1.0	4.4	5.3	0	2.9	5.0	2.1	2.2	1.9
全国	1.5	4.8	5.9	–0.7	3.3	5.4	2.6	2.6	2.0

数据来源：各地市除烟台市和潍坊市外，2006年至2012年的数据均来自各地市的2013年的统计年鉴；烟台市2006年至2010年的数据来自烟台市2007年至2011年统计年鉴，烟台市2011年和2012年的数据来自烟台市2011年和2012年的经济和社会发展统计公报；潍坊市的数据来自潍坊市各年经济和社会发展统计公报；2013年的数据来源同表1–7；山东省的数据，2006年至2012年的数据来自山东省2013年的统计年鉴，2013年、2014年的数据来自山东省2013年、2014年经济和社会发展统计公报；全国的数据来自《中国统计年鉴2014》，见国家统计局网站。

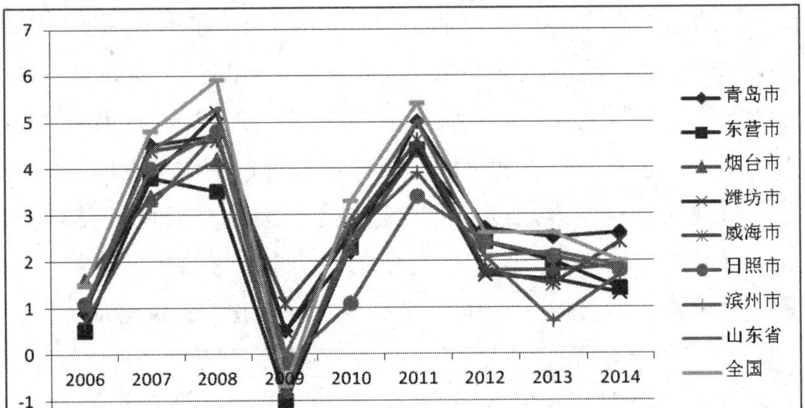

数据来源: 表1–18。

图1–18 各地市2006—2014年居民消费价格指数上涨幅度（%）

第三节 2014 年山东半岛蓝色经济区主体区与联动区经济社会发展总体情况：横向比较

在《山东半岛蓝色经济区发展规划》中，将整个山东省全部地区划分为规划主体区和规划联动区，山东省全部海域和全部临海地市为规划主体区，其他地市为规划联动区。本节比较 2014 年主体区和联动区的经济社会发展情况。

一、地区生产总值及其增长率

表 1-19 给出了 2014 年山东半岛蓝色经济区规划主体区和规划联动区各地市的地区生产总值及其增长率和人均地区生产总值及其增长率的数据。根据表 1-19 中的数据，可以对地区生产总值及其增长率、人均地区生产总值及其增长率等进行排名，得到表1-20中的结果。可以看出，2014年，在山东省的 17 个地市中，按照地区生产总值排名，山东半岛蓝色经济区规划主体区的七个地市分别排名第一、第二、第四、第八、第十、第十三、第十六位；按照地区生产总值增长率排名，规划主体区的七个地市分别排名第五、第十一、第十二、第十三、第十五、第十六、第十七位；按照人均地区生产总值排名，规划主体区的七个地市分别排名第一、第二、第三、第五、第七、第八、第十；按照人均地区生产总值增长率排名，规划主体区的七个地市分别排名第二、第六、第九、第十二、第十四、第十五、第十六位。这表明，按照地区生产总值和人均地区生产总值排名，山东半岛蓝色经济区各地市明显处于山东省十七地市的上游；但是按照地区生产总值增长率和人均地区生产总值增长率排名，山东半岛蓝色经济区规划主体区的优势并不明显。

表 1-19 2014 年山东省各地市地区生产总值及其增长率

地区名称		地区生产总值（亿元）	地区生产总值增长率（%）	人均地区生产总值（元）	人均地区生产总值增长率（%）
主体区	青岛市	8692.1	8.6	96085.7	7.0
	东营市	3430.5	5.5	163426.7	4.8
	烟台市	6002.1	6.9	85715.8	6.7

续前表

地区名称		地区生产总值（亿元）	地区生产总值增长率（%）	人均地区生产总值（元）	人均地区生产总值增长率（%）
主体区	潍坊市	4786.7	8.3	51764.2	8.0
	威海市	2790.3	9.4	99328.6	9.3
	日照市	1611.9	7.4	56152.9	6.4
	滨州市	2277.0	5.6	59303.0	5.3
联动区	济南市	5770.6	8.8	82052	7.9
	淄博市	4029.8	7.4	87531	6.9
	枣庄市	1980.13	9.0	51687	6.9
	济宁市	3800.06	9.6	46213	9.0
	泰安市	3002.2	9.4	53853	8.9
	莱芜市	687.60	8.8	51141	3.5
	临沂市	3569.8	10.1	34926	13.4
	德州市	2596.1	10.0	45641	9.3
	聊城市	2516.4	9.4	42387.6	6.5
	菏泽市	2222.19	10.2	26335.8	7.5
山东省		59426.6	8.7	60705.5	7.8
全国		626463.0	7.4	46531.0	11.0

数据来源：青岛市、东营市、烟台市、潍坊市、威海市、日照市、滨州市、山东省和全国的数据同表 1-5。济南市、淄博市、枣庄市、济宁市、泰安市、莱芜市、临沂市、德州市、聊城市、菏泽市的数据：地区生产总值及其增长率数据来自各地市 2014 年的经济和社会发展统计公报；济南市、淄博市、济宁市、泰安市、德州市的人均地区生产总值及其增长率来自各地市 2014 年的经济和社会发展统计公报。枣庄市、莱芜市、临沂市、聊城市和菏泽市的人均地区生产总值根据地区生产总值和常住人口数计算得出，常住人口数来自 2013 年经济和社会发展统计公报，人均地区生产总值增长率根据计算得出的 2014 年人均地区生产总值和 2013 年的人均地区生产总值计算得出，2013 年的人均地区生产总值来自各市的《统计年鉴（2013）》。

表 1-20 山东省各地市地区生产总值及其增长率和人均地区生产总值及其增长率排名

地区生产总值			地区生产总值增长率			人均地区生产总值			人均地区生产总值增长率		
排名	地区名称	主体区还是联动区	排名	地区名称	主体区还是联动区	排名	地区名称	主体区还是联动区	排名	地区名称	主体区还是联动区
1	青岛市	主体区	1	菏泽市	联动区	1	东营市	主体区	1	临沂市	联动区
2	烟台市	主体区	2	临沂市	联动区	2	威海市	主体区	2	威海市	主体区
3	济南市	联动区	3	德州市	联动区	3	青岛市	主体区	2	德州市	联动区
4	潍坊市	主体区	4	济宁市	联动区	4	淄博市	联动区	4	济宁市	联动区
5	淄博市	联动区	5	泰安市	联动区	5	烟台市	主体区	5	泰安市	联动区
6	济宁市	联动区	5	威海市	主体区	6	济南市	联动区	6	潍坊市	主体区
7	临沂市	联动区	5	聊城市	联动区	7	滨州市	主体区	7	济南市	联动区
8	东营市	主体区	8	枣庄市	联动区	8	日照市	主体区	8	菏泽市	联动区
9	泰安市	联动区	9	济南市	联动区	9	泰安市	联动区	9	青岛市	主体区
10	威海市	主体区	9	莱芜市	联动区	10	潍坊市	主体区	10	淄博市	联动区
11	德州市	联动区	11	青岛市	主体区	11	枣庄市	联动区	10	枣庄市	联动区
12	聊城市	联动区	12	潍坊市	主体区	12	莱芜市	联动区	12	烟台市	主体区
13	滨州市	主体区	13	日照市	主体区	13	济宁市	联动区	13	聊城市	联动区
14	菏泽市	联动区	13	淄博市	联动区	14	德州市	联动区	14	日照市	主体区
15	枣庄市	联动区	15	烟台市	主体区	15	聊城市	联动区	15	滨州市	主体区
16	日照市	主体区	16	滨州市	主体区	16	临沂市	联动区	16	东营市	主体区
17	莱芜市	联动区	17	东营市	主体区	17	菏泽市	联动区	17	莱芜市	联动区

数据来源: 根据表1-19整理。

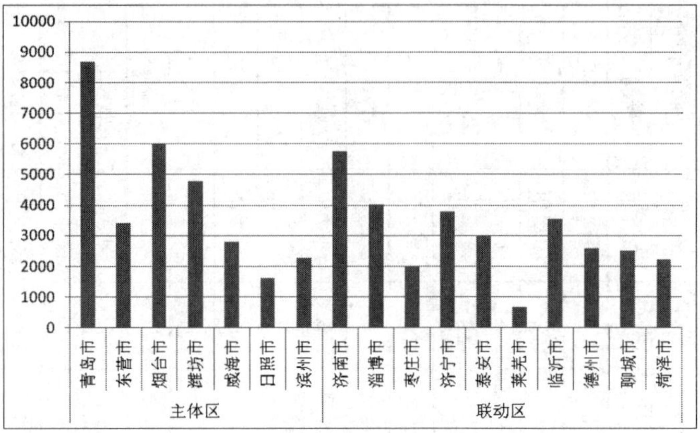

（a）地区生产总值（亿元）

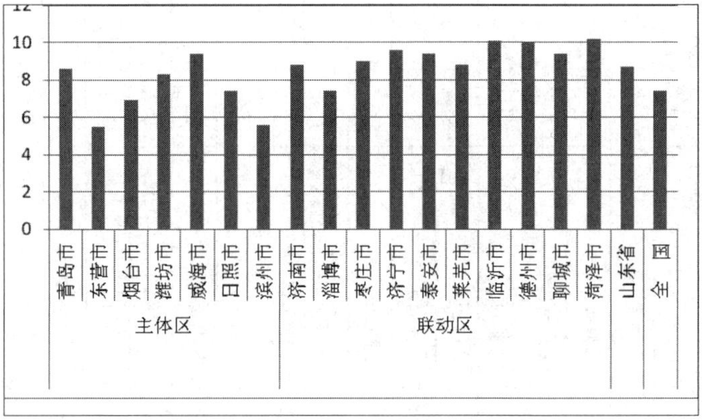

（b）地区生产总值增长率（%）

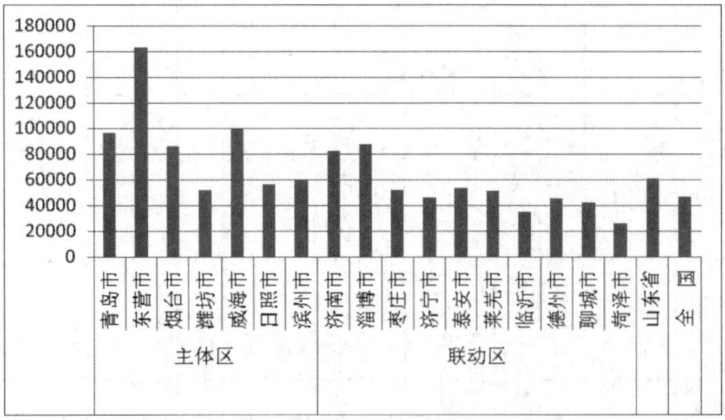

（c）人均地区生产总值（元）

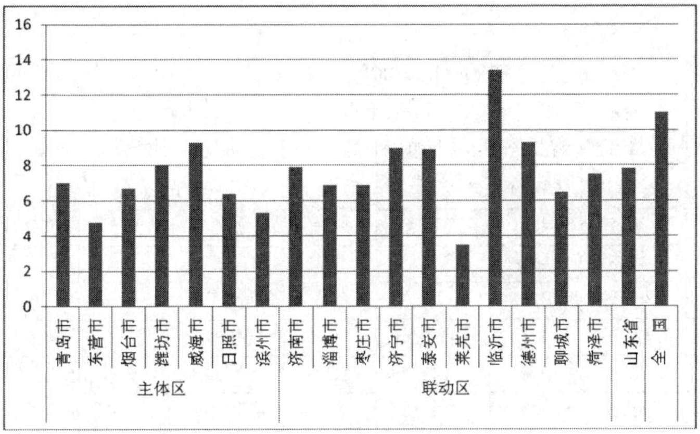

（d）人均地区生产总值增长率（%）

数据来源：表 1–19

图 1–19 山东省各地市地区生产总值及其增长率和人均地区生产总值及其增长率

二、三次产业结构

从三次产业结构来看，山东半岛蓝色经济区规划主体区七个地市第一产业所占比重总体上低于规划联动区的十个地市；而第二产业所占比重总体上高于规划联动区的十个地市；第三产业所占比重相对于规划联动区没有明显差别。表 1–21 给出了 2014 年各地市三次产业产值、增长率和产业结构。

表 1–21 2014 年山东省各地市三次产业增加值、增长率和产业结构

地区名称		三次产业增加值与增长率						三次产业结构
		第一产业		第二产业		第三产业		
		增加值（亿元）	增长率（%）	增加值（亿元）	增长率（%）	增加值（亿元）	增长率（%）	
规划主体区	青岛	362.6	3.9	3882.4	8.4	4447.1	7.9	4.2 : 44.6 : 51.2
	东营	123.99	4.0	2345.08	10.5	961.42	9.2	3.6 : 68.4 : 28.0
	烟台	441.27	3.9	3212.35	8.8	2348.46	10.4	7.4 : 53.5 : 39.1
	潍坊	456.2	4.0	2432.0	9.7	1898.5	9.3	9.5 : 50.8 : 39.7
	威海	214.50	4.2	1410.07	10.0	1165.77	10.6	7.7 : 50.5 : 41.8
	日照	139.34	4.2	811.39	9.6	660.64	12.0	8.6 : 50.4 : 41.0
	滨州	221.42	4.2	1145.39	8.3	909.90	7.2	9.7 : 50.3 : 40.0

续前表

地区名称		三次产业增加值与增长率						三次产业结构
		第一产业		第二产业		第三产业		
		增加值（亿元）	增长率（%）	增加值（亿元）	增长率（%）	增加值（亿元）	增长率（%）	
规划联动区	济南	299.1	4.2	2215.2	8.8	3256.3	9.1	5.2 : 38.4 : 56.4
	淄博	143.8	4	2251.5	8.4	1634.5	5.8	3.5 : 55.9 : 40.6
	枣庄	156.09	3.6	1099.76	9.2	724.28	9.7	7.9 : 55.5 : 36.6
	济宁	443.33	4.3	1912.58	10.4	1696.82	10.6	4.6 : 60.1 : 35.3
	泰安	271.4	3.9	1447.5	10.5	1283.3	9.1	9.32 : 49.01 : 41.67
	莱芜	53.15	3.6	374.78	9.7	259.67	8.1	7.6 : 56.0 : 36.4
	临沂	340.9	3.9	1648.9	10.7	1580	10.8	9.5 : 46.2 : 44:3
	德州	284.47	4.2	1442.25	10.8	977.46	10.4	11.1 : 52.6 : 37.3
	聊城	310.83	4.2	1296.19	9.9	909.38	10.4	12.4 : 53.2 : 34.7
	菏泽	265.01	3.0	1190.83	11.0	766.35	11.7	11.9 : 53.6 : 34.5
山东省		4798.4	3.8	28788.1	9.2	25840.1	8.9	8.1 : 48.4 : 43.5
全国		58332	4.1	271392	7.3	306739	8.1	9.2 : 42.6 : 48.2

数据来源：全部来自各地市2014年经济和社会发展统计公报。

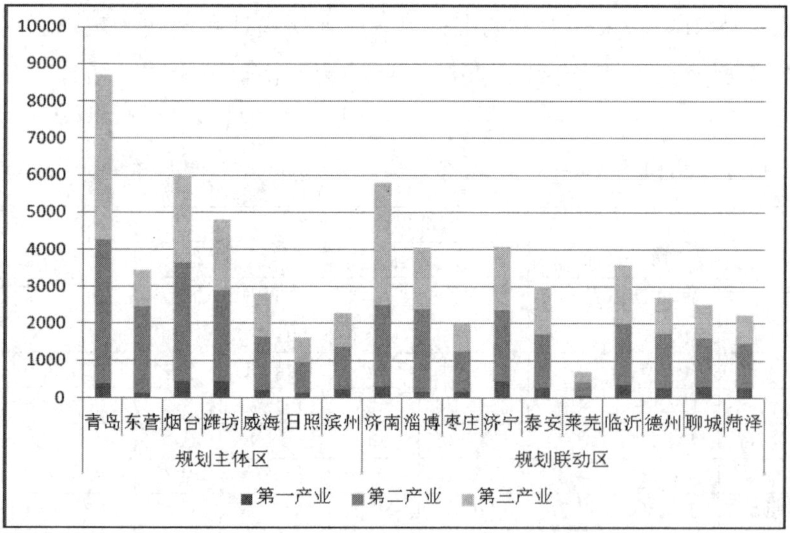

（a）各地市三次产业增加值（亿元）

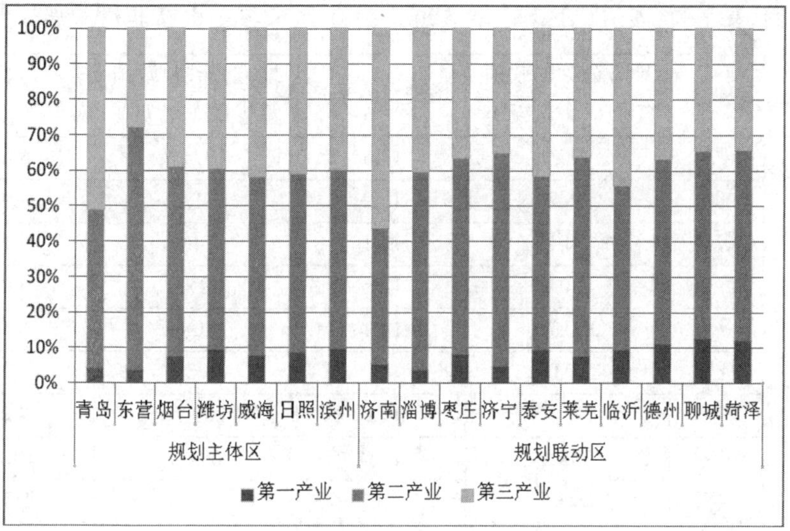

（b）各地市的三次产业结构

数据来源：表1-21。

图1-20 山东半岛蓝色经济区规划主体区和联动区的三次产业结构

三、财政收入与支出

表1-22给出了山东半岛蓝色经济区规划主体区和联动区各地市的财政收入与支出情况，总体来看，山东半岛蓝色经济区规划主体区各地市的财政收入与支出要高于规划联动区，主要是规划主体区的经济总体上好于规划联动区。表1-23给出了规划主体区和规划联动区各地市按照地方公共财政预算收入及其增长率和地方公共财政预算支出及其增长率的排名情况。图1-21给出了各地市规划主体区和规划联动区各地市按照地方公共财政预算收入及其增长率和地方公共财政预算支出及其增长率的图形。表1-23表明，在山东省的17个地市中，规划主体区七个地市的地方公共财政预算收入分别排名第一、第三、第四、第八、第九、第十一、第十六位；地方公共财政预算收入增长率分别排名第一、第五、第七、第八（并列有两个）、第十、第十三位；地方公共财政预算支出分别排名为第一、第二、第四、第十一、第十三、第十四、第十六位，地方公共财政预算财政支出增长率分别排名第一、第七、第八、第十、第十一、第十二、第十六位。

表 1-22 2014 年山东省各地市财政收入与支出及其增长率

地区名称		地方公共财政预算收入（亿元）	增长率（%）	地方公共财政预算支出（亿元）	增长率（%）
规划主体区	青岛	895.2	13.5	1074.7	6.0
	东营	206.24	12.2	241.36	3.9
	烟台	490.16	12.1	574.86	6.1
	潍坊	430.2	12.1	527.8	6.8
	威海	220.79	13.1	280.60	6.3
	日照	110.07	11	167.77	6
	滨州	187.15	10.0	269.78	7.2
规划联动区	济南	543.1	12.7	571.9	10.1
	淄博	292.5	7.1	342.5	5.7
	枣庄	137.88	5.5	217.21	4.5
	济宁	334.20	10.6	466.69	8.2
	泰安	187.4	11.0	285.8	10.3
	莱芜	49.60	6.07	80.12	5.68
	临沂	251	16.2	455.1	12.2
	德州	171.26	14.2	275.22	3.0
	聊城	156.19	15.2	285.96	10.7
	菏泽	161.97	1.7	341.81	6.7
山东省		5026.7	10.2	7175.9	7.3

数据来源：各地市和山东省 2014 年经济和社会发展统计公报。

表 1-23 2014 年山东省各地市财政收入与支出排名

地方公共财政预算收入			地方公共财政预算收入增长率			地方公共财政预算支出			地方公共财政预算支出增长率		
排名	地区名称	主体区还是联动区	排名	地区名称	主体区还是联动区	排名	地区名称	主体区还是联动区	排名	地区名称	主体区还是联动区
1	青岛	主体区	1	青岛	主体区	1	青岛	主体区	1	青岛	主体区
2	济南	联动区	2	临沂	联动区	2	烟台	主体区	2	临沂	联动区

续前表

地方公共财政预算收入			地方公共财政预算收入增长率			地方公共财政预算支出			地方公共财政预算支出增长率		
排名	地区名称	主体区还是联动区	排名	地区名称	主体区还是联动区	排名	地区名称	主体区还是联动区	排名	地区名称	主体区还是联动区
3	烟台	主体区	3	聊城	联动区	3	济南	联动区	3	聊城	联动区
4	潍坊	主体区	4	德州	联动区	4	潍坊	主体区	4	泰安	联动区
5	济宁	联动区	5	威海	主体区	5	济宁	联动区	5	济南	联动区
6	淄博	联动区	6	济南	联动区	6	临沂	联动区	6	济宁	联动区
7	临沂	联动区	7	东营	主体区	7	淄博	联动区	7	滨州	主体区
8	威海	主体区	8	烟台	主体区	8	菏泽	联动区	8	潍坊	主体区
9	东营	主体区	8	潍坊	主体区	9	聊城	联动区	9	菏泽	联动区
10	泰安	联动区	10	日照	主体区	10	泰安	联动区	10	威海	主体区
11	滨州	主体区	10	泰安	联动区	11	威海	主体区	11	烟台	主体区
12	德州	联动区	12	济宁	联动区	12	德州	联动区	12	日照	主体区
13	菏泽	联动区	13	滨州	主体区	13	滨州	主体区	13	淄博	联动区
14	聊城	联动区	14	淄博	联动区	14	东营	主体区	14	莱芜	联动区
15	枣庄	联动区	15	莱芜	联动区	15	枣庄	联动区	15	枣庄	联动区
16	日照	主体区	16	枣庄	联动区	16	日照	主体区	16	东营	主体区
17	莱芜	联动区	17	菏泽	联动区	17	莱芜	联动区	17	德州	联动区

数据来源：根据表 1–22 整理。

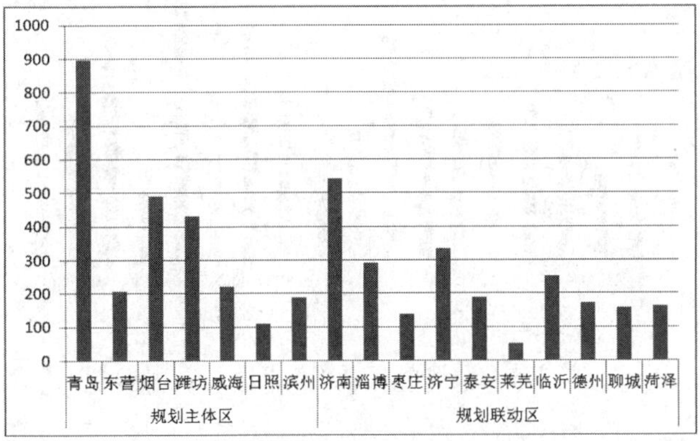

（a）地方公共财政预算收入（亿元）

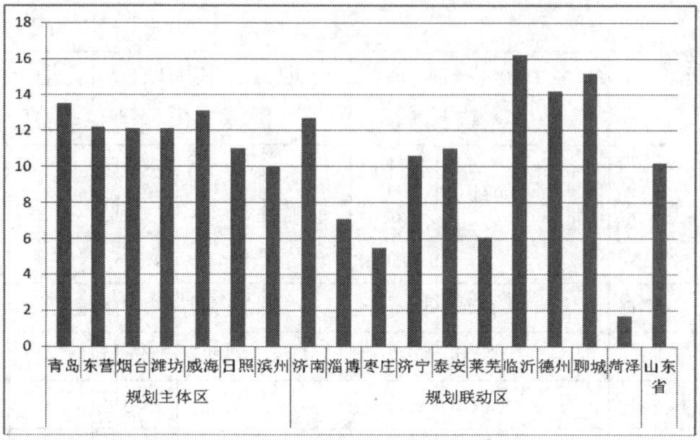

（b）地方公共财政预算收入增长率（%）

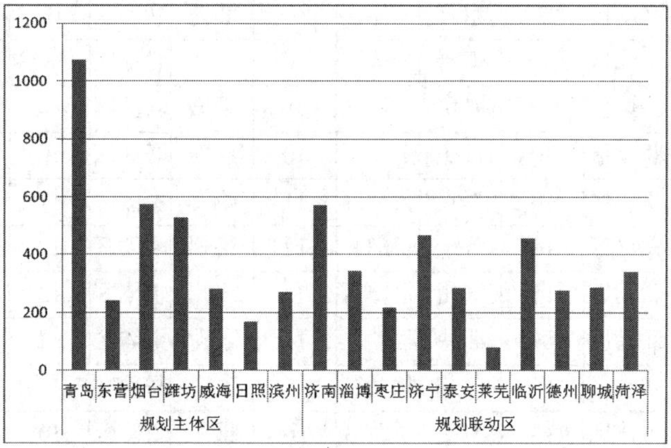

（c）地方公共财政预算支出（亿元）

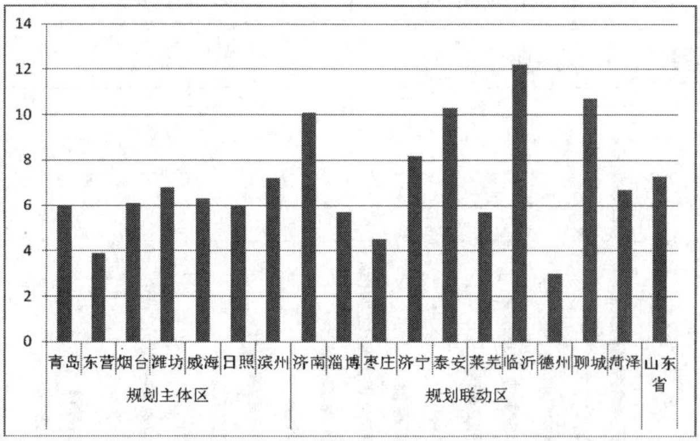

（d）地方公共财政预算支出增长率（%）

数据来源：表1-22。

图 1-21 2014 年山东省各地市财政收入与支出及其增长率

四、居民消费价格指数

就居民消费价格指数来看，山东半岛蓝色经济区规划主体区的七地市与规划联动区十地市并没有明显的差别。表 1–24 和图 1–22 给出了居民消费价格指数的比较情况。

表 1–24 2014 年山东省各地市居民消费价格指数及其排名

地区名称		居民消费价格指数（%）	排名	与全省比较	与全国比较
规划主体区	青岛	2.6	2	高于山东省	高于全国
	东营	1.4	16	低于山东省	低于全国
	烟台	1.9	8	等于山东省	低于全国
	潍坊	1.3	17	低于山东省	低于全国
	威海	2.4	3	高于山东省	高于全国
	日照	1.8	11	低于山东省	低于全国
	滨州	1.7	14	低于山东省	低于全国
规划联动区	济南	2.2	4	高于山东省	高于全国
	淄博	1.6	15	低于山东省	低于全国
	枣庄	1.9	8	等于山东省	低于全国
	济宁	3.2	1	高于山东省	高于全国
	泰安	1.8	11	低于山东省	低于全国
	莱芜	2.0	6	高于山东省	等于全国
	临沂	2.1	5	高于山东省	高于全国
	德州	2.0	6	高于山东省	等于全国
	聊城	1.8	11	低于山东省	低于全国
	菏泽	1.9	8	等于山东省	低于全国
山东省		1.9			
全国		2			

数据来源：全部数据来自各地市、山东省和全国的 2014 年经济和社会发展统计公报。

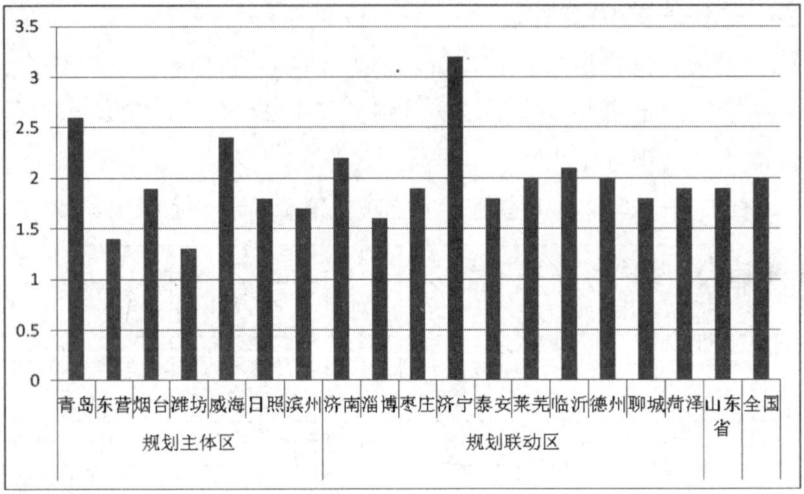

数据来源: 表1–24。

图 1–22 2014 年山东省各地市居民消费价格指数（%）

第四节 山东半岛蓝色经济区经济社会发展总体情况的总结

通过前面三节对山东半岛蓝色经济区 2014 年经济社会发展总体情况的研究和对比，可以总结出许多判断或结论。

一、总体情况得出的判断

第一，2014 年山东半岛蓝色经济区的地区生产总值、山东省的海洋生产总值、各地市的地区生产总值等都有大幅度上升，但是增长率相对于 2010 年、2011 年、2012 年和 2013 年有所下降，这与全国的国内生产总值和山东省地区生产总值的增长率下降的趋势一致。总体来讲，山东半岛蓝色经济区的地区生产总值和各地市的地区生产总值的增长率高于山东省，也高于全国，表明该地区的经济发展情况总体较好，表现出较强的经济活力。

第二，山东省海洋经济产值占全省地区生产总值的比重不断提高，2014 年达到了 17.6%，相对于 2012 年和 2013 年都稍有所提升，相对于 2006 年，提升了 4 个百分点，表明山东省海洋经济在全省的地位非常重要。

第三，从山东省海洋经济产值占全国海洋经济总产值的比重来看也是不断提高的，虽然 2014 年下降到 17.4%，但是在 2013 年达到了 18.41%，超过以往，表明山东省海洋经济在全国海洋经济发展中的地位进一步提高。

第四，从山东省海洋经济产值占山东省地区生产总值的比重和全国海洋经济产值占全国国内生产总值的比重来看，山东省海洋经济产值占山东省地区生产总值的比重明显高于全国海洋经济产值占全国国内生产总值的比重，表明山东省对海洋经济的依赖程度明显高于全国，海洋经济在山东省的地位明显高于海洋经济在全国的地位。

第五，山东半岛蓝色经济区主体区各地市的地区生产总值增长率总体上高于全省地区生产总值和全国国内生产总值的增长率，人均地区生产总值普遍高于全省和全国水平，表明山东半岛蓝色经济区主体区各地市的经济发展水平高于山东省和全国。各地市的人均地区生产总值增长率也高于山东省和全国的水平，表明各地市的经济实力和经济活力高于山东省平均水平，也高于全国平均水平。

二、纵向比较得出的判断

第一，从各地市的产业结构来看，从 2006 年至 2014 年第一产业所占比重明显下降，第二产业所占比重总体上变化不大，第三产业所占比重上升，其中青岛市在 2011 年第三产业比重首次超过第二产业，发展成为“三二一”的产业结构，这一特征在 2012 年、2013 年和 2014 年进一步强化，2014 年青岛市第三产业增加值占地区生产总值的比重超过 50%，表明青岛市正在由第二产业为主向第三产业为主转变。

第二，从一般公共财政预算收入和预算支出的变化来看，山东半岛蓝色经济区规划主体区总体上财政收入和财政支出都有大幅度提高，财政收入和财政支出的增长率在 2011 年、2012 年、2013 年和 2014 年相对于之前年份有所下降。

第三，从物价水平看，以居民消费价格指数来衡量，山东半岛蓝色经济区规划主体区各地市的物价水平都一直不断上涨，总体上涨的幅度低于全省和全国的水平。

三、横向比较得出的判断

通过对山东半岛蓝色经济区规划主体区各地市和规划联动区各地市2014年的经济社会发展情况进行比较，可以得出：

第一，从地区生产总值和人均地区生产总值来看，规划主体区的经济发展水平总体高于联动区；从地区生产总值增长率和人均地区生产总值增长率来看，主体区各地市并没有明显高于联动区，而且联动区有些地市的地区生产总值增长率和人均地区生产总值增长率还明显高于主体区的许多地市，表明联动区的经济发展具有较强的活力，这也再一次表明，《山东半岛蓝色经济区发展规划》并未给规划主体区各地市的经济增长带来明显的优势。

第二，从三次产业结构来看，规划主体区的各地市并没有明显优于规划联动区，除了规划主体区的青岛市和联动区的济南市之外，各地市都是第二产业占比最高，都形成了“二三一”的产业结构特征。

第三，从财政收入和财政支出来看，规划主体区的财政收入和支出总体上高于规划联动区，但是从增长率上看，无论是财政收入的增长率还是财政支出的增长率，规划主体区并未明显高于规划联动区。

第四，从物价水平看，以居民消费价格指数衡量，规划主体区各地市与规划联动区并没有明显差别。

/ 第二章 /

2014 年山东半岛蓝色经济区产业发展报告

李增刚 金莉莉*

山东半岛蓝色经济区七地市的第一、二、三产业都实现了较大幅度增长，但是增长幅度不同，第一产业增长率明显低于第二产业和第三产业。在各产业内部，增长幅度也不一致。本章主要对山东半岛蓝色经济区规划主体区的农林牧渔业、工业和建筑业发展情况进行总结，并且与规划联动区的发展情况进行比较，与《山东半岛蓝色经济区发展规划》批准前的发展情况进行比较。

第一节 农林牧渔业发展情况

一、2014 年规划主体区各地市农林牧渔业发展情况

2014 年，山东半岛蓝色经济区规划主体区各地市的农林牧渔业取得了一定的发展，各具体产业都有所发展，但是发展不完全均衡，各地市之间的发展也不均衡。有的地市发展快些，有的地市发展慢些；有的产业发展快些，有的产业发展慢些。从增加值增长率来看，增长最快的是威海市，增长率达到了 4.2%，增长最慢的是烟台市，增长率仅为 3.9%；各地市农林牧渔增加值增长率均高于山东省平均值。从农林牧渔业内部各产业来看，各地市都是农林牧渔服务业产值增长率最高，其次为林业或渔业，农业产

* 李增刚，经济学博士，山东大学经济研究院教授；金莉莉，山东大学经济研究院硕士研究生。

值增长率比较低。表 2–1 给出了 2014 年山东半岛蓝色经济区规划主体区各地市农林牧渔业发展情况；图 2–1 给出了 2014 年山东半岛蓝色经济区规划主体区各地市农林牧渔业增加值及增加值增长率情况；图 2–2 给出了 2014 年山东半岛蓝色经济区规划主体区部分地市农林牧渔业内部各产业产值或增加值及其增长率情况。

表 2-1 2014 年山东半岛蓝色经济区规划主体区农林牧渔业发展情况

地市名称	总产值		农业		林业		牧业		渔业		农林牧渔服务业		农林牧渔业增加值	
	产值（亿元）	增长率（%）	产值（亿元）	增长率（%）	产值（亿元）	增长率（%）	产值（亿元）	增长率（%）	产值（亿元）	增长率（%）	产值（亿元）	增长率（%）	增加值（亿元）	增长率（%）
青岛市	–	–	–	–	–	–	–	–	–	–	–	–	362.6	3.9
东营市	243.17	4.4	99.55	4.0	2.14	-0.1	65.29	0.6	55.87	6.8	20.32	9.7	123.99	4.0
烟台市	–	–	231.46	4.2	9.55	8.6	69.75	3.5	115.84	2.6	14.67	9.5	441.27	3.9
潍坊市	895.8	4.0	–	–	–	–	–	–	45.1	6.6	–	–	456.2	4.0
威海市	–	–	54.13	1.8	0.48	1.9	31.66	4.3	121.32	5.0	6.92	9.7	214.5	4.2
日照市	242.09	4.2	69.6	3.9	2.41	4.6	32.23	2.6	28.91	5.8	6.18	6.8	139.34	4.2
滨州市	–	–	135.71	4.0	4.57	2.3	44.76	1.1	25.83	9.7	10.53	8.5	221.42	4.2
山东省	–	–	2799.3	4.6	92.5	9.5	997.7	2.0	908.8	2.8	–	–	4798.4	3.8

数据说明：1. 农、林、牧、渔和农林牧渔服务业产值，东营市为总产值数据；烟台市、威海市、日照市、滨州市、山东省为增加值数据；潍坊渔业产值数据为总产值数据。2. “–” 表示数据不可得。

数据来源：各地市和山东省 2014 年的经济和社会发展统计公报。

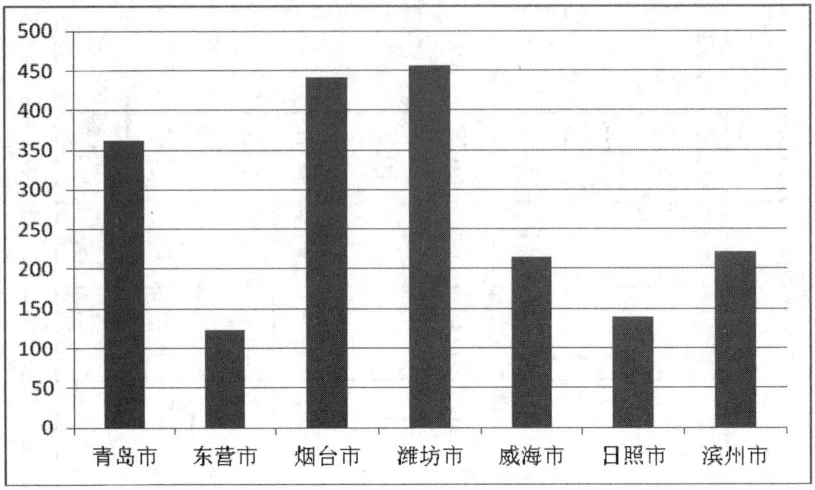

（a）规划主体区各地市农林牧渔业增加值（亿元）

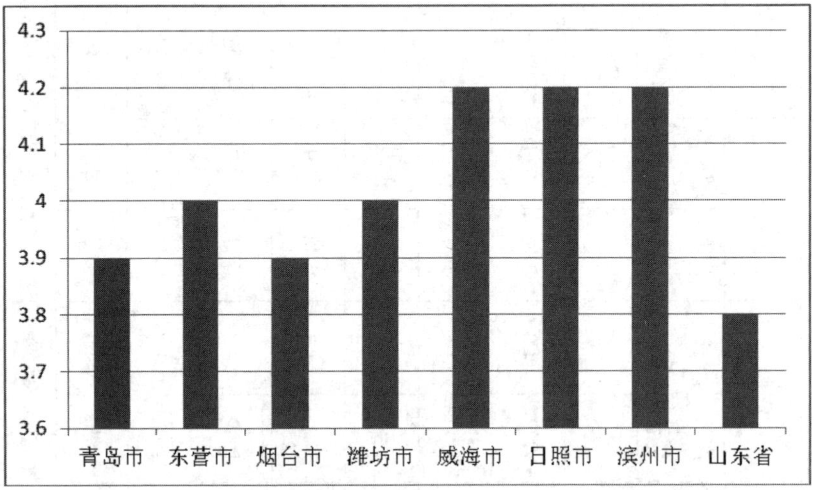

（b）规划主体区各地市农林牧渔业增加值增长率（%）

数据来源：表2-1。

图 2-1 规划主体区各地市 2014 年农林牧渔业增加值及其增长率

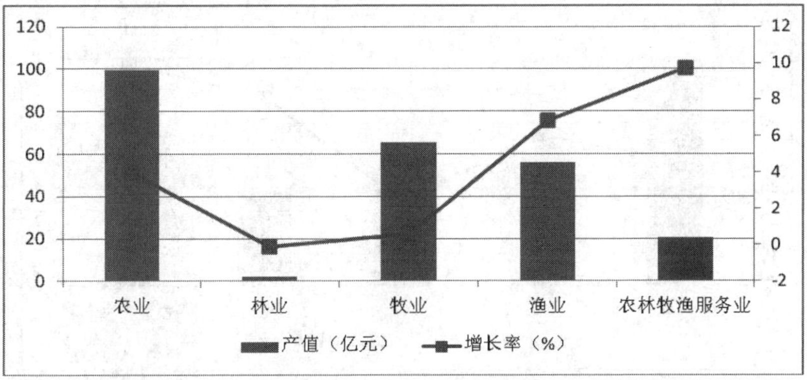

（a）东营市农林牧渔业内部各产业总产值及其增长率

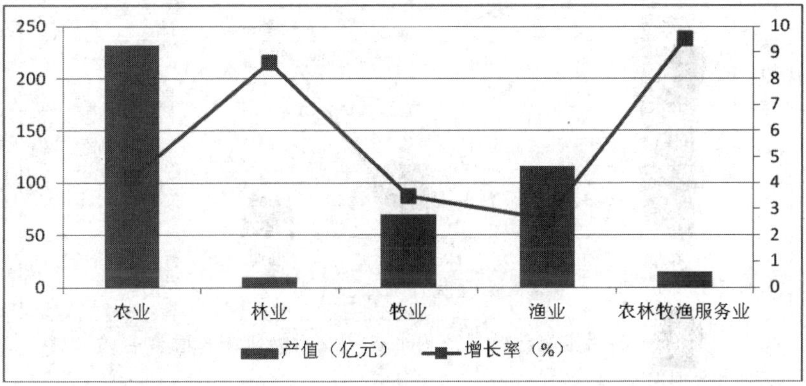

（b）烟台市农林牧渔业内部各产业增加值及其增长率

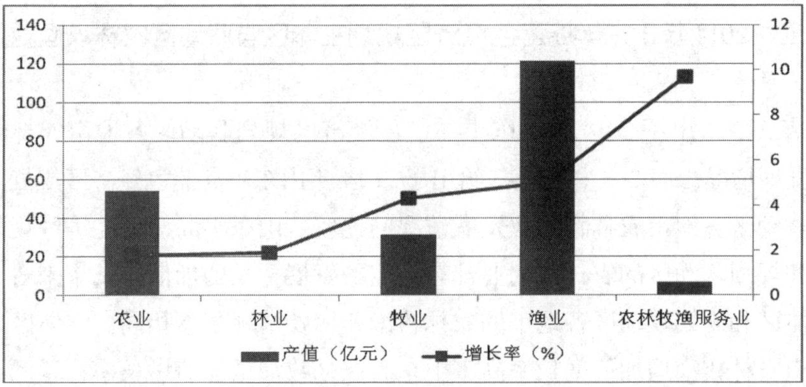

（c）威海市农林牧渔业内部各产业增加值及其增长率

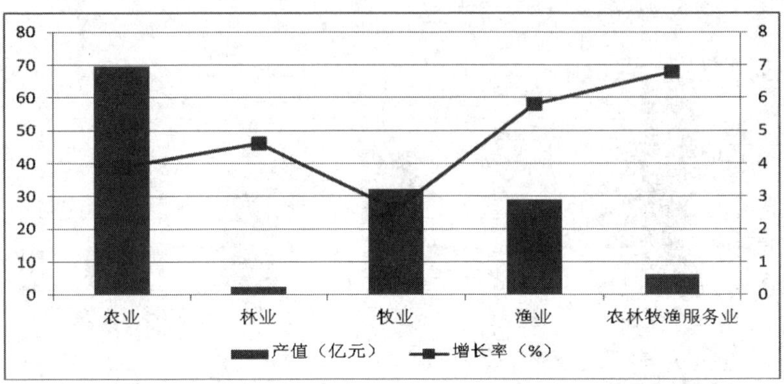

（d）日照市农林牧渔业内部各产业增加值及其增长率

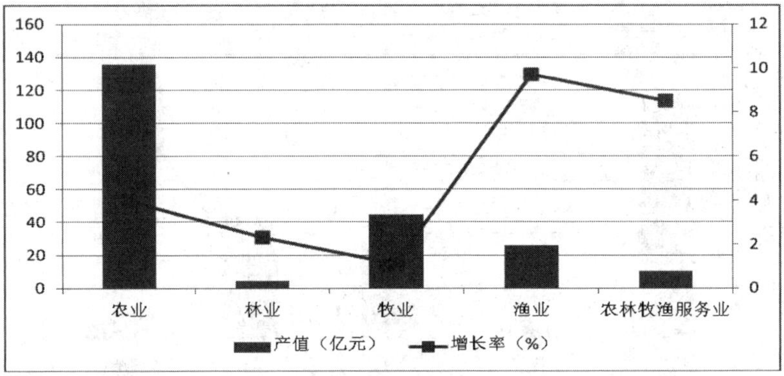

（e）滨州市农林牧渔业内部各产业增加值及其增长率

数据说明和数据来源：表 2–1。

图 2–2 规划主体区部分地市农林牧渔业内部产业产值或增加值及其增长率

二、2014 年山东半岛蓝色经济区规划主体区与联动区农林牧渔业发展比较

表 2–2 给出了 2014 年山东半岛蓝色经济区规划联动区各地市农林牧渔业的发展情况；表 2–3 和图 2–3 给出了 2014 年山东半岛蓝色经济区规划主体区与联动区各地市农林牧渔业发展情况的比较。山东半岛蓝色经济区规划主体区和规划联动区的农林牧渔业都有一定的发展，从增加值增长率来看，规划主体区和规划联动区各地市的农林牧渔业增长情况基本相同。主体区内的各地市农林牧渔增加值增长率高于山东省农林牧渔增加值增长率；联动区的济宁市的农林牧渔增加值增长率最快，远高于山东省农林牧渔增加值增长率。

表 2-2 2014 年山东半岛蓝色经济区联动区农林牧渔业发展情况

地市名称	总产值		农业		林业		牧业		渔业		农林牧渔服务业		农林牧渔业增加值	
	产值（亿元）	增长率（%）	产值（亿元）	增长率（%）	产值（亿元）	增长率（%）	产值（亿元）	增长率（%）	产值（亿元）	增长率（%）	产值（亿元）	增长率（%）	增加值（亿元）	增长率（%）
济南市	–	–	199.5	4.2	8.9	12.4	77.6	2.6	4.3	3.3			299.1	4.2
淄博市	252.5	4.1	168.2	3.8	13. 9	10.4	57.9	3.9	5.3	4.6	7.1	8.2	143.8	4
枣庄市	–	–	113.25	3.4	1.68	2.9	27.87	4.0	4.91	1.7	–	–	156.09	3.6
济宁市	443.33	4.3	289.88	5.4	6.75	12.3	107.9	2.5	26.84	3.9	11.96	9.7	443.33	4.3
泰安市	–	–	166.7	3.6	5.3	2.1	78.2	3.4	10.1	6.0	11.1	9.8	271.4	3.9
莱芜市	–	–	41.37	3.1	1.01	7.8	9.52	4.7	0.84	6.1	0.41	9.7	53.15	3.6
临沂市	–	–	249.4	3.7	13.7	7.9	57.7	3.1	10.4	3.3	9.6	9.1	340.9	3.9
德州市	601.6	4.2	331.5	2.6	13.9	6.9	212.9	6.1	17.1	6.2	–	–	284.47	4.2
聊城市	564.50	4.2	–	3.9	–	4.3	–	4.5	–	6.9	–	9.2	310.83	4.2
菏泽市	476.51	3.8	–	–	–	–	–	–	–	–	–	–	265.01	3

数据说明：1. 农、林、牧、渔和农林牧渔服务业产值或增加值数据：淄博市为总产值数据；济南市、枣庄市、济宁市、泰安市、莱芜市、临沂市、德州市、聊城市为增加值数据；2. – 表示数据缺失。

数据来源：全部数据来自各地市 2014 年经济和社会发展统计公报。

表 2-3 山东半岛蓝色经济区规划主体区和规划联动区农林牧渔业增加值增长率比较

排名	地市名称	增长率（%）	主体区或联动区	与山东省的比较	与全国平均比较
1	济宁	4.3	联动区	高于山东省	高于全国
2	威海	4.2	主体区		
2	日照	4.2	主体区		
2	滨州	4.2	主体区		
2	济南	4.2	联动区		
2	德州	4.2	联动区		
2	聊城	4.2	联动区		
8	东营	4	主体区		低于全国
8	潍坊	4	主体区		
8	淄博	4	联动区		
11	青岛	3.9	主体区		
11	烟台	3.9	主体区		
11	泰安	3.9	联动区		
11	临沂	3.9	联动区		
15	枣庄	3.6	联动区	低于山东省	
15	莱芜	3.6	联动区		
17	菏泽	3	联动区		

说明：山东省农林牧渔业增加值增长率为 3.8%；全国农林牧渔业增加值增长率为 4.1%。
数据来源：2014 年全国、山东省和各地市的经济和社会发展统计公报。

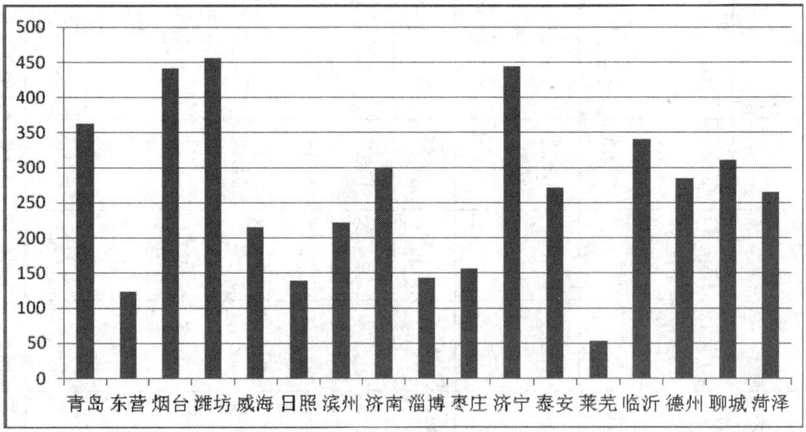

（a）农林牧渔业增加值（亿元）

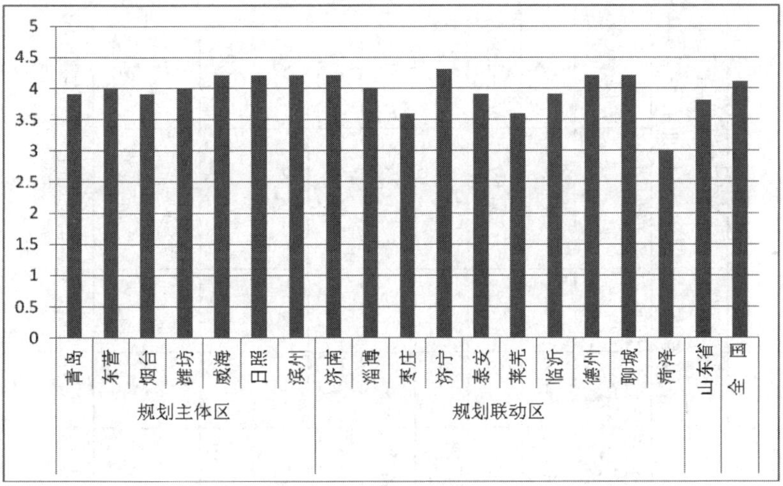

（b）农林牧渔业增加值增长率（%）

数据来源：表 2-1 和表 2-2。

图 2-3 山东半岛蓝色经济区规划主体区和规划联动区农林牧渔业增加值及其增长率比较

三、2006 年至 2014 年山东半岛蓝色经济区规划主体区各地市农林牧渔业发展情况比较

2006 年至 2014 年间，山东半岛蓝色经济区规划主体区各地市的农林牧渔业都平稳增长，各年增长率不同，差别较大。表 2-4 给出了各地市 2006 年至 2014 年间农林牧渔业的发展情况。以数据最全的农林牧渔业增加值及其增长率来看，各地市的农林牧渔业增加值都稳定增长，但是增长幅度不完全相同；每个地市各年的增长幅度也有较大差别。以《山东半岛蓝色经济区发展规划》获得国务院批准前后来比较，在批准后农林牧渔业的发展并没有明显变化。图 2-4 给出了 2006 年至 2014 年间各地市农林牧渔业增加值及其增长率的变化情况。

表 2-4 2006—2014 年山东半岛蓝色经济区规划主体区各地市农林牧渔业发展情况

（a）青岛市

年份	总产值		农业		林业		牧业		渔业		农林牧渔服务业		农林牧渔业增加值	
	产值（亿元）	增长率（%）	产值（亿元）	增长率（%）	产值（亿元）	增长率（%）	产值（亿元）	增长率（%）	产值（亿元）	增长率（%）	产值（亿元）	增长率（%）	增加值（亿元）	增长率（%）
2006	339.61	6.0	136.08	7.5	2.35	-6.7	107.63	0.5	85.51	1.4	–	–	183.95	0.9
2007	342.99	1.0	148.37	9.0	2.08	-11.5	97.50	-9.4	83.05	-2.9	–	–	203.59	-2.6
2008	400.85	16.9	177.84	19.9	2.45	17.3	121.46	24.6	85.62	3.1	–	–	223.4	1.4
2009	408.61	1.9	185.68	4.4	2.23	-8.9	116.06	-4.5	89.86	4.9	–	–	230.25	3
2010	483.18	18.2	233.92	26.0	1.92	-13.6	126.40	8.9	105.15	17.0	–	–	276.99	1.4
2011	535.93	10.9	236.53	1.1	1.92	0.0	156.01	23.4	123.27	17.2	–	–	306.38	5
2012	566.52	5.7	249.25	5.4	2.05	6.8	158.25	1.4	137.06	11.19	–	–	324.41	3.2
2013	–	–	–	–	–	–	–	–	–	–	–	–	352.4	2.1
2014	–	–	–	–	–	–	–	–	–	–	–	–	362.6	3.9

数据说明和数据来源：总产值、农业、林业、牧业和渔业产值数据来自《青岛市统计年鉴 2013》，为按照现价计算的总产值，增长率根据该数据计算得出；增加值及其增长率数据来自青岛市各年的经济和社会发展统计公报。

（b）东营市

年份	总产值		农业		林业		牧业		渔业		农林牧渔服务业		农林牧渔业增加值	
	产值（亿元）	增长率（%）	产值（亿元）	增长率（%）	产值（亿元）	增长率（%）	产值（亿元）	增长率（%）	产值（亿元）	增长率（%）	产值（亿元）	增长率（%）	增加值（亿元）	增长率（%）
2006	104.6	8.9	47.8	3.8	1.1	–4.1	26.4	17.1	21.7	9.1	7.6	2.4	53.27	7.0
2007	119.44	6.0	51.88	1.4	1.01	–11.0	32.62	8.8	24.17	4.3	9.76	34.3	60.63	6.0
2008	–	–	–	–	–	–	–	–	–	–	–	–	70.08	5.0
2009	147.35	5.1	61.09	2.3	1.39	7.5	40.32	11.9	32.93	4.3	11.62	1.0	74.73	5.0
2010	169.64	4.5	71.25	–0.7	1.49	3.1	46.81	10.6	37.3	5.8	12.78	7.1	87.38	4.5
2011	194.95	4.3	77.12	0.8	1.66	6.1	58.89	7.5	43	6.1	14.28	7.1	99.18	4.2
2012	205.38	4.1	76.17	–0.6	1.91	10.9	62.8	7.2	48.34	5.6	16.17	10.6	104.34	4.0
2013	230.65	3.7	93.08	4.3	2.15	9.3	64.60	0.4	52.51	4.6	18.32	10.9	117.19	3.5
2014	243.17	4.4	99.55	4	2.14	–0.1	65.29	0.6	55.87	6.8	20.32	9.7	123.99	4

数据说明和数据来源：农林牧渔业各业产值为总产值数据；全部数据来自东营市 2006 年至 2014 年各年经济和社会发展统计公报。

（c）烟台市

年份	总产值		农业		林业		牧业		渔业		农林牧渔服务业		农林牧渔业增加值	
	产值（亿元）	增长率（%）	产值（亿元）	增长率（%）	产值（亿元）	增长率（%）	产值（亿元）	增长率（%）	产值（亿元）	增长率（%）	产值（亿元）	增长率（%）	增加值（亿元）	增长率（%）
2006	383.22	6.7	179.54	7.6	4.56	1.2	68	12.5	123.88	3.6	7.24	0.1	216.01	5.9
2007	427.97	4.7	198.54	6.0	5.55	11.9	79.87	6.1	135.4	2.1	8.61	8.8	239.03	3.8
2008	497.81	3.1	232.46	–	11.94	–	90.39	–	149.86	–	13.17	–	275.55	2
2009	510.89	3.7	234.88	0.6	11.68	12.9	89.82	8.3	159.52	4.1	14.99	5	285.9	3.6
2010	–	–	172.5	7.2	6.7	8.7	50.2	5.2	95.7	–2.3	9.4	5.8	334.49	3.5
2011	–	–	182.4	4.8	7.3	5.7	61.0	3.1	99.8	–1.2	10.9	11.3	361.43	3.0
2012	–	–	186.94	4.6	8.1	9.3	62.81	6.8	107.71	2.9	11.75	6.0	377.31	4.6
2013	–	–	217.63	0.9	8.76	5.4	66.72	6.1	114.73	7.0	13.15	10.0	420.99	3.9
2014	–	–	231.46	4.2	9.55	8.6	69.75	3.5	115.84	2.6	14.67	9.5	441.27	3.9

数据说明和数据来源：2006年至2009年的农业、林业、牧业、渔业和农林牧渔服务业的产值为各业产值；2010年至2014年的各业产值为增加值。全部数据来自烟台市各年的经济和社会发展统计公报。

（d）潍坊市

年份	总产值		农业		林业		牧业		渔业		农林牧渔服务业		农林牧渔业增加值	
	产值（亿元）	增长率（%）	产值（亿元）	增长率（%）	产值（亿元）	增长率（%）	产值（亿元）	增长率（%）	产值（亿元）	增长率（%）	产值（亿元）	增长率（%）	增加值（亿元）	增长率（%）
2006	–	–	–	–	–	–	–	–	24.1	19.5	–	–	211.81	0.2
2007	480.8	13.7	–	–	–	–	–	–	26.2	8.8	–	–	237.54	2.7
2008	561.6	5.8	–	–	–	–	–	–	29.0	2.9	–	–	281.7	5.7
2009	595.7	4.7	–	–	–	–	–	–	31.6	7.1	–	–	302.0	4.6
2010	654.8	4.3	–	–	–	–	–	–	34.5	2.1	–	–	330.5	4.3
2011	714.3	4.2	–	–	–	–	–	–	37.2	2.8	–	–	359.28	4.2
2012	774.6	5.2	–	–	–	–	–	–	38.5	4.9	–	–	390.52	5.2
2013	850.7	3.4	–	–	–	–	–	–	42.0	8.2	–	–	433.1	3.3
2014	895.8	4	–	–	–	–	–	–	45.1	6.6	–	–	456.2	4

数据说明和数据来源：渔业产值为总产值；全部数据来源于潍坊市各年的经济和社会发展统计公报。

（e）威海市

年份	总产值		农业		林业		牧业		渔业		农林牧渔服务业		农林牧渔业增加值	
	产值（亿元）	增长率（%）	产值（亿元）	增长率（%）	产值（亿元）	增长率（%）	产值（亿元）	增长率（%）	产值（亿元）	增长率（%）	产值（亿元）	增长率（%）	增加值（亿元）	增长率（%）
2006	218.63	4.6	46.52	7.6	0.62	-65.1	33.79	14.2	135.36	2.3	2.44	11	116.58	4.2
2007	242.88	5.7	51.34	0	1.57	149.7	37.35	5.8	149.3	5.8	3.31	47.7	127.8	4.3
2008	259.72	4.1	64.6	6.1	1.9	-5.1	49.46	2.1	139.53	3.3	4.23	31.8	132.28	4.1
2009	267.08	5.5	66.44	4.4	2.06	19.7	50.35	10.9	143.55	3.8	4.69	9.5	136.34	5.0
2010	300.85	1.2	79.08	0	0.87	4.2	53.02	1.1	162.83	1.6	5.06	7.3	153.94	1.3
2011	335.57	1.5	87.81	-2.3	0.83	-13.2	62.93	8.9	178.13	0.5	5.87	15.5	171.18	1.4
2012	-	-	41.63	1.8	0.44	-1.1	26.84	5.1	108.12	6.2	3.08	8.2	180.11	5
2013	-	-	48.08	0.7	0.47	6.1	31.41	6.2	117.25	5	6.26	10.9	203.47	4.3
2014	-	-	54.13	1.8	0.48	1.9	31.66	4.3	121.32	5	6.92	9.7	214.5	4.2

数据说明和数据来源：2006 年至 2011 年的各业数据为产值数据；2012 年、2013 年和 2014 年为增加值数据；产值是按照当年价格计算的；增长率是根据可比价格计算出来的；2006 年至 2014 年数据全部来自威海市各年的经济和社会发展统计公报。

（f）日照市

年份	总产值		农业		林业		牧业		渔业		农林牧渔服务业		农林牧渔业增加值	
	产值（亿元）	增长率（%）	产值（亿元）	增长率（%）	产值（亿元）	增长率（%）	产值（亿元）	增长率（%）	产值（亿元）	增长率（%）	产值（亿元）	增长率（%）	增加值（亿元）	增长率（%）
2006	128.68	2.7	–	–	–	–	–	—	–	–	–	–	73.89	2.5
2007	150.86	3.1	37.04	–	2.48	–	16.31	–	27	–	3.37	–	86.20	2.6
2008	141.64	4.4	42.13	–	2.39	–	20.53	–	14.97	–	2.71	–	82.74	5.7
2009	149.85	3.8	45.63	–	2.31	–	21.27	–	15.08	–	3.03	–	87.33	3.8
2010	176.29	4.5	51.34	–	1.88	–	22.75	–	19.90	–	4.39	–	100.26	4.5
2011	198.75	3.9	53.53	–	2	–	28.94	–	22.89	–	4.7	–	112.08	3.7
2012	207.81	4.2	55.26	–	2.17	–	29.54	–	25.52	–	5.15	–	117.64	4.1
2013	229.16	3.5	62.97	3.2	2.31	3.3	31.62	3.2	28.94	3.6	5.62	6.8	131.45	3.5
2014	242.09	4.2	69.6	3.9	2.41	4.6	32.23	2.6	28.91	5.8	6.18	6.8	139.34	4.2

数据说明和数据来源：农林牧渔业及其服务业产值数据均为增加值；各年数据均来自于日照市各年的经济和社会发展统计公报。

（g）滨州市

年份	总产值		农业		林业		牧业		渔业		农林牧渔服务业		农林牧渔业增加值	
	产值（亿元）	增长率（%）	产值（亿元）	增长率（%）	产值（亿元）	增长率（%）	产值（亿元）	增长率（%）	产值（亿元）	增长率（%）	产值（亿元）	增长率（%）	增加值（亿元）	增长率（%）
2006	180.33	5.1	–	–	–	–	–	–	–	–	–	–	97.21	4.9
2007	207.34	4.3	–	–	–	–	–	–	–	–	–	–	109.57	2.2
2008	240.19	4.8	–	–	–	–	–	–	–	–	–	–	122.69	2.9
2009	262.95	4.5	–	–	–	–	–	–	–	–	–	–	135.93	5.5
2010	300.41	4.9	–	–	–	–	–	–	–	–	–	–	155.48	4.9
2011	346.51	4.9	186.67	3.5	5.81	10.0	104.77	5.9	37.55	8.5	11.71	16.2	178.07	4.9
2012	–	–	116.22	2.1	3.97	21.9	41.79	9.9	20.61	8.0	6.92	13.4	189.51	5.1
2013	–	–	129.92	1.5	4.49	9.1	44.21	4.4	23.57	9.8	8.83	15.9	211.02	3.7
2014	–	–	135.71	4	4.57	2.3	44.76	1.1	25.83	9.7	10.53	8.5	221.42	4.2

数据说明和数据来源：2011 年各产业的产值为总产值数据，2012 年、2013 年和 2014 年的各产业产值为增加值数据；各年数据均来自于滨州市各年的经济和社会发展统计公报。

（h）山东省

年份	总产值		农业		林业		牧业		渔业		农林牧渔服务业		农林牧渔业增加值	
	产值（亿元）	增长率（%）	产值（亿元）	增长率（%）	产值（亿元）	增长率（%）	产值（亿元）	增长率（%）	产值（亿元）	增长率（%）	产值（亿元）	增长率（%）	增加值（亿元）	增长率（%）
2006	–	–	1260.6	5.1	45.9	8.3	466.4	4.8	322.0	3.6	44.0	22.2	2138.9	5.2
2007	–	–	1441.2	3.6	57.8	7.7	599.6	4.2	361.1	3.6	49.4	10.8	2509.1	4.0
2008	–	–	1697.3	3.1	70.9	12.2	702.1	7.3	423.4	6.3	108.9	16.6	3002.7	5.1
2009	–	–	1883.4	2.7	71.3	9.8	691.1	5.2	459.8	6.1	121.0	10.1	3226.6	4.2
2010	–	–	2146.6	2.5	60.7	9.9	727.0	4.2	521.4	4.9	132.5	9.9	3588.3	3.6
2011	–	–	2255.0	3.7	70.1	9.9	891.0	2.5	614.3	4.4	143.4	7.0	3973.8	4.0
2012	–	–	2329.9	2.8	75.5	4.1	946.7	7.7	771.2	4.9	158.4	–	4281.7	4.7
2013	–	–	2649.0	4.3	84.8	8.8	975.1	1.9	857.1	3.0	–	–	4742.6	3.8
2014	–	–	2799.3	4.6	92.5	9.5	997.7	2	908.8	2.8	–	–	4798.4	3.8

数据说明和数据来源：各年数据均来自山东省各年的经济和社会发展统计公报，农林牧渔业及其服务业产值及其增长率为增加值及其增长率数据。

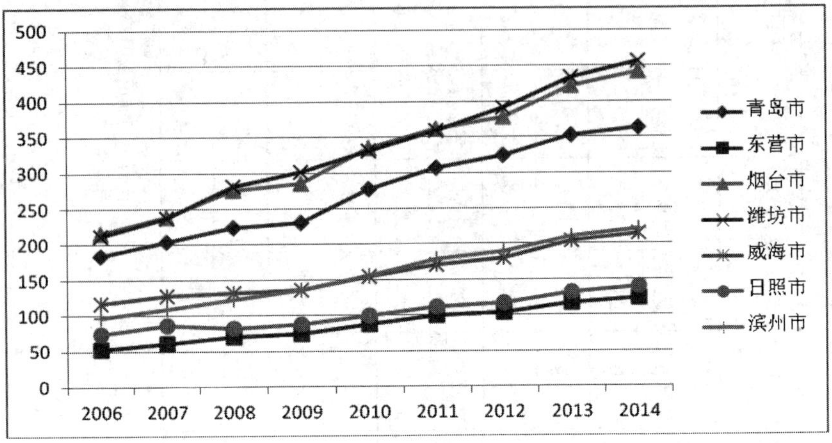

（a）农林牧渔业增加值（亿元）

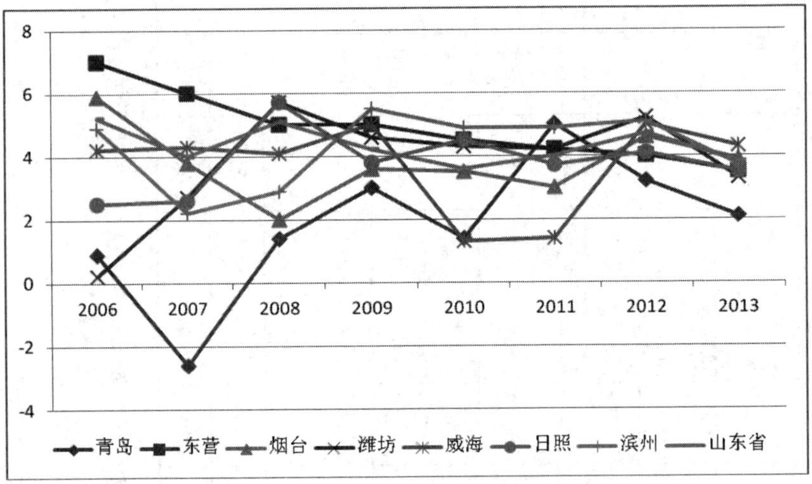

数据来源：表2-4。

（b）农林牧渔业增加值增长率（%）

图 2-4 2006—2014 年山东半岛蓝色经济区主体区各地市农林牧渔业增加值及其增长率

第二节 工业发展情况

一、2014 年各地市工业发展情况

2014 年山东半岛蓝色经济区规划主体区各地市工业发展良好，规模以上工业企业增长迅速。规模以上工业企业总产值或增加值增长率除烟台市低于山东省外，其他六市均高于山东省；规模以上工业企业的主营业务收入增长率除青岛市和东营市高于山东省外，其他五市均低于山东省；利税增长率除了烟台市和日照市低于山东省外，其他五市的利税增长率均高于山东省；利润增长率，除了烟台市和东营市以外，其他五市均高于山东省。表 2–5 和图 2–5 给出了各地市规模以上工业企业发展情况。这表明，各地市的工业发展情况不完全相同，总体增长率较高。

就各地市工业产业内部的发展情况来看，青岛市全年规模以上工业企业完成工业总产值 16761 亿元，增长 9.6%。其中，高新技术产业产值增长 16.7%，占比为 40.7%，较年初提高 0.8 个百分点；十条工业千亿级产业链产值增长 10.2%，占比为 75.3%；规模以上工业战略性新兴产业产值增长 20.2%，表 2–6 给出了青岛市规模以上工业中战略性新兴产业的发展情况。

表 2-5 2014 年山东半岛蓝色经济区规划主体区各地市规模以上工业企业发展情况

地区	家数	增加值或总产值		主营业务收入		利税		利润		资本保值增值率（%）	产销率（%）
		总额（亿元）	增长率（%）	总额（亿元）	增长率（%）	总额（亿元）	增长率（%）	总额（亿元）	增长率（%）		
青岛市	4603	16761	9.6	16143.9	10.7	1564.8	9.3	835.5	5.6	128.2	98.5
东营市	921	13584.79	15.6	13516.34	12.0	12297.53	14.4	1254.94	1.2	–	–
烟台市	–	2898.14	8.8	14899.58	7.1	1442.31	4.6	–	–0.9	–	
潍坊市	3907	–	10.5	12602.5	8.7	1070.6	10.1	695.1	9.2	–	98.7
威海市	1517	–	11.8	6561.43	9.7	561.49	11.6	354.44	12.8	–	98.4
日照市	573	709.2	10.9	2875.73	9.2	122.49	0.5	29.31	16.0	–	–
滨州市	1304	–	9.6	7463.18	3.1	427.80	7.7	262.97	10.8	–	–
山东省	38962	25340.9	9.3	143488.1	9.8	14263.1	5.6	8763.4	4.6	–	–

数据说明：1. 本表给出的是各地市规模以上工业企业的发展情况，规模以上工业企业是指主营业务收入 2000 万元及以上的工业法人企业。2. 增加值或总产值数据：青岛市、东营市为总产值及其增长率；烟台市、潍坊市、威海市、日照市、滨州市、山东省为增加值及其增长率；3. 各地市和山东省的增加值或总产值增长率都为规模以上工业企业增加值增长率；4. “–”表示数据缺失。

数据来源：各地市和山东省 2014 年的经济和社会发展统计公报。

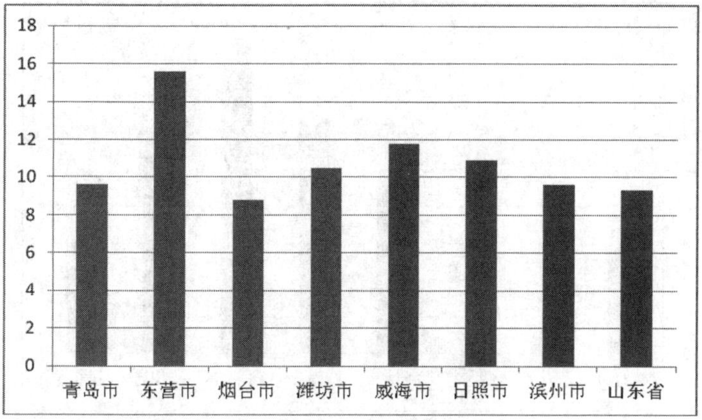

（a）规模以上工业企业总产值或增加值增长率（%）

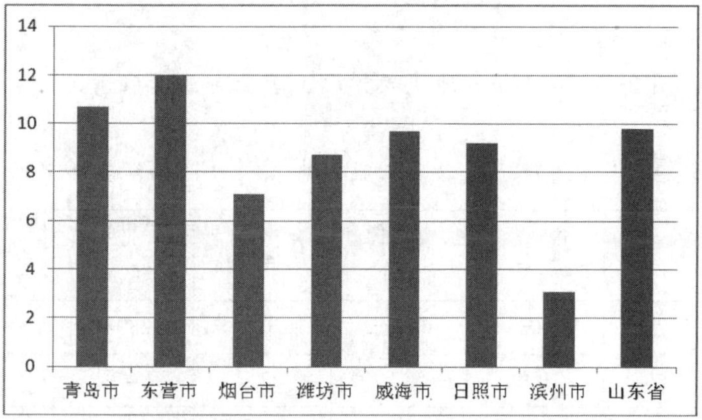

（b）规模以上工业企业主营业务收入增长率（%）

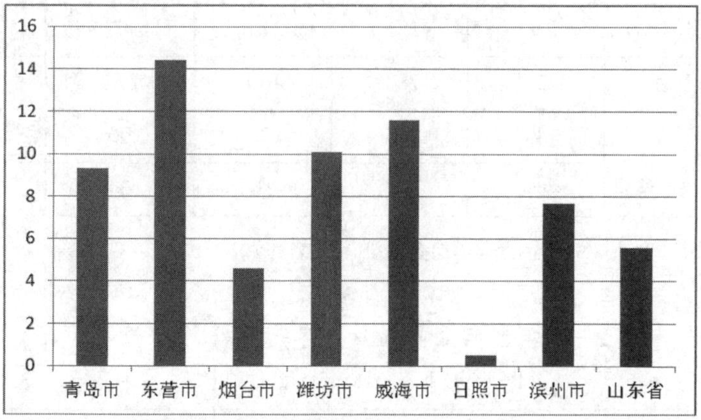

（c）规模以上工业企业利税增长率（%）

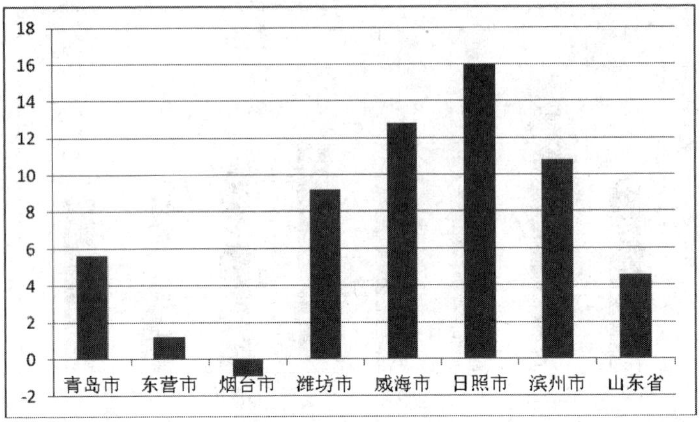

（d）规模以上工业企业利润增长率（%）

数据来源：表2-5。

图 2-5 2014 年各地市规模以上工业企业发展情况

表 2-6 青岛市规模以上工业战略性新兴产业发展情况

产业名称	企业户数（户）	总产值（亿元）	增速（%）	主营业务收入（亿元）	增速（%）
战略性新兴产业	603	3019.2	20.2	2894.4	22.9
新材料产业	180	557.7	22.3	547.1	27.9
生物产业	51	170.2	19	168.2	20.2
高端装备制造产业	198	1151.1	22.6	1097.8	35.1
新能源产业	26	78.8	40.1	77.7	35.6
节能环保产业	45	92.8	22.6	90	24.3
新一代信息技术产业	99	944.2	16	1046	8.6

数据来源：青岛市 2014 年经济和社会发展统计公报。

表 2-7 烟台市主要工业产品产量及其增长率

产业名称	主营业务收入（亿元）	增长率（%）
发电量	394	1.8

续前表

产业名称	主营业务收入（亿元）	增长率（%）
原盐	237.5	3
食用植物油	25.38	–16.9
葡萄酒	32.71	–0.1
啤酒	23.07	2.9
果汁及果汁饮料	10.77	–68.5
轮胎外胎	3878	–4.8
化学纤维	5.56	–4.4
服装	21709	2.8
发动机	9915.38	9.4
水泥	1345.82	–0.3
铜	13.57	–7.8
铝材	140.62	5.6
钢材	128.15	1
汽车	68.69	14.3
# 轿车	53.85	0.1
移动电话	3133.94	28.3
微型电子计算机	75	–22.4
钟	207.73	6.8
表	146.48	21.3

资料来源：2014 年烟台市经济和社会发展统计公报。

二、2014 年山东半岛蓝色经济区规划主体区与联动区的工业发展情况比较

表 2–8 给出了山东半岛蓝色经济区规划联动区各地市 2014 年规模以上工业企业发展情况。规划联动区的工业企业也实现了较大幅度增长，从各地市的规模以上工业企业增加值增长率来看，规划联动区除了淄博市均高于山东省，其中菏泽市达到 15.1%、临沂市达到 14.5%，远高于山东省；从规模以上工业企业主营业务收入增长率来看，临沂市达到 16.1%、德州市达到 15.41%、菏泽市达到 15.4%，均高于规划主体区增长率最高的东营市 12.0% 的水平；从利税增长率来看，济南市达到 17.1% 稳居第一；从利润增长率来看，主体区和联动区并没有太大差别。表 2–9 给出了山东半岛蓝色经济区规划主体区和规划联动区规模以上工业企业发展情况的比较结果。

表 2-8 2014 年山东半岛蓝色经济区规划联动区各地市规模以上工业企业发展情况

地区	家数	增加值或总产值		主营业务收入		利税		利润		资本保值增值率（%）	产销率（%）
		总额（亿元）	增长率（%）	总额（亿元）	增长率（%）	总额（亿元）	增长率（%）	总额（亿元）	增长率（%）		
济南市	–	–	10.2	5391.0	7.9	620.1	17.1	297.1	14.9	–	97.9
淄博市	3021	–	8.6	11264.9	4.3	1183.4	7.3	687.4	9.8	–	–
枣庄市	1413	–	10.5	3589.37	6.9	363.80	3.6	193.16	5.7	–	–
济宁市	2333	–	11.72	5980.14	12.6	575.68	4.27	341.84	0.76	–	98.65
泰安市	1882	–	11.4	7115.1	12.7	768.3	6.9	464.4	3.6	–	–
莱芜市	595	342.50	11.65	1948.52	6.08	52.47	1.25	23.13	5.83		98.53
临沂市	–	–	14.5	10021.9	16.1	813.3	11.4	530.4	10	–	–
德州市	2914	1708.59	14.09	8890.05	15.41	958.10	10	541.31	10.25	–	–
聊城市	2602	–	11.5	8592.91	14.6	819.92	10.5	576.74	11.4	–	–
菏泽市	2647	–	15.1	6267.62	15.4	825.1	11.6	507.6	10.5	–	–

数据说明：济南市、枣庄市、济宁市、泰安市、莱芜市、临沂市、德州市、聊城市、菏泽市为增加值及其增长率；淄博市是总产值数据；增长率为增加值增长率。

数据来源：各地市 2014 年经济和社会发展统计公报。

表 2-9 2014 年山东半岛蓝色经济区规划主体区和联动区工业企业发展情况比较

增加值增长率				主营业务收入增长率				利税增长率				利润增长率			
排名	地市名称	增长率（%）	主体区或联动区	排名	地市名称	增长率（%）	主体区或联动区	排名	地市名称	增长率（%）	主体区或联动区	排名	地市名称	增长率（%）	主体区或联动区
1	东营市	15.6	主体区	1	临沂市	16.1	联动区	1	济南市	17.1	联动区	1	日照市	16	主体区
2	菏泽市	15.1	联动区	2	德州市	15.41	联动区	2	东营市	14.4	主体区	2	济南市	14.9	联动区
3	临沂市	14.5	联动区	3	菏泽市	15.4	联动区	3	威海市	11.6	主体区	3	威海市	12.8	主体区
4	德州市	14.09	联动区	4	聊城市	14.6	联动区	3	菏泽市	11.6	联动区	4	聊城市	11.4	联动区
5	威海市	11.8	主体区	5	泰安市	12.7	联动区	5	临沂市	11.4	联动区	5	滨州市	10.8	主体区
6	济宁市	11.72	联动区	6	济宁市	12.6	联动区	6	聊城市	10.5	联动区	6	菏泽市	10.5	联动区
7	莱芜市	11.65	联动区	7	东营市	12	主体区	7	潍坊市	10.1	主体区	7	德州市	10.25	联动区
8	聊城市	11.5	联动区	8	青岛市	10.7	主体区	8	德州市	10	联动区	8	临沂市	10	联动区
9	泰安市	11.4	联动区	9	威海市	9.7	主体区	9	青岛市	9.3	主体区	9	淄博市	9.8	联动区
10	日照市	10.9	主体区	10	日照市	9.2	主体区	10	滨州市	7.7	主体区	10	潍坊市	9.2	主体区
11	潍坊市	10.5	主体区	11	潍坊市	8.7	主体区	11	淄博市	7.3	联动区	11	莱芜市	5.83	联动区
11	枣庄市	10.5	联动区	12	济南市	7.9	联动区	12	泰安市	6.9	联动区	12	枣庄市	5.7	联动区
13	济南市	10.2	联动区	13	烟台市	7.1	主体区	13	烟台市	4.6	主体区	13	青岛市	5.6	主体区
14	青岛市	9.6	主体区	14	枣庄市	6.9	联动区	14	济宁市	4.27	联动区	14	泰安市	3.6	联动区
14	滨州市	9.6	主体区	15	莱芜市	6.08	联动区	15	枣庄市	3.6	联动区	15	东营市	1.2	主体区
16	烟台市	8.8	主体区	16	淄博市	4.3	联动区	16	莱芜市	1.25	联动区	16	济宁市	0.76	联动区
17	淄博市	8.6	联动区	17	滨州市	3.1	主体区	17	日照市	0.5	主体区	17	烟台市	-0.9	主体区
山东省		9.3		山东省		9.8		山东省		5.6		山东省		4.6	

数据来源：表 2-5 和表 2-8。

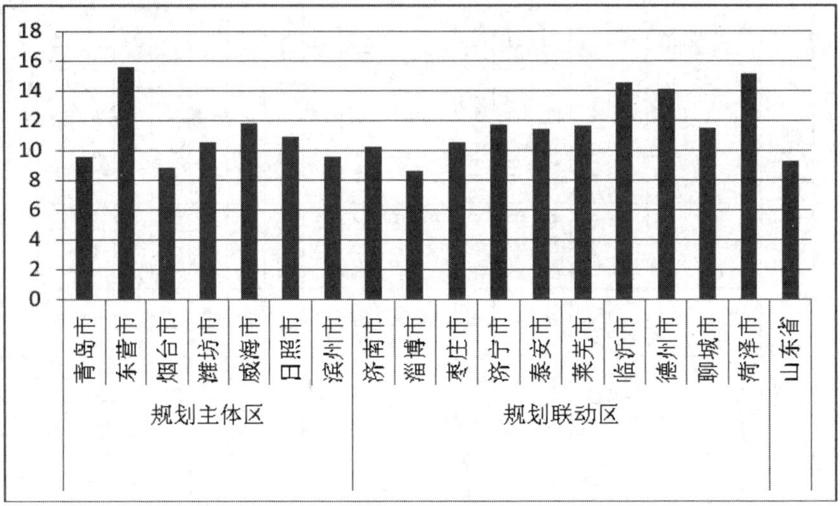

（a）规模以上工业企业增加值增长率（%）

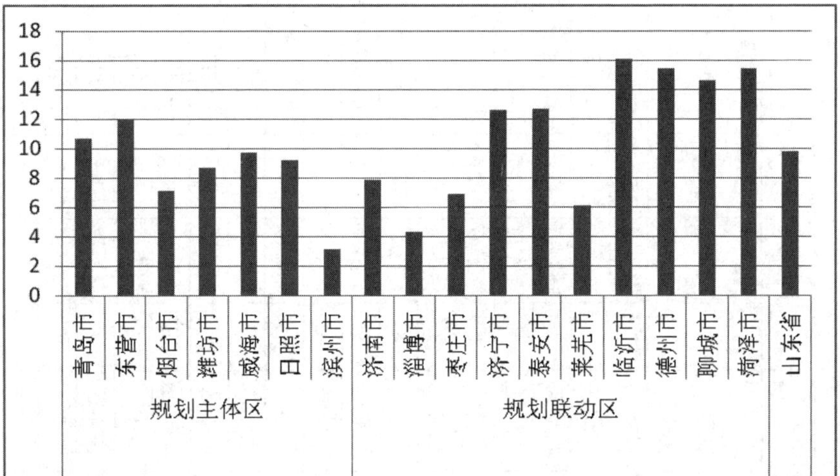

（b）规模以上工业企业主营业务收入增长率（%）

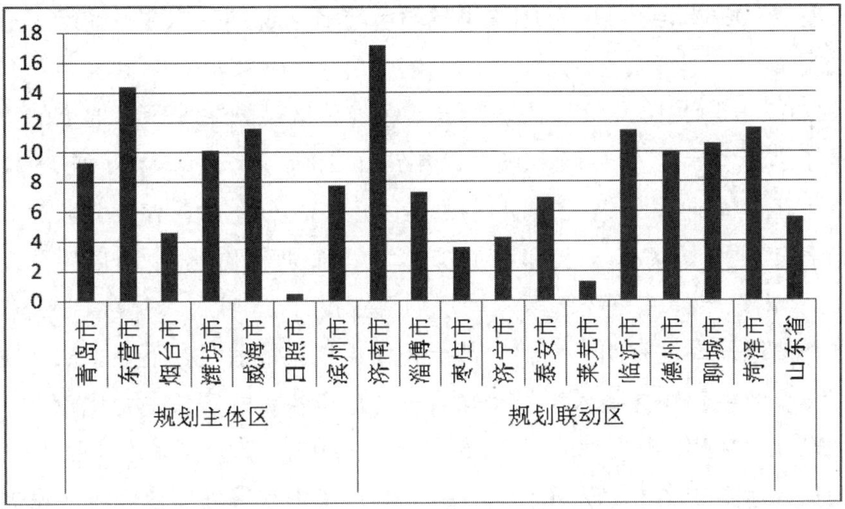

（c）规模以上工业企业利税增长率（%）

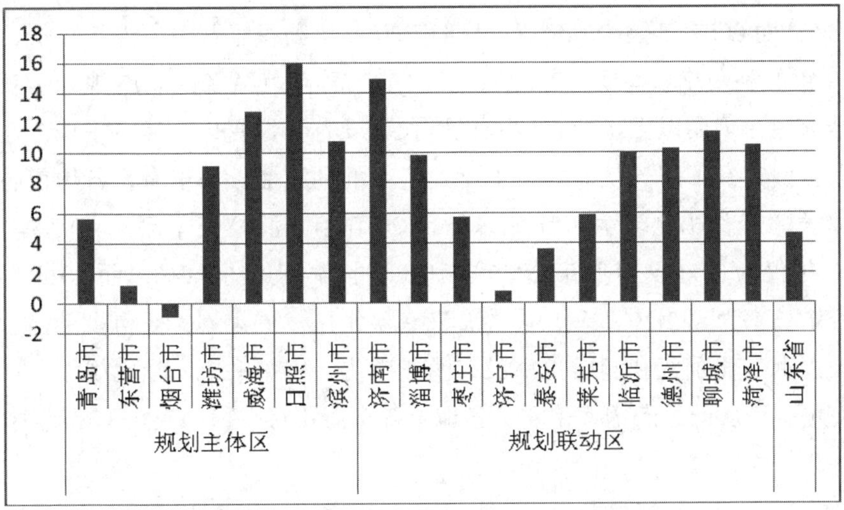

（d）规模以上工业企业利润增长率（%）

数据来源：表2-5和表2-8。

图 2-6 2014 年规划主体区与联动区工业发展情况比较

三、2006 年至 2014 年山东半岛蓝色经济区规划主体区各地市工业发展情况

2006 年至 2014 年间，山东半岛蓝色经济区规划主体区各地市的工业取得了迅速发展。表 2–10 和图 2–7 给出了 2006 年至 2014 年间各地市规模以上工业企业发展情况。从规模以上工业企业增加值增长率来看，各地市各年的增长率基本上都在 10% 以上，个别年份达到 20% 甚至接近 30%；《山东半岛蓝色经济区发展规划》获得批准前后，规模以上工业企业增加值增长率没有明显变化，甚至相比规划获批前略有下降。从规模以上工业企业主营业务收入增长率来看，各地市各年的增长率变化较大，比如东营市 2011 年增长率达到 41.6%，而 2009 年仅为 7.0%；日照市 2008 年增长率达到 53.6%，而 2012 年为 12.5%；《山东半岛蓝色经济区发展规划》获得批准前后，规模以上工业企业主营业务收入增长率没有明显变化，甚至相比规划获批前略有下降。从规模以上工业企业的利税增长率来看，各地市各年的增长率变化幅度较大，比如东营市 2008 年利税增长率高达 56.1%，而 2007 年仅为 6.5%；日照市 2006 年利税增长率高达 93.9%，而 2012 年的利税增长率为 –23.8%；《山东半岛蓝色经济区发展规划》获得批准前后，规模以上工业企业利税增长率没有明显变化，相对平稳，比规划获批前略有下降。从规模以上工业企业的利润增长率来看，各地市各年的增长率变化幅度较大，比如东营市 2010 年利润增长率高达 49.7%，而 2007 年仅为 3.5%；日照市 2006 年利税增长率高达 118.2%，而 2012 年的利税增长率为 –32.2%；《山东半岛蓝色经济区发展规划》获得批准前后，规模以上工业企业利润增长率没有明显变化，相对平稳，相比规划获批前略有下降。从产品产销率来看，各地市各年份相对平稳，变化不是特别大。

表 2-10 2006—2014 年规划主体区各地市规模以上工业企业发展情况

（a）青岛市

年份	家数	增加值或总产值		主营业务收入		利税		利润		资本保值增值率（%）	产销率（%）
		总额（亿元）	增长率（%）	总额（亿元）	增长率（%）	总额（亿元）	增长率（%）	总额（亿元）	增长率（%）		
2006	–	1527.49	17.9	5190.77	21.8	411.91	25.3	192.38	27.0	113	97.9
2007	–	1785.31	16.6	6462.55	28.9	522.52	40.55	266.89	44.05	118.29	96.65
2008	–	2062	12.1	7813.77	23.66	530.89	0.9	246.27	–9.68	103.63	96.96
2009	–	2338.13	14.9	9217.59	15.7	859.78	57.6	459.29	77.4	129.9	97.7
2010	6037	–	16.1	11264.04	23	1122.55	33.7	596.63	33.3	121.5	98.6
2011	4561	–	13.5	12273.8	18.4	1146.1	11.6	627.9	15.4	124.1	98.5
2012	4783	–	11.6	13751.98	12.6	1255.28	11.8	670.7	9.7	107.49	98.65
2013	4856	16104.1	10.6	15283	10.2	1488	17.3	826.4	21.5	114.96	98.05
2014	4603	16761	9.6	16143.9	10.7	1564.8	9.3	835.5	5.6	128.2	98.5

数据说明和数据来源：1. 增加值或总产值数据，2006 年、2007 年、2008 年为全市工业增加值；2009 年至 2014 年为规模以上工业企业增加值；2. 增加值或总产值增长率为增加值增长率；3. 规模以上工业企业，2006 年至 2010 年是指年主营业务收入 500 万元及以上的工业法人企业；2011 年至 2014 年的规模以上企业是指年主营业务收入 2000 万元及以上的工业法人企业。4. 数据来自各年的经济和社会发展统计公报。

（b）东营市

年份	总产值		增加值		主营业务收入		利税		利润		资本保值增值率（%）	产销率（%）
	总额（亿元）	增长率（%）	总额（亿元）	增长率（%）	总额（亿元）	增长率（%）	总额（亿元）	增长率（%）	总额（亿元）	增长率（%）		
2006	–	–	1107.6	25.6	–	–	769.8	29.9	541.8	17.0	–	99.14
2007	–	–	1247.34	16.9	3197.87	36.2	815.40	6.5	560.35	3.5	137.64	98.89
2008	–	–	1676.48	14.5	4205.88	34.2	1239.11	56.1	752.66	38.1	136.8	98.72
2009	4395.3	18.6	1457.92	13.1	4423.05	7.0	748.34	39.0	483.97	35.0	108.0	99.2
2010	6235.65	23.3	1735.37	14.2	6113.86	39.4	1160.07	55.6	722.07	49.7	136.7	98.8
2011	8319.95	25.2	–	13.9	8222.72	41.6	1653.16	47.6	999.73	44.2	–	98.95
2012	10312.60	25.9	–	12.7	10292.82	24.3	1898.27	15.4	1177.64	18.7	–	98.65
2013	11832.32	18.0	–	12.7	11793.12	14.1	1937.18	2.1	1236.61	4.8	–	99.06
2014	13584.79	15.6	13516.34	12	12297.53	14.4	1254.94	1.2	–	–	–	–

数据说明和数据来源：1. 规模以上工业企业，2006 年至 2010 年是指年主营业务收入 500 万元及以上的工业法人企业；2011 年至 2014 年的规模以上企业是指年主营业务收入 2000 万元及以上的工业法人企业。2. 数据来自各年的经济和社会发展统计公报。

（c）烟台市

年份	家数	增加值或总产值		主营业务收入		利税		利润		资本保值增值率（%）	产销率（%）
		总额（亿元）	增长率（%）	总额（亿元）	增长率（%）	总额（亿元）	增长率（%）	总额（亿元）	增长率（%）		
2006	2902	1314.07	28.3	5082.76	33	520.72	28.2	389.83	31.8	–	98.76
2007	3170	1563.58	21.6	6444.06	29.4	628.26	27.7	474.86	29.5	–	98.5
2008	–	2005.73	17.5	7876.69	22.3	709.82	17.1	533.85	17	–	98.56
2009	–	–	16.1	8990.16	15.3	814.49	15.4	619.23	16.5	–	98.94
2010	3821	2382.38	16.1	10966.97	22.1	1115.26	37.2	857.21	39.0	–	98.64
2011	2894	–	14.4	12086.13	22.2	1263.45	24.2	977.41	25.2	–	98.99
2012	–	–	11.4	12627.04	16.0	1274.38	12.2	971.15	11.0	–	99.05
2013	–	2757.80	11.0	14064.30	12.6	1409.73	11.7	1064.47	12.5	–	98.68
2014	–	2898.14	8.8	14899.58	7.1	1442.31	4.6	–	–0.9	–	

数据说明和数据来源：1. 增加值或总产值数据 2006 年、2007 年、2008 年、2009 年规模以上工业企业增加值。2. 2006 年主营业务收入为产品销售收入，2008 年、2009 年为销售产值。3. 规模以上工业企业，2006 年至 2010 年是指年主营业务收入 500 万元及以上的工业法人企业；2011 年至 2014 年是指年主营业务收入 2000 万元及以上的工业法人企业。4. 数据来自各年的经济和社会发展统计公报。

（d）潍坊市

年份	家数	增加值或总产值		主营业务收入		利税		利润		资本保值增值率（%）	产销率（%）
		总额（亿元）	增长率（%）	总额（亿元）	增长率（%）	总额（亿元）	增长率（%）	总额（亿元）	增长率（%）		
2006	4171	852.7	27.8	3527.4	30.2	286.7	28.9	177.8	29.6	–	97.95
2007	4312	1021.7	21.0	4340.6	28.5	371.8	33.7	239.4	37.8	–	98.4
2008	4348	1343.5	14.4	5418.3	24.3	425.4	16.6	282.0	18.8	–	98.07
2009	4824	1499	15.1	6050.24	15.5	521.10	21.3	326.3	20.7	–	98.34
2010	5258	1958.27	15.4	7883.28	31.2	725.38	41.9	477.84	45.8	–	98.56
2011	4057	–	15.5	9377.9	28.5	792.9	17.1	530.0	19.2	–	98.34
2012	4254	–	13.5	10684.4	14.4	837.4	5	545.5	3.5	–	98.5
2013	4201	–	12.6	12180.1	13.5	1025.2	22.8	675.1	23.3	–	98.5
2014	3907	–	10.5	12602.5	8.7	1070.6	10.1	695.1	9.2	–	98.7

数据说明和数据来源：1. 增加值或总产值总额数据为规模以上工业企业增加值；2. 规模以上工业企业，2006 年至 2010 年是指年主营业务收入 500 万元及以上的工业法人企业；2011 年至 2014 年是指年主营业务收入 2000 万元及以上的工业法人企业。3. 数据来自各年的经济和社会发展统计公报。

（e）威海市

年份	家数	增加值或总产值		主营业务收入		利税		利润		资本保值增值率（%）	产销率（%）
		总额（亿元）	增长率（%）	总额（亿元）	增长率（%）	总额（亿元）	增长率（%）	总额（亿元）	增长率（%）		
2006	1693	836.96	22.4	2938.61	20.4	213.15	13.1	142.00	10.8	130.72	98.82
2007	1833	840.93	17.1	3619.8	27.2	262.33	28.4	171.88	27.5	120.22	98.75
2008	2017	1003.26	10.8	4196.47	19	293.87	15.5	192.69	14.9	119.6	98.73
2009	2068	1156.05	13.9	4750.38	15.2	334.59	12.0	212.79	10.3	124.51	98.5
2010	2118	–	10.5	5185.39	13.1	399.75	19.0	257.16	20.9	114.77	98.69
2011	1657	–	13.6	4997.95	20.2	378.72	17.1	247.45	18.4	114.57	99.08
2012	1640	–	10.5	5542.63	11.5	453.64	17.6	278.65	17.0	–	97.9
2013	1609	–	11.7	6232.59	11.7	519.68	13.7	322.09	14.5	–	98.3
2014	1517	–	11.8	6561.43	9.7	561.49	11.6	354.44	12.8	–	98.4

数据说明和数据来源：1. 增加值或总产值数据为规模以上工业企业增加值；2. 规模以上工业企业，2006 年至 2010 年是指年主营业务收入 500 万元及以上的工业法人企业；2011 年至 2014 年是指年主营业务收入 2000 万元及以上的工业法人企业；3. 数据来自各年的经济和社会发展统计公报。

(f) 日照市

年份	家数	增加值或总产值		主营业务收入		利税		利润		资本保值增值率(%)	产销率(%)
		总额(亿元)	增长率(%)	总额(亿元)	增长率(%)	总额(亿元)	增长率(%)	总额(亿元)	增长率(%)		
2006	727	181.97	29.1	684.12	32.6	58.09	93.9	40.39	118.2	–	98.51
2007	823	236.63	30.3	–	–	–	–	–	–	–	98.19
2008	870	369.57	28.2	1512.41	53.6	149.53	27.4	105.01	26.5	–	99.54
2009	1000	463.85	29.5	1817.6	21.6	174.6	15.6	119.65	14.8	–	96.5
2010	1072	623.63	16.2	2201.82	22.2	205.16	22.2	143.0	25.3	–	96.04
2011	744	727.63	16.1	2516.05	29.7	196.35	7.1	136.44	5.1	–	97.64
2012	596	575.1	12.7	2365.95	12.5	111.05	–23.8	65.39	–32.2	–	98.2
2013	578	646.93	11.9	2617.97	12.1	121.07	11.4	75.63	18.0	–	–
2014	573	709.2	10.9	2875.73	9.2	122.49	0.5	29.31	16	–	–

数据说明和数据来源：1. 增加值或总产值总额数据为增加值数据；2. 规模以上工业企业，2006 年至 2010 年是指年主营业务收入 500 万元及以上的工业法人企业；2011 年至 2014 年是指年主营业务收入 2000 万元及以上的工业法人企业；3. 数据来自各年的经济和社会发展统计公报。

（g）滨州市

年份	家数	增加值或总产值		主营业务收入		利税		利润		资本保值增值率（%）	产销率（%）
		总额（亿元）	增长率（%）	总额（亿元）	增长率（%）	总额（亿元）	增长率（%）	总额（亿元）	增长率（%）		
2006	1097	443.79	28.6	1651.72	39.8	157.96	38.8	90.94	41.1	–	99.9
2007	1251	543.1	24.6	2300.46	38.6	209.64	31.5	132.29	45.0	–	–
2008	1358	660.55	13.0	2786.90	24.4	210.91	0.4	126.24	–5.8	–	–
2009	1559	763.48	15.6	3135.90	12.9	253.83	20.3	151.23	19.6	–	–
2010	1650	–	16.6	4269.33	36.1	361.89	42.1	239.42	57.4	–	–
2011	810	–	15.9	4978.04	32.8	362.80	17.3	238.55	18.5	–	102.01
2012	915	–	13.1	5994.41	19.5	423.23	14.8	273.85	14.0	–	–
2013	1133	–	12.6	7104.09	15.6	455.68	5.5	288.23	3.0	–	–
2014	1304	–	9.6	7463.18	3.1	427.8	7.7	262.97	10.8	–	–

数据说明和数据来源：1. 增加值或总产值总额数据为规模以上工业企业增加值数据；2. 规模以上工业企业，2006 年至 2010 年是指年主营业务收入 500 万元及以上的工业法人企业；2011 年至 2014 年是指年主营业务收入 2000 万元及以上的工业法人企业；3. 数据来自各年的经济和社会发展统计公报。

（h）山东省

年份	家数	增加值或总产值		主营业务收入		利税		利润		资本保值增值率（%）	产销率（%）
		总额（亿元）	增长率（%）	总额（亿元）	增长率（%）	总额（亿元）	增长率（%）	总额（亿元）	增长率（%）		
2006	31331	11122.8	23.6	38430.5	29.4	4283.6	28.2	2634.0	26.3	–	98.5
2007	35292	13212.2	20.8	49565.3	30.5	5448.1	28.8	3389.0	30.4	–	–
2008	38188	16718.8	13.8	61739.3	26.5	6430.5	18.2	3836.5	13.3	–	–
2009	43557	18847.8	14.9	70676.8	14.3	7253.4	12.9	4390.4	14.4	–	98.5
2010	47010	–	15.0	89168.0	26.8	9689.6	34.1	6040.3	37.6	–	98.6
2011	35566	–	14.0	102470.2	26.4	11136.2	25.3	6998.3	27.2	–	98.9
2012	36858	–	11.4	116222.0	15.9	12090.7	12.1	7443.3	10.9	–	–
2013	38654	–	11.3	132319.0	12.5	13690.0	11.6	8507.7	12.4	–	98.8
2014	38962	25340.9	9.3	143488.1	9.8	14263.1	5.6	8763.4	4.6	–	–

数据说明和数据来源：1. 增加值或总产值总额数据为规模以上工业企业增加值数据；2. 规模以上工业企业，2006 年至 2010 年是指年主营业务收入 500 万元及以上的工业法人企业；2011 年至 2014 年是指年主营业务收入 2000 万元及以上的工业法人企业；3. 数据来自各年的经济和社会发展统计公报。

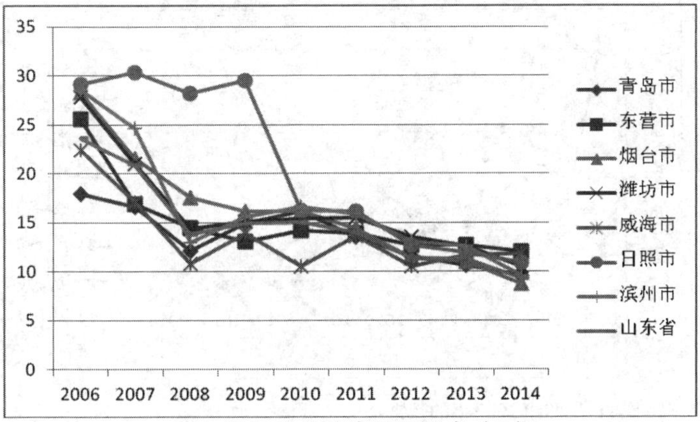

（a）增加值或总产值增长率（%）

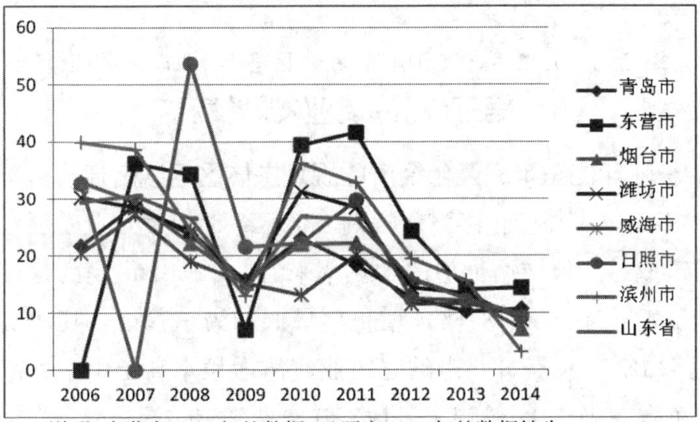

说明：东营市2006年的数据、日照市2007年的数据缺失。

（b）主营业务收入增长率（%）

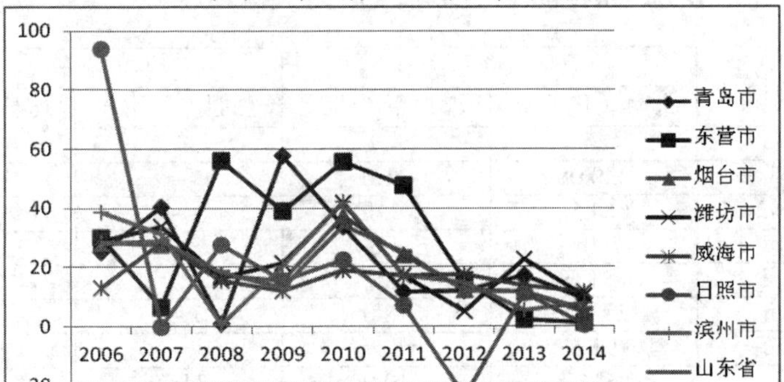

说明：日照市2007年的数据缺失。

（c）利税增长率（%）

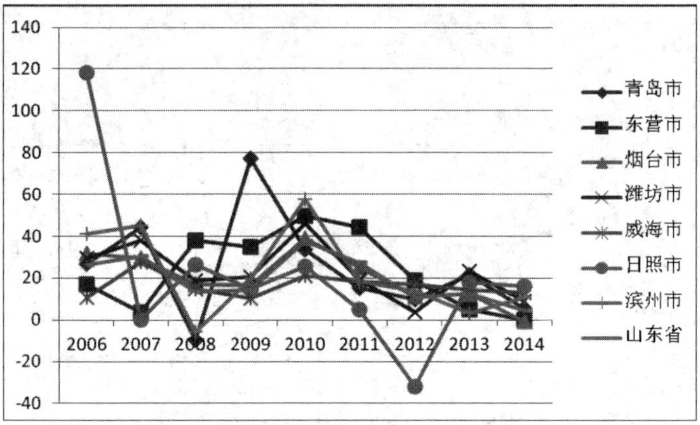

说明：日照市2007年的数据缺失。

数据来源：表2-10。

（d）利润增长率（%）

图2-7 2006年至2014年主体区各地市工业发展情况

第三节 建筑业发展情况

一、2014年山东半岛蓝色经济区规划主体区各地市建筑业发展情况

2014年山东半岛蓝色经济区规划主体区各地市建筑业发展水平差别较大。从建筑业总产值或增加值的增长率来看，增长率最高的是日照市，其建筑业产值增长率达到18.0%；增长率最低的为东营市，其建筑业产值增长率仅为-1.0%，只有日照市的建筑业产值增长率高于山东省，其他地市均低于山东省。表2-11给出了各地市建筑业发展情况。

表2-11 2014年山东半岛蓝色经济区规划主体区各地市建筑业发展情况

地区名称	增加值或总产值		利税	
	总额（亿元）	增长率（%）	总额（亿元）	增长率（%）
青岛市	426.6	8.9	82.3	9.2
东营市	320.08	-1.0	-	-
烟台市	664.55	7.6	-	-
潍坊市	740.3	4.6	-	-
威海市	153.69	8.8	-	-
日照市	233.42	18.0	-	-
滨州市	191.67	8.2	-	-
山东省	9313.5	10.0	848.0	9.0

数据说明：有的地市公布的是建筑业总产值，有的地市公布的是建筑业增加值，增加值的地市有：青岛市、威海市；建筑业总产值的地市有：东营市、烟台市、潍坊市、日照市、滨州市和山东省。

数据来源：各地市2014年经济和社会发展统计公报。

二、2013 年山东半岛蓝色经济区规划主体区与联动区建筑业发展情况比较

表 2–12 给出了 2014 年山东半岛蓝色经济区规划联动区各地市建筑业的发展情况；表 2–13 给出了 2014 年山东半岛蓝色经济区规划主体区和联动区建筑业产值或增加值增长率的比较情况。结果表明：2014 年建筑业产值或增加值增长率最快的地市在规划联动区；在高于山东省建筑业总产值增长率的四个地市中，只有日照市属于规划主体区，其他三个为规划联动区。因此，在建筑业增长方面，规划主体区相对于规划联动区并没有明显优势。

表 2–12 2014 山东半岛蓝色经济区规划联动区各地市建筑业发展情况

地区	增加值或总产值		利税	
	总额（亿元）	增长率（%）	总额（亿元）	增长率（%）
济南市	442.9	8.5	–	–
淄博市	887	6.4	–	–
枣庄市	107.58	5.6	–	–
济宁市	215.76	8.9	–	–
泰安市	232.4	6.8	70.4	5.3
莱芜市	36.4	9.3	6.01	30.27
临沂市	700.8	21.2	–	–
德州市	268.2	6.6	–	–
聊城市	224.63	21.4	–	–
菏泽市	–	–	–	–

数据说明：有的地市公布的是建筑业产值，有的地市公布的是建筑业增加值，增加值的地市有：济南市、济宁市、泰安市、莱芜市；建筑业产值的地市有：淄博市、枣庄市、临沂市、德州市、聊城市；菏泽市数据缺失。

数据来源：各地市 2014 经济和社会发展统计公报。

表 2–13 山东半岛蓝色经济区规划主体区和联动区建筑业产值或增加值增长率排名

排名	地市名称	增加值或总产值增长率（%）	规划主体区还是规划联动区
1	聊城市	21.4	联动区
2	临沂市	21.2	联动区

续前表

排名	地市名称	增加值或总产值增长率（%）	规划主体区还是规划联动区
3	日照市	18	主体区
4	莱芜市	9.3	联动区
5	青岛市	8.9	主体区
5	济宁市	8.9	联动区
7	威海市	8.8	主体区
8	济南市	8.5	联动区
9	滨州市	8.2	主体区
10	烟台市	7.6	主体区
11	泰安市	6.8	联动区
12	德州市	6.6	联动区
13	淄博市	6.4	联动区
14	枣庄市	5.6	联动区
15	潍坊市	4.6	主体区
16	东营市	–1	主体区
17	菏泽市	–	联动区
山东省		10.0	

数据来源：表 2–11 和表 2–12。

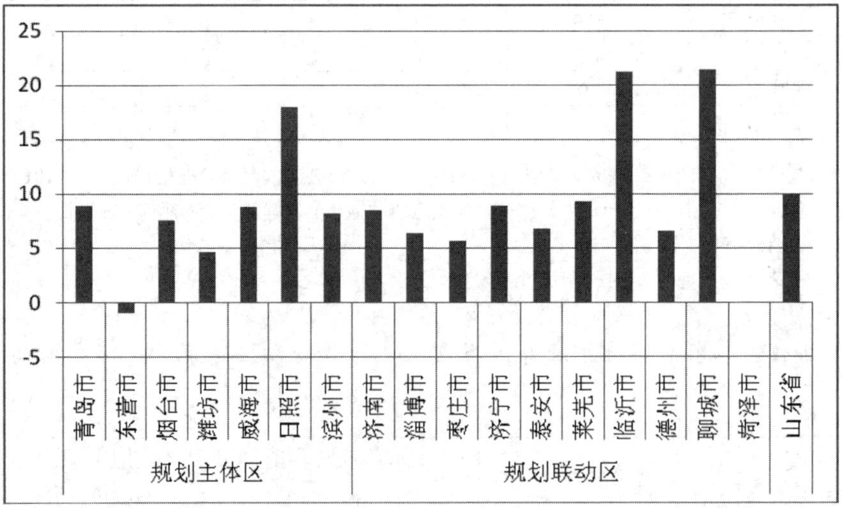

数据来源: 同表2–11和表2–12。

图 2–8 2014 年东半岛蓝色经济区规划主体区与联动区建筑业发展情况比较

三、2006 年至 2014 年山东半岛蓝色经济区规划主体区各地市建筑业发展情况

2006 年至 2014 年间，山东半岛蓝色经济区规划主体区各地市建筑业发展良好，各地市、各年份产值或增加值增长率变化较大。比如烟台市建筑业总产值增长率 2010 年为 23.2%，而 2012 年仅为 4.7%；滨州市建筑业总产值增长率 2011 年达到 21.9%，2013 年建筑业增加值下降，2014 年相对于 2012 年有所上升，但是增长率仅为 8.2%，仍未达到 2011 年的水平。在《山东半岛蓝色经济区发展规划》获得批准后，建筑业发展并没有明显比该规划获得批准前更快，甚至还有所下降。表 2-14 和图 2-9 给出了 2006 年至 2014 年间山东半岛蓝色经济区规划主体区各地市建筑业发展情况。

表 2-14 2006—2014 年山东半岛蓝色经济区规划主体区各地市建筑业发展情况

年份	青岛市				东营市				烟台市		潍坊市	
	增加值		利税		总产值		增加值		总产值		总产值	
	总额（亿元）	增长率（%）	总额（亿元）	增长率（%）	总额（亿元）	增长率（%）	总额（亿元）	增长率（%）	总额（亿元）	增长率（%）	总额（亿元）	增长率（%）
2006	149.68	10.3	23	19.9	145.3	10.8	–	–	242.87	15.2	228.2	27.6
2007	168.24	6.7	29	16	172.84	14.1	62.10	7.7	279.3	15.0	245.9	7.8
2008	193.45	15	31	15.2	175.38	1.4	70.93	14.2	331.19	15.6	312.4	27.0
2009	245.71	33	36	18	204.93	16.1	85.03	19.8	402.25	21.5	354.7	13.5
2010	304.43	15.3	47	18	238.35	16.3	100.2	17.8	496.04	23.2	466.9	31.6
2011	356.16	13.5	56	11	274.17	15	–	–	546.31	10.1	520.1	16.2
2012	360.92	8.5	59	8	296.20	11.3	–	–	556.62	4.7	578	10.2
2013	393.0	8.3	70.8	7.2	322.81	8.6	–	–	617.86	11.0	707.5	21.8
2014	426.6	8.9	82.3	9.2	320.08	–1	–	–	664.55	7.6	740.3	4.6

年份	威海市				日照市		滨州市				山东省			
	总产值		增加值		总产值		总产值		增加值		总产值		利税	
	总额（亿元）	增长率（%）	总额（亿元）	增长率（%）	总额（亿元）	增长率（%）	总额（亿元）	增长率（%）	总额（亿元）	增长率（%）	总额（亿元）	增长率（%）	总额（亿元）	增长率（%）
2006	88.25	7.3	56.47	8.1	74.94	18.1	79.8	12.5	9.6	10	2788.6	11.1	200.2	20.6
2007	98.36	11.7	–	–	87.22	16.4	95.24	19.4	13.32	38.8	3301.6	18.3	238.4	23.7
2008	123.79	–	76.59	25.9	104.49	20.2	114.17	19.9	17.51	31.5	3787.8	15.2	259.4	16.7
2009	142.65	–	90.32	17.8	126.78	21	122.94	16.6	–	–	4578.3	19.8	363.6	19.5
2010	166.3	–	104.9	13.1	144.27	13.8	148	20.4	–	–	5495.1	20.0	427.3	17.8
2011	193.3	–	116.64	11.2	177.08	19.8	180.36	21.9	–	–	6501.7	18.3	531.9	17.2
2012	–	–	126.5	9.5	185.45	8.4	164.75	–	–	–	7203.7	11.1	553.1	11.0
2013	–	–	138.51	8.9	215.15	16	173.55	0.9	–	–	8332.7	14.4	639.3	15.0
2014			153.69	8.8	233.42	18	191.67	8.2			9313.5	10	848	9

数据来源：各地市和山东省各年的经济和社会发展统计公报。

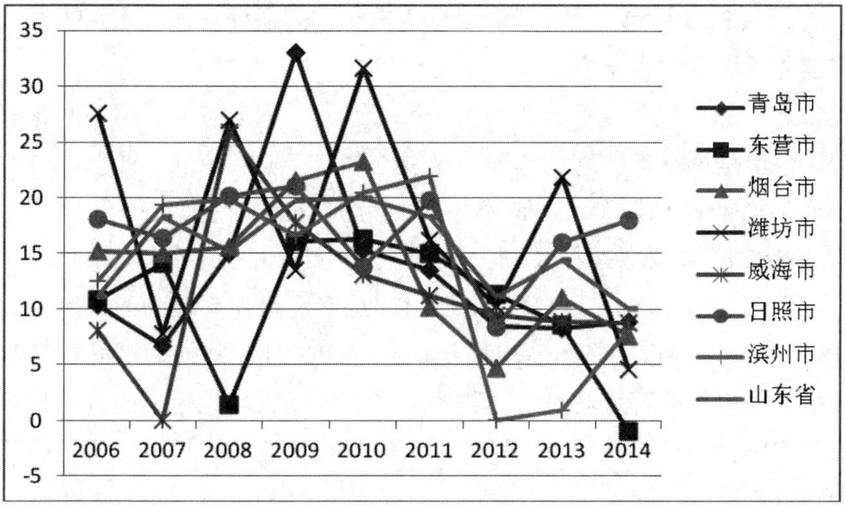

数据说明：1. 青岛市、威海市采用建筑业增加值增长率，东营市、烟台市、潍坊市、威海市、日照市、滨州市和山东省采用建筑业产值增长率。2. 威海市 2007 年数据和滨州市 2012 年数据缺失。

数据来源：表 2-14。

图 2-9 2006—2014 山东半岛蓝色经济区规划主体区各地市建筑业发展情况（%）

第四节 山东半岛蓝色经济区产业发展情况总结

通过对 2014 年山东半岛蓝色经济区规划主体区各地市三次产业发展情况的总结、与规划联动区各地市三次产业发展情况的比较以及 2006 年至 2014 年规划主体区三次产业发展情况的分析，我们可以得出对山东半岛蓝色经济区规划主体区产业发展情况的一些基本判断。

一、从总体上看，各地市三次产业都实现了迅速发展，但是各地区产业发展不平衡

从三次产业结构来看，各地市基本上形成了“二三一”或“三二一”的产业结构，但是第二产业所占比重或者第二产业增加值在全部增加值中所占比重存在较大差别。东营市第二产业增加值占比 70% 多，第三产业占比 20% 多；而其他地市第二产业占比基本在 50–60%，第三产业占比在 30–40%。当然，这与各个地市的经济发展基础与发展战略密切相关。但是，各地区的产业结构不平衡确是不争的事实。

二、从总体上看，三次产业都有所发展，但是增长速度差别较大，农林牧渔业增长速度明显较慢

各地市的三次产业都有所增长，第一产业、第二产业、第三产业都稳步增长，但是第一产业增长速度明显慢于第二产业和第三产业。以农林牧渔业增加值增长率来看，增长率最高的为济宁市，仅为4.3%；而工业总产值或增加值增长率都在8%以上，增长率最低的烟台市，为8.8%，最高的东营市，为15.6%；建筑业增加值或总产值增长率最高的日照市，为18.0%，其他各地市除了东营市增长率为-1.0%外，其他地市的建筑业产值或增加值增长率都远超过农林牧渔业增加值增长率。这表明，三次产业增长不均衡，增长率差别较大，特别是农林牧渔业的增长速度明显慢于工业和建筑业。

三、规划主体区与联动区在产业发展上并未表现出明显差别，农林牧渔业、工业和建筑业都是如此

通过比较规划主体区与联动区农林牧渔业、工业和建筑业的增长情况，基本上可以得出判断：规划主体区与规划联动区的发展没有明显差别。从农林牧渔业增加值增长率排名来看，规划联动区并不比规划主体区低。从规模以上工业企业发展情况来看，无论是增加值增长率、主营业务收入增长率、利税增长率、利润增长率，规划主体区各地市不仅不高于规划联动区，反而还低于规划联动区。从建筑业产值或增加值增长率来看，规划主体区也没有明显高于规划联动区。这表明，在各产业的发展上，规划主体区并没有明显优于规划联动区。

四、规划主体区的产业发展并没有因为《规划》获得批准而有明显变化

从2006年至2014年规划主体区产业发展的基本情况来看，2011年和2014年规划主体区的产业发展并没有出现因为《山东半岛蓝色经济区发展规划》获得批准和实施而明显优于《规划》获批之前几年的情形。农林牧渔业的增加值增长率在2011年和2014年并没有明显高于2006年至2010年。从工业的发展来看，规模以上工业企业增加值增长率、主营业务收入增长率、规模以上工业企业利税增长率、规模以上工业企业利润增长率、产品产销率等，在规划获得批准之后不但没有比规划获得批准之前更高，反而出现了一定程度的下降，比如规模以上工业企业主营业务收入增长率、规模以上工业企业利税增长率。从建筑业的发展来看，《山东半岛蓝色经济区发展规划》获得批准后，建筑业发展并没有明显比该规划获得批准前更快，反而有所下降。这说明，《山东半岛蓝色经济区发展规划》获批并实施，并没有明显地促进山东半岛蓝色经济区规划主体区的产业发展，也没有使得规划主体区的发展明显快于规划联动区。

/ 第三章 /

2014 年山东半岛蓝色经济区固定资产投资、贸易与金融发展报告

李增刚　李思敏*

2014 年，山东半岛蓝色经济区规划主体区各地市的固定资产投资、国内贸易、对外贸易、利用外资和金融稳步发展，取得了一定程度的增长。本章总结规划主体区各地市的固定资产投资、国内外贸易、利用外资和金融发展情况，并与规划联动区各地市的发展情况进行比较，与《山东半岛蓝色经济区发展规划》获得批准前的发展情况进行比较。

第一节 固定资产投资情况

一、2014 年各地市固定资产投资情况

2014 年山东半岛蓝色经济区规划主体区各地市固定资产投资都实现了较大幅度的增长，就增长率来看，最高的青岛市和东营市达到 16.1%，最低的滨州市为 15.3%。表 3-1 和图 3-1 给出了 2014 年山东半岛蓝色经济区规划主体区各地市固定资产投资的数额及其增长率。

* 李增刚，经济学博士，山东大学经济研究院教授；李思敏，山东大学经济研究院硕士研究生。

表 3-1 2014 年山东半岛蓝色经济区规划主体区各地市固定资产投资及其增长率

地区名称	总体情况		第一产业		第二产业		第三产业	
	总额（亿元）	增长率（%）	总额（亿元）	增长率（%）	总额（亿元）	增长率（%）	总额（亿元）	增长率（%）
青岛市	5766.0	16.1	104.7	11.4	2817.9	16.0	2843.4	16.4
东营市	2708.2	16.1	74.15	13.2	1661.39	14.1	972.66	20.0
烟台市	4101.06	15.9	53.17	12.5	1587.77	10.7	2460.11	19.4
潍坊市	3969.1	15.7	108.2	15.1	2017.2	20.8	1843.7	10.8
威海市	2229.37	15.9	7.26	−40.4	1383.66	104.0	838.45	−32.0
日照市	1234.75	15.5	20.99	–	506.25	–	707.51	–
滨州市	1748.86	15.3	28.31	−28.4	1116.78	23.2	603.77	5.7
山东省	41599.1	15.8		–		–	19606.2	8.8
全国	512761	15.3	11983	33.9	208107	13.2	281915	16.8

数据来源：各地市、山东省和全国的数据均来自各地市山东省及全国的经济和社会发展统计公报。全国的固定资产投资数据为不含农户的数据。

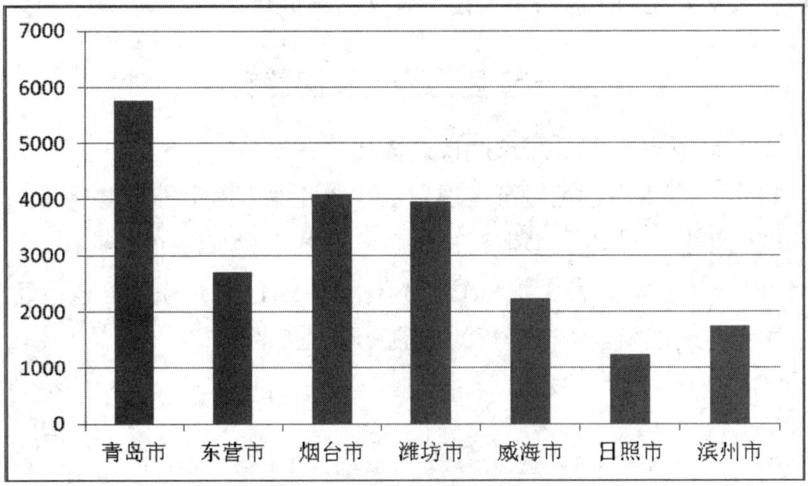

（a）固定资产投资额（亿元）

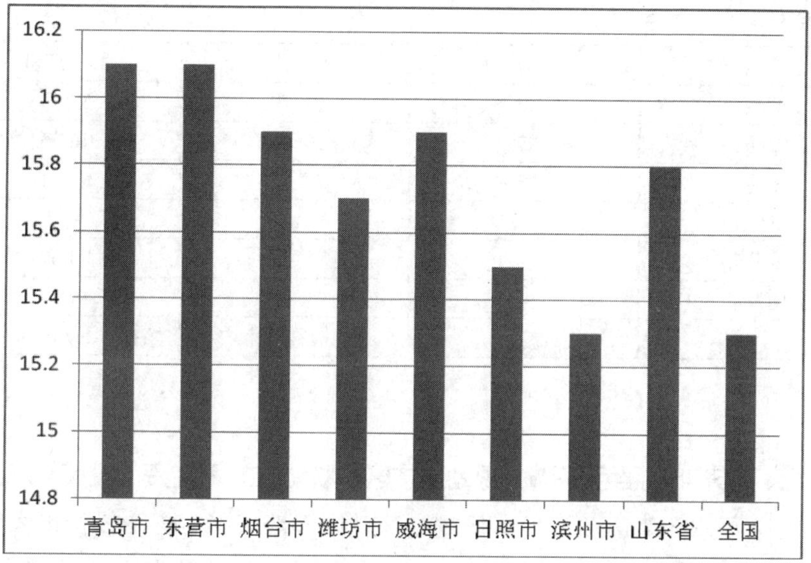

（b）固定资产投资增长率（%）

数据来源：同表 3-1。

图 3-1 2014 年山东半岛蓝色经济区规划主体区各地市固定资产投资及其增长率

从固定资产投资各产业所占比例来看（滨州市除外），第一产业固定资产投资占比较低，各地市都不到 3%，占比最高的是潍坊市，为 2.72%。第二产业和第三产业固定资产投资所占比例较高，各地市不完全相同。第二产业固定资产投资占比最高的为威海市，占比达到 62.07%，最低的为烟台市，占比为 38.72%；第三产业固定资产投资占比最高的是烟台市，占比为 59.99%，最低的为东营市，占比为 35.91%。这表明，各地市重点发展的产业不同。表 3-2 给出了各地市固定资产投资各产业的比重情况。

表 3-2 2014 年各产业固定资产投资的比重（%）

地区名称	第一产业	第二产业	第三产业
青岛市	1.82	48.88	49.31
东营市	2.74	61.35	35.91

续前表

地区名称	第一产业	第二产业	第三产业
烟台市	1.30	38.72	59.99
潍坊市	2.72	50.82	46.45
威海市	0.33	62.07	37.61
日照市	1.7	41.0	57.3
滨州市	–	–	34.52
山东省	–	–	47.13
全国	2.39	41.46	56.16

数据来源：根据表 3–1 计算得出。

二、山东半岛蓝色经济区规划主体区与联动区的固定资产投资情况比较

2014 年山东半岛蓝色经济区规划联动区各地市固定资产投资也大规模增长，增加幅度也都在 15% 以上，增长率最低的为莱芜市，达到 15.4%，增长率最高的为德州市，达到 16.3%。表 3–3 给出了 2014 年山东半岛蓝色经济区规划联动区各地市固定资产投资的基本情况。

表 3–3 2014 年山东半岛蓝色经济区规划联动区各地市固定资产投资情况

地区名称	总体情况		第一产业		第二产业		第三产业	
	总额（亿元）	增长率（%）	总额（亿元）	增长率（%）	总额（亿元）	增长率（%）	总额（亿元）	增长率（%）
济南市	3063.4	16.1	116.3	18.4	1098.5	21.0	1848.6	13.3
淄博市	2404.6	15.7	33.3	33.9	1413	24.5	958.3	4.3
枣庄市	1430.01	15.5	21.63	–10.1	744.64	28.5	663.74	4.6
济宁市	2615	15.8	52.81	20.0	1411.3	22.8	1074.1	8.7
泰安市	2299.0	16.0	46.4	5.0	1022.6	15.3	1229.9	17.1
莱芜市	545.43	15.4	5.46	111.63	369.79	14.53	170.18	15.32
临沂市	2826	16.2	27.9	–14.0	1515.4	17.8	1282.6	15.2
德州市	1961.3	16.3	24.3	38.2	954.5	12.7	982.5	19.5
聊城市	1833.13	16.0	28.95	—	948.28	13	642.62	20.4
菏泽市	940.7	16.0	3.74	81.3	481.1	14.4	455.87	17.4

数据来源：各地市 2014 年经济和社会发展统计公报。

表 3–4 给出了 2014 年山东半岛蓝色经济区规划主体区和联动区的固定

资产投资总额及其增长率的排名情况。从固定资产投资额来看，规划主体区各地市的固定资产投资额总体上高于联动区的固定资产投资额，青岛市的固定资产投资额远远高于联动区固定资产投资额最多的济南市，固定资产投资额最多的三个地市都在规划主体区，分别是青岛市、烟台市和潍坊市。从固定资产投资额增长率来看，规划联动区的固定资产投资增长率总体较高，最高的为联动区的德州市和临沂市，而最低的两个是滨州市和莱芜市。

表 3-4 2014 年山东半岛蓝色经济区规划主体区和联动区的固定资产投资及其增长率排名

排名	地区名称	总额（亿元）	主体区还是联动区	排名	地区名称	增长率（%）	主体区还是联动区
1	青岛市	5766	主体区	1	德州市	16.3	联动区
2	烟台市	4101.06	主体区	2	临沂市	16.2	联动区
3	潍坊市	3969.1	主体区	3	青岛市	16.1	主体区
4	济南市	3063.4	联动区	3	济南市	16.1	联动区
5	临沂市	2826	联动区	3	东营市	16.1	主体区
6	东营市	2708.20	主体区	6	泰安市	16.0	联动区
7	济宁市	2615	联动区	6	聊城市	16.0	联动区
8	淄博市	2404.6	联动区	6	菏泽市	16.0	联动区
9	泰安市	2299.0	联动区	9	威海市	15.9	主体区
10	威海市	2229.37	主体区	9	烟台市	15.9	主体区
11	德州市	1961.3	联动区	11	济宁市	15.8	联动区
12	聊城市	1833.13	联动区	12	淄博市	15.7	联动区
13	滨州市	1748.86	主体区	12	潍坊市	15.7	主体区
14	枣庄市	1430.01	联动区	14	枣庄市	15.5	联动区
15	日照市	1234.75	主体区	14	日照市	15.5	主体区
16	菏泽市	940.7	联动区	16	莱芜市	15.4	联动区
17	莱芜市	545.43	联动区	17	滨州市	15.3	主体区
山东省		41599.1		山东省		15.8	
全国		512761		全国		15.3	

数据来源：表 3-1 和表 3-3。

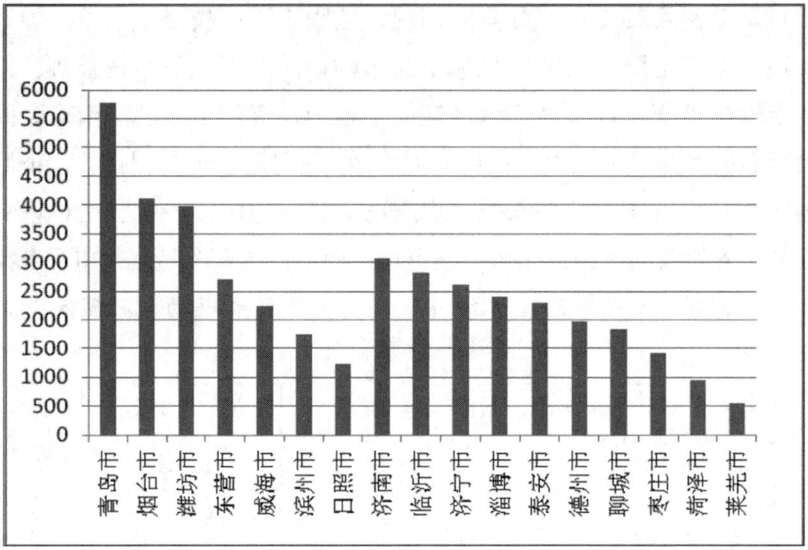

（a）固定资产投资额（亿元）

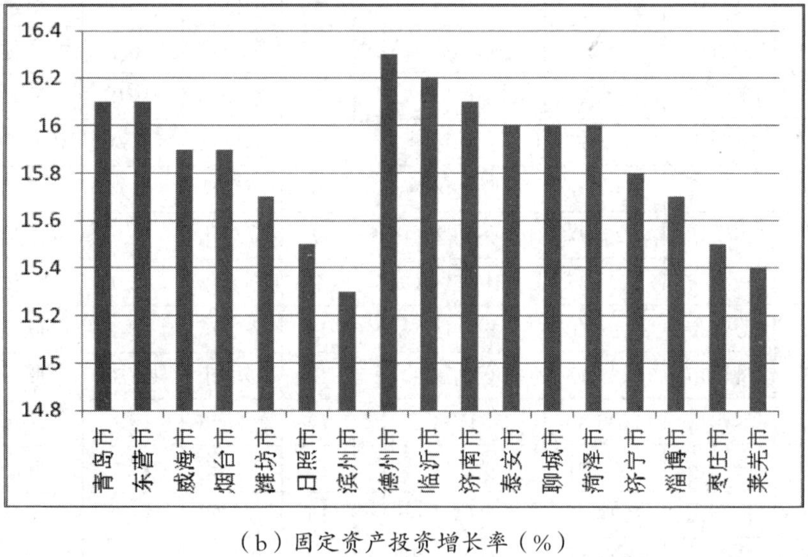

（b）固定资产投资增长率（%）

数据来源：表3-1和表3-3。

图 3-2 2014 年山东半岛蓝色经济区规划主体区与联动区固定资产投资额和增长率比较

三、2006 年至 2014 年山东半岛蓝色经济区规划主体区各地市固定资产投资发展情况

2006 年至 2014 年间，山东半岛蓝色经济区规划主体区各地市固定资产投资都有大幅度增长。绝大多数地市 2014 年的固定资产投资额为 2006 年的 2–5 倍，年增长率基本上都在 15% 以上。比较《山东半岛蓝色经济区发展规划》获得国务院批准前后的相关数据，在规划获得批准之后，各地市的固定资产投资相对于批准前并没有大幅度增加，至少从增长率来看并没有明显变化，很多地市的增长率甚至还低于批准前。表 3–5 给出了 2006 年至 2014 年山东半岛蓝色经济区规划主体区各地市固定资产投资的发展情况。

表 3–5 2006——2014 年山东半岛蓝色经济区规划主体区各地市固定资产投资的发展情况

（a）青岛市

年份	总体情况		第一产业		第二产业		第三产业	
	总额（亿元）	增长率（%）	总额（亿元）	增长率（%）	总额（亿元）	增长率（%）	总额（亿元）	增长率（%）
2006	1485.7	19.8	26.5	3.2	814.3	16.8	644.9	24.7
2007	1635.4	23.3	24.9	2.1	848.4	19.2	762.1	29.1
2008	2019	23.5	46.0	84.5	972	14.6	1001	31.4
2009	2458.9	25.3	46	3	1107.3	17.2	1305.6	34.2
2010	3022.5	22.9	33.1	–2.4	1279.4	15.6	1709.9	29.8
2011	3502.5	23.4	42.2	106.8	1472.6	24.5	1987.7	21.6
2012	4153.9	22.3	68.5	62.2	1998.6	35.7	2086.8	10.9
2013	5027.9	21.1	93.9	37.1	2594.7	29.8	2339.2	12.2
2014	5766	16.1	104.7	11.4	2817.9	16	2843.4	16.4

数据来源：青岛市各年的经济和社会发展统计公报。

（b）东营市

年份	总体情况		第一产业		第二产业		第三产业	
	总额（亿元）	增长率（%）	总额（亿元）	增长率（%）	总额（亿元）	增长率（%）	总额（亿元）	增长率（%）
2006	609.9	20.2	16.8	30.1	417.1	27.4	176.0	5.3
2007	698.60	24.9	23.38	28.1	495.83	28.4	179.39	15.9

续前表

年份	总体情况		第一产业		第二产业		第三产业	
	总额（亿元）	增长率（%）	总额（亿元）	增长率（%）	总额（亿元）	增长率（%）	总额（亿元）	增长率（%）
2008	873.81	25.1	34.79	48.8	572.77	15.5	266.25	48.4
2009	1095.59	23.4	45.29	28.2	710.32	22.0	339.98	27.7
2010	1348.98	22.6	55.57	59.7	853.92	20.2	439.49	25.4
2011	1574.42	24.5	56.08	17.8	1025.58	25.2	492.75	25.2
2012	1963.00	23.4	64.1	14.3	1280.32	24.8	618.57	25.5
2013	2332.13	20.8	65.5	15.6	1456.27	17.4	810.36	28.7
2014	2708.20	16.1	74.15	13.2	1661.39	14.1	972.66	20.0

数据来源：东营市各年的经济和社会发展统计公报。

（c）烟台市

年份	总体情况		第一产业		第二产业		第三产业	
	总额（亿元）	增长率（%）	总额（亿元）	增长率（%）	总额（亿元）	增长率（%）	总额（亿元）	增长率（%）
2006	1591.16	19.8	47.9	–5.8	963.59	15.4	579.68	31.1
2007	1606.79	25.2	37.66	–2.5	923.21	18.8	645.92	38.1
2008	1961.71	24.1	34.33	–	993.40	–	933.97	–
2009	2222.17	25.1	50.63	22.8	1107.81	23	1063.73	27.5
2010	2705.86	22.8	38.74	–3.0	1202.19	9.5	1464.93	36.3
2011	2883.80	22.4	29.39	2.9	1267.47	21	1586.95	24.4
2012	3043.92	20.5	36.10	22.8	1191.26	12.7	1816.56	26.2
2013	3538.19	20.1	47.25	35.3	1337.14	16.0	2153.8	22.5
2014	4101.06	15.9	53.17	12.5	1587.77	10.7	2460.11	19.4

数据来源：2008 年的数据来自《烟台市统计年鉴（2009）》，其他年份数据来自各年的经济和社会发展统计公报。

（d）潍坊市

年份	总体情况		第一产业		第二产业		第三产业	
	总额（亿元）	增长率（%）	总额（亿元）	增长率（%）	总额（亿元）	增长率（%）	总额（亿元）	增长率（%）
2006	1043.2	18.6	12.9	-42.4	754.9	16.7	231.7	44.5
2007	1208.4	24.8	17.7	49.5	822.9	25.0	337.5	40.8
2008	1523.4	26.1	45.2	130.4	646.8	13.0	807.9	138.7
2009	1890.5	24.1	64.5	118.8	730.6	13.6	1063.7	31.7
2010	2331.02	22.6	99.6	54.3	957.81	19.1	1246.8	25.2
2011	2603.2	22.9	101.6	19.1	1068.5	20.7	1433.1	25.1
2012	3012.9	22.3	117.8	18.1	1178	22.1	1717.2	22.8
2013	3538.19	20.1	47.25	35.3	1337.14	16.0	2153.8	22.5
2014	3969.1	15.7	108.2	15.1	2017.2	20.8	1843.7	10.8

数据来源：潍坊市各年的经济和社会发展统计公报。

（e）威海市

年份	总体情况		第一产业		第二产业		第三产业	
	总额（亿元）	增长率（%）	总额（亿元）	增长率（%）	总额（亿元）	增长率（%）	总额（亿元）	增长率（%）
2006	696.96	17.9	44.87	20.6	404.46	16.9	247.63	19.2
2007	750.39	22.2	37.14	22.3	417.28	21.0	295.97	24.0
2008	926.14	23.7	49.93	34.4	441.73	5.9	434.48	46.8
2009	1165.54	24.2	33.59	-26.3	497.03	12.5	634.92	44.6
2010	1168.18	18.7	35.05	9.6	443.91	12.2	689.23	23.8
2011	1341.6	22.7	27.05	–	479.76	–	834.79	27.6
2012	1595.45	20.2	27.25	10.1	621.9	20.8	946.3	20.1
2013	1923.71	20.5	12.18	-47.4	678.12	18.0	1233.41	23.5
2014	2229.37	15.9	7.26	-40.4	1383.66	104.0	838.45	32.0

数据来源：威海市各年的经济和社会发展统计公报。

（f）日照市

年份	总体情况		第一产业		第二产业		第三产业	
	总额（亿元）	增长率（%）	总额（亿元）	增长率（%）	总额（亿元）	增长率（%）	总额（亿元）	增长率（%）
2006	235.09	21.9	–	–	–	–	–	–
2007	351.13	24.5	–	–	–	–	–	–
2008	518.43	26.4	16.07	–	217.22	–	285.14	–
2009	631.86	23.1	18.96	–	292.55	–	320.35	–
2010	775.36	22.4	24.04	–	321	–	430.32	–
2011	880.69	23.7	20.26	–	381.34	–	479.1	–
2012	922.38	20.2	34.13	–	388.32	–	499.47	19.6
2013	1069.05	20.0	34.21	–	434.03	–	600.81	–
2014	1234.75	15.5	20.99	–	506.25	–	707.51	–

数据来源：日照市各年的经济和社会发展统计公报。

（g）滨州市

年份	总体情况		第一产业		第二产业		第三产业	
	总额（亿元）	增长率（%）	总额（亿元）	增长率（%）	总额（亿元）	增长率（%）	总额（亿元）	增长率（%）
2006	495.8	19.7	12.3	12.1	384.8	22.5	98.7	7.5
2007	481.79	23.9	14.71	28.8	358.68	22.8	108.39	27.0
2008	578.69	21.0	26.04	–	381.94	–	170.71	–
2009	723.41	24.7	28.18	9.6	432.74	13.3	262.49	53.6
2010	886.12	22.4	22.12	17.1	512.11	19.8	351.89	32.3
2011	1010.69	23.8	27.39	36.4	566.17	17.9	417.13	31.9
2012	1262.73	22.7	35.26	28.7	671.30	18.6	556.17	33.3
2013	1517.18	19.6	–	–	–	–	571.16	2.7
2014	1748.86	15.3	28.31	–28.4	1116.78	23.2	603.77	5.7

数据来源：滨州市各年的经济和社会发展统计公报。

（h）山东省

年份	总体情况		第一产业		第二产业		第三产业	
	总额（亿元）	增长率（%）	总额（亿元）	增长率（%）	总额（亿元）	增长率（%）	总额（亿元）	增长率（%）
2006	11136.1	19.6	291.7	–	6908.7	–	3935.6	–
2007	12537.0	24.2	360.4	–	7508.2	–	4668.4	–
2008	15435.9	23.1	563.2	–	8182.1	–	6690.6	–
2009	19031.0	23.3	614.8	–	9615.4	–	8800.8	–
2010	23276.7	22.3	551.8	–	11332.4	–	11392.5	–
2011	25927.1	15.0	533.3	–	12425.3	–	12968.5	–
2012	31256.0	20.2	687.63	–	14877.86	–	15690.51	–
2013	35875.9	19.6	–	–	–	–	18027	19.7
2014	41599.1	15.8		–		–	19606.2	8.8

数据来源：2006 年至 2011 年数据来自《山东统计年鉴（2012）》；2012 年和 2014 年的数据来自山东省经济和社会发展统计公报。

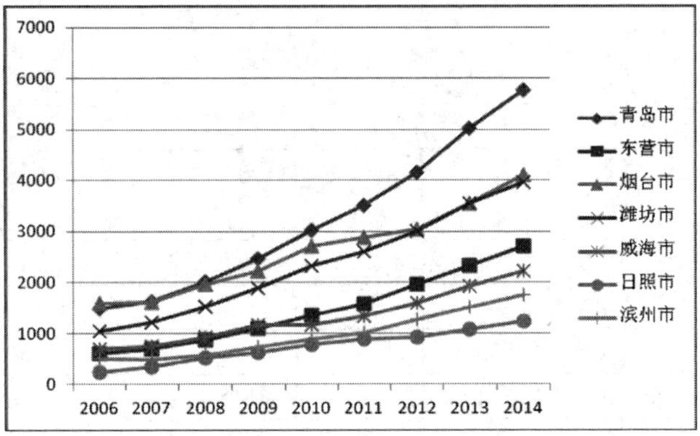

（a）固定资产投资额（亿元）

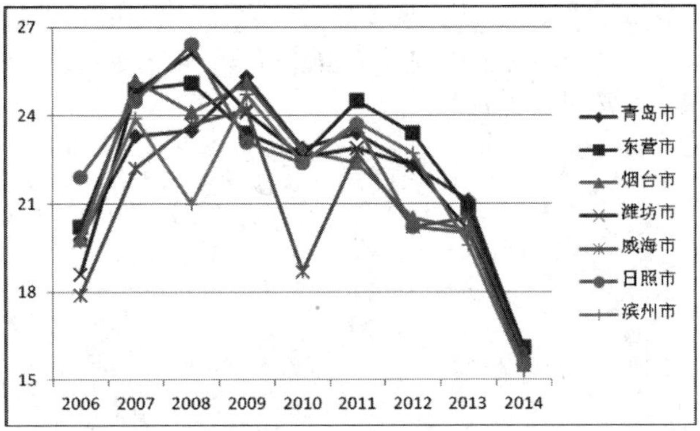

（b）固定资产投资增长率（%）

数据来源：表3-5。

图 3-3 2006—2014 年山东半岛蓝色经济区规划主体区各地市固定资产投资发展情况

第二节 国内贸易情况

一、2014 年山东半岛蓝色经济区规划主体区各地市社会消费品销售额及其增长率

2014 年山东半岛蓝色经济区规划主体区各地市社会消费品零售额均实现较大幅度增长，增长率都在 12% 左右，增长率最高的为威海市 12.9%，最低的为滨州市 12.2%。从社会消费品零售总额来看，各地市差别较大，这主要是由各地市的人口等因素决定的。表 3-6 给出了 2014 年山东半岛蓝色经济区规划主体区各地市社会消费品销售额及其增长率。

表 3-6 2014 年山东半岛蓝色经济区规划主体区各地市社会消费品销售额及其增长率

地区名称	社会消费品零售额		城镇地区		农村地区		批发业和零售业		住宿业和餐饮业	
	总额（亿元）	增长率（%）	总额（亿元）	增长率（%）	总额（亿元）	增长率（%）	总额（亿元）	增长率（%）	总额（亿元）	增长率（%）
青岛市	3268.8	12.6	2731.6	12.8	537.2	11.3	2862.2	12.6	406.6	12.2
东营市	656.06	12.6	579.86	12.6	79.2	12.5	608.83	11.4	50.23	28.3
烟台市	2377.65	12.7	1900.3	12.5	477.3	13.4	2170.91	12.4	206.74	14.9
潍坊市	1979.5	12.6	1415.1	11.8	564.4	14.5	1796.1	12.5	183.5	13.9
威海市	1181.87	12.9	986.88	13.1	194.99	11.8	1077.55	13.0	104.32	11.2
日照市	535.98	12.6	434.35	12.1	101.63	14.5	496.13	12.7	39.85	10.4
滨州市	738.51	12.2	505.1	12.1	233.41	12.6	651.6	12.3	86.91	11.9

注：1. 东营市批发业和零售业的增长率是根据各自的总额加权平均得到。
2. 东营市住宿业和餐饮业的增长率是根据各自的总额加权平均得到。
3. 潍坊市批发业和零售业一栏只有零售业数据，住宿业和餐饮业一栏只有餐饮业数据。
4. 日照市批发业和零售业一栏只有零售业数据，住宿业和餐饮业一栏只有餐饮业数据。

数据来源：各市的数据来自各地市经济和社会发展统计公报。

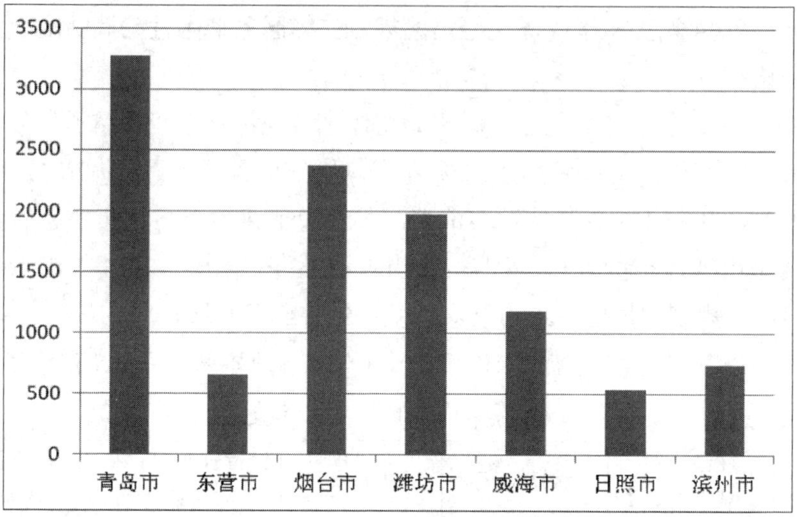

（a）社会消费品零售额（亿元）

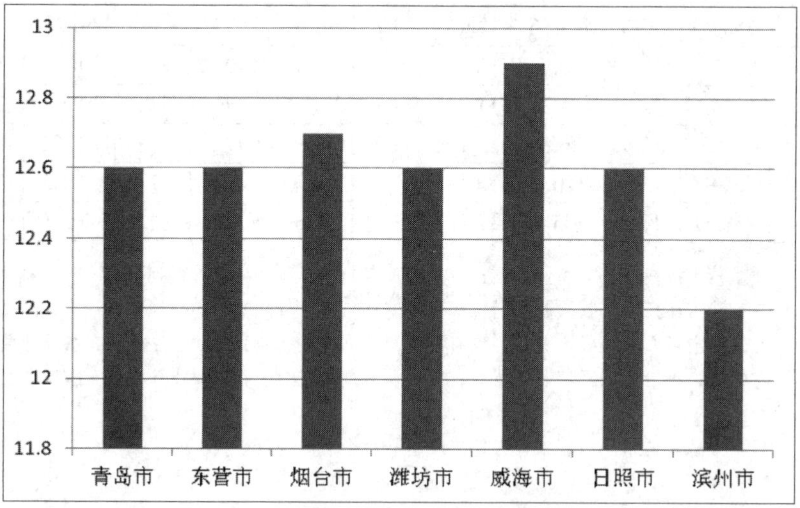

（b）社会消费品零售额增长率（%）

数据来源：表 3-6。

图 3-4 2014 年山东半岛蓝色经济区规划主体区社会消费品零售额及其增长率

二、山东半岛蓝色经济区规划主体区与联动区社会消费品零售额及其增长率比较

山东半岛蓝色经济区规划联动区各地市的社会消费品零售额增长迅速，就 2014 年的增长率来看，与规划主体区并没有明显差别。从社会消费品零售额总额来看，规划联动区总体低于规划主体区。表 3–7 给出了山东半岛蓝色经济区规划联动区社会消费品零售额及其增长率情况；表 3–8 给出了山东半岛蓝色经济区规划主体区和规划联动区社会消费品零售额及其增长率情况比较；图 3–5 给出了山东半岛蓝色经济区规划主体区和规划联动区社会消费品零售额及其增长率情况比较。

表 3–7 2014 年山东半岛蓝色经济区规划联动区社会消费品零售额及其增长率情况

地区名称	社会消费品零售额		城镇地区		农村地区		批发业和零售业		住宿业和餐饮业	
	总额（亿元）	增长率（%）	总额（亿元）	增长率（%）	总额（亿元）	增长率（%）	总额（亿元）	增长率（%）	总额（亿元）	增长率（%）
济南市	2964.4	12.6	2730	12.6	234.4	11.8	2490.3	13.1	474.1	9.8
淄博市	1739.5	12.4	733.3	9.4	42.7	68.5	–	–	–	–
枣庄市	706.3	12.7	463.1	13.2	243.2	11.7	631.7	12.7	74.7	12.0
济宁市	1664.5	12.8	1340.8	13.1	323.3	11.6	1474.6	13.0	189.5	11.0
泰安市	1188.1	12.8	1053.3	12.6	134.8	14.2	1078.5	–	109.6	–
莱芜市	290.36	12.7	–	–	–	–	267.73	–	22.62	–
临沂市	2008.4	12.8	–	–	–	–	1869.7	13.1	138.7	9.6
德州市	1116.8	12.8	884.5	11.9	232.3	15.8	949.4	12.3	167.4	18.3
聊城市	924.66	12.7	703.78	12.1	220.88	14.3	807.24	13.8	117.4	5.7
菏泽市	1215.22	13.0	1003.58	12.9	211.6	13.3	1093.6	13.1	121.5	12.0

数据来源：各地市 2014 年经济和社会发展统计公报。

表 3-8 2014 年山东半岛蓝色经济区规划主体区与联动区
社会零售总额及其增长率比较

排名	地区名称	总额（亿元）	主体区或联动区		排名	地区名称	增长率（%）	主体区或联动区
1	青岛市	3268.8	主体区		1	菏泽市	13.0	联动区
2	济南市	2964.4	联动区		2	威海市	12.9	主体区
3	烟台市	2377.65	主体区		3	德州市	12.8	联动区
4	临沂市	2008.4	联动区		3	济宁市	12.8	联动区
5	潍坊市	1979.5	主体区		3	泰安市	12.8	联动区
6	淄博市	1739.5	联动区		3	临沂市	12.8	联动区
7	济宁市	1664.5	联动区		7	枣庄市	12.7	联动区
8	菏泽市	1215.22	联动区		7	聊城市	12.7	联动区
9	泰安市	1188.1	联动区		7	烟台市	12.7	主体区
10	威海市	1181.87	主体区		7	莱芜市	12.7	联动区
11	德州市	1116.8	联动区		11	青岛市	12.6	主体区
12	聊城市	924.66	联动区		11	东营市	12.6	主体区
13	滨州市	738.51	主体区		11	潍坊市	12.6	主体区
14	枣庄市	706.3	联动区		11	日照市	12.6	主体区
15	东营市	656.06	主体区		11	济南市	12.6	联动区
16	日照市	535.98	主体区		16	淄博市	12.4	联动区
17	莱芜市	290.36	联动区		17	滨州市	12.2	主体区
山东省		24992.0			山东省		12.6	
全国		262000			全国		12.0	

数据来源：表 3-6 和表 3-7。

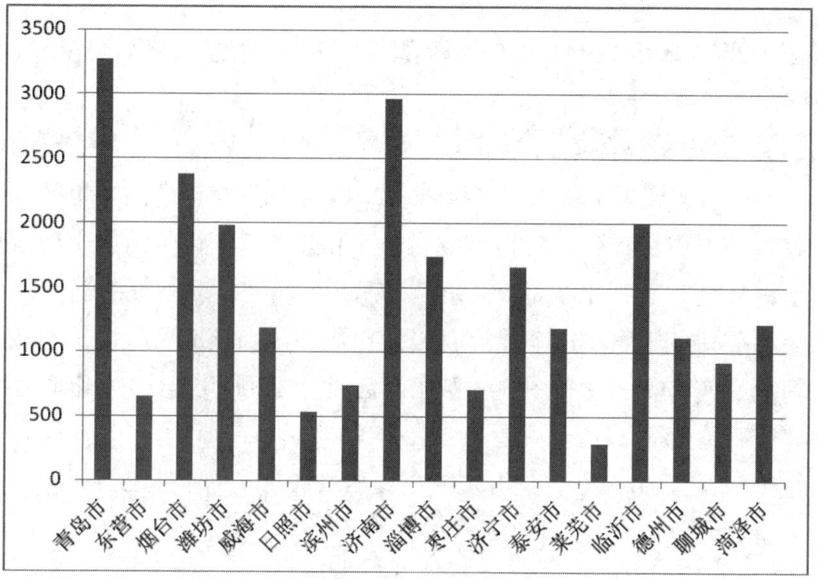

（a）社会消费品零售额（亿元）

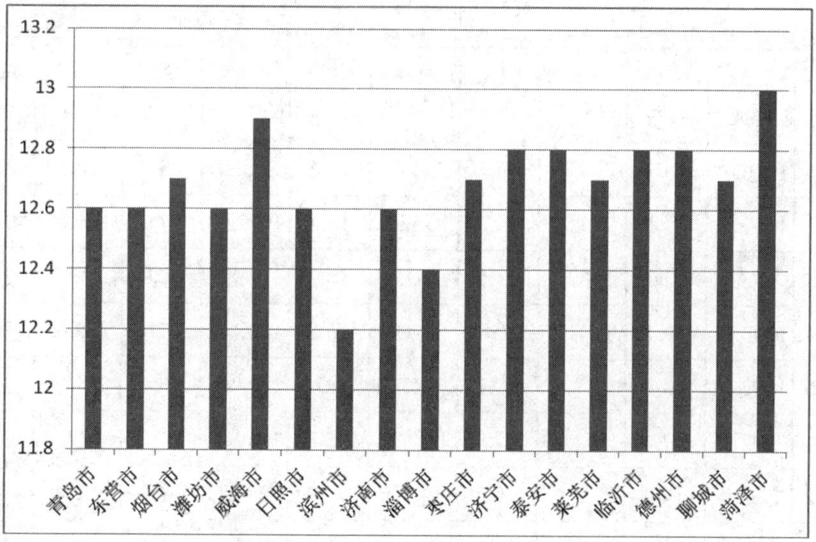

（b）社会消费品零售额增长率（%）

数据来源：表3-8。

图 3-5 2014 年山东半岛蓝色经济区规划主体区和联动区社会消费品零售额及其增长率比较

三、2006 年至 2014 年山东半岛蓝色经济区规划主体区各地市社会消费品零售额及其增长率

2006 年至 2014 年间，山东半岛蓝色经济区规划主体区各地市的社会消费品零售额均实现了较大幅度增长，2014 年的社会消费品零售额基本上都为 2006 年的 2–3.5 倍，各地市的增长率相差不大。以《山东半岛蓝色经济区发展规划》获得批准的 2011 年前后进行比较，规划批准前后，各地市社会消费品零售额增长率并没有明显变化，规划批准后的增长率甚至低于规划批准前。表 3–9 和图 3–6 给出了各地市 2006 年至 2014 年间社会消费品零售额及其增长率。

表 3–9 2006—2014 年山东半岛蓝色经济区规划主体区各地市社会消费品零售额及其增长率

(a) 青岛市

年份	社会消费品零售额		城镇地区		农村地区		批发业和零售业		住宿业和餐饮业	
	总额（亿元）	增长率（%）	总额（亿元）	增长率（%）	总额（亿元）	增长率（%）	总额（亿元）	增长率（%）	总额（亿元）	增长率（%）
2006	1006.67	16.3	784.86	17.5	221.81	12.2	878.28	15.5	128.39	21.9
2007	1199.18	19.1	943.25	20.2	255.93	15.4	1017.98	17.9	181.20	26.6
2008	1464.8	22.2	1162.1	23.1	302.7	18.7	1192	20.9	230.7	27.4
2009	1743.99	19.1	1391.8	19.8	352.19	16.3	1407.82	17.9	282.65	23.4
2010	1902.74	18.7	1571.62	19.2	331.12	16	1664.08	18.4	238.66	20.5
2011	2232.88	17.4	1851.31	17.8	381.57	15.2	1954.48	17.5	278.4	16.7
2012	2564.5	14.9	2133.25	15.2	431.25	13.0	2242.11	14.7	322.39	15.8
2013	2904.3	13.3	2421.8	13.5	482.5	11.9	2542	13.4	362.3	12.4
2014	3268.8	12.6	2731.6	12.8	537.2	11.3	2862.2	12.6	406.6	12.2

数据来源：青岛市各年的经济和社会发展统计公报。

(b) 东营市

年份	社会消费品零售额		城镇地区		农村地区		批发业和零售业		住宿业和餐饮业	
	总额(亿元)	增长率(%)	总额(亿元)	增长率(%)	总额(亿元)	增长率(%)	总额(亿元)	增长率(%)	总额(亿元)	增长率(%)
2006	173.5	16.5	–	–	–	–	–	–	–	–
2007	206.54	19.0	–	–	–	–	166.72	20.3	34.28	16.4
2008	254.61	23.3	–	–	–	–	–	–	–	–
2009	303.28	19.1	225.63	19.1	77.65	19.2	256.92	21.0	41.3	11.3
2010	382.36	18.7	306.3	19.2	76.06	16.7	346.82	18.6	35.54	18.7
2011	448.85	17.4	363.41	17.3	85.44	17.9	410.4	17.5	38.45	16.5
2012	516.08	15.0	444.21	14.9	71.87	15.7	473.89	15.1	42.19	13.9
2013	585.56	13.5	515.88	13.1	69.68	16.1	546.42	14.5	39.14	0.9–
2014	656.06	12.6	579.86	12.6	79.2	12.5	608.83	11.4	50.23	28.3

注：1. 东营市批发业和零售业的增长率是根据各自的总额加权平均得到

2. 东营市住宿业和餐饮业的增长率是根据各自的总额加权平均得到

数据来源：东营市各年的经济和社会发展统计公报。

(c) 烟台市

年份	社会消费品零售额		城镇地区		农村地区		批发业和零售业		住宿业和餐饮业	
	总额(亿元)	增长率(%)	总额(亿元)	增长率(%)	总额(亿元)	增长率(%)	总额(亿元)	增长率(%)	总额(亿元)	增长率(%)
2006	697.96	16.4	500.82	16.8	197.14	15.4	592.85	15.67	82.74	23.03
2007	829.7	18.9	596.08	19	233.62	18.5	702.23	18.47	101.02	22.14
2008	1023.44	23.4	738.76	23.9	284.68	13.8	868.23	23.65	125.63	24.33
2009	1219.96	19.2	881.72	19.4	338.24	18.8	1041.65	19.96	147.92	17.74
2010	1378.35	18.8	1104.04	18.9	274.31	18.1	1258.13	18.39	120.22	22.50
2011	1616.49	17.3	1295.63	17.4	320.86	17.0	1472.97	17.0	143.52	20.5
2012	1859.82	15.1	1491.39	15.1	368.44	14.8	1687.64	14.1	172.18	24.8
2013	2110.65	13.5	1689.78	13.3	420.87	14.2	1953	13.4	157.62	14.1
2014	2377.65	12.7	1900.3	12.5	477.3	13.4	2170.91	12.4	206.74	14.9

数据来源：烟台市各年的经济和社会发展统计公报。

（d）潍坊市

年份	社会消费品零售额		城镇地区		农村地区		批发业和零售业		住宿业和餐饮业	
	总额（亿元）	增长率（%）	总额（亿元）	增长率（%）	总额（亿元）	增长率（%）	总额（亿元）	增长率（%）	总额(亿元）	增长率（%）
2006	573.6	16.3	–	–	–	–	–	–	–	–
2007	674.3	17.6	–	–	–	–	–	–	–	–
2008	830.3	23.1	–	–	–	–	–	–	–	–
2009	988.5	19.1	–	–	–	–	–	–	–	–
2010	1151.1	18.6	751.7	21.9	399.4	13.0	1038.4	18.8	112.68	17.5
2011	1349.8	18.6	949.0	19.9	400.8	11.5	1217.6	17.4	132.2	14.9
2012	1551.6	15	1118.6	14.8	433	15.5	1397.7	15.1	153.9	14.2
2013	1758.8	13.4	1266.8	13.2	492	13.7	1592.7	13.9	166.1	8.5
2014	1979.5	12.6	1415.1	11.8	564.4	14.5	1796.1	12.5	183.5	13.9

注：1. 批发业和零售业一栏只有零售业的总额和增长率

2. 住宿业和餐饮业一栏只有餐饮业的总额和增长率

数据来源：潍坊市各年的经济和社会发展统计公报。

（e）威海市

年份	社会消费品零售额		城镇地区		农村地区		批发业和零售业		住宿业和餐饮业	
	总额（亿元）	增长率（%）	总额（亿元）	增长率（%）	总额（亿元）	增长率（%）	总额（亿元）	增长率（%）	总额（亿元）	增长率（%）
2006	331.21	16.3	240.68	16.9	90.52	14.7	–	–	–	–
2007	392.63	18.5	286.88	19.2	105.75	16.8	–	–	–	–
2008	483.62	23.2	355.02	23.8	128.6	21.6	–	–	–	–
2009	575.99	19.1	423.44	19.3	152.55	18.6	–	–	–	–
2010	683.99	18.6	494.68	18.9	189.31	17.9	623.52	18.7	60.46	18.4
2011	802.79	17.4	595.86	17.9	206.93	15.8	730.11	17.5	72.68	16.5
2012	923.07	15.0	735.28	15.0	187.79	14.8	829.59	14.8	93.48	16.4
2013	1047.29	13.5	866.92	13.7	180.37	12.4	948.95	14.5	98.34	4.4
2014	1181.87	12.9	986.88	13.1	194.99	11.8	1077.55	13.0	104.32	11.2

数据来源：威海市各年的经济和社会发展统计公报。

（f）日照市

年份	社会消费品零售额		城镇地区		农村地区		批发业和零售业		住宿业和餐饮业	
	总额（亿元）	增长率（%）	总额（亿元）	增长率（%）	总额（亿元）	增长率（%）	总额（亿元）	增长率（%）	总额（亿元）	增长率（%）
2006	145.06	16.0	–	–	–	–	–	–	–	–
2007	172.27	18.8	–	–	–	–	–	–	–	–
2008	212.36	23.3	–	–	–	–	–	–	–	–
2009	252.87	19.1	159.72	19.7	93.15	18	–	–	–	–
2010	311.63	18.6	255.69	19.0	55.94	16.8	287.31	18.61	24.32	19.2
2011	365.44	17.3	297.22	18.2	68.22	16.5	337.12	17.3	28.32	16.4
2012	420.2	15.0	341.8	15.0	78.3	14.8	387.9	15.1	32.2	13.8
2013	476.2	13.4	387.4	13.4	88.8	13.3	440.1	13.5	36.1	12.2
2014	535.98	12.6	434.35	12.1	101.63	14.5	496.13	12.7	39.85	10.4

注：1. 批发业和零售业一栏只有零售业的总额和增长率
2. 住宿业和餐饮业一栏只有餐饮业的总额和增长率
数据来源：日照市各年的经济和社会发展统计公报。

（g）滨州市

年份	社会消费品零售额		城镇地区		农村地区		批发业和零售业		住宿业和餐饮业	
	总额（亿元）	增长率（%）	总额（亿元）	增长率（%）	总额（亿元）	增长率（%）	总额（亿元）	增长率（%）	总额（亿元）	增长率（%）
2006	208.57	16.1	128.69	17.5	79.88	13.8	–	–	–	–
2007	246.05	18.0	152.42	18.4	93.63	17.2	–	–	–	–
2008	302.62	23.0	188.94	24.2	113.68	21.1	–	–	–	–
2009	360.28	19.1	225.43	19.3	134.85	18.6	–	–	–	–
2010	431.16	18.7	230.54	19.1	200.62	18.2	380.31	18.9	50.85	17.2
2011	505.75	17.3	344.93	17.6	160.82	16.6	445.79	17.4	59.96	16.3
2012	581.46	15.0	397.56	15.3	183.90	14.3	511.24	14.8	70.22	16.3
2013	658.04	13.2	450.69	13.4	207.35	12.8	658.05	–	–	–
2014	738.51	12.2	505.1	12.1	233.41	12.6	651.6	12.3	86.91	11.9

数据来源：滨州市各年的经济和社会发展统计公报。

（h）山东省

年份	社会消费品零售额		城镇地区		农村地区		批发业和零售业		住宿业和餐饮业	
	总额（亿元）	增长率（%）	总额（亿元）	增长率（%）	总额（亿元）	增长率（%）	总额（亿元）	增长率（%）	总额（亿元）	增长率（%）
2006	7122.5	16.3	5322.4	17.0	1800.2	14.1	–	–	–	–
2007	8438.8	18.5	6363.5	19.6	2075.3	15.3	–	–	–	–
2008	10381.2	23.0	7913.5	24.4	2467.7	18.9	–	–	–	–
2009	12363.0	19.1	8038.5	19.5	4324.5	18.4	–	–	–	–
2010	14211.6	18.6	11388.4	19.5	2823.2	15.2	12717.9	18.5	1493.7	19.7
2011	16675.9	17.3	13175.3	17.9	3500.6	15.2	14743.7	17.1	1932.2	18.9
2012	19175.3	15.0	15403.1	15.2	3772.2	14.3	17094.0	14.9	2081.3	15.6
2013	21744.8	13.4	17453.6	13.3	4291.2	13.8	19506.6	13.7	2238.2	10.7
2014	24492.0	12.6	19562.5	12.1	4929.5	14.9	21992.8	12.8	2499.3	11.4

数据来源：山东省各年的经济和社会发展统计公报。

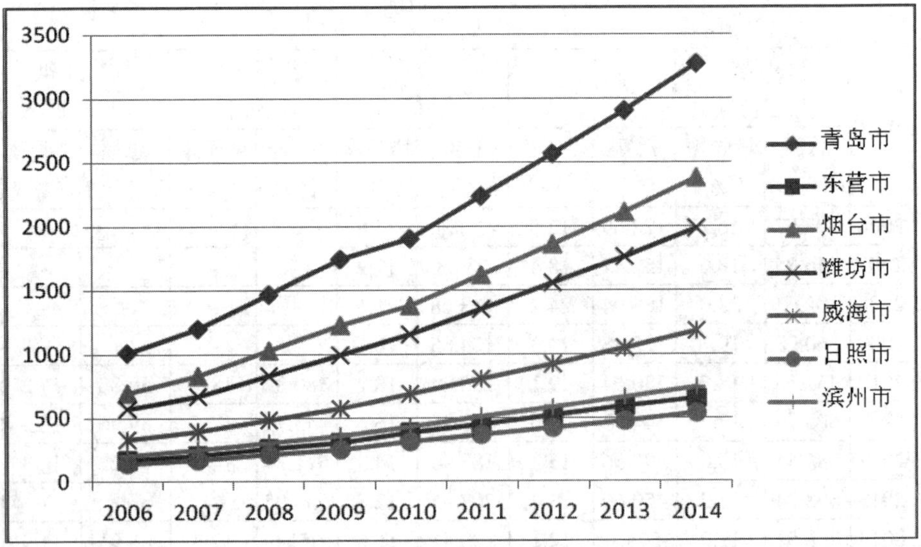

（a）各地市社会消费品零售额（亿元）

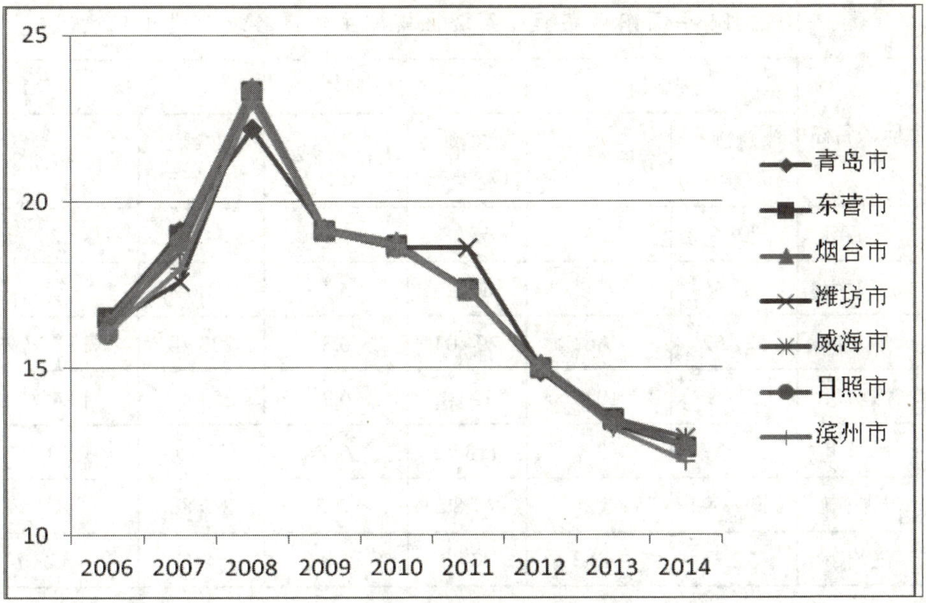

（b）各地市社会消费品零售额增长率（%）

数据来源：表 3-9。

图 3-6 2006—2014 年山东半岛蓝色经济区规划主体区各地市社会消费品零售额及其增长率

第三节 对外贸易情况

一、2014 年山东半岛蓝色经济区规划主体区各地市对外贸易情况

2014 年山东半岛蓝色经济区规划主体区各地市的进出口均有不同程度的增加，其中增长最快的是潍坊市，增长率为 10.0%；其次为烟台市，增长率为 7.6%。出口额所有地市均有所增长，增长最快的是日照市，增长率为 23.5%；增长最慢的是烟台市，增长率仅为 0.8%。进口额增长率最高的为潍坊市，增长率达到 19.4%；增长率最低的是滨州市，增长率仅为 -28.2%。这表明，各地市的进出口情况有较大差别。表 3-10 和图 3-7 给出了各地市的进出口情况。

表 3-10 2014 年山东半岛蓝色经济区规划主体区各地市进出口情况

地区名称	进出口		出口		进口	
	总额（亿美元）	增长率（%）	总额（亿美元）	增长率（%）	总额（亿美元）	增长率(%)
青岛市	798.9	2.5	457.8	9.1	341.1	–5.2
东营市	132.56	4.1	60.95	5.1	71.61	3.3
烟台市	527.52	7.6	294.04	0.8	233.48	17.7
潍坊市	177.8	10.0	123.4	6.3	54.4	19.4
威海市	165.87	–3.3	113.72	6.3	52.15	–19.1
日照市	347.69	5.2	47.89	23.5	299.80	2.8
滨州市	72.2	–13.3	37.88	6.9	34.32	–28.2

数据来源：数据来自各地市的经济和社会发展统计公报。

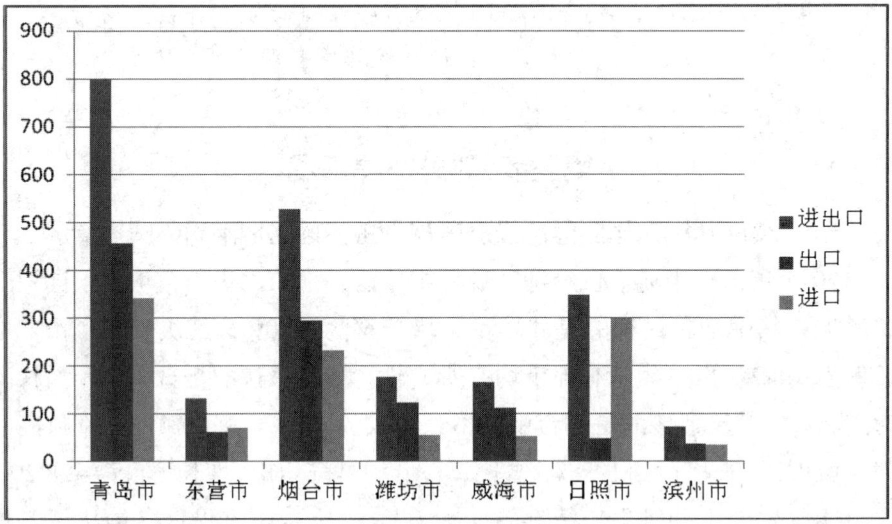

（a）进出口总额（亿美元）

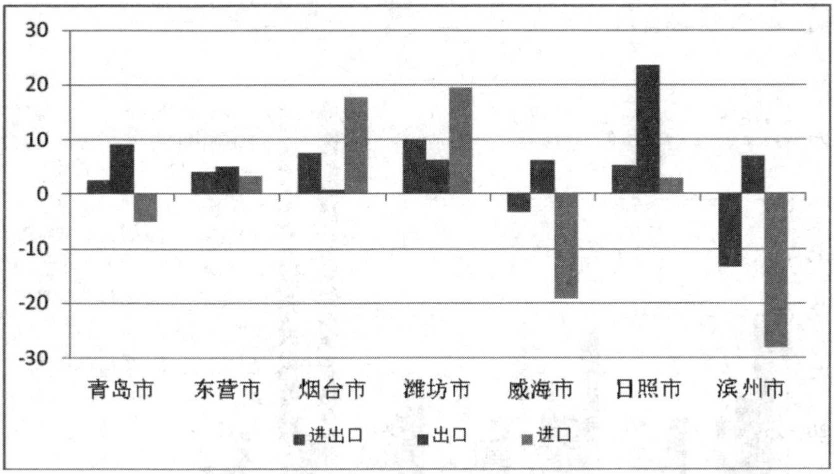

（b）进出口额增长率（%）

数据来源: 表3-10。

图 3-7 2014 年山东半岛蓝色经济区规划主体区各地市的进出口情况

表 3-11 给出了山东半岛蓝色经济区规划主体区各地市的进出口依存度。各地市的进出口依存度差别很大，其中日照市的进出口依存度高达 136.97%，进口依存度高达 118.1%；也有一些地市的进出口依存度较低，滨州市的进出口依存度为 20.14%，进口依存度仅为 9.57%。这表明，各地市的经济对外开放度存在明显差别。图 3-8 给出了 2014 年各地市的进出口依存度。

表 3-11 2014 年山东半岛蓝色经济区规划主体区各地市的进出口依存度（%）

地区名称	进出口依存度	出口依存度	进口依存度
青岛市	58.4	33.44	24.96
东营市	24.54	11.28	14.26
烟台市	55.81	31.11	24.7
潍坊市	23.59	16.37	7.22
威海市	37.75	25.88	11.87
日照市	136.97	18.87	118.10
滨州市	20.14	10.57	9.57

数据说明：汇率采用年末人民币汇率为 1 美元兑 6.35 元人民币，根据各地市的进出口额乘以汇率再除以地区生产总值计算得出。

数据来源：根据表 3-10 计算得出。

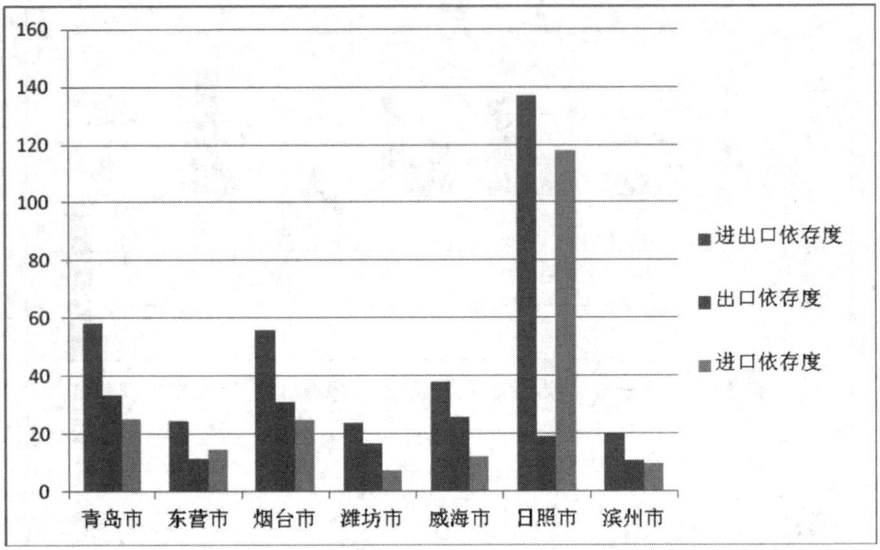

数据来源：表3-11。

图 3-8　2014 年山东半岛蓝色经济区规划主体区各地市进出口依存度（%）

二、山东半岛蓝色经济区规划主体区与联动区的对外贸易情况比较

表3-12给出了山东半岛蓝色经济区规划联动区各地市的进出口情况。从进出口总额看，有的地市增加，增长率最高的为泰安市，达到 19.5%；有的地市下降，淄博市的增长率为 -0.6%。出口额增长率最快的也为泰安市，为 26.7%；下降幅度最大的为济宁市，其增长率为 -2.0%。进口额增长最快的为菏泽市，高达 12.8%；下降幅度最大的为莱芜市，其增长率达到 -25.9%。表 3-13 给出了山东半岛蓝色经济区规划联动区各地市的对外贸易依存度。总体上讲，规划联动区的贸易依存度明显低于规划主体区，无论是进出口依存度还是进口依存度或出口依存度。

表 3-12　2014 年山东半岛蓝色经济区规划联动区各地市的对外贸易情况

地区名称	进出口		出口		进口	
	总额（亿美元）	增长率（%）	总额（亿美元）	增长率（%）	总额（亿美元）	增长率（%）
济南市	105.0	9.6	60.6	10.5	44.3	8.4
淄博市	89.4	–0.6	56	6.9	33.4	–11.1

续前表

地区名称	进出口		出口		进口	
	总额（亿美元）	增长率（%）	总额（亿美元）	增长率（%）	总额（亿美元）	增长率（%）
枣庄市	14.4	15.1	11.5	21.9	2.9	–5.9
济宁市	52.3	0.0	32.7	–2.0	19.6	3.5
泰安市	29.7	19.5	17.3	26.7	12.4	10.8
莱芜市	22.19	–11.4	9.21	22.6	12.98	–25.9
临沂市	107.9	14.4	56.9	22.9	51	–6.3
德州市	35.07	–3.1	22.27	9.9	12.8	–19.6
聊城市	57.53	–6.9	23.86	19.1	33.68	–19.3
菏泽市	35.22	19.0	21.58	23.3	13.65	12.8
山东省	2771.2	4.0	1447.5	7.9	1323.7	0.0
全国	43030.38	3.4	23427.48	6.1	19602.90	0.4

数据来源：各地市的经济和社会发展统计公报。

表 3–13 2014 年山东半岛蓝色经济区规划联动区各地市的对外贸易依存度（%）

地区名称	进出口依存度	出口依存度	进口依存度
济南市	11.55	6.67	4.88
淄博市	14.1	8.8	5.3
枣庄市	4.6	3.7	0.9
济宁市	8.74	5.46	3.28
泰安市	6.28	3.66	2.62
莱芜市	20.49	11.99	8.50
临沂市	19.19	10.12	9.07
德州市	8.58	5.45	3.13
聊城市	14.52	6.02	8.50
菏泽市	10.06	6.17	3.89
山东省	29.61	15.47	14.14
全国	41.53	22.61	18.92

数据说明：汇率采用年末人民币汇率为 1 美元兑 6.35 元人民币，根据各地市的进出口额乘以汇率再除以地区生产总值计算得出。

数据来源：根据表 3–12 计算得出。

表 3–14 至表 3–16 给出了山东半岛蓝色经济区规划主体区和联动区进出口

额、出口额、进口额及其增长率的排名。从进出口总额看，排名前6位的都是规划主体区的地市，进出口总额增长率排名前2位的为规划联动区地市，而其他规划主体区的排名为第5、7、8、9、10、14和17位。这表明，山东半岛蓝色经济区规划主体区的各地市的进出口总额具有明显的优势，而在进出口总额增长率上没有明显优势。从出口总额看，排名前5位的都为规划主体区地市，出口额增长率排名第1位的为规划联动区地市，规划主体区的排名为第2、10、11、13（潍坊市和威海市并列第13位）、15和16位。从进口总额看，排名前6位的地市都为规划主体区地市，增长率分别为第1、2、7、8、9、13和17位，表明从进口额增长率来看，规划主体区地市相对于联动区各地市没有明显优势。

表3-14 2014年山东半岛蓝色经济区规划主体区与联动区进出口总额及其增长率排名

排名	地区名称	进出口总额（亿元）	主体区或联动区	排名	地区名称	进出口总额增长率（%）	主体区或联动区
1	青岛市	798.9	主体区	1	泰安市	19.5	联动区
2	烟台市	527.52	主体区	2	菏泽市	19	联动区
3	日照市	347.69	主体区	3	枣庄市	15.1	联动区
4	潍坊市	177.8	主体区	4	临沂市	14.4	联动区
5	威海市	165.87	主体区	5	潍坊市	10	主体区
6	东营市	132.56	主体区	6	济南市	9.6	联动区
7	临沂市	107.9	联动区	7	烟台市	7.6	主体区
8	济南市	105.0	联动区	8	日照市	5.2	主体区
9	淄博市	89.4	联动区	9	东营市	4.1	主体区
10	滨州市	72.2	主体区	10	青岛市	2.5	主体区
11	聊城市	57.53	联动区	11	济宁市	0	联动区
12	济宁市	52.3	联动区	12	淄博市	–0.6	联动区
13	菏泽市	35.22	联动区	13	德州市	–3.1	联动区
14	德州市	35.07	联动区	14	威海市	–3.3	主体区
15	泰安市	29.7	联动区	15	聊城市	–6.9	联动区
16	莱芜市	22.19	联动区	16	莱芜市	–11.4	联动区
17	枣庄市	14.4	联动区	17	滨州市	–13.3	主体区
山东省		2771.2		山东省		4.0	
全国		43030.38		全国		3.4	

数据来源：表3–10和表3–12。

表 3-15 2014 年山东半岛蓝色经济区规划主体区与联动区出口总额及其增长率排名

排名	地区名称	出口额（亿元）	主体区或联动区	排名	地区名称	出口额增长率（%）	主体区或联动区
1	青岛市	457.8	主体区	1	泰安市	26.7	联动区
2	烟台市	294.04	主体区	2	日照市	23.5	主体区
3	潍坊市	123.4	主体区	3	菏泽市	23.3	联动区
4	威海市	113.72	主体区	4	临沂市	22.9	联动区
5	东营市	60.95	主体区	5	莱芜市	22.6	联动区
6	济南市	60.6	联动区	6	枣庄市	21.9	联动区
7	临沂市	56.9	联动区	7	聊城市	19.1	联动区
8	淄博市	56	联动区	8	济南市	10.5	联动区
9	日照市	47.89	主体区	9	德州市	9.9	联动区
10	滨州市	37.88	主体区	10	青岛市	9.1	主体区
11	济宁市	32.7	联动区	11	滨州市	6.9	主体区
12	聊城市	23.86	联动区	11	淄博市	6.9	联动区
13	德州市	22.27	联动区	13	潍坊市	6.3	主体区
14	菏泽市	21.58	联动区	13	威海市	6.3	主体区
15	泰安市	17.3	联动区	15	东营市	5.1	主体区
16	枣庄市	11.5	联动区	16	烟台市	0.8	主体区
17	莱芜市	9.21	联动区	17	济宁市	-2	联动区
山东省		1447.5		山东省		7.9	
全国		23427.28		全国		6.1	

数据来源: 表 3-10 和表 3-12。

表 3-16 2014 年山东半岛蓝色经济区规划主体区与联动区进口总额及其增长率排名

排名	地区名称	进口额（亿元）	主体区或联动区	排名	地区名称	进口额增长率（%）	主体区或联动区
1	青岛市	341.1	主体区	1	潍坊市	19.4	主体区
2	日照市	299.8	主体区	2	烟台市	17.7	主体区
3	烟台市	233.48	主体区	3	菏泽市	12.8	联动区
4	东营市	71.61	主体区	4	泰安市	10.8	联动区
5	潍坊市	54.4	主体区	5	济南市	8.4	联动区
6	威海市	52.15	主体区	6	济宁市	3.5	联动区
7	临沂市	51	联动区	7	东营市	3.3	主体区
8	济南市	44.3	联动区	8	日照市	2.8	主体区
9	滨州市	34.32	主体区	9	青岛市	-5.2	主体区
10	聊城市	33.68	联动区	10	枣庄市	-5.9	联动区
11	淄博市	33.4	联动区	11	临沂市	-6.3	联动区
12	济宁市	19.6	联动区	12	淄博市	-11.1	联动区
13	菏泽市	13.65	联动区	13	威海市	-19.1	主体区
14	莱芜市	12.98	联动区	14	聊城市	-19.3	联动区
15	德州市	12.8	联动区	15	德州市	-19.6	联动区
16	泰安市	12.4	联动区	16	莱芜市	-25.9	联动区
17	枣庄市	2.9	联动区	17	滨州市	-28.2	主体区
山东省		1323.7		山东省		0.0	
全国		19602.90		全国		0.4	

数据来源：表 3-10 和表 3-12。

表 3-17 给出了山东半岛蓝色经济区规划主体区和联动区对外贸易依存度排名。很明显，规划主体区各地市的对外贸易依存度明显高于规划联动区。从进出口依存度来讲，排名前 6 位都为规划主体区地市，还有一个地市排名第 8 位；从出口依存度来讲，所有的规划主体区地市都排在前 8 位；从进口依存度来讲，排名前 8 位的也有 6 个为规划主体区地市，还有一个地市排名第 10 位。这表明，山东半岛蓝色经济区规划主体区各地市的对外经济依存度明显高于规划联动区各地市。

表 3-17 2014 年山东半岛蓝色经济区规划主体区与联动区对外贸易依存度排名

排名	地区名称	进出口依存度（%）	主体区或联动区	排名	地区名称	出口依存度（%）	主体区或联动区	排名	地区名称	进口依存度（%）	主体区或联动区
1	日照市	136.97	主体区	1	青岛市	33.44	主体区	1	日照市	118.1	主体区
2	青岛市	58.4	主体区	2	烟台市	31.11	主体区	2	青岛市	24.96	主体区
3	烟台市	55.81	主体区	3	威海市	25.88	主体区	3	烟台市	24.7	主体区
4	威海市	37.75	主体区	4	日照市	18.87	主体区	4	东营市	14.26	主体区
5	东营市	24.54	主体区	5	潍坊市	16.37	主体区	5	威海市	11.87	主体区
6	潍坊市	23.59	主体区	6	莱芜市	11.99	联动区	6	滨州市	9.57	主体区
7	莱芜市	20.49	联动区	7	东营市	11.28	主体区	7	临沂市	9.07	联动区
8	滨州市	20.14	主体区	8	滨州市	10.57	主体区	8	莱芜市	8.5	联动区
9	临沂市	19.19	联动区	9	临沂市	10.12	联动区	8	聊城市	8.5	联动区
10	聊城市	14.52	联动区	10	淄博市	8.8	联动区	10	潍坊市	7.22	主体区
11	淄博市	14.1	联动区	11	济南市	6.67	联动区	11	淄博市	5.3	联动区
12	济南市	11.55	联动区	12	菏泽市	6.17	联动区	12	济南市	4.88	联动区
13	菏泽市	10.06	联动区	13	聊城市	6.02	联动区	13	菏泽市	3.89	联动区
14	济宁市	8.74	联动区	14	济宁市	5.46	联动区	14	济宁市	3.28	联动区
15	德州市	8.58	联动区	15	德州市	5.45	联动区	15	德州市	3.13	联动区
16	泰安市	6.28	联动区	16	枣庄市	3.7	联动区	16	泰安市	2.62	联动区
17	枣庄市	4.6	联动区	17	泰安市	3.66	联动区	17	枣庄市	0.9	联动区
山东省		29.61		山东省		15.47		山东省		14.14	
全国		41.53		全国		22.61		全国		18.92	

数据来源：表3-11和表3-13。

三、2006年至2014年山东半岛蓝色规划主体区各地市的对外贸易发展情况

2006年至2014年，山东半岛蓝色经济区规划主体区各地市的对外贸易都取得了迅速的发展。进口额、出口额、进出口总额等都有大幅度上升。有些地市的对外贸易依存度下降，有些地市对外贸易依存度上升，有些地市的外贸依存度基本保持不变。青岛市的对外贸易依存度一直持续下降，进出口依存度、进口依存度和出口依存度都在逐渐下降，进出口依存度从2006年的95.96%下降到2014年的58.4%；出口依存度从2006年的57.56%下降到2014年的33.44%；进口依存度从2006年的38.39%下降到2014年的24.96%。东营市的对外贸易依存度总体上升，进出口依存度从2006年的10.3%上升到2014年的25.54%；出口依存度从2006年的6.14%上升到2014年的11.28%；进口依存度从2006年的4.16%上升到2014年的14.26%。烟台市的外贸依存度先是上升，然后又开始下降，进出口依存度从2006年48.94%上升到2008年的70.23%，之后又下降到2014年的55.81%。潍坊市的对外贸易依存度基本上没有变化，维持在20%到25%之间。威海市的对外贸易依存度总体上是下降的，进出口依存度从2006年的62.39%下降到2009年的41.81%，2014年降为37.75%。日照市的对外贸易依存度总体上是上升的，从2006年的60.43%上升到了2014年的136.97%。滨州市的对外贸易依存度没有太大变化，进出口依存度维持在20%到25%之间。如果考虑到《山东半岛蓝色经济区发展规划》获得批准前后的比较，获批前后山东半岛蓝色经济区规划主体区各地市的对外贸易额从总量上有较大幅度提高，但是增长率没有明显变化；对外贸易依存度有的上升，有的下降，有的维持不变，也没有明显的变化。表3–18和图3–9给出了山东半岛蓝色经济区规划主体区各地市2006年至2014年间的对外贸易发展情况。

表 3-18 2006—2014 年山东半岛蓝色规划主体区各地市进出口发展情况

(a) 青岛市

年份	进出口			出口			进口		
	总额（亿美元）	增长率（%）	依存度（%）	总额（亿美元）	增长率（%）	依存度（%）	总额（亿美元）	增长率（%）	依存度（%）
2006	391.16	18.5	95.96	234.66	20.8	57.56	156.5	15.1	38.39
2007	475.25	16.9	92.57	283.10	20.6	55.14	174.15	11.3	33.92
2008	536.37	17.3	83.29	326.25	15.2	50.66	210.12	20.7	32.63
2009	448.51	-16.4	63.09	272.99	-16.3	38.40	175.52	-16.5	24.69
2010	570.6	27.2	66.69	339.16	24.2	39.64	231.44	31.9	27.05
2011	721.52	26.5	68.72	406.13	19.7	38.68	315.39	36.3	30.04
2012	732.08	4.2	63.02	408.2	3.6	35.14	323.88	5.0	27.88
2013	779.12	6.5	61.16	419.86	2.9	32.96	359.3	11	28.20
2014	798.9	2.5	58.4	457.8	9.1	33.44	341.1	-5.2	24.96

(b) 东营市

年份	进出口			出口			进口		
	总额（亿美元）	增长率（%）	依存度（%）	总额（亿美元）	增长率（%）	依存度（%）	总额（亿美元）	增长率（%）	依存度（%）
2006	18.8	26.8	10.30	11.2	31.2	6.14	7.6	20.9	4.16
2007	26.52	41.1	11.96	14.01	25.0	6.32	12.51	64.8	5.64
2008	41.1932	55.3	13.88	21.4698	71.6	7.23	19.7233	40.7	6.65
2009	39.60	-3.9	13.13	17.55	-11.0	5.82	22.05	2.6-	7.31
2010	79.60	101.0	22.34	27.58	57.1	7.74	52.02	135.9	14.60
2011	102.18	26.1	24.06	43.59	58.1	10.26	58.59	9.5	13.79
2012	123.70	20.7	25.91	49.83	14.3	10.44	73.86	25.5	15.47
2013	131.48	7.2	25.43	58.03	16.5	11.22	73.45	0.8	14.20
2014	132.56	4.1	24.54	60.95	5.1	11.28	71.61	3.3	14.26

（c）烟台市

年份	进出口			出口			进口		
	总额（亿美元）	增长率（%）	依存度（%）	总额（亿美元）	增长率（%）	依存度（%）	总额（亿美元）	增长率（%）	依存度（%）
2006	150.77	31.3	48.94	87.99	35.7	28.56	62.78	25.6	20.38
2007	239.44	58.8	60.73	140.92	60.2	35.74	98.52	56.9	24.99
2008	350.31	46.3	70.23	206.47	46.5	41.39	143.84	46	28.84
2009	342.94	–2.1	63.26	198.34	–3.9	36.59	144.6	0.5	26.67
2010	437.81	27.7	66.53	254.8	28.5	38.72	183.01	26.6	27.81
2011	453.49	3.6	58.23	186.54	1.9	23.95	266.95	4.8	34.28
2012	478.02	5.4	56.89	194.43	4.2	23.14	283.59	6.2	33.75
2013	493.13	3.2	55.21	294.75	3.9	33.00	198.38	2	22.21
2014	527.52	7.6	55.81	294.04	0.8	31.11	233.48	17.7	24.7

（d）潍坊市

年份	进出口			出口			进口		
	总额（亿美元）	增长率（%）	依存度（%）	总额（亿美元）	增长率（%）	依存度（%）	总额（亿美元）	增长率（%）	依存度（%）
2006	51.9	31.6	23.55	38.6	30.8	17.52	13.3	34.1	6.04
2007	65.1	25.4	23.13	51.8	34.3	18.40	13.3	1.2	4.73
2008	83.8	28.8	23.14	65.4	26.2	18.06	18.4	38.8	5.08
2009	80.8	–3.6	20.38	62.0	–5.2	15.64	18.7	2.0	4.72
2010	117.6	46.5	25.20	87	41.4	18.64	30.6	63.1	6.56
2011	140.9	19.9	25.07	103.7	19.2	18.45	37.3	21.9	6.64
2012	149.8	6.3	23.47	109.7	5.8	17.18	40	7.5	6.27
2013	161.6	7.9	22.98	116	5.8	16.49	45.6	13.7	6.48
2014	177.8	10	23.59	123.4	6.3	16.37	54.4	19.4	7.22

（e）威海市

年份	进出口			出口			进口		
	总额（亿美元）	增长率（%）	依存度（%）	总额（亿美元）	增长率（%）	依存度（%）	总额（亿美元）	增长率（%）	依存度（%）
2006	95.15	26.1	62.39	60.11	27.0	39.42	35.04	24.6	22.98
2007	110.81	16	58.85	69.72	16	37.02	41.10	16.1	21.83
2008	118.05	10	52.18	74.55	9.6	32.95	43.5	10.8	19.23
2009	106.13	−10.1	41.81	68.18	−8.5	26.86	37.95	−12.8	14.95
2010	139.16	31.2	47.39	89.23	30.9	30.39	49.93	31.6	17.00
2011	169.21	21.6	50.51	107.46	20.4	32.08	61.75	23.7	18.43
2012	171.19	1.6	46.03	106.62	−0.2	28.67	64.56	4.6	17.36
2013	171.5	0.2	42.28	107.02	0.5	26.38	64.47	0.4	15.90
2014	165.87	−3.3	37.75	113.72	6.3	25.88	52.15	−19.1	11.87

（f）日照市

年份	进出口			出口			进口		
	总额（亿美元）	增长率（%）	依存度（%）	总额（亿美元）	增长率（%）	依存度（%）	总额（亿美元）	增长率（%）	依存度（%）
2006	39.15	53.7	60.43	18.38	38.9	28.37	20.77	69.7	32.06
2007	57.59	47.1	66.82	19.64	6.9	22.79	37.95	82.7	44.03
2008	92.68	60.9	81.82	25.25	28.6	22.29	67.42	77.7	59.52
2009	85.7	−7.5	67.68	16.27	−35.6	12.85	69.44	3	54.84
2010	133.14	55.3	86.02	22.11	35.9	14.28	111.03	59.9	71.73
2011	207.57	55.9	107.73	39.07	76.7	20.28	168.51	51.8	87.45
2012	252.5	21.3	117.34	213.67	26.4	99.29	38.85	−0.8	18.05
2013	330.4	30.6	138.43	38.8	0.1	16.26	291.6	36.2	122.18
2014	347.69	5.2	136.97	47.89	23.5	18.87	299.8	2.8	118.1

（g）滨州市

年份	进出口			出口			进口		
	总额（亿美元）	增长率（%）	依存度（%）	总额（亿美元）	增长率（%）	依存度（%）	总额（亿美元）	增长率（%）	依存度（%）
2006	27.03	20.4	25.32	15.83	27.5	14.83	11.20	11.7	10.49
2007	33.59	24.3	23.81	18.81	18.9	13.34	14.77	31.9	10.47
2008	45.28	34.9	24.98	23.01	22.3	12.69	22.27	50.8	12.28
2009	33.67	-25.7	16.97	17.66	-23.3	8.90	16.01	-28.2-	8.07
2010	50.92	51.3	21.74	25.51	–	10.89	25.41	–	10.85
2011	66.93	31.4	23.20	28.47	11.6	9.87	38.46	51.3	13.33
2012	62.86	-6.1	19.88	28.29	-0.6	8.95	34.57	–	10.93
2013	83.25	32.4	24.27	35.45	25.3	10.34	47.8	38.3	13.94
2014	72.2	-13.3	20.14	37.88	6.9	10.57	34.32	-28.2	9.57

（h）山东省

年份	进出口			出口			进口		
	总额（亿美元）	增长率（%）	依存度（%）	总额（亿美元）	增长率（%）	依存度（%）	总额（亿美元）	增长率（%）	依存度（%）
2006	952.9	23.9	33.98	586.5	26.8	20.91	366.4	19.6	13.06
2007	1226.2	28.7	34.75	752.4	28.3	21.32	473.7	29.3	13.42
2008	1581.4	29.0	34.94	931.7	23.8	20.59	649.7	37.1	14.35
2009	1386.0	-12.4	27.92	795.6	-14.6	16.03	590.4	-9.1	11.89
2010	1889.5	35.9	31.95	1042.5	31.1	17.63	847	42.2	14.32
2011	2359.9	24.8	32.78	1257.9	20.7	17.47	1102.0	29.8	15.31
2012	2455.4	4.1	30.86	1287.3	2.4	16.18	1168.1	6.0	14.68
2013	2671.6	8.8	30.71	1345.1	4.5	15.46	1326.5	13.5	15.25
2014	2771.2	4.0	29.61	1447.5	7.9	15.47	1323.7	0.0	14.14

数据说明：各地市各年度的外贸依存度（进出口依存度、出口依存度、进口依存度）根据外贸额与地区生产总值和当年年底汇率计算得出；所采用的地区生产总值来自各地市各年的经济和社会发展统计公报；汇率数据来自全国各年的经济和社会发展统计公报。

数据来源：各年的外贸额（进出口总额、出口额、进口额）及其增长率均来自各地市各年的经济和社会发展统计公报。

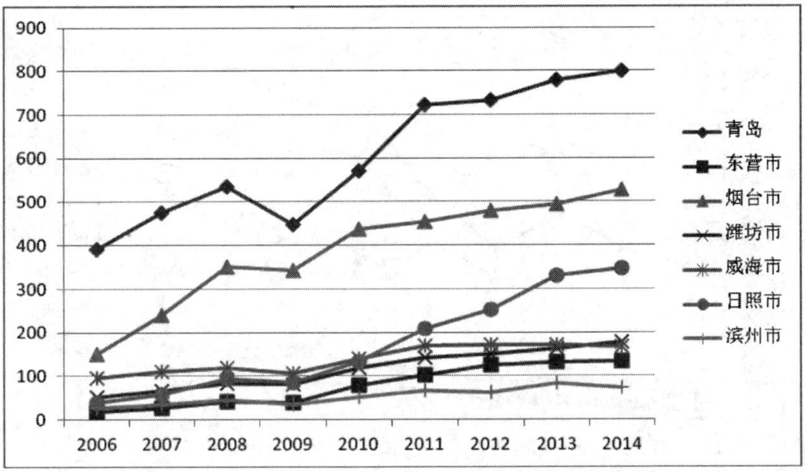

（a）进出口总额（亿美元）

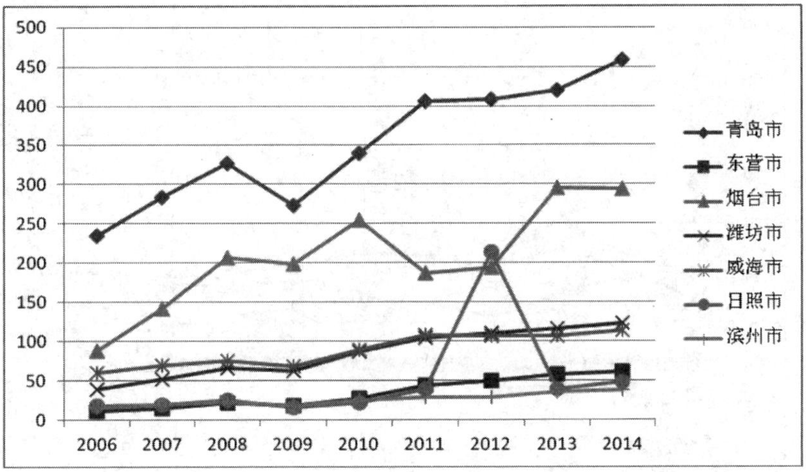

（b）出口总额（亿美元）

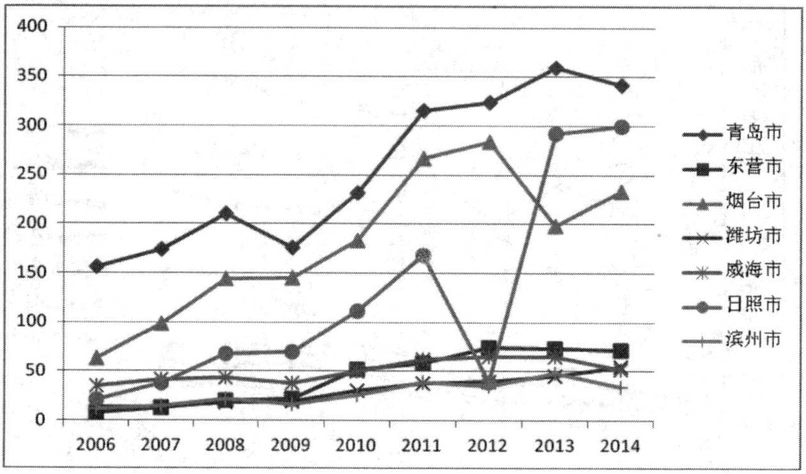

（c）进口总额（亿美元）

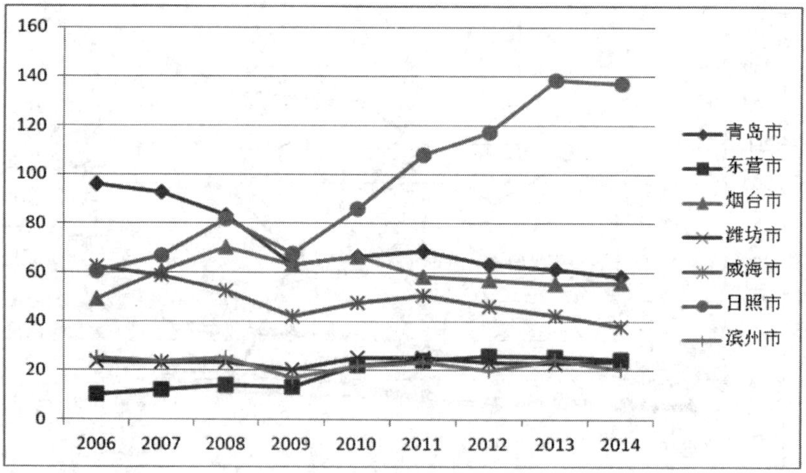

（d）进出口依存度（%）

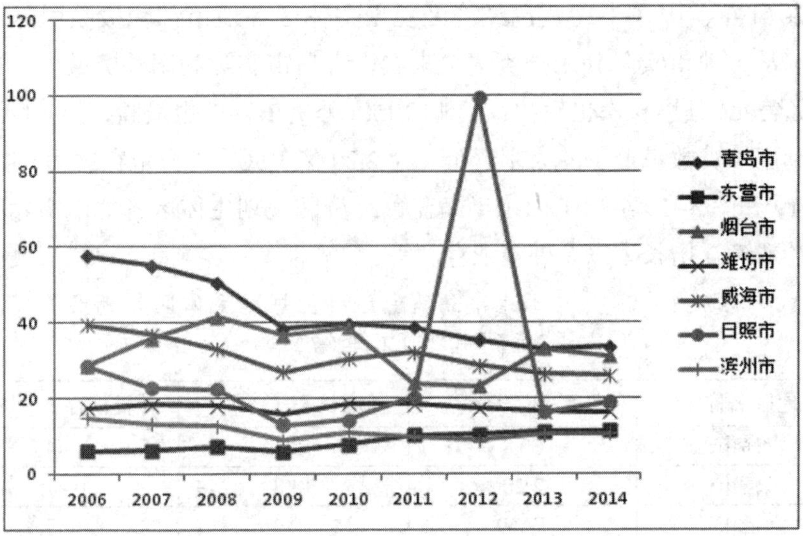

（e）出口依存度（%）

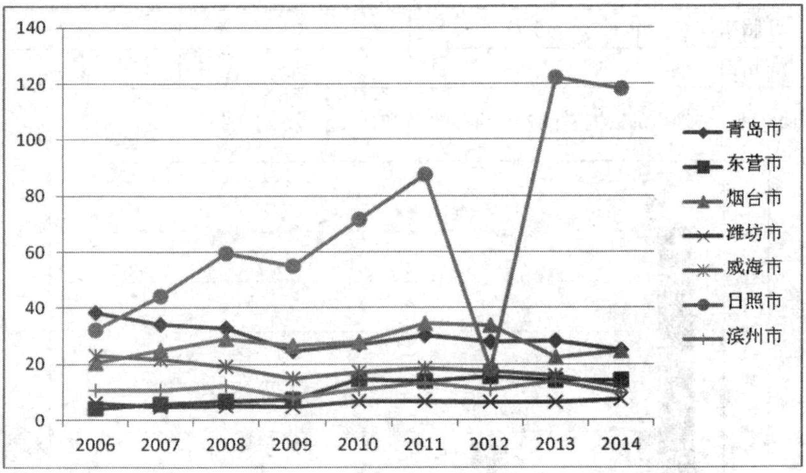

（f）进口依存度（%）

数据来源：表3-18。

图 3-9 山东半岛蓝色经济区规划主体区各地市的对外贸易情况

第四节 外资利用情况

一、2014 年山东半岛蓝色经济区规划主体区各地市实际利用外资情况

2014 年，山东半岛蓝色经济区规划主体区各地市都积极吸引并利用外资。从各地市实际利用外资情况来看，青岛市实际利用外资最多，达到 60.8 亿美元，其增长率也较快，达到 10.1%，外资依存度也最高，达到 4.44%。实际利用外资数量最少的为东营市，为 2.20 亿美元，外资依存度为 0.41%。表 3-19 和图 3-10 给出了山东半岛蓝色经济区规划主体区各地市实际利用外资的数额、增长率以及外资依存度等。

表 3-19 2014 年山东半岛蓝色经济区规划主体区各地市实际利用外资及其增长率

地区名称	总额（亿美元）	增长率（%）	外资依存度（%）
青岛市	60.8	10.1	4.44
东营市	2.20	13.8	0.41
烟台市	17.69	10.2	1.87
潍坊市	9.0	10.8	1.19
威海市	10.12	10.0	2.30
日照市	5.73	8.1	2.26
滨州市	3.83	25.8	1.07

数据来源：各地市的数据来自 2014 年的经济和社会发展统计公报。

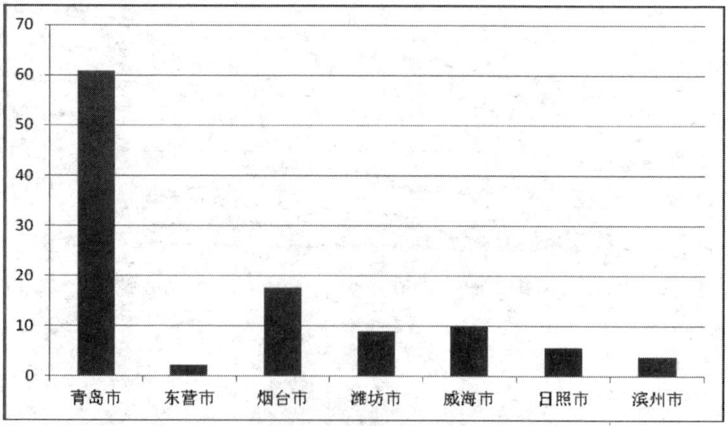

（a）实际利用外资总额（亿美元）

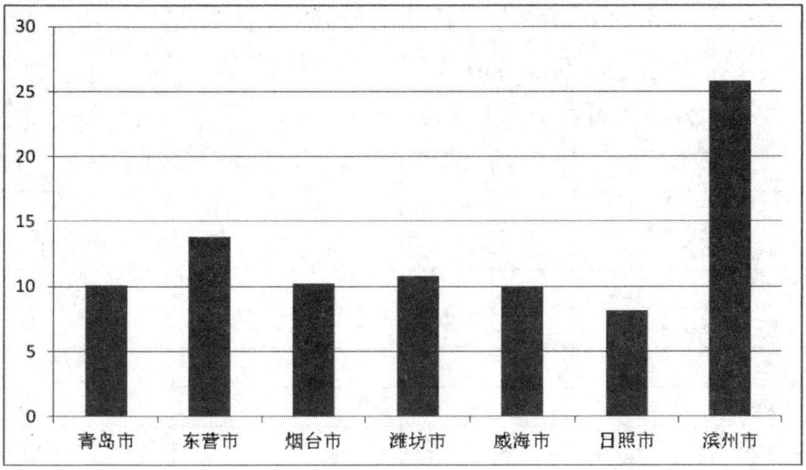

（b）实际利用外资增长率（%）

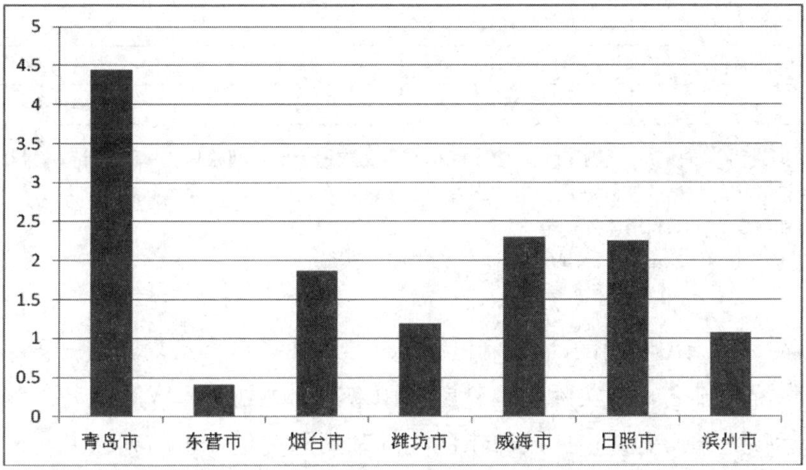

（c）外资依存度（%）

数据来源：表 3-19。

图 3-10 2014 年山东半岛蓝色经济区规划主体区各地市实际利用外资情况

二、2014 年山东半岛蓝色经济区规划主体区与联动区的实际利用外资情况比较

2014 年，山东半岛蓝色经济区规划联动区各地市积极吸收和利用外资，有些地市实际利用外资大幅度增加，泰安市的实际利用外资增长率达

到 34.6%，济南市的外资依存度达到 1.57%。表 3-20 给出了 2014 年山东半岛蓝色经济区规划联动区各地市实际利用外资情况。

表 3-20 2014 年山东半岛蓝色经济区规划联动区实际利用外资情况

地区名称	总额（亿美元）	增长率（%）	外资依存度（%）
济南市	14.3	8.7	1.57
淄博市	10.6	20.3	1.67
枣庄市	1.05	-34	0.34
济宁市	8.9	6.8	1.49
泰安市	4.13	34.6	0.87
莱芜市	0.61	-49.54	0.56
临沂市	3.4	10.2	0.60
德州市	1.57	-27.1	0.38
聊城市	1.06	-34.8	0.27
菏泽市	2.18	0.1	0.62
山东省	152.0	8.1	1.62
全国	1195.6	1.7	1.19

数据说明：济南市、枣庄市、济宁市和山东省的数据为实际到账外资；淄博市、德州市、聊城市和菏泽市的数据为实际利用外资；泰安市、莱芜市和全国的数据为实际利用外商直接投资；临沂市的数据为实际利用境外资金。

数据来源：各地市 2014 年经济和社会发展统计公报。

表 3-21 给出了山东半岛蓝色经济区规划主体区和规划联动区实际利用外资情况的排名。从实际利用外资总额来看，规划主体区的青岛市和烟台市远远领先于所有地市，威海市的实际利用外资也处于前列，说明规划主体区各地市实际利用外资规模远超过规划联动区。从实际利用外资增长率来看，规划联动区的泰安市位居第 1 位，淄博市第 3 位，从增长率来看，山东半岛蓝色经济区规划主体区并没有明显优于规划联动区。从外资依存度来看，山东半岛蓝色经济区规划主体区和联动区所有地市排名前 4 位的地市全部位于规划主体区，只有东营市的外资依存度最低，排名第 14 位，这说明规划主体区各地市的外资依存度远高于规划联动区。图 3-11 给出了山东半岛蓝色经济区规划主体区和规划联动区实际利用外资情况的比较。

表 3-21 2014 年山东半岛蓝色经济区规划主体区和规划联动区各地市实际利用外资情况排名

排名	地区名称	总额（亿美元）	主体区还是联动区		排名	地区名称	增长率（%）	主体区还是联动区		排名	地区名称	外资依存度（%）	主体区还是联动区
1	青岛市	60.8	主体区		1	泰安市	34.6	联动区		1	青岛市	4.44	主体区
2	烟台市	17.69	主体区		2	滨州市	25.8	主体区		2	威海市	2.3	主体区
3	济南市	14.3	联动区		3	淄博市	20.3	联动区		3	日照市	2.26	主体区
4	威海市	10.12	主体区		4	东营市	13.8	主体区		4	烟台市	1.87	主体区
5	淄博市	10.6	联动区		5	潍坊市	10.8	主体区		5	淄博市	1.67	联动区
6	潍坊市	9	主体区		6	临沂市	10.2	联动区		6	济南市	1.57	联动区
7	济宁市	8.9	联动区		6	烟台市	10.2	主体区		7	济宁市	1.49	联动区
8	日照市	5.73	主体区		8	青岛市	10.1	主体区		8	潍坊市	1.19	主体区
9	泰安市	4.13	联动区		9	威海市	10	主体区		9	滨州市	1.07	主体区
10	滨州市	3.83	主体区		10	济南市	8.7	联动区		10	泰安市	0.87	联动区
11	临沂市	3.4	联动区		11	日照市	8.1	主体区		11	菏泽市	0.62	联动区
12	东营市	2.2	主体区		12	济宁市	6.8	联动区		12	临沂市	0.6	联动区
13	菏泽市	2.18	联动区		13	菏泽市	0.1	联动区		13	莱芜市	0.56	联动区
14	德州市	1.57	联动区		14	德州市	−27.1	联动区		14	东营市	0.41	主体区
15	聊城市	1.06	联动区		15	枣庄市	−34	联动区		15	德州市	0.38	联动区
16	枣庄市	1.05	联动区		16	聊城市	−34.8	联动区		16	枣庄市	0.34	联动区
17	莱芜市	0.61	联动区		17	莱芜市	−49.54	联动区		17	聊城市	0.27	联动区
山东省		152.0			山东省		8.1			山东省		1.62	
全国		1195.6			全国		1.7			全国		1.19	

数据来源：表 3-19 和表 3-20。

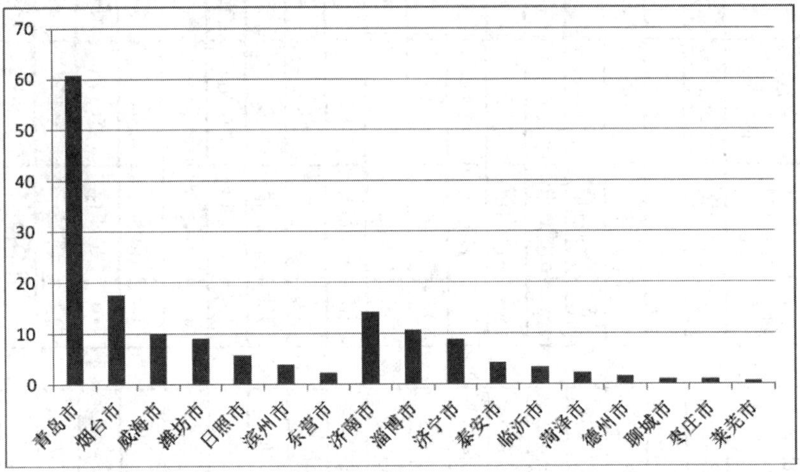

（a）实际利用外资额（亿美元）

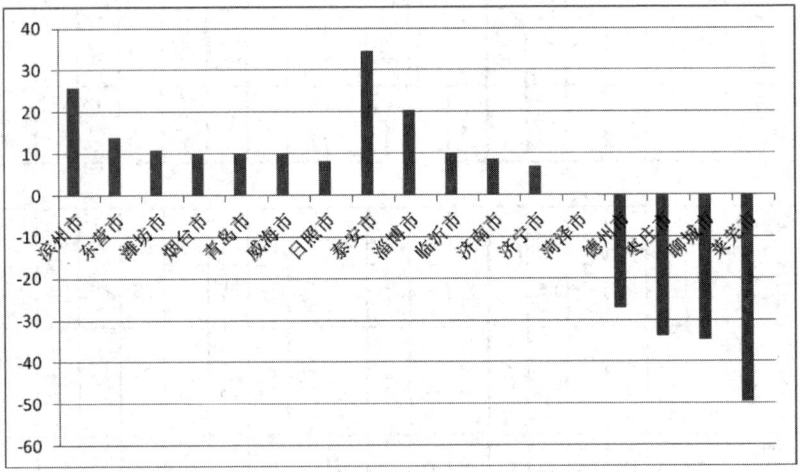

（b）实际利用外资增长率（%）

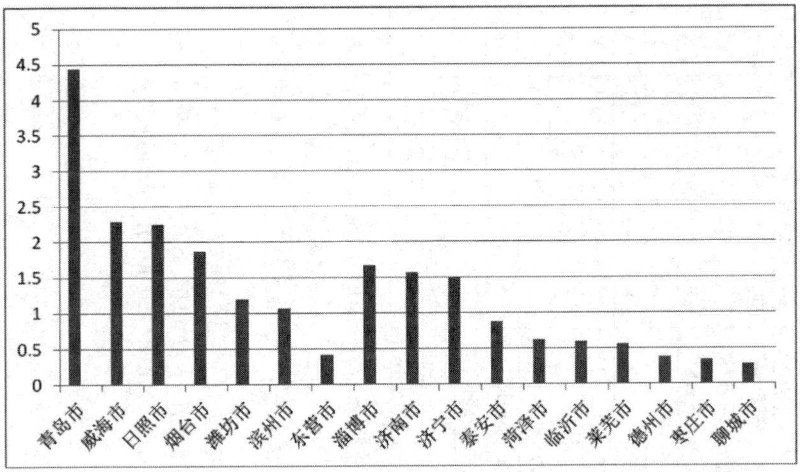

（c）外资依存度（%）

数据来源：表 3-21。

图 3-11 2014 年山东半岛蓝色经济区规划主体区与联动区外资利用比较

三、2006 年至 2014 年山东半岛蓝色经济区规划主体区利用外资情况

2006 年至 2014 年，山东半岛蓝色经济区规划主体区各地市的外资利用额除滨州市外都有所增长，有的地市增长幅度大，有的地市增长幅度小；从外资依存度来看，所有地市的外资依存度指标都有所上升。表 3-22 和图 3-12 给出了 2006 年至 2014 年间山东半岛蓝色经济区规划主体区各地市外资利用的变化情况。

表 3-22 2006——2014 年山东半岛蓝色经济区规划主体区利用外资情况

年份	青岛市			东营市			烟台市			潍坊市			威海市			日照市			滨州市		
	总额（亿美元）	增长率（%）	依存度（%）	总额（亿美元）	增长率（%）	依存度（%）	总额（亿美元）	增长率（%）	依存度（%）	总额（亿美元）	增长率（%）	依存度（%）	总额（亿美元）	增长率（%）	依存度（%）	总额（亿美元）	增长率（%）	依存度（%）	总额（亿美元）	增长率（%）	依存度（%）
2006	36.58	0	8.97	1.4	20.4	0.77	21.55	13	6.99	6.9	–	3.13	13.05	7.9	8.56	1.36	–11.5	2.10	1.52	62.6	1.42
2007	38.07	4.1	7.42	1.67	20.0	0.75	24.16	12.1	6.13	6.2	–	2.20	4.5046	–	2.39	1.82	34.6	2.11	2.52	66	1.79
2008	26.4	10	4.10	1.7961	15.0	0.61	10.58	12	2.12	4.85	17.0	1.34	5.26	31.3	2.32	5.13	180.1	4.53	3.01	19.4	1.66
2009	18.64	–29.4	2.62	1.65	–8.0	0.55	10.85	2.6	2.00	6.8	39.8	1.72	5.5	4.6	2.17	3.64	–26.6	2.87	1.69	1.9	0.85
2010	28.43	52.8	3.32	2.1	27.6	0.59	11.53	6.3	1.75	7.2	6.4	1.54	5.55	3.1	1.89	3.49	–	2.25	3.10	83.2	1.32
2011	36.34	27.8	3.46	1.4035	–33	0.33	13.39	24.0	1.72	7.2	0.02	1.28	7.27	31.0	2.17	3.8	10	1.97	10.43	236.4	3.62
2012	46	27.8	3.96	1.62	15.7	0.34	14.10	10.8	1.68	7.7	6.5	1.21	8.0	10.1	2.15	4.2122	15	1.96	5.41	–48.1	1.72
2013	55.22	20	4.33	2.13	31.4	0.41	16.06	13.9	1.80	8.1	5.5	1.15	9.2	15	2.27	5.3	25.8	2.22	3.04	–43.8	0.89
2014	60.8	10.1	4.44	2.20	13.8	0.41	17.69	10.2	1.87	9.0	10.8	1.19	10.12	10.0	2.30	5.73	8.1	2.26	3.83	25.8	1.07

数据说明：由于统计口径的不一致，表中数据所代表的指标不完全相同：有的为外商直接投资数据，有的为外商直接投资到账数据，有的为实际利用外资数据。

青岛市：2006 年、2007 年为外商直接投资数据；2008 年、2009 年、2010 年为外商直接投资到账数据；2011 年、2012 年为实际利用外资；2014 年为实际到账外资。

东营市：2006 年、2007 年、2009 年、2010 年、2011 年、2012 年实际利用外资，2008 年、2013 年、2014 年实际到账外资；

烟台市：2006 年为实际外商直接投资；2007 年、2009 年为实际利用外资；2008 年、2010 年、2011 年、2012 年、2013 年、2014 年为实际到账外资；

潍坊市：2006 年、2007 年为实际利用外资；2008 年、2009 年、2010 年、2011 年、2012 年、2013 年、2014 年为实际到账外资；

威海市：2006 年为实际利用外资，2008 年、2009 年、2010 年、2011 年、2012 年、2013 年、2014 年为实际到账外资；

日照市：2006 年、2007 年、2008 年为实际外商直接投资；2009 年、2010 年、2011 年、2012 年、2013 年、2014 年为实际到账外资；

滨州市：2006 年、2007 年、 2008 年为实际利用外商直接投资；2009 年为外商直接投资实际到账额；2010 年、2011 年、2012 年、2013 年、2014 年为实际到账资金。

数据来源：各地市各年份的经济和社会发展统计公报。

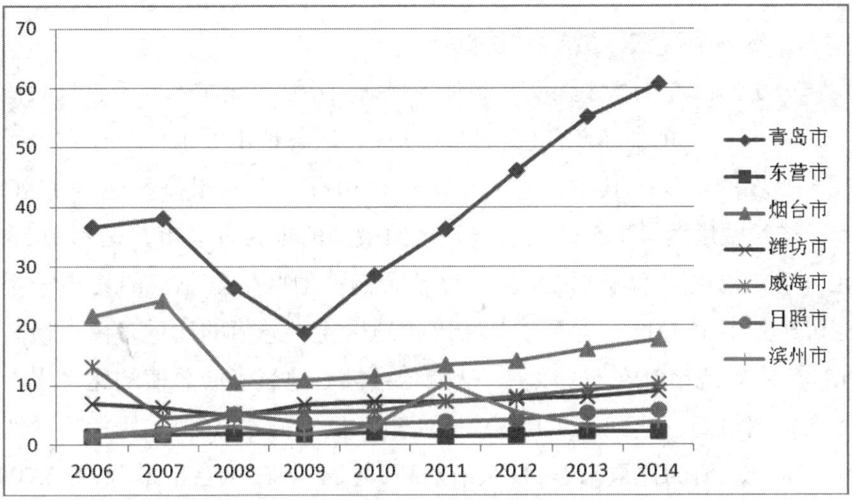

（a）利用外资（亿美元）

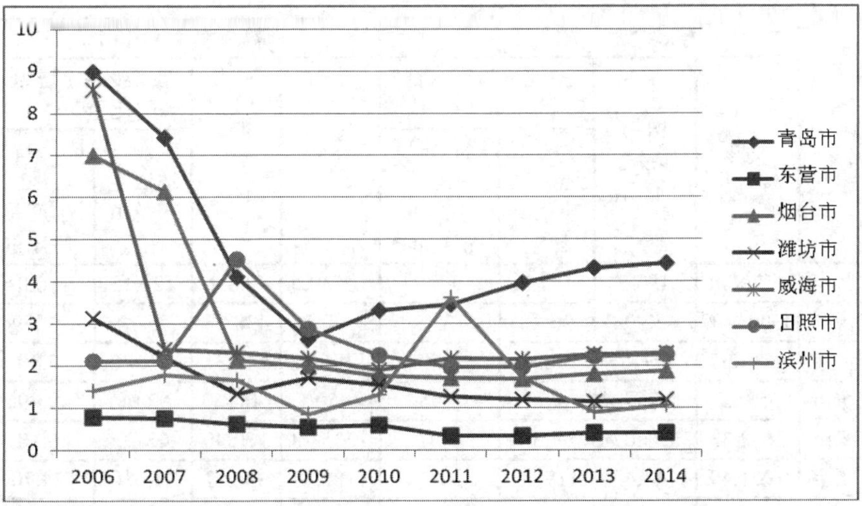

（b）外资依存度（%）

数据来源：表 3-22。

图 3-12　2006—2014 年山东半岛蓝色经济区规划主体区利用外资情况

第五节 金融发展情况

一、本外币存款、贷款余额情况

（一）2014 年山东半岛蓝色经济区规划主体区各地市本外币存贷款情况

2014 年，山东半岛蓝色经济区规划主体区各地市的本外币存款余额都有较大幅度的增长。其中，青岛市的本外币存款余额最高，达到 11908.0 亿元，增长幅度为 480.5 亿元。贷款余额最高的也为青岛市，达到 10530.6 亿元，增长幅度为 868.9 亿元。从存款余额占地区生产总值的比重来看，青岛市达到了 137.0%，存款增加幅度占地区生产总值的比重东营市最高为 13.18%，所有地市都在 5% 以上；从贷款余额占地区生产总值的比重来看，青岛市仍然最高，达到 121.15%；威海市最低，为 62.19%；从贷款增加额占地区生产总值的比重来看，日照市最高，为 24.70%；烟台市最低，为 5.70%。表 3-23 和图 3-13 给出了山东半岛蓝色经济区规划主体区各地市本外币存款和贷款情况。

表 3-23 2014 年山东半岛蓝色经济区规划主体区各地市本外币存贷款情况

地区名称	存款余额（本外币）				贷款余额（本外币）			
	数额（亿元）	增长幅度（亿元）	占地区生产总值的比重（%）		数额（亿元）	增长幅度（亿元）	占地区生产总值的比重（%）	
			余额占地区生产总值比重	增长幅度占地区生产总值比重			余额占地区生产总值比重	增长幅度占地区生产总值比重
青岛市	11908.0	480.5	137.0	5.53	10530.6	868.9	121.15	10.0
东营市	3300. 09	452.08	96.20	13.18	2600.04	438.73	75.79	12.79
烟台市	6417.97	397.44	106.92	6.62	4285.29	342.31	71.40	5.70
潍坊市	5536.2	476.4	115.7	9.95	4450.5	444.7	92.98	9.29
威海市	2632.33	253.07	94.34	9.07	1735.28	170.30	62.19	6.10
日照市	1921.49	141.42	119.21	8.77	1887.57	398.12	117.10	24.70
滨州市	2105.95	179.10	92.50	7.87	1869.70	177.71	82.12	7.81
山东省	69151.9	5784.9	116.37	9.73	53662.2	5538.3	90.3	9.32
全国	1174000	102000	184.46	16.03	868000	102000	136.38	16.03

数据来源：本外币存款余额及其增长幅度、贷款余额及其增长幅度均来自各地市 2014 年经济和社会发展统计公报；存款余额及其增长幅度和贷款余额及其增长幅度占地区生产总值的比重计算得出。

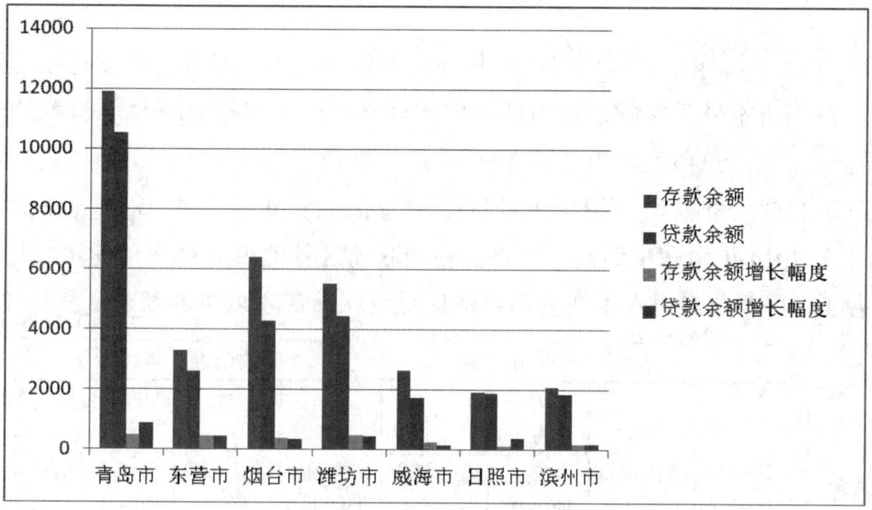

（a）存、贷款余额及其增长幅度（亿元）

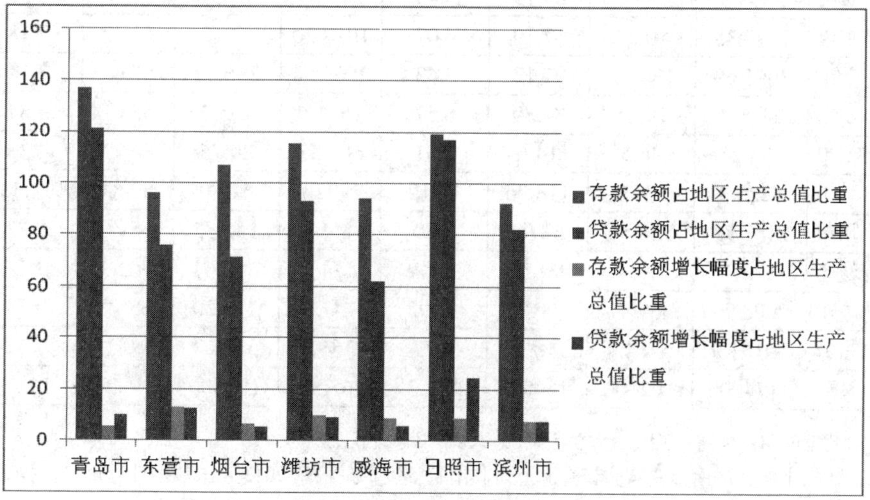

（b）存、贷款余额及其增长幅度占地区生产总值的比重（%）

图 3-13　山东半岛蓝色经济区规划主体区各地市本外币存款和贷款情况

（二）山东半岛蓝色经济区规划主体区与联动区本外币存款与贷款情况

2014年山东半岛蓝色经济区规划联动区各地市的存款与贷款也迅速增长，济南市本外币存款余额占地区生产总值的比重高达208.9%，存款增加额占地区生产总值的比重达到19.68%；贷款余额占地区生产总值的比重达到176.12%，贷款增长幅度占地区生产总值的比重达到11.06%。表3–24给出了2014年山东半岛蓝色经济区规划联动区各地市的存款和贷款情况。

表3–24 2014年山东半岛蓝色经济区规划联动区各地市存款和贷款情况

地区名称	存款余额（本外币）				贷款余额（本外币）			
	数额（亿元）	增长幅度（亿元）	占地区生产总值的比重（%）		数额（亿元）	增长幅度（亿元）	占地区生产总值的比重（%）	
			余额占地区生产总值比重	增长幅度占地区生产总值比重			余额占地区生产总值比重	增长幅度占地区生产总值比重
济南市	12010.2	1084.4	208.13	18.79	10002.5	791.3	173.34	13.71
淄博市	3594.3	139.0	89.19	3.45	2490.5	161.1	61.80	4.0
枣庄市	1330.38	80.53	67.19	4.07	1018.20	43.12	51.42	2.18
济宁市	3691.59	130.52	97.13	3.43	2563.04	286.52	67.44	7.54
泰安市	2458.4	197.1	81.89	6.57	1591.6	175.2	53.01	5.84
莱芜市	788.25	36.5	114.64	5.31	603.53	29.75	87.77	4.33
临沂市	4225.3	539.7	118.36	15.12	2992.6	517.0	83.83	14.48
德州市	2152.78	228.56	82.92	8.80	1444.85	149.85	55.66	5.77
聊城市	2270.43	339.49	90.22	13.49	1674.22	259.64	66.53	10.32
菏泽市	2228.28	309.41	100.27	13.92	1447.04	216.30	65.12	9.73
山东省	69151.9	5784.9	116.37	9.73	53662.2	5538.3	90.3	9.32
全国	1174000	102000	184.46	16.03	868000	102000	136.38	16.03

数据说明：淄博、莱芜、临沂、聊城市为本币存贷款余额。

数据来源：济南市和泰安市存款和贷款增长幅度都是根据2013年末数据计算得出，各地市2013年数据来自2013年经济和社会发展统计公报；其他地市数据来自各地市2014年经济和社会发展统计公报。

表 3-25 给出了 2014 年山东半岛蓝色经济区规划主体区和规划联动区存款和贷款的排名情况。从存款余额来看，山东半岛蓝色经济区规划主体区的青岛市、烟台市和潍坊市依次为第 2、3、4 位；从存款余额增长幅度来看，规划主体区的青岛市、潍坊市和东营市依次为第 3、4、5 位；从存款余额占地区生产总值的比重来看，济南市位居第一位，青岛市位居第 2 位，日照市和潍坊市位居第 3 位和第 5 位；从存款余额增长幅度占地区生产总值的比重来看，日照市和青岛市位居第 9、13 位，济南市、临沂市和菏泽市位居第 1、2、3 位。这表明，从存款余额、存款余额增长幅度以及存款余额和存款余额增长幅度与地区生产总值的比例看，山东半岛蓝色经济区规划主体区与联动区并没有明显差别。

从贷款余额看，青岛市位居第一位，济南市位居第 2 位，潍坊市、烟台市分别位居第 3、4 位；临沂市第 5 位；从贷款余额增长幅度看，青岛市位居第一位，济南市位居第 2 位，临沂市、潍坊市分别位居第 3、4 位，东营市位居第 5 位；从贷款余额占地区生产总值的比例来看，济南市位居第 1 位，青岛市、日照市、潍坊市分别位居第 2、3、4 位，莱芜市位居第 5 位；从贷款余额增长幅度占地区生产总值的比例来看，日照市、东营市、青岛市分别位居第 1、4、6 位；济南市位居第 3 位。这表明，从贷款余额、贷款余额增长幅度、贷款余额占地区生产总值的比例以及贷款余额增长幅度占地区生产总值的比重来看，山东半岛蓝色经济区主体区与联动区并没有明显差别。

图 3-14 给出了 2014 年山东半岛蓝色经济区规划主体区和联动区在存款和贷款余额、增长幅度及其与地区生产总值的比例等方面的情况。

表 3-25 2014 年山东半岛蓝色经济区规划主体区和规划联动区存款和贷款的排名情况

排名	地区名称	存款余额（亿元）	主体区还是联动区	排名	地区名称	存款余额增长幅度（亿元）	主体区还是联动区	排名	地区名称	存款余额占地区生产总值比重（%）	主体区还是联动区	排名	地区名称	存款余额增长幅度占地区生产总值比重（%）	主体区还是联动区
1	济南市	12010.2	联动区	1	济南市	1084.4	联动区	1	济南市	208.13	联动区	1	济南市	18.79	联动区
2	青岛市	11908	主体区	2	临沂市	539.7	联动区	2	青岛市	137	主体区	2	临沂市	15.12	联动区
3	烟台市	6417.97	主体区	3	青岛市	480.5	主体区	3	日照市	119.21	主体区	3	菏泽市	13.92	联动区
4	潍坊市	5536.2	主体区	4	潍坊市	476.4	主体区	4	临沂市	118.36	联动区	4	聊城市	13.49	联动区
5	临沂市	4225.3	联动区	5	东营市	452.08	主体区	5	潍坊市	115.7	主体区	5	东营市	13.18	主体区
6	济宁市	3691.59	联动区	6	烟台市	397.44	主体区	6	莱芜市	114.64	联动区	6	潍坊市	9.95	主体区
7	淄博市	3594.3	联动区	7	聊城市	339.49	联动区	7	烟台市	106.92	主体区	7	威海市	9.07	主体区
8	东营市	3300.09	主体区	8	菏泽市	309.41	联动区	8	菏泽市	100.27	联动区	8	德州市	8.8	联动区
9	威海市	2632.33	主体区	9	威海市	253.07	主体区	9	济宁市	97.13	联动区	9	日照市	8.77	主体区
10	泰安市	2458.4	联动区	10	德州市	228.56	联动区	10	东营市	96.2	主体区	10	滨州市	7.87	主体区
11	聊城市	2270.43	联动区	11	泰安市	197.1	联动区	11	威海市	94.34	主体区	11	烟台市	6.62	主体区
12	菏泽市	2228.28	联动区	12	滨州市	179.1	主体区	12	滨州市	92.5	主体区	12	泰安市	6.57	联动区
13	德州市	2152.78	联动区	13	日照市	141.42	主体区	13	聊城市	90.22	联动区	13	青岛市	5.53	主体区
14	滨州市	2105.95	主体区	14	淄博市	139	联动区	14	淄博市	89.19	联动区	14	莱芜市	5.31	联动区
15	日照市	1921.49	主体区	15	济宁市	130.52	联动区	15	德州市	82.92	联动区	15	枣庄市	4.07	联动区
16	枣庄市	1330.38	联动区	16	枣庄市	80.53	联动区	16	泰安市	81.89	联动区	16	淄博市	3.45	联动区
17	莱芜市	788.25	联动区	17	莱芜市	36.5	联动区	17	枣庄市	67.19	联动区	17	济宁市	3.43	联动区
山东省		69151.9		山东省		5784.9		山东省		116.37		山东省		9.73	
全国		1174000		全国		102000		全国		184.46		全国		16.03	

表 3-25 续 2014 年山东半岛蓝色经济区规划主体区和规划联动区存款和贷款的排名情况

排名	地区名称	贷款余额（亿元）	主体区还是联动区	排名	地区名称	贷款余额增长幅度（亿元）	主体区还是联动区	排名	地区名称	贷款余额占地区生产总值比重（%）	主体区还是联动区	排名	地区名称	贷款余额增长幅度占地区生产总值比重（%）	主体区还是联动区
1	青岛市	10530.6	主体区	1	青岛市	868.9	主体区	1	济南市	173.34	联动区	1	日照市	24.7	主体区
2	济南市	10002.5	联动区	2	济南市	791.3	联动区	2	青岛市	121.15	主体区	2	临沂市	14.48	联动区
3	潍坊市	4450.5	主体区	3	临沂市	517	联动区	3	日照市	117.10	主体区	3	济南市	13.71	联动区
4	烟台市	4285.29	主体区	4	潍坊市	444.7	主体区	4	潍坊市	92.98	主体区	4	东营市	12.79	主体区
5	临沂市	2992.6	联动区	5	东营市	438.73	主体区	5	莱芜市	87.77	联动区	5	聊城市	10.32	联动区
6	东营市	2600.04	主体区	6	日照市	398.12	主体区	6	临沂市	83.83	联动区	6	青岛市	10	主体区
7	济宁市	2563.04	联动区	7	烟台市	342.31	主体区	7	滨州市	82.12	主体区	7	菏泽市	9.73	联动区
8	淄博市	2490.5	联动区	8	济宁市	286.52	联动区	8	东营市	75.79	主体区	8	潍坊市	9.29	主体区
9	日照市	1887.57	主体区	9	聊城市	259.64	联动区	9	烟台市	71.4	主体区	9	滨州市	7.81	主体区
10	滨州市	1869.7	主体区	10	菏泽市	216.3	联动区	10	济宁市	67.44	联动区	10	济宁市	7.54	联动区
11	威海市	1735.28	主体区	11	滨州市	177.71	主体区	11	聊城市	66.53	联动区	11	威海市	6.1	主体区
12	聊城市	1674.22	联动区	12	泰安市	175.2	联动区	12	菏泽市	65.12	联动区	12	泰安市	5.84	联动区
13	泰安市	1591.6	联动区	13	威海市	170.3	主体区	13	威海市	62.19	主体区	13	德州市	5.77	联动区
14	菏泽市	1447.04	联动区	14	淄博市	161.1	联动区	14	淄博市	61.8	联动区	14	烟台市	5.7	主体区
15	德州市	1444.85	联动区	15	德州市	149.85	联动区	15	德州市	55.66	联动区	15	莱芜市	4.33	联动区
16	枣庄市	1018.2	联动区	16	枣庄市	43.12	联动区	16	泰安市	53.01	联动区	16	淄博市	4	联动区
17	莱芜市	603.53	联动区	17	莱芜市	29.75	联动区	17	枣庄市	51.42	联动区	17	枣庄市	2.18	联动区
山东省		53662.2		山东省		5538.3		山东省		90.3		山东省		9.32	
全国		868000		全国		102000		全国		136.38		全国		16.03	

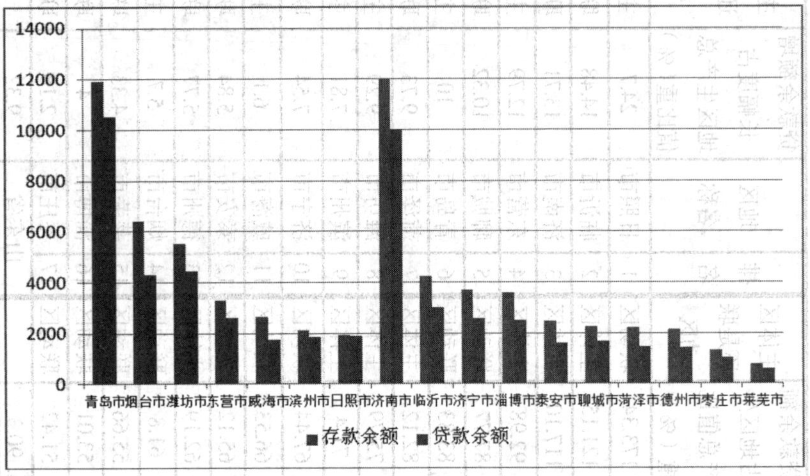

（a）存款余额和贷款余额（亿元）

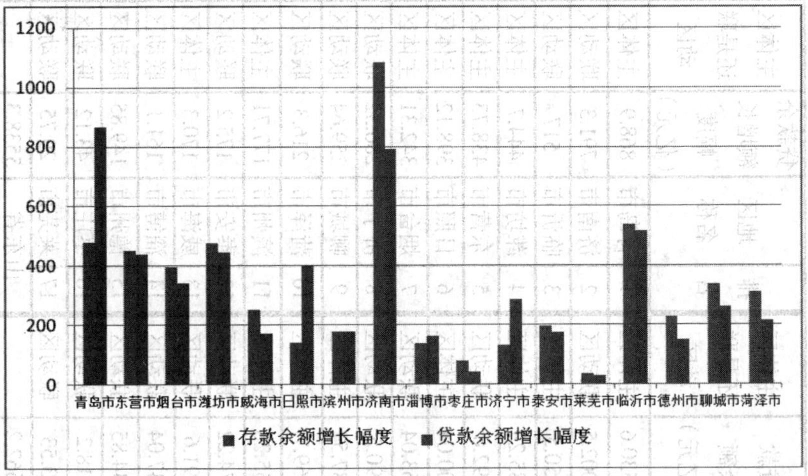

（b）存款余额增长幅度和贷款余额增长幅度（亿元）

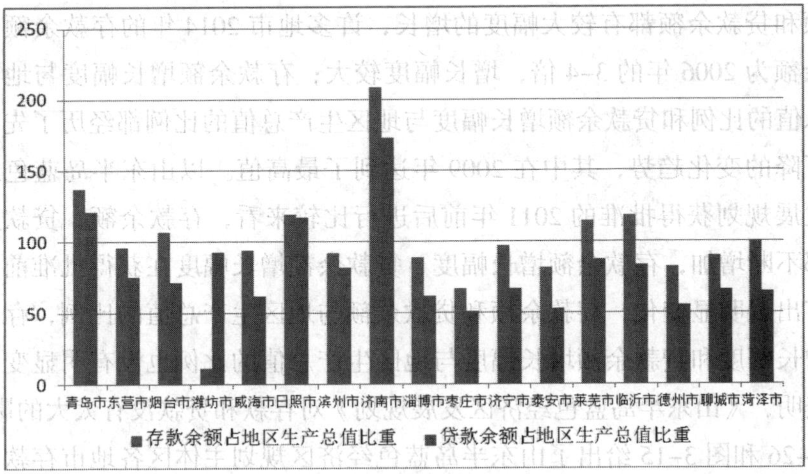

（c）存款余额和贷款余额占地区生产总值的比重（%）

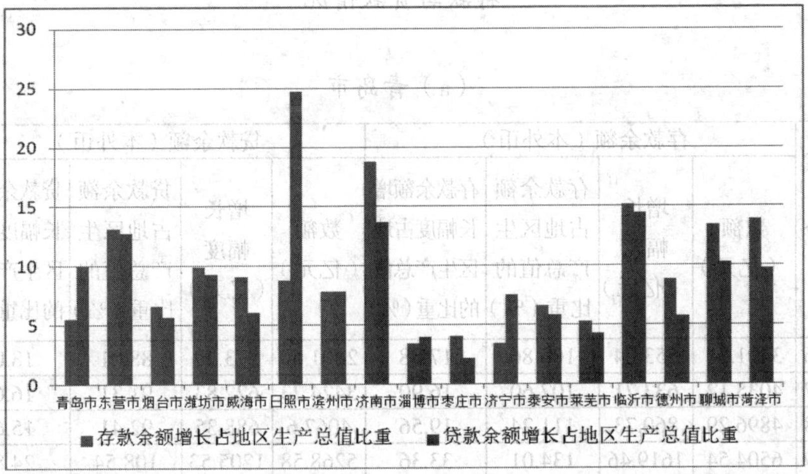

（d）存款余额和贷款余额增长幅度占地区生产总值的比重（%）

图 3-14 2014 年山东半岛蓝色经济区规划主体区与联动区存款和贷款情况

（三）2006 年至 2014 年山东半岛蓝色经济区规划主体区各地市的存款与贷款情况

2006 年至 2014 年间，山东半岛蓝色经济区规划主体区各地市的存款余额和贷款余额都有较大幅度的增长，许多地市 2014 年的存款余额和贷款余额为 2006 年的 3–4 倍，增长幅度较大；存款余额增长幅度与地区生产总值的比例和贷款余额增长幅度与地区生产总值的比例都经历了先提高后下降的变化趋势，其中在 2009 年达到了最高值。以山东半岛蓝色经济区发展规划获得批准的 2011 年前后进行比较来看，存款余额、贷款余额等都不断增加，存款余额增长幅度、贷款余额增长幅度在获得批准前后并没有出现明显变化，存款余额和贷款余额与地区生产总值的比例，存款余额增长幅度和贷款余额增长幅度与地区生产总值的比例也没有明显变化。这表明，《山东半岛蓝色经济区发展规划》对存款和贷款没有太大的影响。表 3–26 和图 3–15 给出了山东半岛蓝色经济区规划主体区各地市存款和贷款的发展情况。

表 3–26 2006—2014 年山东半岛蓝色经济区规划主体区各地市存款与贷款情况

（a）青岛市

年份	存款余额（本外币）				贷款余额（本外币）			
	数额（亿元）	增长幅度（亿元）	存款余额占地区生产总值的比重（%）	存款余额增长幅度占地区生产总值的比重（%）	数额（亿元）	增长幅度（亿元）	贷款余额占地区生产总值的比重（%）	贷款余额增长幅度占地区生产总值的比重（%）
2006	3401.54	553.24	106.86	17.38	2801.40	573.29	88.01	18.01
2007	4035.12	633.71	107.60	16.90	3424.23	622.83	91.31	16.61
2008	4896.29	860.73	111.24	19.56	4067.6	688.35	92.41	15.64
2009	6504.54	1619.46	134.01	33.36	5268.58	1205.53	108.54	24.84
2010	7895.52	1391.08	139.34	24.55	6365.19	1096.61	112.34	19.35
2011	8901.27	1002.59	134.55	15.15	7495.25	1145.40	113.30	17.31
2012	9818.33	917.05	134.46	12.56	8632.84	1134.89	118.22	15.54
2013	11418.30	1551.50	142.61	19.38	9642.40	988.30	120.43	12.34
2014	11908	480.5	137	5.53	10530.6	868.9	121.15	10

数据来源：存款余额及其增长幅度、贷款余额及其增长幅度来自青岛市各年的经济和社会发展统计公报；存款余额及其增长幅度占地区生产总值的比例、贷款余额及其增长幅度占地区生产总值的比例根据相关数据计算，地区生产总值数据来自青岛市各年的经济和社会发展统计公报。

（b）东营市

年份	存款余额（本外币）				贷款余额（本外币）			
	数额（亿元）	增长幅度（亿元）	存款余额占地区生产总值的比重（%）	存款余额增长幅度占地区生产总值的比重（%）	数额（亿元）	增长幅度（亿元）	贷款余额占地区生产总值的比重（%）	贷款余额增长幅度占地区生产总值的比重（%）
2006	761.6	109.8	53.43	7.70	516.4	96.3	36.23	6.76
2007	851.61	82.92	52.58	5.12	621.92	103.05	38.40	6.36
2008	1032.78	188.34	50.92	9.29	695.87	100.55	34.31	4.96
2009	1312.12	271.72	63.73	13.20	934.26	218.30	45.38	10.60
2010	1567.10	266.12	66.40	11.28	1148.11	248.75	48.65	10.54
2011	1927.74	340.19	72.03	12.71	1439.57	251.03	53.79	9.38
2012	2394.02	468.2	79.78	15.60	1805.98	367.21	60.19	12.24
2013	2848.00	453.19	87.63	13.94	2161.31	349.94	66.50	10.77
2014	3300.09	452.08	96.2	13.18	2600.04	438.73	75.79	12.79

数据来源：存款余额及其增长幅度、贷款余额及其增长幅度来自东营市各年的经济和社会发展统计公报；存款余额及其增长幅度占地区生产总值的比例、贷款余额及其增长幅度与地区生产总值的比例根据相关数据计算，地区生产总值数据来自东营市各年的经济和社会发展统计公报。

（c）烟台市

年份	存款余额（本外币）				贷款余额（本外币）			
	数额（亿元）	增长幅度（亿元）	存款余额占地区生产总值的比重（%）	存款余额增长幅度占地区生产总值的比重（%）	数额（亿元）	增长幅度（亿元）	贷款余额占地区生产总值的比重（%）	贷款余额增长幅度占地区生产总值的比重（%）
2006	1913.62	231.29	79.54	9.61	1342.52	194.12	55.80	8.07
2007	2196.41	282.8	76.27	9.82	1496.79	154.27	51.97	5.36
2008	2615.9	419.5	76.73	12.30	1632.3	189.6	47.88	5.56
2009	3401.76	785.81	91.90	21.23	2236.4	604.06	60.41	16.32
2010	4081.18	679.42	93.64	15.59	2644.45	408.05	60.67	9.36
2011	4467.85	414.48	91.05	8.45	3070.96	429.07	62.59	8.74
2012	5286.02	812.79	100.09	15.39	3560.15	489.19	67.41	9.26
2013	6020.53	731.53	107.24	13.03	3942.99	373.73	70.24	6.66
2014	6417.97	397.44	106.92	6.62	4285.29	342.31	71.4	5.7

数据来源：存款余额及其增长幅度、贷款余额及其增长幅度来自烟台市各年的经济和社会发展统计公报；存款余额及其增长幅度占地区生产总值的比例、贷款余额及其增长幅度占地区生产总值的比例根据相关数据计算，地区生产总值数据来自烟台市各年的经济和社会发展统计公报。

（d）潍坊市

年份	存款余额（本外币）				贷款余额（本外币）			
	数额（亿元）	增长幅度（亿元）	存款余额占地区生产总值的比重（%）	存款余额增长幅度占地区生产总值的比重（%）	数额（亿元）	增长幅度（亿元）	贷款余额占地区生产总值的比重（%）	贷款余额增长幅度占地区生产总值的比重（%）
2006	1425.5	176.3	82.84	10.24	1031.7	183.4	59.95	10.66
2007	1637.4	211.9	79.64	10.31	1227.0	195.3	59.68	9.50
2008	2060.05	407.82	83.21	16.47	1513.4	302	61.13	12.20
2009	2768.2	707.9	102.25	26.15	2074.5	560.8	76.63	20.71
2010	3307.7	539.5	107.01	17.45	2570.8	496.4	83.17	16.06
2011	3748.9	440.5	105.85	12.44	3001.5	429.5	84.74	12.13
2012	4437.8	688.9	110.60	17.17	3531.9	530.4	88.02	13.22
2013	5059.80	620.50	114.46	14.04	4005.80	461.50	90.61	10.44
2014	5536.2	476.4	115.7	9.95	4450.5	444.7	92.98	9.29

数据来源：存款余额及其增长幅度、贷款余额及其增长幅度来自潍坊市各年的经济和社会发展统计公报；存款余额及其增长幅度占地区生产总值的比例、贷款余额及其增长幅度占地区生产总值的比例根据相关数据计算，地区生产总值数据来自潍坊市各年的经济和社会发展统计公报。

（e）威海市

年份	存款余额（本外币）				贷款余额（本外币）			
	数额（亿元）	增长幅度（亿元）	存款余额占地区生产总值的比重（%）	存款余额增长幅度占地区生产总值的比重（%）	数额（亿元）	增长幅度（亿元）	贷款余额占地区生产总值的比重（%）	贷款余额增长幅度占地区生产总值的比重（%）
2006	854.31	123.02	71.74	10.33	563.87	94.80	47.35	7.96
2007	998.02	143.72	72.56	10.45	712.8	148.93	51.82	10.83
2008	1156.25	158.15	74.77	10.23	791.44	101.68	51.18	6.58
2009	1380.08	297.62	79.63	17.17	953.05	199.60	54.99	11.52
2010	1636.59	221.33	84.16	11.38	1150.14	166.16	59.14	8.54
2011	1810.19	173.46	85.75	8.22	1259.09	106.26	59.65	5.03
2012	2060.63	250.44	88.14	10.71	1376.10	117.01	58.86	5.01
2013	2379.25	317.47	93.32	12.45	1564.98	184.42	61.38	7.23
2014	2632.33	253.07	94.34	9.07	1735.28	170.3	62.19	6.1

数据来源：存款余额及其增长幅度、贷款余额及其增长幅度来自威海市各年的经济和社会发展统计公报；存款余额及其增长幅度占地区生产总值的比例、贷款余额及其增长幅度占地区生产总值的比例根据相关数据计算，地区生产总值数据来自威海市各年的经济和社会发展统计公报。

(f) 日照市

年份	存款余额（本外币）				贷款余额（本外币）			
	数额（亿元）	增长幅度（亿元）	存款余额占地区生产总值的比重(%)	存款余额增长幅度占地区生产总值的比重(%)	数额（亿元）	增长幅度（亿元）	贷款余额占地区生产总值的比重(%)	贷款余额增长幅度占地区生产总值的比重(%)
2006	420.40	71.07	83.10	14.05	450.24	103.94	89.00	20.55
2007	535.76	115.37	85.10	18.32	538.72	88.48	85.57	14.05
2008	620.59	84.83	80.16	10.96	574.53	46.16	74.21	5.96
2009	819.47	198.87	94.77	23.00	830.24	255.71	96.02	29.57
2010	1003.2	183.7	97.87	17.92	960.8	130.6	93.73	12.74
2011	1161.07	157.24	95.63	12.95	1107.14	144.90	91.19	11.94
2012	1469.14	308.07	108.62	22.78	1303.68	196.54	96.39	14.53
2013	1780.07	310.13	118.66	20.67	1489.45	180.02	99.29	12.00
2014	1921.49	141.42	119.21	8.77	1887.57	398.12	117.1	24.7

数据来源：存款余额及其增长幅度、贷款余额及其增长幅度来自日照市各年的经济和社会发展统计公报；存款余额及其增长幅度占地区生产总值的比例、贷款余额及其增长幅度占地区生产总值的比例根据相关数据计算，地区生产总值数据来自日照市各年的经济和社会发展统计公报。

(g) 滨州市

年份	存款余额（本外币）				贷款余额（本外币）			
	数额（亿元）	增长幅度（亿元）	存款余额占地区生产总值的比重(%)	存款余额增长幅度占地区生产总值的比重(%)	数额（亿元）	增长幅度（亿元）	贷款余额占地区生产总值的比重(%)	贷款余额增长幅度占地区生产总值的比重(%)
2006	480.13	73.91	57.59	8.87	474.5	122.17	56.92	14.65
2007	562.83	86.78	54.63	8.42	549.69	96.37	53.35	9.35
2008	696.69	133.82	56.23	10.80	649.87	113.15	52.45	9.13
2009	918.27	221.58	67.77	16.35	846.99	197.11	62.51	14.55
2010	1065.83	144.27	68.70	9.30	1068.47	178.93	68.87	11.53
2011	1309.69	–	72.06	–	1256.49	–	69.13	–
2012	1697.66	387.97	85.80	19.61	1495.13	238.64	75.56	12.06
2013	1926.84	229.18	89.38	10.63	1691.99	188.00	78.49	8.72
2014	2105.95	179.1	92.5	7.87	1869.7	177.71	82.12	7.81

数据说明：2008年、2009年的数据为人民币各项存款和贷款余额，2011年存款余额增长和贷款余额增长幅度数据缺失。

数据来源：存款余额及其增长幅度、贷款余额及其增长幅度各年的数据来自滨州市各年的经济和社会发展统计公报；存款余额及其增长幅度占地区生产总值的比例、贷款余额及其增长幅度占地区生产总值的比例根据相关数据计算，地区生产总值数据来自滨州市各年的经济和社会发展统计公报。

（h）山东省

年份	存款余额（本外币）				贷款余额（本外币）			
	数额（亿元）	增长幅度（亿元）	存款余额占地区生产总值的比重（%）	存款余额增长幅度占地区生产总值的比重（%）	数额（亿元）	增长幅度（亿元）	贷款余额占地区生产总值的比重（%）	贷款余额增长幅度占地区生产总值的比重（%）
2006	19634.0	2764.8	89.65	12.62	15709.6	2505.7	71.73	11.44
2007	22072.3	2440.0	85.63	9.47	17545.1	1835.5	68.07	7.12
2008	26930.2	4858.1	87.06	15.71	20053.9	2966.2	64.83	9.59
2009	35170.7	7884.6	103.76	23.26	27385.9	6463.5	80.79	19.07
2010	41653.7	6483.1	106.34	16.55	32536.3	5150.4	83.06	13.15
2011	46986.5	5349.2	103.58	11.79	37521.9	5029.0	82.72	11.09
2012	55386.4	8401.7	110.74	16.80	42899.9	5345.1	85.78	10.69
2013	63357.90	7916.80	115.86	14.48	47952.10	5023	87.69	9.19
2014	69151.9	5784.9	116.37	9.73	53662.2	5538.3	90.3	9.32

数据说明：2006 年、2007 年、2008 年的数据为人民币各项存款和贷款。

数据来源：存款余额及其增长幅度、贷款余额及其增长幅度来自山东省各年的经济和社会发展统计公报；存款余额及其增长幅度占地区生产总值的比例、贷款余额及其增长幅度占地区生产总值的比例根据相关数据计算，地区生产总值数据来自山东省各年的经济和社会发展统计公报。

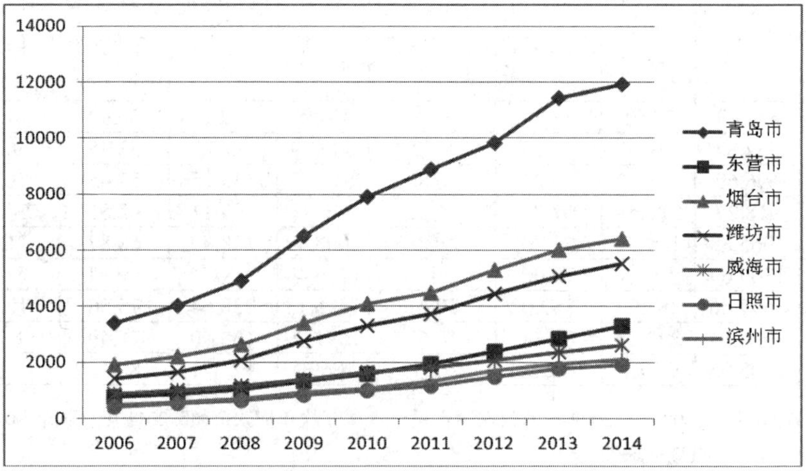

（a）存款余额（亿元）

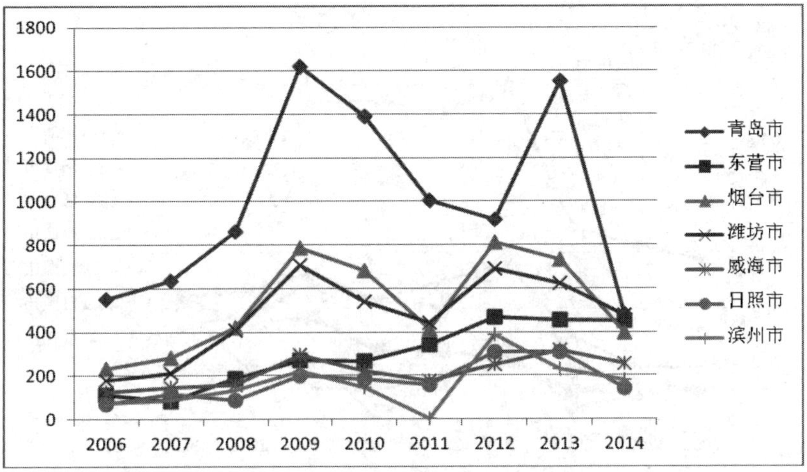

（b）存款余额增长幅度（亿元）

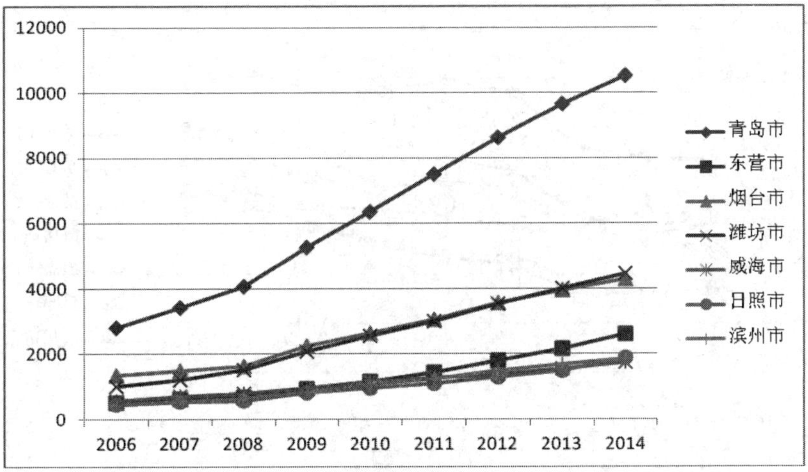

（c）贷款余额（亿元）

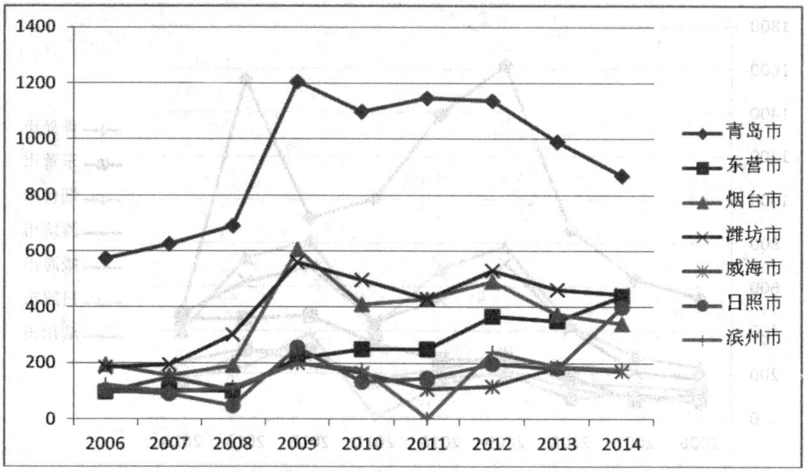

（d）贷款余额增长幅度（亿元）

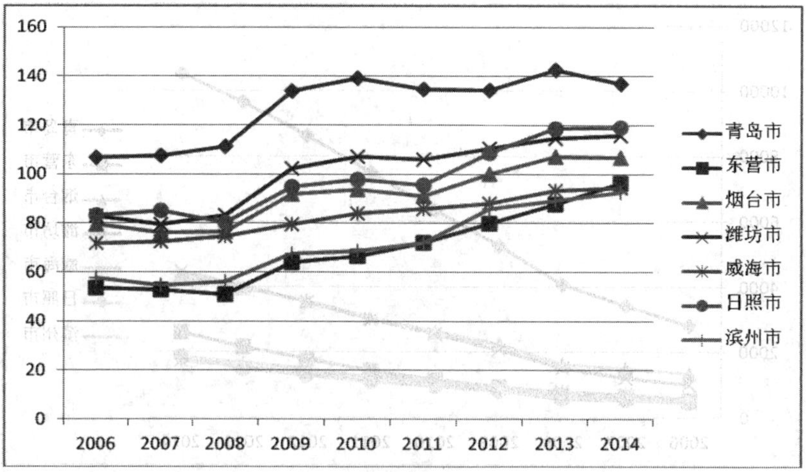

（e）存款余额占地区生产总值的比重（%）

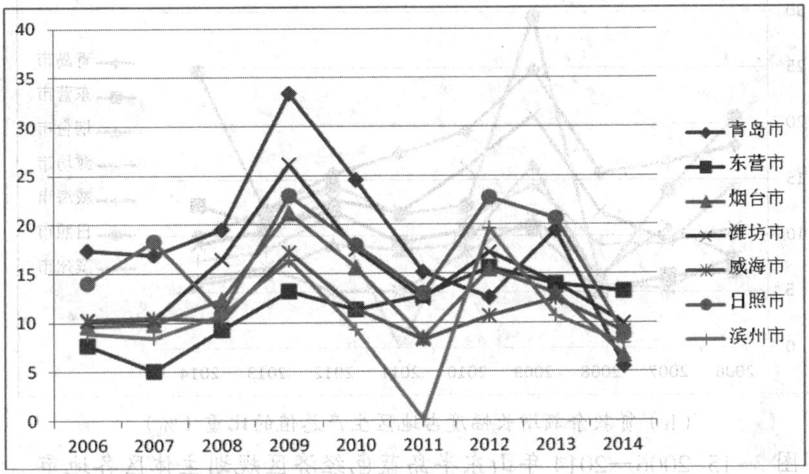

（f）存款余额增长幅度占地区生产总值的比重（%）

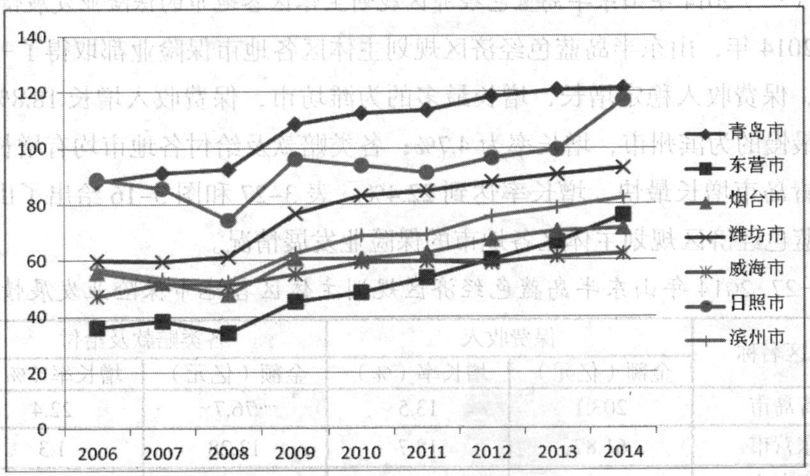

（g）贷款余额占地区生产总值的比重（%）

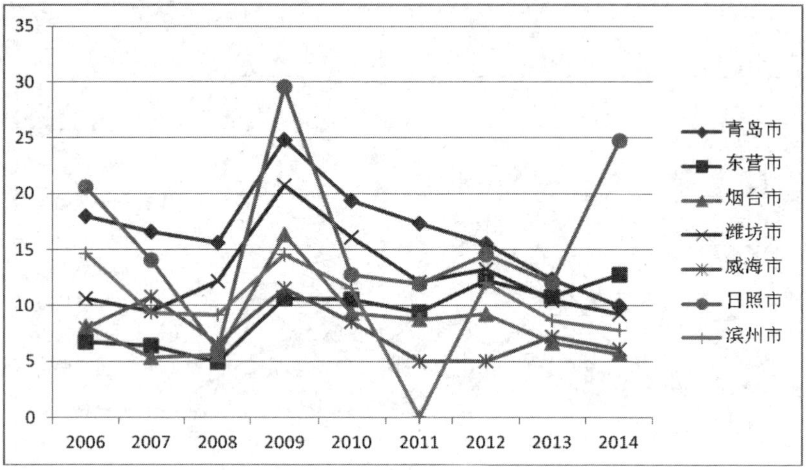

（h）贷款余额增长幅度占地区生产总值的比重（%）

图 3-15 2006—2014 年山东半岛蓝色经济区规划主体区各地市存款和贷款情况

二、保险业发展

（一）2014 年山东半岛蓝色经济区规划主体区各地市的保险业发展情况

2014 年，山东半岛蓝色经济区规划主体区各地市保险业都取得了一定发展，保费收入稳定增长，增长最多的为潍坊市，保费收入增长 18.8%；增长最慢的为滨州市，增长率为 4.7%；各类赔款及给付各地市均有增长，其中青岛市增长最快，增长率达到 22.4%。表 3-27 和图 3-16 给出了山东半岛蓝色经济区规划主体区各地市的保险业发展情况。

表 3-27 2014 年山东半岛蓝色经济区规划主体区各地市保险业发展情况

地区名称	保费收入		各类赔款及给付	
	金额（亿元）	增长率（%）	金额（亿元）	增长率（%）
青岛市	203.1	13.5	76.7	22.4
东营市	61.87	18.7	13.28	1.3
烟台市	140.37	15.6	50.5	14.3
潍坊市	131.9	18.8	40.4	8.1
威海市	63.02	11.3	21.74	10.0
日照市	38.33	14.9	13.68	21.9
滨州市	53.34	4.7	19.50	14.4

数据来源：各地市数据来自 2014 年经济和社会发展统计公报。

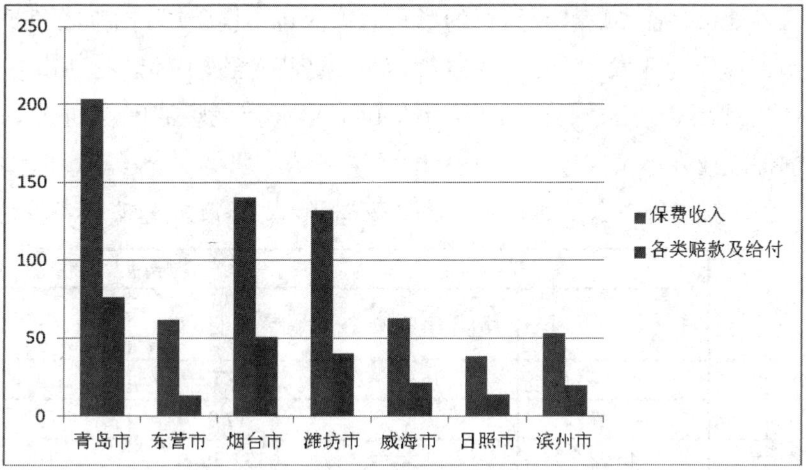

（a）保费收入与各类赔款及给付（亿元）

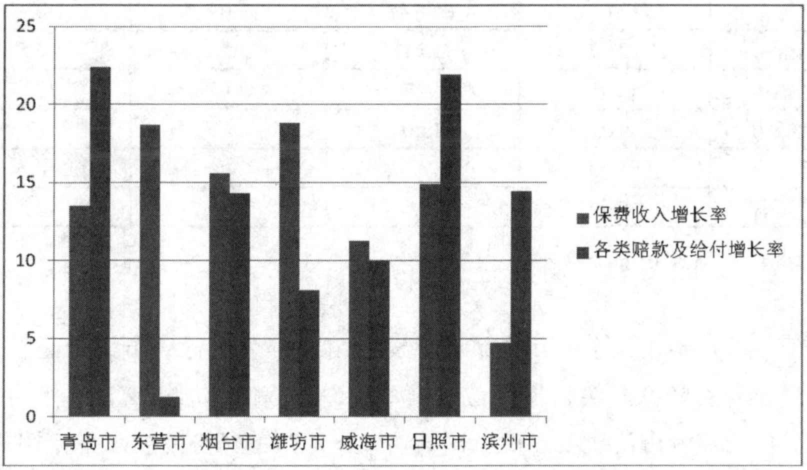

（b）保费收入与各类赔款及给付增长率（%）

图 3-16 2014 年山东半岛蓝色经济区规划主体区各地市的保险业发展情况

（二）山东半岛蓝色经济区规划主体区与联动区的保险业发展情况比较

山东半岛蓝色经济区规划联动区的保险业也发展迅速，保费收入和各类赔款及给付都稳定增长。从保费收入增长速度看，总体上并不慢于规划主体区各地市；各类赔款及给付的增长总体上也不慢于规划主体区各地市。这表明，在保险业发展上，山东半岛蓝色经济区规划主体区各地市并没有明显优于规划联动区。表 3-28 给出了山东半岛蓝色经济区规划联动区各地市的保险业发展情况。

表 3-28 2014 年山东半岛蓝色经济区规划联动区各地市保险业发展情况

地区名称	保费收入		各类赔款及给付	
	金额（亿元）	增长率（%）	金额（亿元）	增长率（%）
济南市	162.9	15.1	53.0	12.0
淄博市	85.5	13.2	17.9	15.1
枣庄市	46.33	8.3	11.79	31.6
济宁市	103.52	1.9	42.19	40.8
泰安市	61.2	6.4	–	–
莱芜市	17.69	6.37	5.04	18.69
临沂市	123.7	15.1	40.7	20.5
德州市	66.6	14.7	23.5	23.5
聊城市	56.8	13.0	17.0	3.7
菏泽市	71.63	17.6	15.85	–0.5
山东省	1454.9	13.6	518.8	17.5

数据来源：各地市的经济和社会发展统计公报。

表 3-29 给出了各地市的保险业发展情况排名。青岛市无论是在保费收入还是各类赔款及给付上都位居第 1 位，济南市位居第 2 位，烟台市位居第 3 位，临沂市位居第 5 位，这与这几个地市的经济发展水平密切相关。从保费收入增长率来看，潍坊市、东营市和菏泽市分别位居第 1、2、3 位，烟台市位居第 4 位，临沂市和济南市并列位居第 5 位；从各类赔款及给付增长率上看，济宁市位居第 1 位，枣庄市、德州市位居第 2、3 位，青岛市和日照市分别位居第 4、5 位。总体情况表明，山东半岛蓝色经济区规划主体区和联动区在保险业发展没有明显差别。图 3-17 给出了山东半岛蓝色经济区规划主体区和联动区保险业发展的总体情况。

表 3-29 2014 年山东半岛蓝色经济区规划主体区与联动区保险业发展情况排名

排名	地区名称	保费收入总额（亿元）	主体区还是联动区	排名	地区名称	保费收入增长率（%）	主体区还是联动区	排名	地区名称	各类赔款及给付总额（亿元）	主体区还是联动区	排名	地区名称	各类赔款及给付增长率（%）	主体区还是联动区
1	青岛市	203.1	主体区	1	潍坊市	18.8	主体区	1	青岛市	76.7	主体区	1	济宁市	40.8	联动区
2	济南市	162.9	联动区	2	东营市	18.7	主体区	2	济南市	53	联动区	2	枣庄市	31.6	联动区
3	烟台市	140.37	主体区	3	菏泽市	17.6	联动区	3	烟台市	50.5	主体区	3	德州市	23.5	联动区
4	潍坊市	131.9	主体区	4	烟台市	15.6	主体区	4	济宁市	42.19	联动区	4	青岛市	22.4	主体区
5	临沂市	123.7	联动区	5	临沂市	15.1	联动区	5	临沂市	40.7	联动区	5	日照市	21.9	主体区
6	济宁市	103.52	联动区	5	济南市	15.1	联动区	6	潍坊市	40.4	主体区	6	临沂市	20.5	联动区
7	淄博市	85.5	联动区	7	日照市	14.9	主体区	7	德州市	23.5	联动区	7	莱芜市	18.69	联动区
8	菏泽市	71.63	联动区	8	德州市	14.7	联动区	8	威海市	21.74	主体区	8	淄博市	15.1	联动区
9	德州市	66.6	联动区	9	青岛市	13.5	主体区	9	滨州市	19.5	主体区	9	滨州市	14.4	主体区
10	威海市	63.02	主体区	10	淄博市	13.2	联动区	10	淄博市	17.9	联动区	10	烟台市	14.3	主体区
11	东营市	61.87	主体区	11	聊城市	13	联动区	11	聊城市	17	联动区	11	济南市	12	联动区
12	泰安市	61.2	联动区	12	威海市	11.3	主体区	12	菏泽市	15.85	联动区	12	威海市	10	主体区
13	聊城市	56.8	联动区	13	枣庄市	8.3	联动区	13	日照市	13.68	主体区	13	潍坊市	8.1	主体区
14	滨州市	53.34	主体区	14	泰安市	6.4	联动区	14	东营市	13.28	主体区	14	聊城市	3.7	联动区
15	枣庄市	46.33	联动区	15	莱芜市	6.37	联动区	15	枣庄市	11.79	联动区	15	东营市	1.3	主体区
16	日照市	38.33	主体区	16	滨州市	4.7	主体区	16	莱芜市	5.04	联动区	16	菏泽市	–0.5	联动区
17	莱芜市	17.69	联动区	17	济宁市	1.9	联动区		泰安市	–	联动区		泰安市	–	联动区
山东省		1454.9		山东省		13.6		山东省		518.8		山东省		17.5	

数据说明："–"表示数据缺失，数据缺失的地市不参加排名。

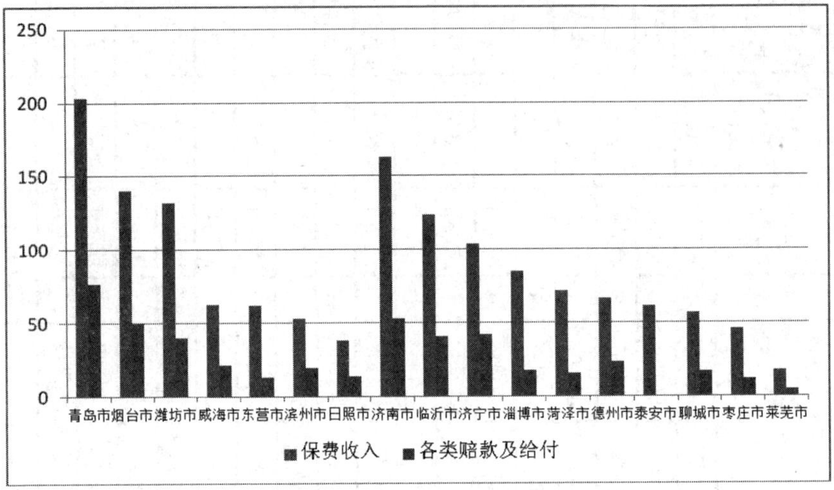

（a）保费收入与各类赔款及给付（亿元）

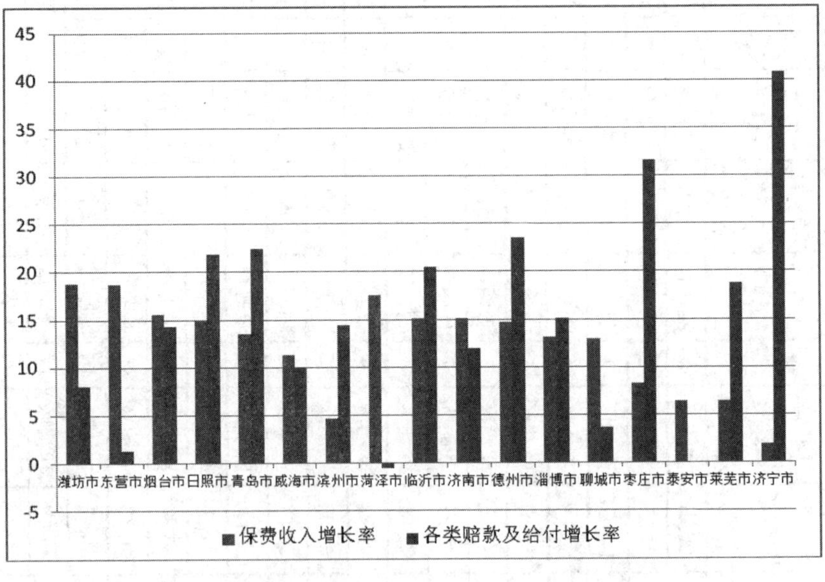

（b）保费收入与各类赔款及给付增长率（%）

图 3-17 2014 年山东半岛蓝色经济区规划主体区与联动区保险业发展情况比较

（三）2006 年至 2014 年山东半岛蓝色经济区规划主体区各地市保险业发展情况

2006 年至 2014 年间，山东半岛蓝色经济区规划主体区各地市保险业发展迅速，2014 年各地市的保费收入基本都为 2006 年的 2–4 倍；各类赔款及给付也基本上增长 2–4 倍；除极个别地市个别年份外，保费收入增长率都为正值，各类赔款及给付大多数年份大多数地市也都为正值。以《山东半岛蓝色经济区发展规划》获得批准的 2011 年为界，发展规划获得批准前后，保险业的发展没有明显变化。表 3–30 和图 3–18 给出了各地市 2006 年至 2014 年的保险业发展情况。

表 3–30 2006—2014 年山东半岛蓝色经济区规划主体区各地市保险业发展情况

（a）保费收入（亿元）

年份	青岛市	东营市	烟台市	潍坊市	威海市	日照市	滨州市	山东省
2006	60.51	20.7	41.16	31.8	17.35	9.38	11.41	396.2
2007	77.6	–	–	41.3	20.34	12.34	14.87	501.7
2008	102.73	31.49	68.65	56.6	30.8	15.45	20.5	673.9
2009	115.31	42.05	73.88	64.9	35.42	19.35	27.14	792.9
2010	153.9	42.89	96.31	86.45	43.72	23.63	33.72	1030.1
2011	145.73	41.73	98.44	89.7	47.15	24.47	37.98	1036.1
2012	160.29	42.53	108.14	94.7	49.28	27.11	44.21	1128
2013	179	52.1	121.39	111.1	56.64	33.35	50.94	1280.4
2014	203.1	61.87	140.37	131.9	63.02	38.33	53.34	1454.9

（b）各类赔款及给付（亿元）

年份	青岛市	东营市	烟台市	潍坊市	威海市	日照市	滨州市	山东省
2006	19.45	4.4	14.51	12.5	6.31	2.32	2.57	120.9
2007	26.69	–	–	11.9	8.27	2.93	3.32	171.7
2008	33.32	5.52	19.23	9.8	10.5	3.7	3.87	198.4
2009	34.26	6.08	22.41	19.2	12.16	4.39	8.15	228.4
2010	38.8	6.97	19.57	20.35	10.84	4.99	8.14	228.6

续前表

年份	青岛市	东营市	烟台市	潍坊市	威海市	日照市	滨州市	山东省
2011	46.38	8.17	25.13	23.6	12.33	8.75	10.32	271.2
2012	51.5	10.96	32.58	27.4	13.54	9.05	11.64	324.6
2013	62.7	13.1	44.18	37.4	20	11.22	17.05	441.7
2014	76.7	13.28	50.5	40.4	21.74	13.68	19.5	518.8

（c）保费收入增长率（%）

年份	青岛市	东营市	烟台市	潍坊市	威海市	日照市	滨州市	山东省
2006	22.1	20.5	12.6	6.9	7.1	16.7	16.9	16.3
2007	28.24	–	–	30	17.2	31.6	30.4	26.6
2008	32.4	13.8	25.8	35	30.8	25.2	37.9	34.3
2009	12.3	31.7	7.8	16.3	14.9	25.2	32.4	17.6
2010	33.4	17.7	30.4	33.16	28.6	22.1	24.3	29.9
2011	8.5	–0.3	10.4	3.7	7.9	3.6	12.7	10.8
2012	10	2	9.9	5.6	4.4	10.8	17.4	8.9
2013	11.70	22.5	12.3	17.3	13.6	23	15.1	13.5
2014	13.5	18.7	15.6	18.8	11.3	14.9	4.7	13.6

（d）各类赔款及给付增长率（%）

年份	青岛市	东营市	烟台市	潍坊市	威海市	日照市	滨州市	山东省
2006	–	15.7	110.3	–	104.7	35.9	42.7	57.8
2007	–	–	–	–	31.1	26.6	30	42
2008	–	15.1	–2.5	27.3	9.1	26.4	16.7	15.5
2009	2.8	7.1	16.7	–	15.9	18.6	–	15.1
2010	13.3	21.1	1.2	–5.5	–3.4	13.5	–	0
2011	23.4	17.4	21.6	15.8	12.8	74	–	21.5
2012	11.1	34.1	29.6	16.2	16.5	–8.9	–	19.7
2013	21.8	19.5	35.6	36.5	48.4	24	46.47	36.1
2014	22.4	1.3	14.3	8.1	10	21.9	14.4	17.5

数据说明：“–”为数据缺失；

数据来源：各地市各年的数据均来自各地市各年的经济和社会发展统计公报。

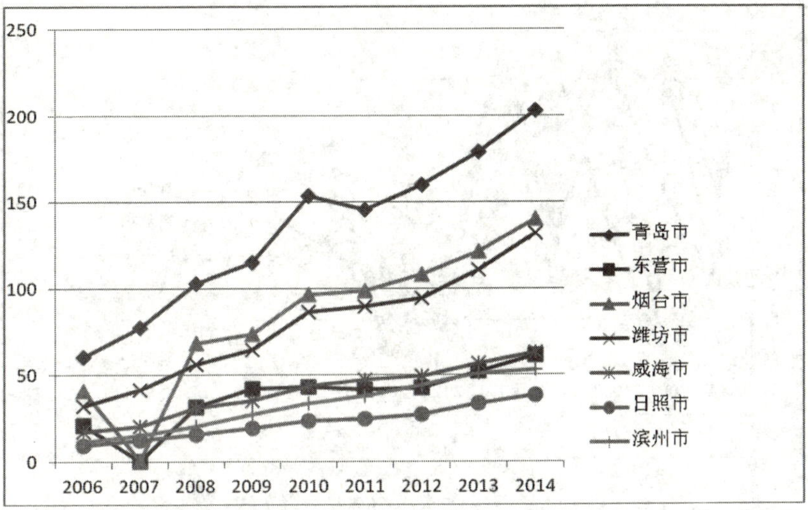

（a）保费收入（亿元）

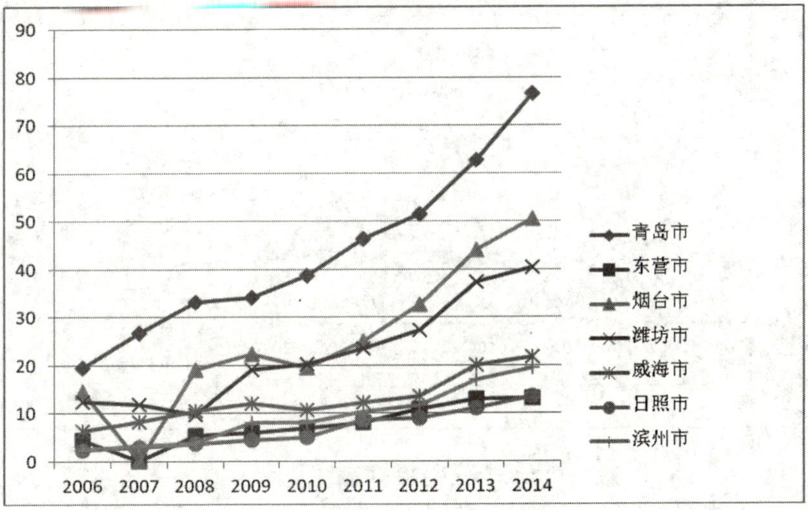

（b）各类赔款及给付（亿元）

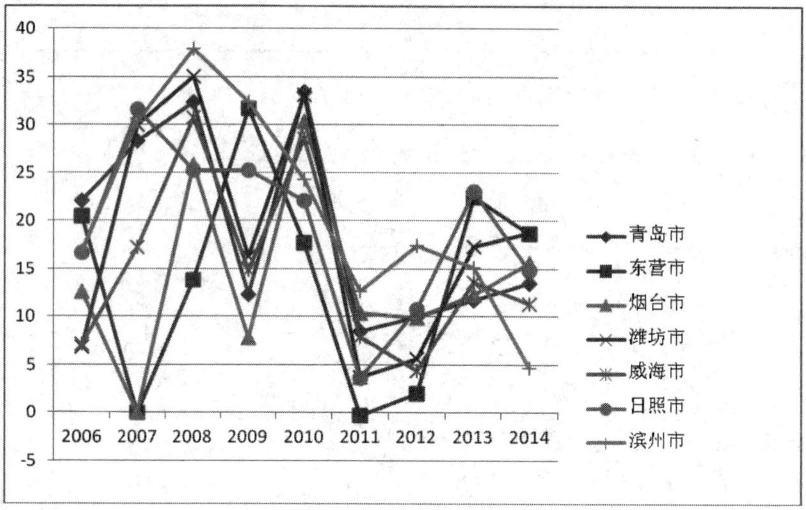

（c）保费收入增长率（%）

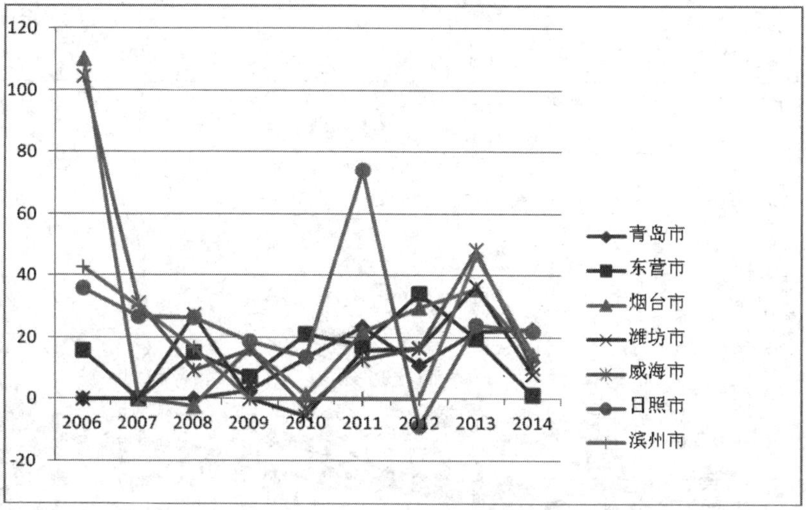

（d）各类赔款及给付增长率（%）

说明：个别年份数据存在缺失；数据来源：表3-30。

图3-18 2006—2014年山东半岛蓝色经济区规划主体区各地市保险业发展情况

第六节 山东半岛蓝色经济区固定资产投资、贸易和金融发展情况总结

在对山东半岛蓝色经济区规划主体区各地市固定资产投资、国内外贸易、利用外资、金融等方面的发展情况进行统计分析之后，可以得出一些总结性判断。

一、固定资产投资稳步增长，三次产业固定资产投资不平衡

规划主体区各地市固定资产投资都大幅度增长，增长率基本都在 15% 以上，最高的达到 16.3%，最低的也为 15.3%。但是，固定资产投资三次产业所占比例差别较大（除滨州市外），以第一产业固定资产投资占全部投资的比例来看，威海市最低，仅为 0.33%；东营市最高，达到 2.74%；以第二产业固定资产投资占比来看，东营市占比达到 61.35%，最低的烟台市为 38.72%；这说明，各地市对三次产业发展的重视程度不同，体现不同地市的产业结构特征。

通过规划主体区与规划联动区的比较，可以看出，从固定资产投资绝对量来看，规划主体区总体上高于规划联动区，固定资产投资前三位的地市全部为规划主体区地市，分别为青岛市、烟台市和潍坊市，而联动区最大的济南市也仅位居第 4 位；从固定资产投资增长率来看，规划主体区并不高于联动区，甚至还低于联动区，固定资产投资增长率最高的地市为联动区的德州市和临沂市，主体区的青岛市位居第 3 位；而增长率最低的地市为主体区的潍坊市和联动区的莱芜市。因此，虽然规划主体区各地市的固定资产投资绝对量明显优于规划联动区，但是增长率不仅没有明显高于联动区，甚至还低于规划联动区。

2006 年至 2014 年间，规划主体区固定资产投资一直不断增长，增长率也一直都比较高。但是，以《山东半岛蓝色经济区发展规划》获得批复的 2011 年为界，各地市的固定资产投资相对于批准前并没有大幅度增加，至少从增长率来看并没有明显变化，很多地市的增长率甚至还低于批准前。

二、社会消费品零售额持续增长，各地市增长率差别不大

以社会消费品零售额来衡量的国内贸易持续增长，各地市社会消费品

零售额增长率差别很小，规划主体区中增长率最高的为13.0%，最低的为12.2%。

通过规划主体区与规划联动区的比较可以看出，从社会消费品零售额绝对量来看，规划主体区明显高于规划联动区，社会消费品零售额排名前5位的地市中，规划主体区有3个，联动区有2个；从社会消费品零售额增长率来看，规划主体区并没有明显高于规划联动区，甚至还低于规划联动区。

2006年至2014年间，各地市的社会消费品零售额持续增长，增长率变化不是太大。《山东半岛蓝色经济区发展规划》批准前后，各地市社会消费品零售额增长率并没有明显变化，规划批准后的增长率甚至低于规划批准前。

三、对外贸易实现了一定程度增长，各地市对外贸易增长率差别较大，各地市对外贸易依存度差别较大

规划主体区各地市的对外贸易增长情况差别较大，增长率最高的泰安市，达到19.5%；增长率最低的滨州市为-13.3%。这表明，2014年，对外贸易情况总体一般。从对外贸易依存度来看，各地市差别较大，最高的日照市达到136.97%；最低的枣庄市仅为4.6%。这表明，各地市的对外贸易情况和经济的外向型存在较大差别。

通过规划主体区与规划联动区的比较可以看出，从进出口额、进口额和出口额来看，规划主体区各地市明显高于规划联动区，进出口总额排名前6位的地市全在规划主体区；进口额和出口额排名前5位的地市全部在规划主体区，这说明，规划主体区地市在进出口方面明显高于规划联动区。从进出口额增长率、进口额增长率和出口额增长率来看，规划主体区各地市总体上高于规划联动区。进出口额增长率最高的为规划主体区的潍坊市和日照市，出口额增长率最高的为规划主体区的日照市，进口额增长率最高的是规划主体区的潍坊市和烟台市。从进出口依存度来看，规划主体区各地市明显高于规划联动区各地市，排名前6位的地市都来自规划主体区。

2006年至2014年间，规划主体区各地市的对外贸易都实现了较大幅

度的增长，增长幅度差别较大，进出口额有的地市增加了 8 倍以上，如日照市；有的地市增加 1–2 倍，如青岛市和威海市。从对外贸易依存度来看，有的地市对外贸易依存度不断下降，如青岛市；而有的地市对外贸易依存度不断提高，如东营市；有的地市对外贸易依存度先上升后下降，如烟台市。这表明了，各地市经济外向型发展的程度和水平不同。在《山东半岛蓝色经济区发展规划》获得批准后，规划主体区各地市的进出口额都有一定程度增长，但是进出口增长率、对外贸易依存度等并没有明显变化。

四、外资利用总体增长，但是各地市差别较大，外资依存度各地市也差别较大

2014 年各地市实际利用外资水平总体上有所增长，但是并非所有地市都实现了增长。莱芜市实际利用外资下降了 49.54%，实际利用外资增长率最高的泰安市，增长率达到 34.6%。各地市外资依存度也差别较大，青岛市的外资依存度最高，达到 4.44%，而外资依存度最低的聊城市，仅为 0.27%。

规划主体区与规划联动区比较来看，规划主体区各地市实际利用外资总量明显高于规划联动区各地市，外资依存度也明显高于规划联动区各地市，但是实际利用外资增长率却没有明显高于规划联动区。实际利用外资总量排名前 4 位的地市，有 3 个地市为规划主体区地市，外资依存度排名前 5 位的地市，有 4 个为规划主体区地市，实际利用外资增长率排名前 5 位的地市有 3 个是规划主体区地市。

2006 年至 2014 年间，规划主体区各地市实际利用外资都有较大幅度增长，但是增长幅度差别较大，外资依存度有升有降。《山东半岛蓝色经济区发展规划》批准后，实际利用外资额先上升后下降的为滨州市，实际利用外资额先降后升的地市为东营市和日照市，其他地市的实际利用外资额一直处于上升状态；外资依存度提高的地市为青岛市、东营市，下降的地市为潍坊市、滨州市；先下降后上升的地市为烟台市、威海市和日照市。

五、本外币存款大幅度增加，存款余额及其增长幅度与地区生产总值的比例各地市差别较大

2014 年各地市本外币存款余额都有较大幅度增长，增长最多的济南市 1084.4 亿元，最少的莱芜市为 36.5 亿元。从本外币存款余额与当年地区生产总值的比例来看，最高的济南市达到 208.13%，最低的枣庄市为 67.19%；从本外币存款增长额与当年地区生产总值的比例来看，最高的济南市为 18.79%，最低的济宁市为 3.43%。

规划主体区与规划联动区比较来看，存款余额最多的为规划联动区的济南市，另外，规划主体区的青岛市、烟台市和潍坊市分别位居第 2、3、4 位，规划联动区的临沂市和济宁市分别位居第 5、6 位；存款余额增长幅度，最多的也是济南市，规划主体区的青岛市、潍坊市、东营市和烟台市分别位居第 3、4、5、6 位；存款余额与地区生产总值的比例最高的是济南市，存款余额增长幅度与地区生产总值的比例最高的为济南市；存款余额与地区生产总值的比例，位居第 2 位的为青岛市，其次为日照市、临沂市和潍坊市；存款余额增长幅度与地区生产总值的比例，位居第 2 位的为临沂市，其次为菏泽市、聊城市和东营市。从贷款余额来看，规划主体区的青岛市、潍坊市和烟台市分别位居第 1、3、4 位，规划联动区的济南市和临沂市分别位居第 2、5 位；从贷款余额增长幅度来看，第 1、4、5 位的地市全部为规划主体区地市，第 2、3 位的是规划联动区的济南市和临沂市。从贷款余额与地区生产总值的比例来看，规划主体区的青岛市、日照市和潍坊市分别位居第 2、3、4 位，规划联动区的济南市和莱芜市位居第 1、5 位；从贷款余额增长幅度与地区生产总值的比例来看，规划主体区的日照市、东营市和青岛市分别位居第 1、4、6 位，济南市位居第 3 位。这表明，总体上讲，规划主体区在本外币存款和贷款方面的发展好于规划联动区。

2006 年至 2014 年间，山东半岛蓝色经济区规划主体区各地市的存款余额和贷款余额都有较大幅度的增长；存款余额增长幅度与地区生产总值的比例和贷款余额增长幅度与地区生产总值的比例都经历了先提高后下降的变化过程，2009 年达到了最高值。在《山东半岛蓝色经济区发展规划》获批之后，存款余额、贷款余额等虽然不断增加，但是存款余额增长幅度、贷款余额增长幅度并没有明显变化，存款余额和贷款余额与地区生产总值的比例，存款余额增长幅度和贷款余额增长幅度与地区生产总值的比例也没有明显变化。

六、保险业普遍发展，但是各地市发展水平差别较大

2014 年，各地市保险业都有所发展。从保费收入来看，都有所增长；从各类赔款及给付来看，各地市都有较大幅度增长。保费收入增长最快的是潍坊市，增长率达到 18.8%；最低的济宁市，为 1.9%。各类赔款及给付增长最快的是济宁市，达到 40.8%；增长最低的为菏泽市，为 -0.5%。

对规划主体区和规划联动区的比较来看，规划主体区的保费收入增长率和各类赔款及给付增长并没有明显快于规划联动区。虽然从保费收入、各类赔款及给付来看，规划主体区的青岛市、烟台市和潍坊市排名在前，但是保费收入增长率、各类赔款及给付增长率，规划联动区的地市排名比较靠前。

2006 年至 2014 年间，各地市的保险业都实现了较大幅度的增长。在《山东半岛蓝色经济区发展规划》获得批准之后，各地市的保险业增长速度并没有明显快于获得批准之前。

/ 第四章 /

2014 年山东半岛蓝色经济区人民生活与科技发展情况报告

李增刚 李思敏*

2014 年，山东半岛蓝色经济区规划主体区各地市人民生活水平有了较大程度的提高，城镇居民可支配收入、农村居民纯收入都有较大幅度增长，城镇居民和农村居民消费支出也有较大幅度增长。本章总结山东半岛蓝色经济区规划主体区各地市人均收入与支出、恩格尔系数、登记失业率以及科技发展情况，并与规划联动区各地市进行比较，与《山东半岛蓝色经济区发展规划》获得批准前进行比较。

第一节 人均收入与支出情况

一、规划主体区各地市人均收入和消费支出情况

2014 年，山东半岛蓝色经济区规划主体区各地市城镇居民人均可支配收入和农村居民人均纯收入均实现了较大幅度增长，增长幅度都在 8% 以上。城镇居民可支配收入最高的为青岛市，为 38294 元；城镇居民可支配收入增长率最高的为临沂市和菏泽市，增长率达到 10% 左右；农村居民纯收入最高的也为青岛市，为 17461 元；增长率最高的为菏泽市，为 12.1%。从人均消费支出看，无论是城镇居民还是农村居民，青岛市都是最高的；

* 李增刚，经济学博士，山东大学经济研究院教授；李思敏，山东大学经济研究院硕士研究生。

从消费支出的增长率来看，城镇居民人均消费支出增长率最高的为德州市，达到 12.6%；农村居民人均消费支出增长率最高的为烟台市，达到 16.9%。表 4-1 给出了各地市城镇居民和农村居民的纯收入及其增长率、消费支出及其增长率的情况。

表 4-1 2014 年规划主体区各地市人均可支配收入、纯收入以及消费支出情况

地区名称	城镇居民				农村居民			
	可支配收入（元）	可支配收入增长率（%）	消费支出（元）	消费支出增长率（%）	纯收入（元）	纯收入增长率（%）	消费支出（元）	消费支出增长率（%）
青岛市	38294	8.7	24016	8.9	17461	11.0	10808	10.4
东营市	36940	8.7	21925	12.0	14456	11.2	8580	9.8
烟台市	35791	8.6	23529	6.9	16656	11.4	8588	16.9
潍坊市	30973	9.1	18810	7.6	14776	11.3	9677	13.1
威海市	34254	8.9	22549	12.0	17296	11.0	9725	14.5
日照市	27540	9.8	17425	9.6	12635	11.8	5948	11.9
滨州市	30870	8.8	18583	8.0	12691	11.7	8701	10.8

数据来源：各地市 2014 年的经济和社会发展统计公报。

二、规划主体区与联动区各地市人均收入和消费支出比较

山东半岛蓝色经济区规划联动区各地市的城镇居民人均可支配收入、农村居民人均纯收入以及城镇居民和农村居民人均消费支出都实现了较大幅度增长。从增长率来看，联动区各地市与主体区各地市没有明显差别。表 4-2 给出了 2014 年规划联动区各地市的城镇居民人均可支配收入及其增长率、农村居民人均纯收入及其增长率、城镇居民和农村居民的人均消费支出及其增长率情况。

表 4-2 2014 年规划联动区各地市人均可支配收入、纯收入和消费支出情况

地区名称	城镇居民				农村居民			
	可支配收入（元）	可支配收入增长率（%）	消费支出（元）	消费支出增长率（%）	纯收入（元）	纯收入增长率（%）	消费支出（元）	消费支出增长率(%)
济南市	38762.8	8.7	22980.7	6.1	14726.0	11.2	8581.4	10.0
淄博市	33534	8.6	19904	8	15531	11.5	9089	11.8
枣庄市	27596	9.3	17587	8.6	12145	11.6	7473	10.1
济宁市	30428	8.8	19989	8.0	12650	11.5	7109	13.5
泰安市	30715	8.9	19714	8.3	12913	11.8	7158	13.3
莱芜市	31728	8.7	–	–	13540	11.3	–	–
临沂市	30345	10.3	16275	8.9	11629	11.9	6803	9.9
德州市	27180	9.5	17430	12.6	12135	11.6	6244	15.0
聊城市	28382	8.8	18158	8.3	11232	11.4	6326	12.5
菏泽市	23344	9.9	14930	9.1	10436	12.1	5783	12.0
山东省	29222	8.7	18323	10.1	11882	11.2	7962	15.8
全国	28844	9.0	–	–	10489	11.2	–	–

数据来源：各地市、山东省和全国的 2014 年经济和社会发展统计公报。

从城镇居民人均可支配收入来看，规划主体区各地市总体上高于规划联动区各地市，人均可支配收入排名前 5 位的地市，有 4 个为规划主体区地市，有 1 个为规划联动区地市；从城镇居民人均消费支出来看，排名前 5 位的地市，有 4 个为规划主体区地市，只有一个为规划联动区地市；但是从城镇居民人均可支配收入增长率来看，规划主体区地市与规划联动区地市相比没有明显优势，排名前 5 位的地市有 4 个为规划联动区地市；从城镇居民人均消费支出增长率来看，排名前 8 位的地市有 4 个为规划联动区地市，这表明规划主体区地市不仅没有优势，人均消费支出增长率反而不如规划联动区地市。

从农村居民人均纯收入来看，规划主体区各地市总体上高于规划联动区各地市，人均纯收入排名前 5 位的地市，有 4 个为规划主体区地市，只

有1个为规划联动区地市；从人均消费支出来看，规划主体区地市也明显高于规划联动区各地市，在排名前6位的地市中，规划主体区有5个，规划联动区只有1个。从农村居民人均纯收入增长率来看，排名前5位的地市，有3个为规划联动区地市，只有2个为规划主体区地市；从农村居民人均消费支出增长率来看，排名前5位的地市，只有2个是规划主体区地市，有3个是规划联动区地市。

从城镇居民人均可支配收入及其增长率、农村居民纯收入及其增长率、城镇居民和农村居民消费支出及其增长率来看，无论是城镇居民人均可支配收入、农村居民人均纯收入，还是城镇居民、农村居民的消费支出，规划主体区各地市都高于规划联动区各地市；但是从增长率来看，规划主体区并没有明显高于规划联动区，甚至还低于规划联动区。表4–3和图4–1给出了规划主体区与规划联动区各地市城镇居民人均可支配收入及其增长率、农村居民人均纯收入及其增长率、城镇居民人均消费支出及其增长率和农村居民人均消费支出及其增长率的排名。

表 4-3 2014 年规划主体区与规划联动区各地市的人均收入和消费支出排名

城镇居民															
排名	地区名称	可支配收入（元）	主体区还是联动区	排名	地区名称	可支配收入增长率（%）	主体区还是联动区	排名	地区名称	消费支出（元）	主体区还是联动区	排名	地区名称	消费支出增长率（%）	主体区还是联动区
1	济南市	38762.8	联动区	1	临沂市	10.3	联动区	1	青岛市	24016	主体区	1	德州市	12.6	联动区
2	青岛市	38294	主体区	2	菏泽市	9.9	联动区	2	烟台市	23529	主体区	2	东营市	12	主体区
3	东营市	36940	主体区	3	日照市	9.8	主体区	3	济南市	22980.7	联动区	2	威海市	12	主体区
4	烟台市	35791	主体区	4	德州市	9.5	联动区	4	威海市	22549	主体区	4	日照市	9.6	主体区
5	威海市	34254	主体区	5	枣庄市	9.3	联动区	5	东营市	21925	主体区	5	菏泽市	9.1	联动区
6	淄博市	33534	联动区	6	潍坊市	9.1	主体区	6	济宁市	19989	联动区	6	青岛市	8.9	主体区
7	莱芜市	31728	联动区	7	泰安市	8.9	联动区	7	淄博市	19904	联动区	6	临沂市	8.9	联动区
8	潍坊市	30973	主体区	7	威海市	8.9	主体区	8	泰安市	19714	联动区	8	枣庄市	8.6	联动区
9	滨州市	30870	主体区	9	聊城市	8.8	联动区	9	潍坊市	18810	主体区	9	聊城市	8.3	联动区
10	泰安市	30715	联动区	9	滨州市	8.8	主体区	10	滨州市	18583	主体区	9	泰安市	8.3	联动区
11	济宁市	30428	联动区	9	济宁市	8.8	联动区	11	聊城市	18158	联动区	11	淄博市	8	联动区
12	临沂市	30345	联动区	12	东营市	8.7	主体区	12	枣庄市	17587	联动区	11	济宁市	8	联动区
13	聊城市	28382	联动区	12	莱芜市	8.7	联动区	13	德州市	17430	联动区	11	滨州市	8	主体区
14	枣庄市	27596	联动区	12	青岛市	8.7	主体区	14	日照市	17425	主体区	14	潍坊市	7.6	主体区
15	日照市	27540	主体区	12	济南市	8.7	联动区	15	临沂市	16275	联动区	15	烟台市	6.9	主体区
16	德州市	27180	联动区	16	淄博市	8.6	联动区	16	菏泽市	14930	联动区	16	济南市	6.1	联动区
17	菏泽市	23344	联动区	16	烟台市	8.6	主体区		莱芜市	–	联动区		莱芜市	–	联动区
山东省		29222		山东省		8.7		山东省		18323		山东省		10.1	
全国		28844		全国		9.0		全国		–		全国		–	

表 4-3 续 2014 年规划主体区与规划联动区各地市人均收入和消费支出排名

农村居民															
排名	地区名称	纯收入（元）	主体区还是联动区	排名	地区名称	纯收入增长率（%）	主体区还是联动区	排名	地区名称	消费支出（元）	主体区还是联动区	排名	地区名称	消费支出增长率（%）	主体区还是联动区
1	青岛市	17461	主体区	1	菏泽市	12.1	联动区	1	青岛市	10808	主体区	1	烟台市	16.9	主体区
2	威海市	17296	主体区	2	临沂市	11.9	联动区	2	威海市	9725	主体区	2	德州市	15	联动区
3	烟台市	16656	主体区	3	泰安市	11.8	联动区	3	潍坊市	9677	主体区	3	威海市	14.5	主体区
4	淄博市	15531	联动区	3	日照市	11.8	主体区	4	淄博市	9089	联动区	4	济宁市	13.5	联动区
5	潍坊市	14776	主体区	16	滨州市	11.7	主体区	5	滨州市	8701	主体区	5	泰安市	13.3	联动区
6	济南市	14726	联动区	5	德州市	11.6	联动区	6	烟台市	8588	主体区	6	潍坊市	13.1	主体区
7	东营市	14456	主体区	6	枣庄市	11.6	联动区	7	济南市	8581.4	联动区	7	聊城市	12.5	联动区
8	莱芜市	13540	联动区	6	济宁市	11.5	联动区	8	东营市	8580	主体区	8	菏泽市	12	联动区
9	泰安市	12913	联动区	8	淄博市	11.5	联动区	9	枣庄市	7473	联动区	9	日照市	11.9	主体区
10	滨州市	12691	主体区	8	聊城市	11.4	联动区	10	泰安市	7158	联动区	10	淄博市	11.8	联动区
11	济宁市	12650	联动区	10	烟台市	11.4	主体区	11	济宁市	7109	联动区	11	滨州市	10.8	主体区
12	日照市	12635	主体区	10	潍坊市	11.3	主体区	12	临沂市	6803	联动区	12	青岛市	10.4	主体区
13	枣庄市	12145	联动区	12	莱芜市	11.3	联动区	13	聊城市	6326	联动区	13	枣庄市	10.1	联动区
14	德州市	12135	联动区	12	东营市	11.2	主体区	14	德州市	6244	联动区	14	济南市	10	联动区
15	临沂市	11629	联动区	14	济南市	11.2	联动区	15	日照市	5948	主体区	15	临沂市	9.9	联动区
16	聊城市	11232	联动区	14	青岛市	11	主体区	16	菏泽市	5783	联动区	16	东营市	9.8	主体区
17	菏泽市	10436	联动区	16	威海市	11	主体区		莱芜市	–	联动区		莱芜市	–	联动区
山东省		11882		山东省		11.2		山东省		7962		山东省		15.8	
全国		10489		全国		11.2		全国		–		全国		–	

数据来源：表 4-1 和表 4-2。

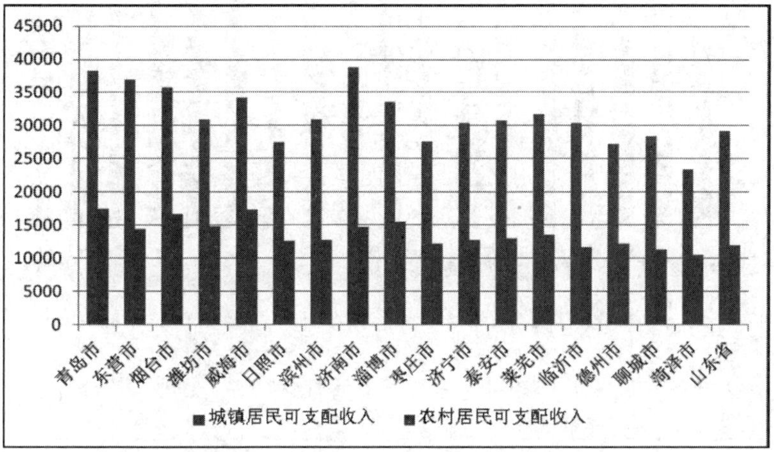

（a）城镇居民和农村居民人均可支配收入和人均纯收入（元）

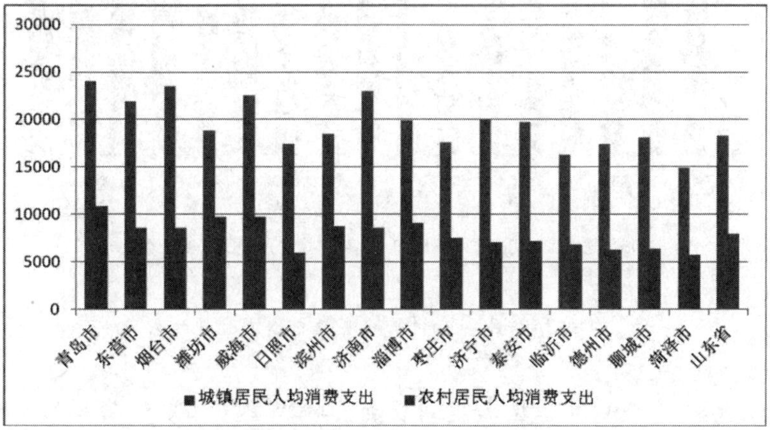

（b）城镇居民和农村居民人均消费支出（元）

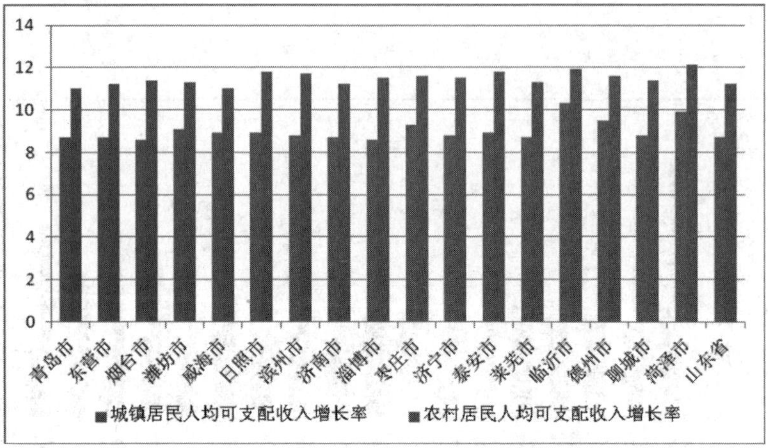

（c）城镇居民人均可支配收入增长率和农村居民人均纯收入增长率（%）

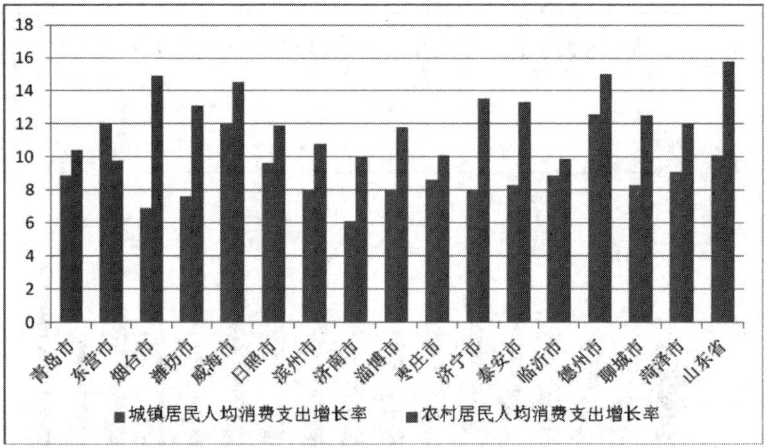

（d）城镇居民和农村居民消费支出增长率（%）

数据来源：表 4-3

图 4-1　2014 年规划主体区和规划联动区城镇居民和农村居民收入和消费支出情况

三、2006 年至 2014 年间规划主体区各地市人均收入和消费支出情况

（一）城镇居民可支配收入

2006 年至 2014 年间，山东半岛蓝色经济区规划主体区各地市城镇居民人均可支配收入持续稳定增长。2014 年与 2006 年相比，大多数地市城

镇居民人均可支配收入翻了一番以上。以《山东半岛蓝色经济区发展规划》获得批准的 2011 年为界，2011 年大多数地市城镇居民人均可支配收入增长率有较大幅度提高，但是 2012 年至 2014 年有所下降。表 4-4 和图 4-2 给出了 2006 年至 2014 年间山东半岛蓝色经济区规划主体区各地市城镇居民人均可支配收入及其增长率情况。

表 4-4 2006 年至 2014 年规划主体区各地市城镇居民人均可支配收入情况

（a）人均可支配收入（元）

年份	青岛市	东营市	烟台市	潍坊市	威海市	日照市	滨州市	山东省
2006	15328	16741.9	14374	11846	13975	11040	11726	12192
2007	17856	18626	16772	13716	16285	13021	13888	14265
2008	20464	19487	19350	15691	18537	14409	15960	16305
2009	22368	21313	21125	17267.3	20117	15795	17500	17811
2010	24998	23796	23288	19675.1	22235	17558	19686	19946
2011	28567	27343	26542	22508.3	25290	20098	22540	22792
2012	32145	30953	30045	25817.5	28630	22817	25810	25755
2013	35227	33983	32956	28386	31442	25090	28363	28264
2014	38294	36940	35791	30973	34254	27540	30870	29222

（b）人均可支配收入增长率（%）

年份	青岛市	东营市	烟台市	潍坊市	威海市	日照市	滨州市	山东省
2006	18.6	12.1	15.4	14.8	12.2	12.6	14	13.5
2007	16.5	11.3	16.7	15.8	16.5	17.9	18.4	17
2008	14.6	15	15.4	14.4	13.8	10.7	14.9	14.3
2009	9.3	9.4	9.2	10	8.5	9.6	9.6	9.2
2010	11.8	11.7	10.2	13.9	10.5	11.2	12.5	12
2011	14.3	14.9	9.4	14.4	13.7	14.5	14.5	14.3
2012	12.5	13.2	11.2	14.7	13.2	13.5	14.5	13
2013	9.6	9.8	9.7	10	9.8	10	9.9	9.7
2014	8.7	8.7	8.6	9.1	8.9	9.8	8.8	8.7

数据来源：各地市各年度的经济和社会发展统计公报。

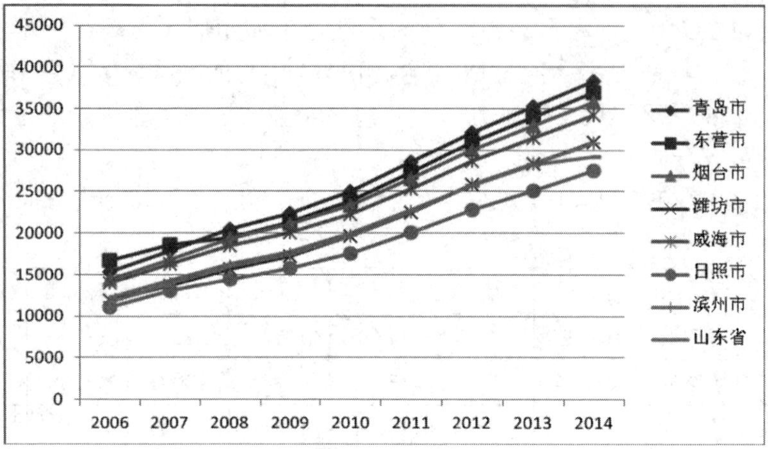

（a）人均可支配收入（元）

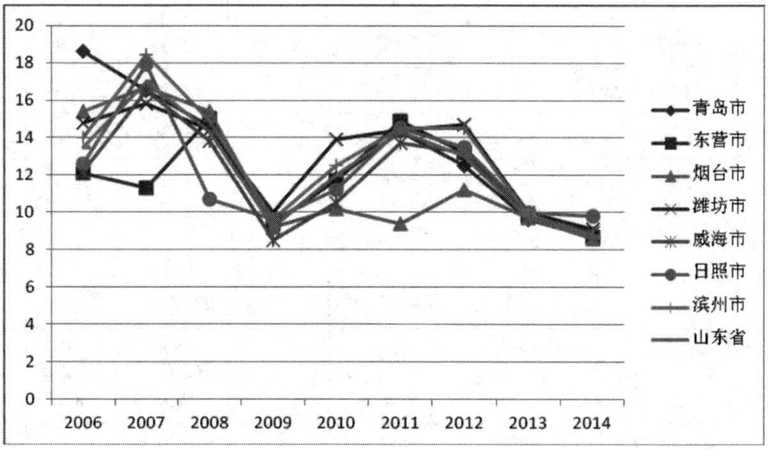

（b）人均可支配收入增长率（%）

数据来源：表 4-4。

图 4-2 2006—2014 年规划主体区各地市城镇居民人均可支配收入情况

（二）农村居民纯收入

2006 年至 2014 年间，山东半岛蓝色经济区规划主体区各地市农村居民人均纯收入都有较大幅度提高，绝大多数地市实现了人均纯收入翻番。以《山东半岛蓝色经济区发展规划》获得批准的 2011 年为界，2011 年山东半岛蓝色经济区规划主体区各地市农村居民人均纯收入实现了较大幅度增长，增长率比获得批准前高得多，2012 年增长率有所下降，跟《规划》批准前差不多,2014 年较 2012 年，又有所下降。表 4–5 和图 4–3 给出了 2006 年至 2014 年规划主体区各地市农村居民人均纯收入情况。

表 4–5 2006—2014 年规划主体区各地市农村居民人均纯收入情况

（a）农村居民人均纯收入（元）

年份	青岛市	东营市	烟台市	潍坊市	威海市	日照市	滨州市	山东省
2006	6546	5157.1	6072	5508	6842	4645	4370	4368
2007	7477	5869	6979	6278	7737	5319	4986	4985
2008	8509	6660	7935	7072	8495	6038	5662	5641
2009	9249	7327	8642	7694	9226	6558	6245	6119
2010	10550	8427	9916	8871.6	10517	7504	7194	6990
2011	12370	10025	11716	10408.9	12334	8756	8744	8342
2012	13990	11489	13298	11796.9	13962	10026	10047	9446
2013	15731	13000	14952	13273	15582	11304	11358	10620
2014	17461	14456	16656	14776	17296	12635	12691	11882

（b）农村居民纯收入增长率（%）

年份	青岛市	东营市	烟台市	潍坊市	威海市	日照市	滨州市	山东省
2006	12.7	12	13.6	9.8	12.5	12.7	14.5	11.1
2007	14.2	13.8	14.9	14	13.1	14.5	14.1	14.1
2008	13.8	13.5	13.7	12.6	9.8	13.5	13.5	13.2
2009	8.7	10	8.9	8.8	8.6	8.6	10.3	8.5
2010	14.1	15	14.8	15.3	14	14.6	15.2	14.2
2011	17.3	19	13.4	17.3	17.3	16.7	21.5	19.3
2012	13.1	14.6	11.5	13.3	13.2	14.5	14.9	13.2
2013	12.4	13.2	12.4	12.5	11.6	12.8	13.1	12.4
2014	11.0	11.2	11.4	11.3	11.0	11.8	11.7	11.2

数据来源：各地市各年度的经济和社会发展统计公报。

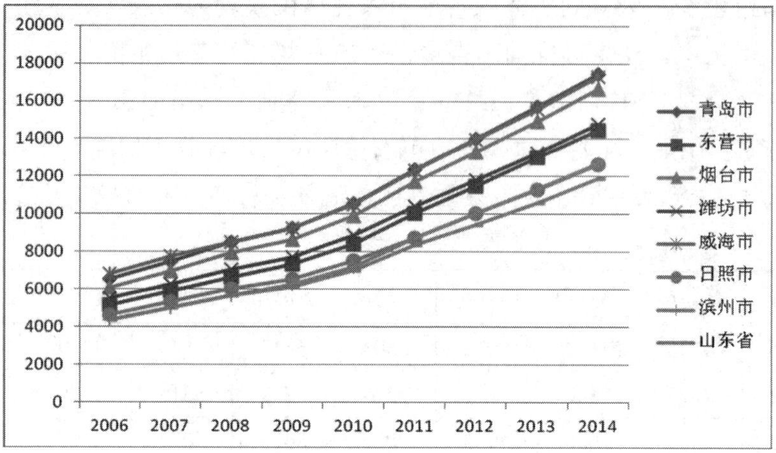

（a）农村居民人均纯收入（元）

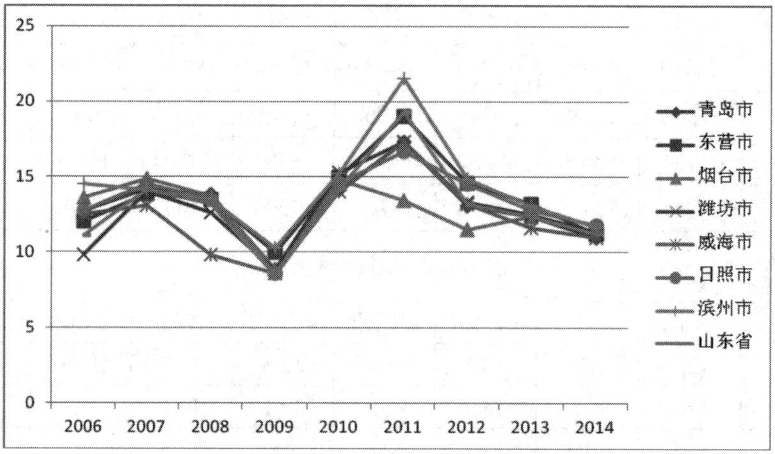

（b）农村居民人均纯收入增长率（%）

数据来源：表 4-5。

图 4-3 2006—2014 年规划主体区各地市农村居民人均纯收入情况

（三）城镇居民消费支出

2006 年至 2014 年间，山东半岛蓝色经济区规划主体区各地市城镇居民人均消费水平都有较大幅度提高。大多数地市 2014 年的人均消费支出是 2006 年的近 2 倍。从人均消费支出增长率来看，大多数地市大多数年份都在 10% 以上，但 2014 年人均消费支出增长率基本都在 10% 以下。以《山东半岛蓝色经济区发展规划》获得批准为界，获得批准的 2011 年人均消费支出增长率较高，超过获得批准前 3 年的增长率，而 2012 年人均消费支出增长率下降，甚至低于获得批准前各年，2014 年较 2012 年又有所上升。表 4-6 和图 4-4 给出了 2006 年至 2014 年间规划主体区各地市城镇居民人均消费支出情况。

表 4-6 2006—2014 年规划主体区各地市城镇居民消费支出情况

（a）城镇居民人均消费支出（元）

年份	青岛市	东营市	烟台市	潍坊市	威海市	日照市	滨州市	山东省
2006	11945	10697.8	10316	8816.3	10505	8897	7989	8468
2007	13376	12397	11829	10800	12007	9223	9161	9667
2008	14999	12416	13152	11575	13521	10119	10815	11007
2009	16080	13599	14537	12484.1	14442	10878	11879	12013
2010	17531	14744	15792	13818.7	15339	12289	13147	13118
2011	19297	17532	18395	15169.6	17002	13781	14808	14564
2012	20391	18001	20315	16100	18549	14458	16008	15778
2013	22060	19569	22006	17482	20127	15901	17202	17112
2014	24016	21925	23529	18810	22549	17425	18583	18323

（b）城镇居民人均消费支出增长率（%）

年份	青岛市	东营市	烟台市	潍坊市	威海市	日照市	滨州市	山东省
2006	20.9	11.2	14.2	15.1	13.1	23.4	13.1	13.6
2007	12	15.9	14.7	22.5	14.3	8	14.7	14.1
2008	12.1	14.2	11.2	7.2	12.6	9.7	18.1	13.9
2009	7.2	9.5	10.5	7.9	6.8	7.5	9.8	9.1
2010	9	8.4	8.6	10.7	6.2	12.9	10.7	9.2
2011	10.1	18.9	11.8	9.8	10.8	12.1	12.6	11
2012	5.7	2.7	8.4	6.1	9.1	4.9	8.1	8.4
2013	8.2	8.7	8.3	8.6	8.5	10	7.5	8.5
2014	8.9	12.0	6.9	7.6	12.0	9.6	8.0	10.1

数据来源：各地市各年度的经济和社会发展统计公报。

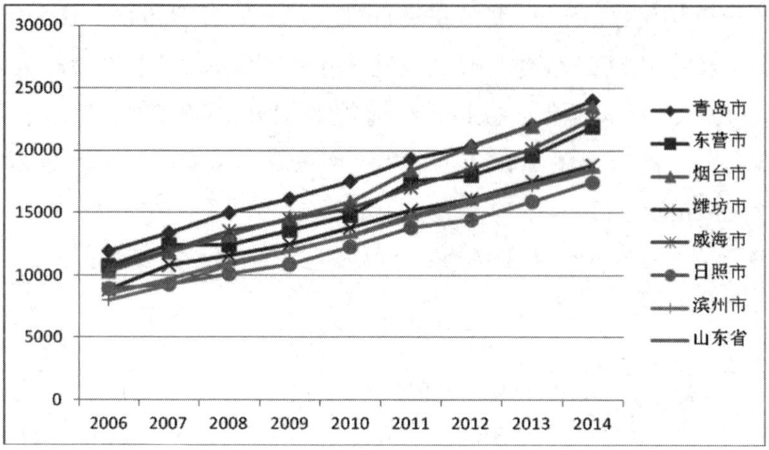

（a）人均消费支出（元）

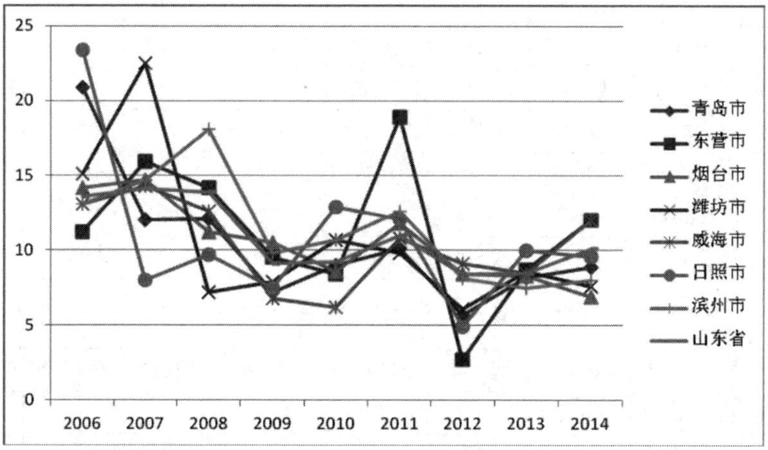

（b）人均消费支出增长率（%）

数据来源：表 4-6。

图 4-4 2006—2013 年规划主体区各地市城镇居民人均消费支出情况

（四）农村居民消费支出

2006 年至 2014 年间，山东半岛蓝色经济区规划主体区各地市农村居民人均消费支出具有较大幅度增长，2014 年的人均消费支出为 2006 年的 2 倍以上。从增长率来看，大多数地市大多数年份人均消费支出增长率都在 10% 以上。以《山东半岛蓝色经济区发展规划》获得批准的 2011 年为界，

2011 年人均消费支出增长率较高，青岛市、东营市、威海市、滨州市均超过规划获得批准前几年，2012 年人均消费支出增长率仍然较高，青岛市、东营市、烟台市、潍坊市、威海市、日照市都在 10% 以上，其中东营市达到了 21.9%。2014 年，除东营市外，其他规划主体区城市的人均消费支出增长率都在 10% 以上。表 4–7 和图 4–5 给出了 2006 年至 2014 年规划主体区各地市农村居民消费支出情况。

表 4–7 2006—2014 年规划主体区各地市农村居民消费支出情况

（a）人均消费支出（元）

年份	青岛市	东营市	烟台市	潍坊市	威海市	日照市	滨州市	山东省
2006	4203	3507	3402	3565	4005	2604	2969	3144
2007	4736	3882	3895	4122	4426	3327	3444	3622
2008	5303	4160	4206	4828	4701	3583	3749	4077
2009	5832	4543	4521	5240	5441	3589	4017	4417
2010	6662	4985	5175	5981.7	5728	4144	4531	4807
2011	7661	5829	5884	6381.6	6823	4352	5968	5901
2012	8653	7102	6603	7487	7547	4896.5	6994	6776
2013	9786	7813	7343	8556	8493	5315	7854	7393
2014	10808	8580	8588	9677	9725	5948	8701	7962

（b）人均消费支出增长率（%）

年份	青岛市	东营市	烟台市	潍坊市	威海市	日照市	滨州市	山东省
2006	12.5	10.5	8.4	12.5	13.1	13	18	14.9
2007	12.7	10.7	14.5	15.6	10.5	27.8	16	15.2
2008	12	7.2	8	17.1	6.2	7.7	8.9	12.6
2009	10	9.2	7.5	8.5	15.8	7.7	7.2	8.3
2010	14.2	9.7	14.5	14.2	5.3	7.4	12.8	8.8
2011	15	16.9	9.1	6.7	19.1	5	31.7	22.7
2012	12.9	21.9	10.2	17.3	10.6	12.5	17.2	14.8
2013	13.1	10	11.2	14.3	12.5	8.5	12.3	9.1
2014	10.4	9.8	16.9	13.1	14.5	11.9	10.8	15.8

数据来源：各地市各年度的经济和社会发展统计公报。

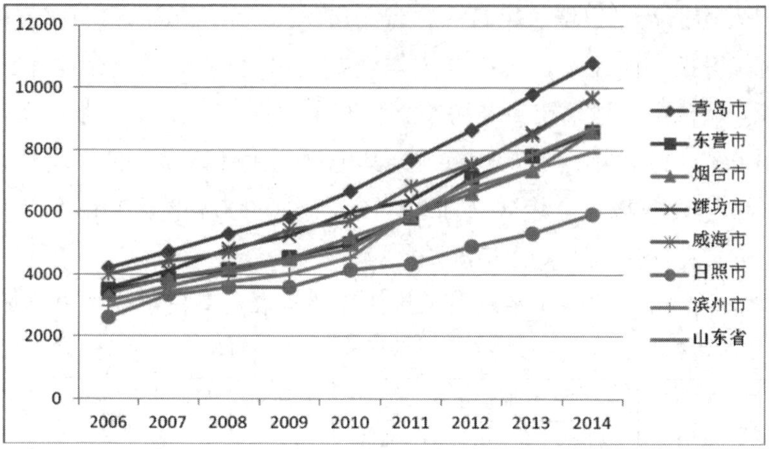

（a）人均消费支出（元）

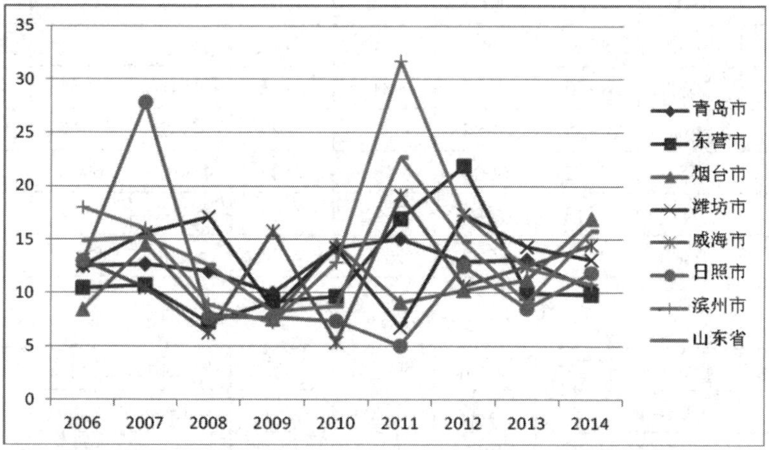

（b）人均消费支出增长率（%）

数据来源：表 4–7。

图 4–5 2006—2014 年规划主体区各地市农村居民消费支出情况

第二节 人民生活情况

一、恩格尔系数

（一）2014 年山东半岛蓝色经济区规划主体区各地市的恩格尔系数

2014 年山东半岛蓝色经济区规划主体区各地市的恩格尔系数基本都为

30% 多。除了未能获得数据的城市外，城镇居民恩格尔系数最高的为青岛市，为 35.7%；农村居民恩格尔系数最高的是烟台市，为 37.46%。表 4-8 给出了各地市城镇和农村的恩格尔系数。

表 4-8 2014 年山东半岛蓝色经济区规划主体区各地市的恩格尔系数（%）

地区名称	城镇	农村
青岛市	35.7	33.8
东营市	29.1	29.4
烟台市	33.84	37.46
潍坊市	–	–
威海市	31.10	33.1
日照市	–	–
滨州市	–	–

数据说明：潍坊市、日照市、滨州市的数据未能找到。

数据来源：各地市经济和社会发展统计公报。

（二）2014 年山东半岛蓝色经济区规划主体区与联动区的恩格尔系数比较

表 4-9 给出了山东半岛蓝色经济区规划联动区各地市的恩格尔系数，全部都在 30% 以上。城镇和农村的恩格尔系数都是济宁市最高，分别为 33.3% 和 37.4%。

表 4-9 2014 年山东半岛蓝色经济区规划联动区各地市的恩格尔系数（%）

地区名称	城镇	农村
济南市	29.7	33.0
淄博市	31.7	34.0
枣庄市	32.80	33.7
济宁市	33.3	37.4
泰安市	–	–
莱芜市	–	–
临沂市	–	–

续前表

地区名称	城镇	农村
德州市	–	–
聊城市	–	–
菏泽市	–	–
山东省	28.9	30.97
全国	35.00	37.70

数据说明：泰安市、莱芜市、临沂市、德州市、聊城市和菏泽市的数据未能找到。

数据来源：各地市经济和社会发展统计公报。

表 4–10 给出了山东半岛蓝色经济区规划主体区及规划联动区各地市恩格尔系数排名[①]。根据恩格尔系数的定义及理论研究，一个国家或地区的人均收入水平越高，恩格尔系数越低。根据联合国粮农组织提出的标准，恩格尔系数低于 30% 为最富裕，30–40% 为富裕，40–50% 为小康，50–59% 为温饱，59% 以上为贫困。恩格尔系数越低表明这个地区越发达。从山东半岛蓝色经济区规划主体区和联动区各地市的恩格尔系数排名看，青岛市的城镇恩格尔系数最高，而青岛市是山东省最发达的城市，却得到了一致认可。从农村的恩格尔系数来看，济宁市的恩格尔系数最高，烟台次之，青岛市位居第 4 位。

表 4–10 2014 年山东半岛蓝色经济区规划主体区及规划联动区各地市的恩格尔系数排名（%）

城镇				农村			
排名	地区名称	恩格尔系数	主体区或联动区	排名	地区名称	恩格尔系数	主体区或联动区
1	青岛市	35.7	主体区	1	烟台市	37.46	主体区
2	烟台市	33.84	主体区	2	济宁市	37.4	联动区
3	济宁市	33.3	联动区	3	淄博市	34	联动区

① 各地市的恩格尔系数与城镇居民的人均可支配收入或农村居民的人均纯收入都不完全一致，这里提供的数据排名意义受到质疑。中国有许多学者认为，恩格尔系数变化的规律不适合中国，因为并非越发达的地区恩格尔系数越低。

续前表

城镇				农村			
排名	地区名称	恩格尔系数	主体区或联动区	排名	地区名称	恩格尔系数	主体区或联动区
4	枣庄市	32.8	联动区	4	青岛市	33.8	主体区
5	淄博市	31.7	联动区	5	枣庄市	33.7	联动区
6	威海市	31.1	主体区	6	威海市	33.1	主体区
7	济南市	29.7	联动区	7	济南市	33	联动区
8	东营市	29.1	主体区	8	东营市	29.4	主体区
	莱芜市	–	联动区		聊城市	–	联动区
	聊城市	–	联动区		泰安市	–	联动区
	泰安市	–	联动区		莱芜市	–	联动区
	潍坊市	–	主体区		潍坊市	–	主体区
	滨州市	–	主体区		滨州市	–	主体区
	日照市	–	主体区		日照市	–	主体区
	临沂市	–	联动区		临沂市	–	联动区
	德州市	–	联动区		德州市	–	联动区
	菏泽市	–	联动区		菏泽市	–	联动区
山东省		28.9			山东省	30.97	
全国		35.00			全国	37.70	

说明：数据缺失的地市不进行排名。
数据来源：表 4–8 和表 4–9。

（三）2006 年至 2014 年规划主体区各地市恩格尔系数的变化情况

2006 年至 2014 年间山东半岛蓝色经济区规划主体区各地市的恩格尔系数都有所变化，但是变化幅度不大。青岛市、烟台市、潍坊市的城镇恩格尔系数基本没有变化，而农村恩格尔系数均下降；东营市城镇恩格尔系数都有所上升，农村恩格尔系数有所下降；威海市和滨州市城镇和农村的恩格尔系数均有所下降。虽然，总体上一个地区的恩格尔系数会随着人均收入水平的不断提高而不断下降，但是在山东半岛蓝色经济区规划主体区各地市 2006 年至 2014 年的恩格尔系数并没有呈现这种规律。表 4–11 给出了 2006 年至 2014 年间山东半岛蓝色经济区规划主体区各地市的恩格尔系数。

表 4-11 2006—2014 年间山东半岛蓝色经济区规划主体区各地市恩格尔系数（%）

年份	青岛市		东营市		烟台市		潍坊市		威海市		日照市		滨州市		山东省	
	城镇	农村	城镇	农村	城镇	农村	城镇	农村	城镇	农村	城镇	农村	城镇	农村	城镇	农村
2006	36.4	36.6	25.3	31.7	34.7	37.44	–	–	–	–	–	–	30.7	30.9	32.0	37.9
2007	37.0	37.2	27.3	36.9	33.4	37.06	–	–	–	–	–	–	30.5	31.1	32.9	37.8
2008	37.4	37.7	29.0	38.0	36.12	39.78	–	–	28.07	35.84	–	–	31.4	31.4	33.6	38.1
2009	38.5	36.4	30.0	35.1	36.0	38.15	–	–	28.46	33.6	–	–	29.6	31.3	32.9	36.6
2010	37.4	35.5	28.4	34.8	32.4	38.3	–	–	28.79	35.96	–	–	28.8	–	32.1	37.5
2011	37.5	36.6	29.1	35.2	33.7	39.60	30.6	32.9	32.03	36.53	30.4	–	28.9	31.5	33.2	35.7
2012	36.5	36.2	32.5	33.1	34.1	39.29	30.4	31.5	32.3	34.9	–	–	28.6	29.9	33.0	34.3
2013	36.5	34.9	33.2	30.9	34	37.93	30.3	29.3	31.5	34.3	–	–	28.2	28.7	30.6	33.9
2014	35.7	33.8	29.1	29.4	33.84	37.46	–	–	31.1	33.1	–	–	–	–	28.9	30.97

数据来源：各地市各年的经济和社会发展统计公报。

二、人均住房面积

（一）2014 年规划主体区各地市的人均住房面积

截止到 2014 年，山东半岛蓝色经济区规划主体区各地市城镇人均住房面积最低的为烟台市，为 34.2 平方米，最高的为潍坊市，达到 34.7 平方米；在农村，人均住房面积最高的为东营市，达到 40.0 平方米，最低为烟台市，为 37.74 平方米。表 4–12 给出了 2014 年规划主体区各地市的城镇和农村的人均住房面积。

表 4–12 2014 年山东半岛蓝色经济区规划主体区各地市的人均住房面积

地区名称	城镇（平方米）	农村（平方米）
青岛市	–	–
东营市	34.2	40.0
烟台市	33.7	37.74
潍坊市	34.70	38.0
威海市	–	–
日照市	–	–
滨州市	–	–

数据说明：青岛市、威海市、日照市、滨州市的数据未能找到。
数据来源：各地市经济和社会发展统计公报。

（二）2014 年规划主体区和规划联动区人均住房面积比较

表 4–13 给出了 2014 年山东半岛蓝色经济区规划联动区各地市人均住房面积的情况。城镇人均住房面积最高的地市为淄博市，达到了 36.4 平方米；农村人均住房面积最高的地市也为淄博市，达到 39.5 平方米。

表 4-13 2014 年山东半岛蓝色经济区规划联动区各地市的人均住房面积

地区名称	城镇（平方米）	农村（平方米）
济南市	–	–
淄博市	36.40	39.50
枣庄市	–	–
济宁市	28.34	31.69
泰安市	–	–
莱芜市	–	–
临沂市	27.90	34.50
德州市	–	–
聊城市	–	–
菏泽市	–	–
山东省	37.3	40.2
全国	–	–

数据说明：济南市、枣庄市、泰安市、莱芜市、德州市、聊城市、菏泽市和全国的数据未能找到。
数据来源：各地市经济和社会发展统计公报。

表 4-14 给出了 2014 年山东半岛蓝色经济区规划主体区和联动区人均住房面积的排名情况。从城镇人均住房面积来看，淄博市排名第 1；从农村人均住房面积来看，东营市排名第 1。就城镇人均住房面积来讲，规划主体区的潍坊市、东营市和烟台市人均住房面积分别排名第 2、3、4 位；就农村人均住房面积来说，规划主体区的东营市排名第 1 位。总体来讲，规划主体区和规划联动区在人均住房面积方面并没有明显的差别。

表 4-14 2014 年山东半岛蓝色经济区规划主体区和联动区各地市人均住房面积排名

排名	地区名称	城镇（平方米）	主体区还是联动区	排名	地区名称	农村（平方米）	主体区还是联动区
1	淄博市	36.4	联动区	1	东营市	40	主体区
2	潍坊市	34.7	主体区	2	淄博市	39.5	联动区
3	东营市	34.2	主体区	3	潍坊市	38	主体区

续前表

排名	地区名称	城镇（平方米）	主体区还是联动区	排名	地区名称	农村（平方米）	主体区还是联动区
4	烟台市	33.7	主体区	4	烟台市	37.74	主体区
5	济宁市	28.34	联动区	5	临沂市	34.5	联动区
6	临沂市	27.9	联动区	6	济宁市	31.69	联动区
	莱芜市	–	联动区		青岛市	–	主体区
	滨州市	–	主体区		日照市	–	主体区
	日照市	–	主体区		莱芜市	–	联动区
	聊城市	–	联动区		聊城市	–	联动区
	德州市	–	联动区		滨州市	–	主体区
	青岛市	–	主体区		威海市	–	主体区
	威海市	–	主体区		济南市	–	联动区
	济南市	–	联动区		枣庄市	–	联动区
	枣庄市	–	联动区		泰安市	–	联动区
	泰安市	–	联动区		德州市	–	联动区
	菏泽市	–	联动区		菏泽市	–	联动区
山东省		37.3			山东省	40.2	
全国		–			全国	–	

说明：数据缺失的地市不参与排名。

数据来源：表 4–12 和表 4–13。

（三）2006—2014 年规划主体区各地市人均住房面积变化情况

2006 年至 2014 年间，规划主体区各地市人均住房面积均有较大幅度提高，无论是城镇还是农村。各地市的增长幅度存在较大差别。其中，除青岛市外，其他地市的城镇人均住房面积增加幅度较大，均在 30% 以上；除烟台市外，其他地市的农村人均住房面积增加幅度均在 30% 以上。以《山东半岛蓝色经济区发展规划》获得批准的 2011 年为界，2011 年和 2012 年人均住房面积增加的幅度与之前年份增加的幅度相比，并没有明显上升。表 4–15 给出了 2006 年至 2014 年间规划主体区各地市人均住房面积的变化情况。

表 4-15 2006——2013 年间规划主体区各地市人均住房面积变化情况

单位：平方米

年份	青岛市		东营市		烟台市		潍坊市		威海市		日照市		滨州市		山东省	
	城镇	农村	城镇	农村	城镇	农村	城镇	农村	城镇	农村	城镇	农村	城镇	农村	城镇	农村
2006	22.73	30.82	23.1	30.5	25.63	27.31	–	–	18.31	34.47	23.08	35	22.65	–	29.3	30.7
2007	23.7	30.95	24.9	32.2	26.43	27.82	–	–	18.79	33.95	29.5	39	23.07	–	29.8	31.7
2008	26.8	30.7	32.9	33.5	27.72	28.07	–	–	19.71	36.23	30.25	38	34.3	–	31.4	33
2009	26.71	31.39	33.04	33.8	28.89	32.65	33	36.7	20.98	37.71	30.64	39	34.7	36.6	31.8	34.2
2010	27.42	32.06	33.24	34.1	29.38	35.4	34	38.1	21.97	39.81	30.31	37	34.9	36.55	32.1	34.7
2011	27.67	32.6	36.68	36.33	29.9	33.7	34.9	36.5	22.06	38.78	30.64	35.12	36.8	44.1	33.2	36.3
2012	27.86	33.2	37.13	37.46	30.07	34.59	35.0	36.8	22.31	39.63	36.1 4	36.63	–	–	33.4	38.4
2013	29.1	33.5	37.31	39.4	29.94	35.84	34.7	38.2	–	–	37.14	43.49	38	45.1	–	–
2014	–	–	34.2	40.0	33.70	37.74	34.7	38.0	–	–	–	–	–	–	37.3	40.2

数据来源：各地市各年的经济和社会发展统计公报。

三、登记失业率

（一）2014 年规划主体区各地市的城镇登记失业率

2014 年，山东半岛蓝色经济区规划主体区各地市城镇登记失业率在 1.5% 到 3.0% 之间，最低的地市为威海市，仅为 1.52%；最高的为烟台市，为 3.22%。表 4–16 给出了规划主体区各地市的城镇登记失业率。

表 4–16 2014 年规划主体区各地市的城镇登记失业率（%）

地区名称	登记失业率
青岛市	2.97
东营市	2.0
烟台市	3.22
潍坊市	2.98
威海市	1.52
日照市	2.01
滨州市	2.21

数据来源：各地市经济和社会发展统计公报。

（二）2014 年规划主体区与联动区各地市城镇登记失业率比较

表 4–17 给出了山东半岛蓝色经济区规划联动区各地市的城镇登记失业率，最高的为菏泽市，达到了 3.14%，最低的为临沂市，为 1.7%。

表 4–17 2014 年规划联动区各地市的城镇登记失业率（%）

地区名称	登记失业率
济南市	2.24
淄博市	2.7
枣庄市	2.41
济宁市	3.0
泰安市	2.27

续前表

地区名称	登记失业率
莱芜市	2.2
临沂市	1.7
德州市	2.85
聊城市	2.94
菏泽市	3.14
山东省	3.30
全国	4.09

数据来源：各地市经济和社会发展统计公报。

表 4-18 给出了山东半岛蓝色经济区规划主体区与联动区的城镇登记失业率排名，总体上看，规划主体区各地市的城镇登记失业率低于规划联动区各地市。在排名前 5 位的地市中，规划主体区有 3 个，分别是威海市、东营市和日照市，而规划联动区有 2 个，是临沂市和莱芜市。这至少在一定程度上表明，在城镇登记失业率方面，规划主体区各地市低于规划联动区。

表 4-18 2014 年规划主体区与联动区各地市的城镇登记失业率排名

排名	地区名称	登记失业率（%）	主体区或联动区
1	威海市	1.52	主体区
2	临沂市	1.7	联动区
3	东营市	2	主体区
4	日照市	2.01	主体区
5	莱芜市	2.2	联动区
6	滨州市	2.21	主体区
7	济南市	2.24	联动区

续前表

排名	地区名称	登记失业率（%）	主体区或联动区
8	泰安市	2.27	联动区
9	枣庄市	2.41	联动区
10	淄博市	2.7	联动区
11	德州市	2.85	联动区
12	聊城市	2.94	联动区
13	青岛市	2.97	主体区
14	潍坊市	2.98	主体区
15	济宁市	3	联动区
16	菏泽市	3.14	联动区
17	烟台市	3.22	主体区
山东省		3.30	
全国		4.09	

数据来源：表 4–16 和表 4–17。

（三）2006 年至 2014 年间规划主体区各地市城镇登记失业率情况

表 4–19 给出了规划主体区各地市 2006 年至 2014 年间城镇登记失业率的情况。总体上看，除了日照市从 2006 年至 2014 年间城镇登记失业率不断下降外，其他地市的城镇登记失业率没有明显变化，滨州市的城镇登记失业率先不断上升，2014 年则大幅下降。这表明，《山东半岛蓝色经济区发展规划》对规划主体区各地市的城镇登记失业率基本上没有影响。

表 4–19　2006——2014 年间规划主体区各地市城镇登记失业率（%）

年份	青岛市	东营市	烟台市	潍坊市	威海市	日照市	滨州市	山东省
2006	2.96	1.93	3.11	3.12	1.6	3.2	2.9	3.3
2007	2.73	1.88	3.06	3.12	1.5	3.09	3.0	3.21

续前表

年份	青岛市	东营市	烟台市	潍坊市	威海市	日照市	滨州市	山东省
2008	3.01	1.88	3.1	3.2	1.55	2.9	–	3.5
2009	2.81	1.87	3.3	3.28	1.56	2.85	3.14	3.4
2010	2.92	1.86	3.25	3.17	1.53	2.5	3.17	3.36
2011	2.95	1.86	3.25	3.13	1.51	2.27	3.22	3.35
2012	2.93	1.86	3.25	3.1	1.51	2.4	–	3.33
2013	2.98	1.97	3.25	2.98	1.52	2.31	2.2	3.24
2014	2.97	2.0	3.22	2.98	1.52	2.01	2.21	3.30

数据来源：各地市各年度的经济和社会发展统计公报。

第三节 科技发展情况

一、2014 年规划主体区各地市的专利申请和授权专利数量

采用专利申请和授权专利数量来表示科技发展情况。2014 年，山东半岛蓝色经济区规划主体区各地市专利申请和授权专利数量都比较多。申请专利数量最多的为青岛市，专利申请达到了 32901 件。表 4-20 给出了规划主体区各地市的专利申请和授权专利量。

表 4-20 2014 年规划主体区各地市专利申请量与授权专利量 单位：件

地区名称	专利申请量	授权专利量
青岛市	32901	–
东营市	4219	3058
烟台市	–	–
潍坊市	13711	8435
威海市	6241	2833
日照市	–	–
滨州市	3434	2399

数据来源：各地市的经济和社会发展统计公报。

二、2014 年规划主体区与联动区各地市的专利申请和授权专利数量比较

表 4-21 给出了 2014 年规划联动区各地市的专利申请和授权专利数量；表 4-22 给出了 2014 年规划主体区与规划联动区各地市专利申请和授权专利数量的排名情况。就专利申请量来看，规划主体区的青岛市、潍坊市和威海市分别排在第 1、3、4 位；就专利授权量来看，规划主体区的潍坊市、东营市、威海市和滨州市分别排在第 2、3、4、5 位。规划联动区的济南市在专利申请量上排名第 2 位，在授权专利量上排名第 1 位。结果表明，规划主体区与规划联动区在专利申请和授权专利方面并没有太大差别。

表 4-21 2014 年规划联动区各地市专利申请和授权专利量 单位：件

地区名称	专利申请量	授权专利量
济南市	23511	11701
淄博市	3864	677
枣庄市	3036	1665
济宁市	–	–
泰安市	–	–
莱芜市	438	175
临沂市	–	–
德州市	–	–
聊城市	–	–
菏泽市	3836	104
山东省	159000	73000

数据来源：各地市的经济和社会发展统计公报。

表 4-22 2014 年规划主体区与联动区各地市专利申请量与授权专利量排名

排名	地区名称	专利申请量（件）	主体区或联动区	排名	地区名称	授权专利量（件）	主体区或联动区
1	青岛市	32901	主体区	1	济南市	11701	联动区
2	济南市	23511	联动区	2	潍坊市	8435	主体区
3	潍坊市	13711	主体区	3	东营市	3058	主体区
4	威海市	6241	主体区	4	威海市	2833	主体区
5	东营市	4219	主体区	5	滨州市	2399	主体区
6	淄博市	3864	联动区	6	枣庄市	1665	联动区
7	菏泽市	3836	联动区	7	淄博市	677	联动区
8	滨州市	3434	主体区	8	莱芜市	175	联动区
9	枣庄市	3036	联动区	9	菏泽市	104	联动区
10	莱芜市	438	联动区		临沂市	–	联动区
	临沂市	–	联动区		德州市	–	联动区
	德州市	–	联动区		聊城市	–	联动区
	聊城市	–	联动区		青岛市	–	主体区
	烟台市	–	主体区		烟台市	–	主体区
	泰安市	–	联动区		济宁市	–	联动区
	济宁市	–	联动区		泰安市	–	联动区
	日照市	–	主体区		日照市	–	主体区
山东省		159000		山东省		73000	

说明：数据缺失的地级市不参加排名。

数据来源：各地市的经济和社会发展统计公报。

三、2006 年至 2014 年规划主体区各地市专利申请和授权专利数量情况

2006 年至 2014 年间，规划主体区各地市专利申请和授权专利数量不断增加，滨州市专利申请量增加了 9 倍多；青岛市增加了 4 倍多，威海市增加了 3 倍多。从专利授权量来看，威海市增加了 4 倍多，滨州市增加了 13 倍多。以《山东半岛蓝色经济区发展规划》获得批准的 2011 年为界，2011 年和 2012 年专利申请量和专利授权量都有稳步增加。就专利申请量

来看，青岛市增加幅度最大，尤其是 2012 年相对于 2011 年；滨州市增加幅度也比较大。就专利批准量来看，青岛市也有较大幅度增加，特别是 2011 年和 2012 年相对于 2010 年之前各年份。不过，其他地市的专利申请量和授权专利量并没有因为《山东半岛蓝色经济区发展规划》获得批准而大幅度增加。表 4-23 给出了山东半岛蓝色经济区规划主体区各地市 2006 年至 2014 年间的专利申请和授权专利量。

表 4-23 2006—2014 年间规划主体区各地市专利申请和授权专利情况

年份	青岛市		东营市		烟台市		潍坊市		威海市		日照市		滨州市		山东省	
	专利申请量	授权专利量	专利申请量	授权专利量	专利申请量	授权专利量	专利申请量	授权专利量	专利申请量	授权专利量	专利申请量	授权专利量	专利申请量	授权专利量	专利申请量	授权专利量
2006	7831	3124	2312	1048	3310	1060	–	–	1616	755	630	231	437	222	38284	15937
2007	7016	3595	2596	1841	4516	1714	3895	2089	1913	1181	946	469	642	330	46849	22821
2008	8250	3309	2944	1836	5435	2249	4858	2586	2924	1079	1072	734	941	460	60000	27000
2009	8754	4432	2520	2164	6467	2807	5458	3546	3829	1576	1027	827	1032	707	67000	35000
2010	10735	6796	2050	2017	7653	–	6520	4797	4224	3071	2107	1290	2124	1380	81000	51000
2011	19816	9149	2776	1874	10137	–	8582	4923	4603	2627	2541	1840	3656	2512	110000	59000
2012	27009	12689	3434	2576	9571	5801	11115	7386	4982	2990	2157	1638	–	–	129000	76000
2013	32901	–	–	–	–	–	15582	8186	5296	3075	–	–	4183	2931	155000	77000
2014	32901	–	4219	3058	–	–	13711	8435	6241	2833	–	–	3434	2399	159000	73000

数据来源：各地市各年的经济和社会发展统计公报。

第四节 山东半岛蓝色经济区规划主体区人民生活和科技发展情况总结

在对山东半岛蓝色经济区规划主体区各地市人民生活和科技发展等情况进行统计分析之后，可以得出一些总结性判断。

第一，人均收入稳步提高，各地市人均收入水平差别较大。

2014 年，山东半岛蓝色经济区规划主体区各地市人均收入都有较大幅度提高，增长幅度都在 8.5% 以上。城镇居民可支配收入增长率最高的临沂市和菏泽市达到 10% 左右，增长率最低的烟台市为 8.6%；农村居民纯收入增长率最高的菏泽市达到 12.1%，增长率最低的是青岛市和威海市，为 11.0%。但是，各地市的人均收入水平差别比较大。城镇居民可支配收入最高的济南市，达到 38762.8 元，而最低的菏泽市为 23344 元，高出 15000 多元；农村居民纯收入最高的青岛市，达到 17461 元，最低的菏泽市为 10436 元，高出 7000 多元。

对规划主体区与规划联动区的比较来看，规划主体区各地市的人均收入水平总体上高于规划联动区。城镇居民人均可支配收入排名前 5 位的地市，有 4 个在规划主体区；农村居民人均纯收入排名前 5 位的地市，有 4 个在规划主体区。但是从城镇居民人均可支配收入和农村居民人均纯收入增长率来看，规划主体区并没有明显高于规划联动区各地市，甚至还低于规划联动区各地市。

2006 年到 2014 年间，山东半岛蓝色经济区规划主体区大多数地市城镇居民人均可支配收入和农村居民人均纯收入都实现了翻番或翻了一番以上。在《山东半岛蓝色经济区发展规划》获得批准后的 2011 年，大多数地市城镇居民人均可支配收入和农村居民人均纯收入增长率有较大幅度提高，但是 2012 年有所下降。

第二，人均消费支出都有所增长，消费支出水平和增长幅度都差别较大，城乡差别较大。

2014 年，山东半岛蓝色经济区各地市的人均消费支出都有所增长，各地市由于经济发展水平等差别，消费支出水平和消费支出增长率差别较大。城镇居民人均消费支出最高的青岛市达到24016元，而最低的菏泽市为14930元；农村居民人均消费支出最高的青岛市为10808元，最低的菏泽市为5783元。从城乡差别来看，同样是人均消费支出最高的青岛市，城镇人均消费支出为农村人均消费支出的2.25倍；最低的日照市城镇人均消费支出为农村人均消费支出的3倍。这说明，不论是各地市城乡人均消费支出还是各地市间的人均消费支出都存在较大差别。

对规划主体区与规划联动区比较来看，由于规划主体区各地市的经济发展总体上高于规划联动区，规划主体区各地市的人均消费支出水平总体上高于规划联动区。但是，无论是城镇居民还是农村居民，规划主体区的人均消费支出增长率并没有明显高于规划联动区各地市的人均消费支出增长率。

2006年到2014年间，各地市的人均消费支出都有较大幅度增长，基本上都翻了一番。在《山东半岛蓝色经济区发展规划》获得批准之后，各地市城镇居民的人均消费支出增长率并没有大幅度提高，反而还有所下降；但是各地市农村居民的人均消费支出增长率有一定提高，高于批准前几年。

第三，恩格尔系数变化不大，农村居民恩格尔系数普遍高于城镇居民。

城镇居民恩格尔系数最高的为青岛市，为35.7%；农村居民恩格尔系数最高的为烟台市，为37.46%。就各地市城镇居民和农村居民的恩格尔系数比较来看，除青岛市、东营市和潍坊市外，城镇居民普遍低于农村居民。

对规划主体区和规划联动区的比较来看，规划主体区虽然经济发展水平普遍高于规划联动区各地市，但是规划主体区各地市的恩格尔系数并没有明显低于规划联动区，就城镇居民恩格尔系数来说，反而是经济发展水平最高的青岛市最高；就农村恩格尔系数来说，规划主体区并没有明显低于规划联动区。

从2006年到2014年间，山东半岛蓝色经济区规划主体区各地市的恩格尔系数都有所变化，但是变化幅度不大。青岛市、烟台市、潍坊市的城镇恩格尔系数基本没有变化，而农村恩格尔系数均下降；东营市城镇恩格尔系数都有所上升，农村有所下降；威海市和滨州市城镇和农村的恩格尔系数均有所下降。

第四，人均住房面积不断提高，各地市差别较大。

各地市人均住房面积都不断提高，2014 年，城镇居民人均住房面积最高的淄博市，达到 36.4 平方米，最低的临沂市仅为 27.9 平方米；农村居民人均住房面积最高的是东营市，为 40.0 平方米，最低的济宁市为 31.69 平方米。

对规划主体区与联动区的比较来看，规划主体区与规划联动区并没有明显的差别。从 2006 年到 2014 年间，规划主体区各地市人均住房面积不断提高，在《山东半岛蓝色经济区发展规划》获得批准之后，规划主体区人均住房面积增加的幅度并没有显著提高。

第五，登记失业率基本稳定，各地市有差别但差别不大。

2014 年，各地市城镇登记失业率并没有明显变化，各地市有所差别，最高的烟台市为 3.22%，最低的威海市为 1.52%。规划主体区各地市城镇登记失业率总体上低于规划联动区，但是也有一些地市城镇登记失业率与规划联动区地市差不多，没有明显差别。从 2006 年到 2014 年间，各地市城镇登记失业率变化不大。在《山东半岛蓝色经济区发展规划》获得批准之后，各地市的城镇登记失业率没有明显变化，甚至与《规划》获得批准之前一样。

第六，科技发展迅速，各地市不平衡。

以专利申请和授权专利来衡量各地市的科技发展情况。2014 年各地市科技发展迅速，专利申请量和授权专利量都达到了非常高的水平。专利申请最多的青岛市，达到 32000 多件，专利申请最少的枣庄市也达到 3000 多件，授权专利达到 1660 多件。

从规划主体区与规划联动区的比较来看，规划主体区各地市的专利申请量和授权专利量总体上高于规划联动区各地市。专利申请量排名前 5 位的地市有 3 个在规划主体区，有 2 个在规划联动区；授权专利量排名前 5 位的地市有 4 个在规划主体区，有 2 个在规划联动区。

在《山东半岛蓝色经济区发展规划》获得批准之后，各地市的专利申请量和专利授权量都有稳步增加，但是各地市增加数量差别较大。青岛市和滨州市在《规划》获批之后，增加的幅度明显提高，但是其他地市没有因为《规划》获批而大幅度增加。

/第五章/

《中韩自由贸易协定》与山东半岛蓝色经济区建设[*]

李增刚[**]

2015年6月1日，《中韩自由贸易协定》正式签署，这标志着中韩经贸关系将迈上新台阶，达到新高度。《中韩自由贸易协定》除序言外共22个章节，涉及到货物贸易、服务贸易、金融服务、电信、自然人移动、投资、电子商务、竞争、知识产权、环境与贸易、经济合作等多个领域。比如，就货物贸易而言，中韩自由贸易区建成后，关税将大幅度降低，韩国自我国进口的92%的产品将对我国实现零关税，覆盖自我国进口金额的91%；我国自韩国进口的91%的产品也将对韩国实现零关税，覆盖自韩国进口金额的85%。这将会极大地推动两国贸易向纵深发展。

山东省与韩国隔海相望，是中国离韩国最近的省份。在中韩1992年建交之前，山东省就已经与韩国开展经贸往来，在中韩建交之后，山东省与韩国之间的经贸往来更是不断加深。2013年，韩国是山东省的第二大贸易对象国、第二大外商直接投资来源国、第一大国外游客来源国，这表明韩国对山东省的经济发展起着重要的作用。《中韩自由贸易协定》的签署，中韩自由贸易区的建设，必将对山东省的经济社会发展产生重要影响，带来重大机

* 本章的研究还得到国家社科基金一般项目“双层博弈框架下的国际经济关系研究”（批准号：12BJL051）、山东大学人文社科重大研究项目“海洋产权、海洋主权与维护我国海洋权益研究”（批准号：12RWZD13）的资助。特此致谢！

** 李增刚，经济学博士，山东大学经济研究院教授。

遇。从山东省的威海市来看，《中韩自由贸易协定》将山东省威海市和韩国仁川自由贸易区确定为地方经济合作示范区，首次在自贸协定中涉及地方经济合作，这将对威海市的经济社会发展产生重要影响，带来重大机遇。因此，我们需要深入研究《中韩自由贸易协定》对山东省、山东半岛蓝色经济区的经济社会发展的影响和机遇，从不同层次提出应对战略。

第一节 《中韩自由贸易协定》的谈判、签署与核心内容

中国与韩国于 1992 年 8 月 24 日建交之后，各领域关系发展迅速。1998 年建立面向 21 世纪的中韩合作伙伴关系，2003 年建立全面合作伙伴关系，2008 年 5 月建立战略合作伙伴关系；2014 年 7 月双方宣布中韩努力成为实现共同发展的伙伴、致力地区和平的伙伴、携手振兴亚洲的伙伴、促进世界繁荣的伙伴①。

一、《中韩自由贸易协定》的谈判和签署

中国与韩国之间的自贸区研究和谈判可以分为三个阶段②：第一阶段是民间研究，第二阶段是政府主导的官产学联合研究，第三阶段是自由贸易区协定谈判。2004 年中韩自贸区的民间研究启动。2006 年 11 月，中韩自贸区政府主导的官产学联合研究启动。2007 年 3 月 22 日至 23 日中韩自贸区官产学联合研究第一次会议在北京举行；之后，中韩双方于 2007 年和 2008 年又举行了 4 次官产学联合研究会议。2010 年 5 月 28 日，中韩双方宣布结束中韩自贸区官产学联合研究。2012 年 5 月 2 日，中国和韩国共同发表《部长联合声明》，共同宣布启动中韩自贸协定谈判。从 2012 年 5 月首轮谈判到 2014 年 11 月份结束实质性谈判，中韩双方共进行了 14 轮谈判。2014 年 11 月，中韩签署了结束中韩自贸区实质性谈判的会议纪要，标志着中韩自贸区协定实质性谈判结束。2015 年 2 月，中韩双方完成中韩自贸协定全部文本的草签，对协定内容进行了确认。至此，中韩自贸区谈判全部完成。2015 年 6 月 1 日，中国商务部部长高虎城和韩国产业通商资源部长官尹相直在韩国首尔分别代表两国政府正式签署《中华人民共和国

① http://www.fmprc.gov.cn/mfa_chn/gjhdq_603914/gj_603916/yz_603918/1206_604234/
② 根据商务部中国自由贸易区服务网“中国－韩国”中的相关内容整理。

政府和大韩民国政府自由贸易协定》。预计很快在两国分别履行完国内程序后生效。

中国是韩国最大的贸易伙伴国，韩国是中国的第三大贸易伙伴国。中国虽然在与韩国签署自由贸易协定之前已经与东盟、巴基斯坦、智利、新西兰、新加坡、秘鲁、哥斯达黎加、冰岛、瑞士等国家或地区签署了自由贸易协定，但是这些国家与中国的贸易比起韩国与中国的贸易来少得多。韩国在与中国签署自由贸易协定之前也与欧盟、美国、东盟、新加坡、印度、智利、欧洲自由贸易联盟、秘鲁等签署自由贸易协定，但是中国仍然是韩国最大的贸易对象。所以，《中韩自由贸易协定》无论对中国还是对韩国都是本国对外签署的涉及国别贸易额最大的自贸协定。

二、《中韩自由贸易协定》的主要内容

《中韩自由贸易协定》涵盖范围广、开放水平高、自由化程度高，真正实现了两国领导人所提出的中韩自由贸易区“应是一个包涵实质性自由化和广泛领域的高水平、全面的自贸协定”的目标。它涉及到货物贸易、服务贸易、投资、金融、电信、环境、电子商务等17个领域，远超出已有自由贸易协定的只涉及货物贸易、服务贸易和投资三个主要领域。

在货物贸易方面，中国和韩国经过最长20年的过渡期对从对方进口的大部分货物将取消关税或大幅度降低关税。就降税的具体安排来讲，中韩自贸区建成后，韩国自我国进口的92%的产品将对我国实行零关税，覆盖自我国进口额的91%；我国自韩国进口的91%的产品将对韩国实行零关税，覆盖自韩国进口额的85%。这意味着中国和韩国基本上对对方完全开放市场，对中国和韩国生产的绝大多数产品将在对方国家市场与本国市场上价格无差异，对双方都扩大了市场的范围。按照双方达成的协议，对从双方进口的原产地货物的关税减让或取消分为19种情况，包括双方减让表中都有的10种情况、只有中方减让表（附件2—B）中有的5种情况和只有韩方减让表（附件2—A）中有的4种情况①。双方减让表中都有的10种减让情况分别是:（1)协定生效之日起免除关税(降税分类②标记为“0”）;

① 见《中韩自由贸易协定》第二章“国民待遇和货物市场准入”。
② 降税分类见《中韩自由贸易协定》附件2-A韩方关税减让表和附件2-B中方关税减让表。

（2）5 年内等比减让，5 年后的第一天取消（降税分类标记为“5”）；（3）10 年内等比削减，10 年后的第一天取消（降税分类标记为“10”）；（4）第 1 至 8 年保持基准税率，第 9 年和第 10 年分两年等比削减，10 年后的第一天取消（降税分类标记为“10-A”）；（5）15 年内等比削减，15 年后的第一天取消（降税分类标记为“15”）；（6）20 年内等比削减，20 年后的第一天取消（降税分类标记为“20”）；（7）5 年内等比削减基准税率的 10%，5 年后的第一天开始保持基准税率的 90%（降税分类标记为“PR-10”）；（8）5 年内等比削减基准税率的 20%，5 年后的第一天开始保持基准税率的 80%（降税分类标记为“PR-20”）；（9）5 年内等比削减基准税率的 30%，5 年后的第一天开始保持基准税率的 70%（降税分类标记为“PR-30”）；（10）保持基准税率（降税分类标记为“E”）。只有中方减让表中有的 5 种情况分别是：（1）第 1 至 10 年保持基准税率，从第 11 年开始连续 5 年等比削减，15 年后的第一天取消（降税分类标记为“15-A”）；（2）5 年内等比削减基准税率的 8%，5 年后的第一天开始保持基准税率的 92%（降税分类标记为“PR-8”）；（3）5 年内等比削减基准税率的 15%，5 年后的第一天开始保持基准税率的 85%（降税分类标记为“PR-15”）；（4）5 年内等比削减基准税率的 35%，5 年后的第一天开始保持基准税率的 65%（降税分类标记为“PR-35”）；（5）5 年内等比削减基准税率的 50%，5 年后的第一天开始保持基准税率的 50%（降税分类标记为“PR-50”）。只有韩方减让表中有的 4 种情况分别是：（1）第 1 至 10 年保持基准税率，从第 11 年开始连续 10 年等比削减，20 年后的第一天取消（降税分类标记为“20-A”）；（2）第 1 至 12 年保持基准税率，从第 13 年开始连续 8 年等比削减，20 年后的第一天取消（降税分类标记为“20-B”）；（3）从协议生效之日起削减税率的 1%（降税分类标记为“PR-1”）；（4）10 年内从价税率等比削减至 130%，10 年后的第一天开始保持从价税率的 130%（降税分类标记为“PR-130”）。中方和韩方对从对方进口的货物有的是协议生效后立即取消关税；有的是若干年逐步削减直至取消关税；有的是在一定时间内逐步削减关税至某个水平；有的是若干年内保持基准税率，然后再在一定年份内逐步削减关税直至完全取消；还有的是保持基准税率不变。所以，这既有双方进口货物关税的大幅度下降甚至取消，也考虑到了双方对特定产品的国内贸易保护，以保护本国相关产业的发展。

在服务贸易方面，中韩双方对对方企业或个人的进入采取了准入前国民待遇和负面清单管理模式。双方在具体承诺减让表中，详细列出了对对方企业或个人开放的领域等，在准入前和准入后采取国民待遇。在中方和韩方的具体承诺减让表中，都列出了包括商业服务、通信服务、建筑及相关工程服务、分销服务、教育服务、环境服务、金融服务、旅游及与旅游相关的服务、娱乐、文化和体育服务、运输服务等 11 大类，在市场准入和国民待遇限制两个方面，有的是不做限制、有的是不做承诺、还有的是特殊规定，但是大部分是不做限制，而不作承诺主要是技术上存在限制从而不可行。这表明，中方和韩方对服务业除了技术上存在困难而不做承诺的之外，大部分都将无限制地对对方开放，在准入上享受国民待遇。《中韩自贸协定》除了关于服务贸易的第 8 章内容外，还专门列出了第 9 章金融服务、第 10 章电信服务和第 11 章自然人移动。这进一步表明在服务贸易中双方将重点关注金融、电信等领域的开放。

在投资方面，中韩双方对对方企业和个人的投资采取准入前国民待遇和负面清单管理模式。在投资准入的领域，对对方国家的投资者不低于本国投资者；负面清单管理给出本国禁止或限制对方国家投资进入的领域，只要是没有列明的都可以进入。这大大拓展了对方投资者能够进入本国市场的范围和领域。当然，对于各国家涉及到国家安全等方面的投资，本国可以采取垄断等限制措施禁止或限制对方国家的投资进入，这要通过负面清单管理模式列明。

在一般的货物贸易、服务贸易和投资三个大方面之外，《中韩自由贸易协定》还专门列出了“电子商务”章节；专门对竞争、知识产权保护和环境与贸易等“21 世纪经贸议题”达成了协议；专门列出了“经济合作”协议，包括农渔合作（粮食安全、渔业合作和林业合作三个方面）、工业合作（钢铁合作、中小企业合作、信息和通信技术合作、纺织合作）、政府采购合作和其他领域合作（能源与资源合作、科学与技术合作、海运合作、旅游合作、出境游合作、文化合作、药品、医疗器械和化妆品合作、地方经济合作和中韩产业园）等四个方面。这里需要专门提及的是地方经济合作，这是中国与其他国家之前签署的自贸协定中所没有的，是一个创新。中韩双方选定中国山东威海市与韩国仁川自由经济区作为实施合作项目的示范区，在贸易、投资、服务、产业等方面展开合作但是不限于这些方面，主要是发挥示范和引导作用。

第二节 山东省与韩国的经贸往来：历史与现状

中国与韩国于 1992 年建交，但是在建交之前从 20 世纪 70 年代开始就已经存在经中国香港地区的转口贸易（刘宇，2012）。两国建交之后，经贸关系日益密切，贸易迅速增加，中国成为韩国最大的贸易对象国，韩国成为中国最为重要的外资来源国。山东省由于与韩国距离邻近、文化相近、经济互补（祁怀高，2012），中韩建交之前就一直存在着经贸联系[①]，中韩建交之后山东省更是将韩国作为最重要的经贸往来对象，在贸易、投资、旅游等领域建立起密切的关系。山东省的许多沿海地市与韩国经贸往来密切，如青岛、威海、烟台等。我们首先对中国与韩国之间的经贸往来、山东省与韩国的经贸往来和山东省沿海地市与韩国的经贸往来情况进行总结和分析。

一、中国与韩国的经贸往来

中韩于 1992 年 8 月建立外交关系后，经济、政治、文化等领域的合作不断加深。1998 年，中韩两国领导人同意建立面向 21 世纪的合作伙伴关系；2000 年，两国宣布将中韩友好合作关系推向全面发展的新阶段；2003 年中韩领导人同意将中韩关系提升为全面合作伙伴关系；2008 年，两国领导人又将中韩关系提升为战略合作伙伴关系。

① 从 1988 年开始就有韩国企业到青岛投资；1989 年，青岛最早的韩国独资企业托普顿电子有限公司成立。

（一）对外贸易

中韩两国在建交之前就存在经贸往来，但是数量比较少。经过 20 多年的发展，中国已经成为韩国最大的贸易国和投资对象国，韩国已经成为中国最大的进口来源地。从表 5-1 可以看出，从 1992 年中韩建交之后，两国贸易额迅速增长，到 2014 年，两国进出口总额增长了 57 倍，中国对韩国的出口总额增长了 41 倍，中国从韩国的进口总额增长了 72 倍。中国与韩国之间的贸易额占中国对外贸易额的比重也不断提高，2000 年之后，中国与韩国的贸易额占中国对外贸易额的比重为 7% 左右，最高达到 7.87%；中国对韩国出口商品的数额占中国出口总额的比重为 4% 到 5%，最高时达到 5.17%；中国从韩国进口的商品数额占中国进口额的比重为 10%，最高时达到 11.64%。2014 年，如果含欧盟、东盟等区域贸易伙伴，韩国是中国的第六大贸易伙伴；如果不含区域贸易伙伴，韩国是中国的第四大贸易伙伴；如果不含中国香港地区，那么韩国是中国仅次于美国和日本的第三大贸易伙伴①。

中国与韩国之间的贸易额占韩国对外贸易额的比重更高，从进出口总额来看，2014 年，中韩之间的贸易额占韩国对外贸易额的比重高达 26%，韩国从中国进口的商品额占韩国进口总额的比重高达 19%，韩国对中国出口的商品额占韩国出口商品额的比重高达 33%，接近 1/3。另外，根据韩国关税厅的统计，2013 年，中国是韩国最大的出口对象国，出口额高达 1458 亿美元，占比高达 26.1%，对中国的出口额是对第二出口对象国美国出口额的 2.35 倍；中国是韩国仅次于中东的第二大进口来源国，进口额高达 830.4 亿美元，占总进口额的比重为 16.1%②。

① 商务部综合司 .2014 年中国对外贸易发展情况 [EB/OL].http://zhs.mofcom.gov.cn/article/Nocategory/201505/20150500961314.shtml.
② 商务部 . 对外投资合作国别（地区）指南：韩国（2014 年版）[EB/OL].http://fec.mofcom.gov.cn/gbzn/gobiezhinan.shtml?COLLCC=2328503116&.

表 5-1 中韩贸易统计：1992—2014 年

年份	两国的贸易额			中国与韩国的贸易额占中国对外贸易额的比重			韩国与中国的贸易额占韩国对外贸易额的比重		
	进出口总额（亿美元）	中国对韩国出口总额（亿美元）	中国从韩国进口总额（亿美元）	进出口总额 / 中国的进出口总额（%）	对韩出口总额 / 中国出口总额（%）	从韩进口总额 / 中国进口总额（%）	进出口总额 / 韩国进出口总额（%）	韩国从中国进口总额 / 韩国进口总额（%）	韩国出口中国总额 / 韩国出口总额（%）
1992	50.3	24.1	26.2	3.04	2.84	3.25	–	–	–
2000	345.0	112.9	232.1	7.27	4.53	10.31	–	–	–
2001	359.1	125.2	233.9	7.05	4.71	9.60	12.32	8.87	15.55
2002	440.7	155.0	285.7	7.10	4.76	9.68	14.01	10.19	17.58
2003	632.3	201.0	431.3	7.43	4.59	10.45	16.97	11.24	22.25
2004	900.7	278.2	622.5	7.80	4.69	11.09	18.83	12.39	24.52
2005	1119.3	351.1	768.2	7.87	4.61	11.64	20.51	13.44	27.01
2006	1343.1	445.3	897.8	7.63	4.60	11.34	21.16	14.39	27.59
2007	1599.0	561.4	1037.6	7.35	4.60	10.85	21.95	15.73	27.93
2008	1861.1	739.5	1121.6	7.26	5.17	9.90	21.71	16.99	26.58
2009	1562.3	536.8	1025.5	7.08	4.47	10.19	22.75	16.61	28.21
2010	2071.7	687.7	1384.0	6.97	4.36	9.91	23.24	16.17	29.68
2011	2456.33	829.24	1627.09	6.74	4.37	9.33	22.75	15.81	29.30
2012	2563.29	876.81	1686.48	6.63	4.28	9.27	24.01	16.88	30.78
2013	2742.48	911.76	1830.73	6.59	4.13	9.39	25.51	17.68	32.71
2014	2905.63	1003.56	1902.08	6.75	4.28	9.70	26.45	19.09	33.19

数据来源：1992 年至 2011 年进出口总额、出口总额和进口总额数据来自“中韩贸易简明统计（1992–2011）”，http://www.shandongbusiness.gov.cn/index/content/sid/207385.html（访问时间：2015–6–15）；2012 年至 2014 年进出口总额、出口总额和进口总额数据来自“中国对韩国贸易统计”，http://www.mofcom.gov.cn/article/tongjiziliao/fuwzn/ckqita/201505/20150500965494.shtml（访问时间：2015–6–15）。中国 1992 年至 2014 年的进出口总额、进口总额和出口总额的数据来自中国统计年鉴，见 http://data.stats.gov.cn/workspace/index?m=hgnd（访问时间：2015–6–15）；韩国 2001 年至 2014 年进出口总额、进口总额和出口总额的数据来自“2001 年 –2014 年韩国对外货物贸易总额”，http://www.qqjjsj.com/hglssj/49905.html（访问时间：2015–6–15）。

（二）外国直接投资

从中国与韩国之间的外商直接投资情况来看，韩国是中国主要的外商直接投资来源国（地），中国也是韩国对外直接投资的主要目标国。1997年到2014年间，在中国实际利用外国直接投资中，韩国的外国直接投资一直名列前茅（如表5–2所示），是仅次于中国香港、维尔京群岛、日本、新加坡或美国的外国直接投资的主要来源地。从韩国对中国的对外直接投资占韩国对外直接投资的总额来看，中国在韩国的对外直接投资中具有非常重要的地位，其中2003年和2004年韩国对中国的直接投资占到韩国对外直接投资的90%以上，如表5–2所示。

表5–2 中韩实际外商直接投资情况

年份	中国实际利用韩国外商直接投资总额（万美元）	中国实际利用外商直接投资总额（万美元）	中国实际利用外商直接投资来自韩国的比重（%）	韩国对中国的外商直接投资占韩国全部对外直接投资额的比重（%）	中国实际利用韩国外国直接投资在中国实际利用外国直接投资各国家中的地位
1997	214238	4525700	4.73	54.8	6
1998	180320	4546300	3.97	37.6	7
1999	127473	4031900	3.16	37.5	8
2000	148961	4072000	3.66	28.2	7
2001	215178	4687800	4.59	40.1	6
2002	272073	5274000	5.16	67.1	6
2003	448854	5350500	8.39	94.1	4
2004	624786	6063000	10.30	95.4	3
2005	516834	6032500	8.57	71.0	4
2006	389487	6302000	6.18	32.8	4
2007	367831	7477000	4.92	16.2	3
2008	313532	9239500	3.39	13.1	6
2009	270007	9003300	3.00	13.0	5
2010	269217	10573000	2.55	10.9	6
2011	255107	11601100	2.20	8.8	5

续前表

年份	中国实际利用韩国外商直接投资总额（万美元）	中国实际利用外商直接投资总额（万美元）	中国实际利用外商直接投资来自韩国的比重（%）	韩国对中国的外商直接投资占韩国全部对外直接投资额的比重（%）	中国实际利用韩国外国直接投资在中国实际利用外国直接投资各国家中的地位
2012	303800	11171600	2.72	10.7	5
2013	305421	11758600	2.60	10.2	5
2014	396564	11956200	3.32	14.8	5

数据来源：中国实际利用韩国外商直接投资总额、中国实际利用外商直接投资总额来源于中国统计年鉴，见 http://data.stats.gov.cn/workspace/index?m=hgnd（访问时间：2015-6-15）。中国实际利用外商直接投资来自韩国的比重根据中国实际利用韩国外商直接投资总额和中国实际利用外商直接投资总额计算得出。韩国的全部对外直接投资总额来自于韩国进出口银行（Korea Eximbank）的对外直接投资统计数据库，http://211.171.208.92/ODISAS_ENG.html（访问时间：2015-6-15）。韩国对中国的外商直接投资占韩国全部对外直接投资额的比重根据中国实际利用韩国外商直接投资总额和韩国的全部对外直接投资总额计算得出。

（三）对外旅游

随着中国旅游业的发展，中国入境外国游客数量逐年增加，从 20 世纪 90 年代开始，韩国就成为中国入境外国游客数量最大的国家。从表 5-3 可以看出，中国入境韩国游客逐年上升，从 1995 年至 2014 年增长了近 7 倍，占中国入境外国游客的比重达到 15% 以上，是中国最大的入境外国游客来源国。

表 5-3 中国入境外国游客中韩国游客的比重

年度	入境韩国游客（万人）	入境外国游客总数（万人）	入境韩国游客占入境外国游客的比重（%）
1995	52.95	588.67	8.99
1996	–	–	–
1997	78.11	742.8	10.52
1998	63.28	710.77	8.9
1999	99.2	843.23	11.76
2000	134.47	1016.04	13.23

续前表

年度	入境韩国游客（万人）	入境外国游客总数（万人）	入境韩国游客占入境外国游客的比重（%）
2001	167.88	1122.64	14.95
2002	212.43	1343.95	15.81
2003	194.55	1140.29	17.06
2004	284.49	1693.25	16.8
2005	354.53	2025.51	17.5
2006	392.4	2221.03	17.67
2007	477.71	2610.97	18.3
2008	396.04	2432.53	16.28
2009	319.75	2193.75	14.58
2010	407.64	2612.69	15.6
2011	418.54	2711.2	15.44
2012	406.99	2719.15	14.97
2013	396.9	2629	15.1
2014	418.2	2636.1	15.86

数据来源：国家统计局年度数据旅游业“按国别分入境外国游客”，http://data.stats.gov.cn/easyquery.htm?cn=C01

从中国出境旅游的目的地来看，韩国已经成为除中国香港和中国澳门之外的最重要目的地。表 5-4 给出了中国赴韩国旅游的人数和增长率。2013 年，中国赴韩国旅游人数达到 425 万人，比 2012 年增长 42%，占中国出境旅游人数的 4.33%。在 2003 年到 2013 年间，中国赴韩国旅游的人数增长了 7 倍，占中国出境旅游人数的比重不断提高。

表 5-4 中国赴韩国旅游的人数与增长率

年度	出境旅游总人数（万人）	赴韩国旅游人数（万人）	赴韩国旅游人数增长率（%）	赴韩国旅游人数占出境旅游人数的比例（%）
2003	2022.19	55.91	1.4	2.76
2004	2885.29	69.70	24.7	2.42
2005	3102.63	84.33	21.0	2.72

续前表

年度	出境旅游总人数（万人）	赴韩国旅游人数（万人）	赴韩国旅游人数增长率（%）	赴韩国旅游人数占出境旅游人数的比例（%）
2006	3452.36	109.82	30.2	3.18
2007	4095.40	131.25	19.5	3.20
2008	4584.44	134.43	4.7	2.93
2009	4765.63	147.42	7.3	3.09
2010	5738.65	196.86	33.5	3.43
2011	7025.00	236.78	20.3	3.37
2012	8318.27	299.51	26.5	3.60
2013	9818.52	425.34	42.0	4.33

数据来源：国家旅游局发布的 2003 年至 2013 年每年的《中国旅游业统计公报》。

二、山东省与韩国的经贸往来

（一）对外贸易

山东省与韩国经贸往来密切，但是进出口增长速度不如山东省外贸的整体增长速度快。从 1998 年到 2013 年的 15 年间，山东省与韩国的进出口总额增长了 7 倍多，而山东省进出口增长了 15 倍；对韩国的出口总额增长了 9 倍多，而山东省出口增长了 12 倍；从韩国的进口总额增长了 6 倍多，而山东省进口增长了 20 多倍，具体可见表 5–5。

表 5–5 山东省与韩国的进出口情况（1998—2013 年）

年度	山东省全部			山东省与韩国			韩国排名	备注（进出口总额）
	进出口总额（万美元）	出口总额（万美元）	进口总额（万美元）	进出口总额（万美元）	出口总额（万美元）	进口总额（万美元）		
1998	1661740	1034705	627035	350676	124103	226573	2	日本第一
1999	1827094	1157909	669185	425001	157868	267133	2	
2000	2498998	1552905	946093	566511	227208	339303	2	
2001	2896313	1812899	1083414	614885	258542	356343	2	
2002	3394175	2111511	1282664	741636	327339	414297	1	

续前表

年度	山东省全部			山东省与韩国			韩国排名	备注（进出口总额）
	进出口总额（万美元）	出口总额（万美元）	进口总额（万美元）	进出口总额（万美元）	出口总额（万美元）	进口总额（万美元）		
2003	4465752	2657285	1808467	963907	417532	546375	1	
2004	6078136	3587286	2490850	1261672	553227	708445	1	
2005	7688876	4625113	3063763	1575048	656054	918993	1	
2006	9528817	5864717	3664100	1910220	873361	1036859	1	
2007	12261798	7524374	4737424	2168660	1020556	1148104	1	
2008	15814480	9317486	6496994	2542685	1312956	1229729	1	
2009	13860378	7956530	5903848	2279562	1108914	1170648	1	
2010	18895058	10424695	8470390	2808171	1377158	1431014	1	
2011	23599190	12578809	11020382	2917090	1440883	1476207	2	美国第一
2012	24554487	12873171	11681316	2830196	1331241	1498955	2	
2013	26715854	13450998	13264856	2944663	1270672	1673991	2	

数据来源：山东省统计局 2000 年至 2014 年各年的《山东省统计年鉴》。

韩国在 2002 年超过日本成为山东省最大的贸易伙伴，但是这种地位仅保持了 9 年，从 2011 年开始，美国超过韩国成为山东省最大的贸易伙伴。就山东省与韩国的进出口总额占山东省进出口总额的比重来看，从 1998 年到 2013 年间，除了 1998 年到 2000 年间略有上升之外，之后一直不断下降，到 2013 年已经从顶峰时期的 23.3% 下降到 2013 年的 11.0%；山东省对韩国的出口额占山东省出口额的比重在 1998 年到 2013 年间先是逐年上升，然后是逐年下降，最高年份是在 2003 年达到 15.7%，到 2013 年下降到不到 10%；山东省从韩国的进口额占山东省进口额的比重除了 1999 年略有上升外一直是逐年下降，从 1999 年最高时的 39.9% 下降到了 2013 年的 12.6%。

山东省在中韩之间的对外贸易中一直处于重要地位，但是山东省与韩国的对外贸易占全国与韩国对外贸易的比重却在不断下降。从表 5-6 可以看出，山东省与韩国的进出口总额占中国与韩国进出口总额的比重从 2001 年的 17.1% 下降到了 2013 年的 10.7%；山东省对韩国的出口额占中国对韩国出口额的比重从 2002 年的 21.1% 下降到了 2013 年的 13.9%；山东省从韩国的进口额占中国从韩国进口额的比重从 1999 年的 15.5% 下降到了 2012 年的 8.9%、2013 年的 9.1%。

表 5-6 韩国在山东省对外贸易中的地位和山东省与韩国的对外贸易在全国与韩国对外贸易中的地位

年度	山东省与韩国的进出口额占山东省进出口额的比重（%）			山东省与韩国的进出口额占全国与韩国进出口额的比重（%）		
	进出口	出口	进口	进出口	出口	进口
1998	21.1	12.0	36.1	16.5	19.9	15.1
1999	23.3	13.6	39.9	17.0	20.2	15.5
2000	22.7	14.6	35.9	16.4	20.1	14.6
2001	21.2	14.3	32.9	17.1	20.6	15.2
2002	21.9	15.5	32.3	16.8	21.1	14.5
2003	21.6	15.7	30.2	15.2	20.8	12.7
2004	20.8	15.4	28.4	14.0	19.9	11.4
2005	20.5	14.2	30.0	14.1	18.7	12.0
2006	20.0	14.9	28.3	14.2	19.6	11.6
2007	17.7	13.6	24.2	13.6	18.2	11.1
2008	16.1	14.1	18.9	13.7	17.8	11.0
2009	16.4	13.9	19.8	14.6	20.7	11.4
2010	14.9	13.2	16.9	13.6	20.0	10.3
2011	12.4	11.5	13.4	11.9	17.4	9.1
2012	11.5	10.3	12.8	11.0	15.2	8.9
2013	11.0	9.4	12.6	10.7	13.9	9.1

数据来源：根据表 5-5 和表 5-1 数据计算得出。

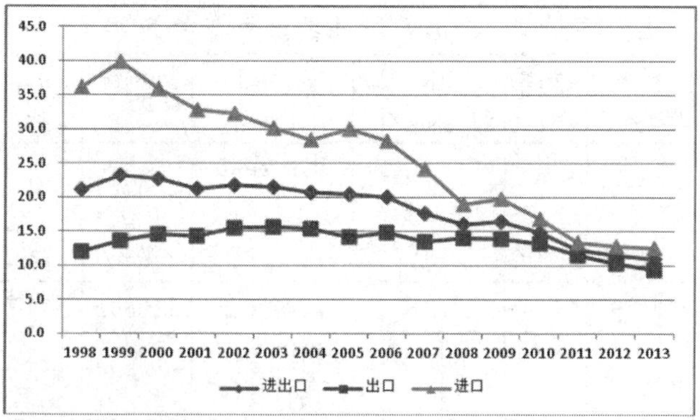

数据来源: 表5-6

图 5-1 山东省与韩国的对外贸易额占山东省对外贸易额的比重（%）

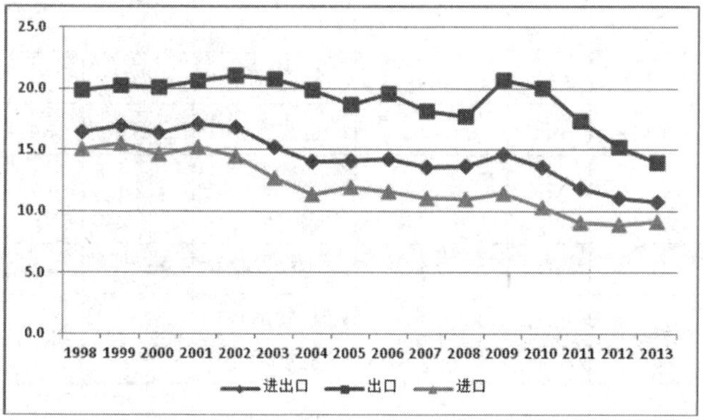

数据来源: 表5-6

图 5-2 山东省与韩国的对外贸易额占全国与韩国对外贸易额的比重（%）

山东省与韩国之间的对外贸易商品种类很多。山东省出口到韩国的商品主要有电器及电子产品、机械设备、金属制品、服装纺织品等；进口的韩国产品主要是电器及电子产品、机械设备、仪器仪表、塑料产品、服装纺织品等。表 5-7 给出了 2012 年山东省与韩国主要的 20 种进出口商品的种类、金额、增长率变化及占比情况。可以看出，前 20 大类主要的出口产品和进口产品都占到了当年对韩国出口额和进口额的 80% 以上；出口到韩国的电器及电子产品占比达到 22.6%；机械设备和金属制品也都超过 10%；如果将服装和纺织品合并起来也占到 10% 以上。从进口的产品来看，进口的韩国的电器及电子产品占比达到 37.8%；机械设备占比达到 11.4%；仪器仪表达到 7.4%。

表 5-7 2012 年山东对韩进出口主要商品类别

主要出口商品	出口额(万美元)	同比(%)	占出口总额比重(%)	主要进口商品	进口额(万美元)	同比(%)	占进口总额比重(%)
电器及电子产品	300581	-3	22.6	电器及电子产品	566025	31	37.8
机械及设备	145137	-33.5	10.9	机械及设备	170396	-28.2	11.4
金属制品	143619	2.5	10.8	仪器仪表	110831	-11.3	7.4
服装及衣着附件	80763	-15.2	6.1	初级形状的塑料	88440	-14.7	5.9
钢材	69829	-14.7	5.2	钢材	62876	-13.8	4.2
纺织纱线、织物及制品	60346	-19.7	4.5	纺织纱线、织物及制品	58146	-9.7	3.9
游戏机	58051	2335	4.4	金属制品	47960	0	3.2
运输工具	46104	-33.6	3.5	运输工具	34317	184.4	2.3
蔬菜	43255	-1.3	3.2	合成橡胶(包括胶乳)	31308	2.4	2.1
水海产品	38187	-10.4	2.9	成品油	24310	-4.8	1.6
仪器仪表	21892	-16.4	1.6	未锻造的铜及铜材	23740	13.1	1.6
未锻造的铜及铜材	21026	7805	1.6	塑料制品	18082	-4.6	1.2
箱包及类似容器	16057	5.9	1.2	牛皮革和马皮革	12635	-5.8	0.8
鞋类	14123	-12.1	1.1	非泡沫塑料的板、片、膜、箔	11180	18.6	0.7
家具及其零件	13905	16.5	1.0	水海产品	9327	-46.5	0.6
未锻造的铝及铝材	12207	-64.8	0.9	二甲苯	8017	63.1	0.5
花岗岩石材及制品	8355	-31.9	0.6	废塑料	6108	3.8	0.4
陶瓷产品	7788	23.4	0.6	聚合物油漆及清漆	5816	-28.3	0.4

续前表

主要出口商品	出口额(万美元)	同比(%)	占出口总额比重(%)	主要进口商品	进口额(万美元)	同比(%)	占进口总额比重(%)
胶合板及类似多层板	6514	1.4	0.5	未锻造的铝及铝材	4621	10.8	0.3
肥料	6374	32.7	0.5	液化石油气及其他烃类气	4199	15	0.3
合计	1114113	–8.1	83.7	合计	1298334	3.2	86.6

数据来源：每类产品的出口额、进口额及其同比来自山东省商务厅：《韩国进出口概况、市场趋势及对策建议》，http://www.shandongbusiness.gov.cn/public/html/news/201305/261711.html；每类产品的进口额和出口额占进口额和出口额的比重根据其进口额和出口额与山东省与韩国进口额和出口额的数据计算得出。

（二）外国直接投资

在山东省吸收的外商直接投资中，来自韩国的外商直接投资具有非常重要的地位，如表5–8、表5–9和图5–3、图5–4所示。从合同项目个数来看，从1998年到2013年16年间，从1998年到2008年，山东省与韩国外商签署的外商直接投资合同书一直位居第一位，其中2005年达到顶峰，山东省与韩国外商签署的直接利用外资合同达到3320个，占当年签署的外资合同项目数的51.8%；2009年到2013年，香港超过韩国成为山东省签署的外商直接投资合同最多的地区，但是韩国与山东省签署的外商直接投资合同项目仍然占到25%左右。从合同外商投资金额来看，来自韩国的合同外商投资金额占山东省合同外商投资金额的比重先是逐年增加，后来又逐年下降，从1998年的占比13.2%上升到2005年的41.4%，又下降到2011年的6.6%、2013年的12.4%；排名也是从第二位上升为第一位之后下降为第二位。从实际使用外商投资金额来看，山东省实际利用韩国的外商直接投资也经历了逐渐增加，后来又逐渐下降的趋势，占比也是逐渐增加又逐渐下降，从1998年的占比26.9%上升到2004年的41.3%，到2013年下降到8.5%；韩国在山东省实际利用外商投资来源地的地位也从第二位上升到第一位之后又下降为第二位。

表 5-8 山东省吸收外资和吸收韩国投资情况（1998-2013 年）

年份	合同项目个数（个）			合同外商投资金额（万美元）			实际使用外商投资金额（万美元）		
	山东省全部	韩国	韩国排名	山东省全部	韩国	韩国排名	山东省全部	韩国	韩国排名
1998	1366	342	1	221866	29306	2	222262	59806	2
1999	1717	593	1	311087	45551	3	246878	52794	2
2000	2728	1012	1	507435	97754	2	297119	56744	2
2001	3047	1251	1	672040	186715	1	362093	88426	2
2002	4065	1792	1	1130680	370058	1	558603	155713	1
2003	5305	2431	1	1341413	456484	1	709371	283958	1
2004	5890	2885	1	2028958	821136	1	870064	359194	1
2005	6415	3320	1	2749510	1138566	1	897072	338538	1
2006	4030	1755	1	1624175	484242	1	1000069	371372	1
2007	2712	1225	1	1173880	213967	2	1101159	372069	1
2008	1527	593	1	1014959	98674	2	820246	126483	2
2009	1468	401	2	871045	86772	2	801007	120565	2
2010	1632	492	2	1363381	155909	2	916833	95056	2
2011	1433	335	2	1579081	103870	2	1116022	85479	2
2012	1333	320	2	1655717	235747	2	1235267	111452	2
2013	1405	365	2	1770879	219443	2	1405315	119996	2

数据来源：山东省统计局 2000 年至 2014 年各年的《山东省统计年鉴》。

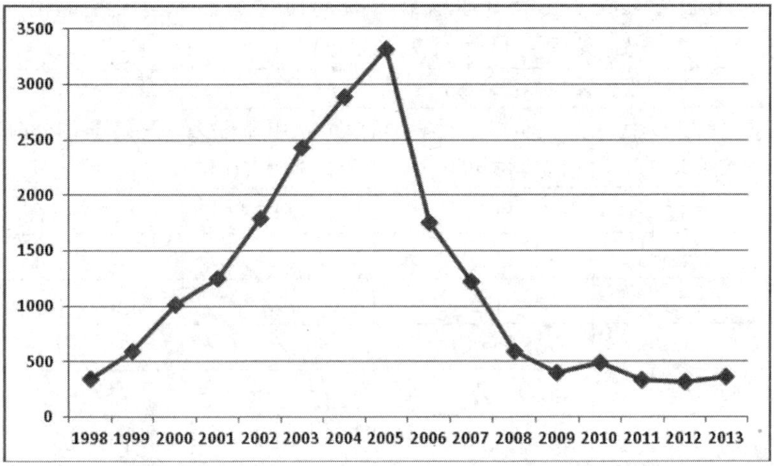

数据来源：根据表 5-8 绘制。

图 5-3 山东省吸收韩国投资合同项目个数（1998-2013 年）

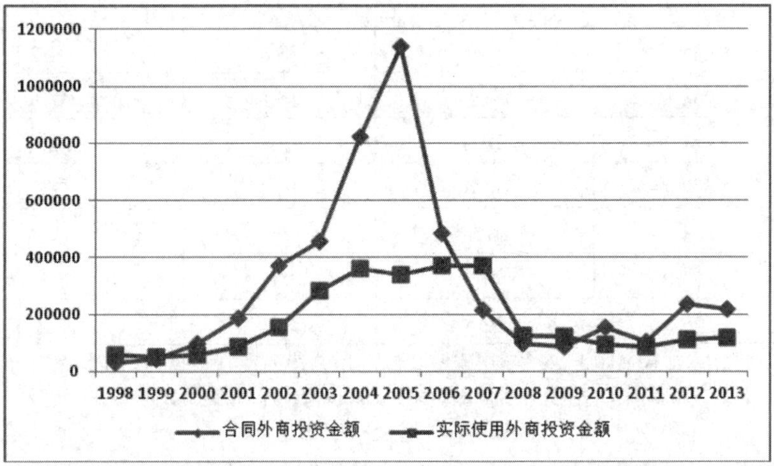

数据来源：根据表 5-8 绘制。

图 5-4 山东省吸收韩国外商投资金额（万美元）

山东省在全国实际利用韩国外商直接投资中具有非常重要的地位。从统计数据来看，从 1998 年到 2013 年间，山东省占全国的比重先经历了逐渐增加，后来又逐年下降的趋势，到 2013 年山东省利用韩国的外商直接投资占全国的 40% 左右。这也表明，山东省是韩国对中国直接投资的重要目标地。

表 5-9 山东省吸收韩国投资占吸收外资的比重及占中国吸收韩国投资的比重：实际利用外商直接投资（1998—2013 年）

年份	山东省吸收韩国投资占吸收外资的比重（%）			山东省占中国实际利用韩国外商直接投资的比重（%）
	合同项目个数所占比重	合同外商投资金额所占比重	实际使用外商投资金额所占比重	
1998	25.0	13.2	26.9	33.2
1999	34.5	14.6	21.4	41.4
2000	37.1	19.3	19.1	38.1
2001	41.1	27.8	24.4	41.1
2002	44.1	32.7	27.9	57.2
2003	45.8	34.0	40.0	63.3
2004	49.0	40.5	41.3	57.5
2005	51.8	41.4	37.7	65.5
2006	43.5	29.8	37.1	95.3
2007	45.2	18.2	33.8	101.2
2008	38.8	9.7	15.4	40.3
2009	27.3	10.0	15.1	44.7
2010	30.1	11.4	10.4	35.3
2011	23.4	6.6	7.7	33.5
2012	24.0	14.2	9.0	36.7
2013	26.0	12.4	8.5	39.3

说明：计算结果显示，2007 年山东省实际利用韩国外商直接投资占全国的比重超过了100%。此数据是根据山东省统计年鉴中提供的数据和国家统计局的数据计算得出。

数据来源：前三列根据表 5-8 计算得出；最后一列根据表 5-8 和表 5-2 计算得出。

数据来源：表 5-9。

图 5-5 山东省吸收韩国投资占山东省吸收外商投资的比重（%）

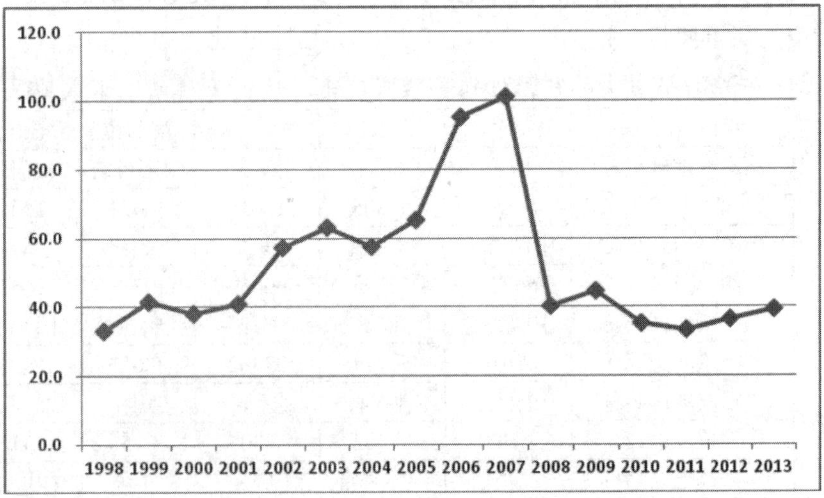

数据来源：根据表 5-9 绘制。

图 5-6 山东省占中国实际利用韩国外商直接投资的比重（%）

为了进一步分析韩国在山东省实际利用外资中的地位，表 5-10 列出了 1998 年至 2013 年间山东省实际利用外商直接投资来源地前五位的国家或地区。表 5-10 表明，在 1998 年到 2001 年间，韩国虽然是第二位的外商直接投资来源地，但是与第一位的中国香港地区差别不大；在 2002 年之后，韩国超过中国香港地区成为山东省外商直接投资第一位的来源地，投资金额迅速增加，2007 年比 2001 年增加 3 倍多，达到 37 亿美元；而中国香港地区的外商直接投资增加不到 2 倍。在 2008 年全球金融危机爆发之后，韩国对山东省的外商直接投资迅速减少。2008 年山东省实际利用韩国直接投资只有 2007 年的 34%，大幅下降；之后，来自韩国的外商直接投资又连续两年下降后直到 2012 年才开始逐渐增加，2013 年山东省实际利用韩国外商直接投资尚未达到 2008 年的水平；而同期中国香港地区对山东省的外商直接投资却迅速增加，2013 年比 2008 年翻了一番。这是山东省利用外商直接投资中，韩国占比迅速下降的根本原因。表 5-9 表明，山东省在中国实际利用韩国直接投资中的比重并未明显下降，这说明韩国仍然是山东省外商直接投资的重要来源地，山东省也是韩国对中国外商直接投资的最重要目标地。

表 5-10 山东省实际利用外商直接投资来源地前五位的国家或地区

年份		第一位	第二位	第三位	第四位	第五位
1998	国家或地区名称	中国香港	韩国	日本	中国台湾	美国
	数额（万美元）	64492	59806	16616	15421	14056
1999	国家或地区名称	中国香港	韩国	法国	美国	日本
	数额（万美元）	66323	52794	30459	19833	14071
2000	国家或地区名称	中国香港	韩国	日本	美国	中国台湾
	数额（万美元）	69010	56744	33382	30635	18667
2001	国家或地区名称	中国香港	韩国	日本	美国	维尔京群岛
	数额（万美元）	89300	88462	34305	32158	26523
2002	国家或地区名称	韩国	中国香港	美国	日本	中国台湾
	数额（万美元）	155713	118841	60888	49465	48370
2003	国家或地区名称	韩国	中国香港	中国台湾	美国	日本
	数额（万美元）	283958	135273	58297	55918	46133
2004	国家或地区名称	韩国	中国香港	中国台湾	美国	日本
	数额（万美元）	359194	174250	66045	64081	56157

续前表

年份		第一位	第二位	第三位	第四位	第五位
2005	国家或地区名称	韩国	中国香港	维尔京群岛	日本	美国
	数额（万美元）	338538	162391	69905	68063	60230
2006	国家或地区名称	韩国	中国香港	美国	日本	维尔京群岛
	数额（万美元）	371372	207913	76690	70275	59933
2007	国家或地区名称	韩国	中国香港	维尔京群岛	日本	美国
	数额（万美元）	372069	248593	81613	68612	67591
2008	国家或地区名称	中国香港	韩国	新加坡	维尔京群岛	日本
	数额（万美元）	371806	126483	81161	46667	40164
2009	国家或地区名称	中国香港	韩国	新加坡	日本	美国
	数额（万美元）	386295	120565	45159	30396	29229
2010	国家或地区名称	中国香港	韩国	维尔京群岛	新加坡	日本
	数额（万美元）	433201	95056	64940	54996	53767
2011	国家或地区名称	中国香港	韩国	日本	新加坡	维尔京群岛
	数额（万美元）	697777	85479	52599	51894	51739
2012	国家或地区名称	中国香港	韩国	维尔京群岛	日本	新加坡
	数额（万美元）	610864	111452	83232	71954	70947
2013	国家或地区名称	中国香港	韩国	维尔京群岛	新加坡	日本
	数额（万美元）	797263	119996	74753	57553	49000

数据来源：山东省统计局 2000 年至 2014 年各年的《山东省统计年鉴》。

（三）游客数量

由于韩国与山东省距离较近，山东省每年接待的外国游客中有很大一部分是韩国游客。据统计，山东省接待的韩国游客人数从 2000 年的 18 万人已经增加到 2013 年的 149 万人。在山东省接待的外国游客人数中，韩国游客占比最高年份超过 50%，2011 年到 2013 年在 45% 左右。山东省接待韩国游客占中国接待韩国游客的比重达到 35% 以上，2012 年和 2013 年为 37.7%，是中国接待韩国游客最多的省份。这表明，山东省在旅游业中与韩国存在着密切的往来。

表 5-11 山东省接待韩国游客人数及占比

年度	山东省接待外国游客人数（人）	山东省接待来自韩国的外国游客人数（人）	山东省接待外国游客中韩国游客占比（%）	山东省接待韩国游客占中国接待韩国游客占比（%）
2000	480090	183568	38.2	13.7
2001	592413	243889	41.2	14.5
2002	741366	300767	40.6	14.2
2003	615457	305985	49.7	15.7
2004	961692	452231	47.0	15.9
2005	1247842	640056	51.3	18.1
2006	1560436	809953	51.9	20.6
2007	2020311	1087905	53.8	22.8
2008	2065007	1050839	50.9	26.5
2009	2411857	1151567	47.7	36.0
2010	2778699	1292880	46.5	31.7
2011	3123264	1387535	44.4	33.2
2012	3422261	1533189	44.8	37.7
2013	3273678	1496143	45.7	37.7

数据来源：前两列来自山东省统计局 2000 年至 2014 年各年的《山东省统计年鉴》，第三列根据前两列计算得出，第四列根据第二列数据和表 3 第一列数据计算得出。

三、山东半岛蓝色经济区各地市与韩国的经贸往来

作为山东省的沿海城市，山东半岛蓝色经济区规划主体区的七个地市[①]是山东省对外经济贸易、投资、旅游业及其他经济往来最为活跃的地区。其中，青岛、烟台与威海是与韩国经贸往来最为密切的三个地市，因为韩国对山东省的外商直接投资的 80% 分布在这三个地市[②]。

① 按照《山东半岛蓝色经济区发展规划》，山东半岛蓝色经济区规划主体区有六市二县，滨州市是沾化县和无棣县，为了数据的可得性以及分析和表述的方便，我们采用七个地市的数据和表述。
② 山东省商务厅：《2010 年山东省与韩国经贸合作概况》《2011 年山东省与韩国经贸合作概况》。

（一）青岛市

1. 对外贸易。

韩国是青岛市主要的贸易伙伴之一，仅次于美国和日本。从青岛市的主要出口对象来看，韩国是青岛市的第三大出口对象国，对韩国的出口额占青岛市外贸出口额的10%左右，占青岛市对亚洲各国外贸出口额的1/4左右。

表5-12 青岛市对韩国的外贸出口额及其地位

年份	青岛市对韩国的外贸出口总额（万美元）	占外贸出口额的比重（%）	占对亚洲外贸出口总额的比重（%）	韩国的位次	青岛市对韩国出口占山东省的比重（%）	与其他国家的比较：对美国和日本的出口额（万美元）	
2000	80837	13.2	25.8	3	35.6	日本	157576
						美国	155614
2001	87314	12.3	24.4	3	33.8	日本	178421
						美国	177055
2002	118796	14.0	26.7	3	36.3	日本	201501
						美国	191606
2003	148047	14.3	27.5	3	35.5	日本	233665
						美国	224561
2004	194518	14.0	28.1	3	35.2	美国	291003
						日本	286669
2005	233743	13.3	28.8	3	35.6	美国	384989
						日本	337920
2006	271833	12.6	28.3	3	31.1	美国	489379
						日本	319912
2007	328451	12.3	27.6	3	32.2	美国	534907
						日本	435219
2008	390772	12.0	27.4	3	29.8	美国	563869
						日本	452524
2009	284907	10.6	25.0	3	25.7	美国	540112
						日本	457957
2010	348412	10.4	24.5	3	25.3	美国	652446
						日本	514284

续前表

年份	青岛市对韩国的外贸出口总额（万美元）	占外贸出口额的比重（%）	占对亚洲外贸出口总额的比重（%）	韩国的位次	青岛市对韩国出口占山东省的比重（%）	与其他国家的比较：对美国和日本的出口额（万美元）	
2011	400679	10.0	23.1	3	27.8	美国	724770
						日本	617597
2012	401533	9.8	22.6	3	30.2	美国	718460
						日本	629998
2013	403794	9.6	21.8	3	31.8	美国	714988
						日本	626585
2014	476944	10.4	23.7	3	35.6	美国	834484
						日本	599448

数据说明：（1）这里只列出了青岛市对韩国的外贸出口额数据，是因为青岛市各年的统计年鉴中只给出了对主要国家的外贸出口额数据，没有给出对主要国家的外贸进口额数据；（2）这里的青岛市的外贸出口额数据不包括中央、山东省驻青单位，这是因为从2012年起取消了含中央、省驻青公司统计口径。

数据来源：青岛市各年的统计年鉴。

2. 外国直接投资。

在青岛市实际利用外商直接投资中，韩国直接投资占有重要地位。从2000年到2007年，青岛市利用韩国直接投资逐年增加，最高的2004年达到21亿美元之多，占到当年青岛市实际利用外商直接投资的55.3%，期间韩国一直是青岛利用外商直接投资最多的国家或地区。2008年全球金融危机之后，韩国对青岛的外商直接投资大幅度下降，中国香港地区成为青岛外商直接投资的最大来源地。青岛市是韩国对山东省直接投资的最重要目标地，青岛市利用的韩国外商直接投资一直占山东省利用韩国外商直接投资的50%左右，个别年份甚至达到70%。2012年、2013年，青岛市利用韩国直接投资占到山东省利用韩国直接投资的50%多。这充分说明，青岛市是韩国外商直接投资的重要目标地，韩国也是青岛市利用外商直接投资的重要来源地。

表 5-13 青岛市利用韩国外商直接投资情况

年份	韩国			全部			中国香港地区		
	批准企业项目数（个）	合同利用外资额（万美元）	实际利用外资金额(万美元）	批准企业项目数（个）	合同利用外资额（万美元）	实际利用外资金额（万美元）	批准企业项目数（个）	合同利用外资额（万美元）	实际利用外资金额(万美元）
2000	560	66478	38700	1128	266221	126132	132	58157	31440
2001	663	123262	59269	1254	358887	158094	124	53049	22513
2002	1010	219665	93178	1832	552428	231214	167	82646	32570
2003	1356	237233	143339	2248	528362	281480	193	59405	29253
2004	1543	376130	210093	2423	671723	379917	178	67312	41852
2005	1691	498754	179853	2530	954486	365625	187	136008	47120
2006	801	123288	180296	1397	311697	365815	166	33104	46494
2007	609	92853	162309	1068	382500	380652	132	147667	60153
2008	310	38094	28573	640	304505	264295	105	190838	75898
2009	251	31892	37560	647	271504	186397	162	149949	72858
2010	288	47743	51728	731	475723	284281	174	239229	120431
2011	217	42142	38828	707	528501	363350	242	340299	209370
2012	188	124402	56374	553	600237	460027	152	234579	202763
2013	226	107678	68805	645	758063	552227	187	429089	264732
2014	248	113622	75677	619	638637	608100	134	327500	271439

数据来源：青岛市 2001 年至 2014 年统计年鉴。

表 5-14 青岛市利用韩国外商直接投资在青岛市利用外商直接投资中的地位

年份	韩资占利用外资总额的比重（%）	青岛市利用韩资占山东省的比重（%）	港资占利用外资总额的比重（%）
2000	30.7	68.2	24.9
2001	37.5	67.0	14.2
2002	40.3	59.8	14.1
2003	50.9	50.5	10.4
2004	55.3	58.5	11.0

续前表

年份	韩资占利用外资总额的比重（%）	青岛市利用韩资占山东省的比重（%）	港资占利用外资总额的比重（%）
2005	49.2	53.1	12.9
2006	49.3	48.5	12.7
2007	42.6	43.6	15.8
2008	10.8	22.6	28.7
2009	20.2	31.2	39.1
2010	18.2	54.4	42.4
2011	10.7	45.4	57.6
2012	12.3	50.6	44.1
2013	12.5	57.3	47.9

数据来源：根据表 5-13 和表 5-8 计算得出。

3. 外国游客。

青岛每年接待韩国游客数量达到 30 多万人次。在青岛市接待的外国游客数量中，来自韩国的游客占比基本上都在 40% 左右，其中最高的年份达到 55.1%；占山东省接待韩国游客的比重在 20% 以上，其中 2002 年超过 50%；占中国接待韩国游客的 8% 多。这表明，青岛市接待的外国游客中，韩国游客是主要来源；青岛市是韩国游客来中国的主要目的地之一。

表 5-15 青岛市接待韩国游客人数及占比

年度	青岛市接待外国游客人数（人）	青岛市接待来自韩国的外国游客人数(人)	青岛市接待外国游客中韩国游客占比（%）	青岛市接待韩国游客占山东省接待韩国游客占比（%）	青岛市接待韩国游客占中国接待韩国游客占比（%）
2000	200194	69787	34.9	38.0	5.2
2001	263309	103327	39.2	42.4	6.2
2002	356156	152530	42.8	50.7	7.2
2003	342959	151963	44.3	49.7	7.8
2004	458358	204799	44.7	45.3	7.2
2005	596177	296519	49.7	46.3	8.4

续前表

年度	青岛市接待外国游客人数（人）	青岛市接待来自韩国的外国游客人数(人)	青岛市接待外国游客中韩国游客占比（%）	青岛市接待韩国游客占山东省接待韩国游客占比（%）	青岛市接待韩国游客占中国接待韩国游客占比（%）
2006	751403	373712	49.7	46.1	9.5
2007	924213	509624	55.1	46.8	10.7
2008	698123	341012	48.8	32.5	8.6
2009	764899	361823	47.3	31.4	11.3
2010	826628	369649	44.7	28.6	9.1
2011	807448	297770	36.9	21.5	7.1
2012	877774	338351	38.5	22.1	8.3
2013	870554	337976	38.8	22.6	8.5

数据来源：青岛市 2001 年至 2014 年统计年鉴。

（二）烟台市

1. 对外贸易。

从 2003 年起，韩国一直是烟台的第一大贸易伙伴。烟台与韩国之间的进出口额远超过第二位的日本和第三位的美国。韩国是烟台的第三大出口对象国，绝对的第一大进口来源国，而且烟台从韩国的进口额远超过第二位的日本和第三位的美国。烟台与韩国之间的进出口额约占烟台进出口额的 20%，最高年份接近 30%。烟台对韩国的出口额最高年份达到 20%，最低年份为 9.8%，接近 10%；烟台从韩国的进口额占烟台进口额的 30% 以上，最高的年份超过 40%，最低年份也接近 28%。这表明，韩国与烟台之间具有非常密切的经贸往来。烟台与韩国之间的贸易额及其在烟台对外贸易中的地位详见表 5-16。

表 5-16 烟台与韩国的进出口情况

年份	进出口总额（万美元）	出口						进口					
		总额（万美元）	韩国			与其他国家比较：日本和美国		总额（万美元）	韩国			与其他国家比较：日本和美国	
			金额（万美元）	占比（%）	位次	国家	金额（万美元）		金额（万美元）	占比（%）	位次	国家	金额（万美元）
2000	313945	196621	29541	15.0	3	日本	67337	117324	49142	41.9	1	日本	19425
						美国	39755					美国	7504
2001	341652	215731	32156	14.9	3	日本	81975	125921	50271	39.9	1	日本	21947
						美国	38870					美国	7470
2002	447491	256907	42414	16.5	3	日本	90199	190784	73315	38.4	1	日本	31308
						美国	42163					美国	13428
2003	589008	332858	60952	18.3	2	日本	104766	256152	112030	43.7	1	日本	35061
						美国	54326					美国	22551
2004	799391	449505	83128	18.5	2	日本	122851	349886	144247	41.2	1	日本	46354
						美国	78183					美国	30993
2005	1147974	648308	94437	14.6	3	美国	174258	499666	202140	40.5	1	日本	59972
						日本	152223					美国	55441
2006	1507654	879877	156460	17.8	3	美国	208637	627777	232790	37.1	1	日本	74984
						日本	179172					美国	67800

续前表

年份	进出口总额（万美元）	出口						进口					
		总额（万美元）	韩国			与其他国家比较：日本和美国		总额（万美元）	韩国			与其他国家比较：日本和美国	
			金额（万美元）	占比（%）	位次	国家	金额（万美元）		金额（万美元）	占比（%）	位次	国家	金额（万美元）
2007	2394433	1409243	211594	15.0	3	美国	375111	985199	352762	35.8	1	日本	156918
						日本	223209					美国	89794
2008	3503099	2064703	404458	19.6	2	美国	478029	1438396	430650	29.9	1	日本	232312
						日本	313256					美国	134086
2009	3429395	1983380	445515	22.5	2	美国	504369	1446015	397879	27.5	1	日本	210242
						日本	317639					美国	95328
2010	4378096	2547962	510151	20.0	2	美国	610303	1830134	518141	28.3	1	日本	284330
						日本	349519					美国	96610
2011	4534870	2649482	396039	14.9	3	美国	477839	1865388	518561	27.8	1	日本	298736
						日本	534379					美国	99486
2012	4780236	2835914	358715	12.6	3	美国	493748	1944322	583766	30.0	1	日本	294633
						日本	524516					美国	110521
2013	4931276	2947468	288198	9.8	3	美国	396633	1983808	624526	31.5	1	日本	233570
						日本	518754					美国	116431

数据来源：2002 年至 2014 年《烟台统计年鉴》。

2. 外国直接投资。

韩国是烟台最重要的外资来源地，仅次于中国香港地区，排名第二位。在 2008 年次贷危机之前，韩国在 2003 年至 2007 年是烟台市最大的外资来源地，烟台实际利用的韩国直接投资占全部实际利用外资的 30% 左右，其中，2007 年达到 36.8%。在 2008 年危机之后，韩国对外直接投资全面减少，但是烟台市利用韩国直接投资仍然保持仅次于中国香港地区的第二位，仍然达到 10% 左右。从 1984 年到 2013 年的累积看，烟台吸收的外商直接投资中，韩国项目占比 28.9%，合同利用外资占比 23.9%，实际利用外资占比 22.3%。表 5-17 给出了烟台利用韩国直接投资情况以及韩国对烟台的外商直接投资在烟台的地位。

表 5-17 烟台市利用韩国外资情况

年份	韩国			全部			中国香港地区			韩国占比		
	批准企业项目数（个）	合同利用外资额（万美元）	实际利用外资金额（万美元）	批准企业项目数（个）	合同利用外资额（万美元）	实际利用外资金额（万美元）	批准企业项目数（个）	合同利用外资额（万美元）	实际利用外资金额（万美元）	项目个数（%）	合同利用外资（%）	实际利用外资（%）
截止到2001年累计	1381	141280	99185	6294	886061	536903	2024	299598	196469	21.9	15.9	18.5
2001	173	24474	14479	468	119492	69120	68	34717	24365	37.0	20.5	20.9
2002	259	59317	20413	705	223680	120493	113	48074	37442	36.7	26.5	16.9
2003	353	102822	65481	938	401103	204995	142	87684	46391	37.6	25.6	31.9
2004	396	106007	52067	987	420000	185661	174	120663	48150	40.1	25.2	28.0
2005	537	206325	55608	1265	611111	190773	242	138559	41353	42.5	33.8	29.1
2006	461	268614	69349	1086	766888	215493	190	191803	50222	42.4	35.0	32.2
2007	188	48928	89005	401	155879	241620	63	50281	57991	46.9	31.4	36.8
2008	114	28082	20932	251	167056	105786	42	60278	34549	45.4	16.8	19.8
2009	57	25088	10092	221	171691	108503	53	84425	37945	25.8	14.6	9.3
2010	79	32524	15558	243	192027	115334	66	77659	43391	32.5	16.9	13.5
2011	48	22684	17019	209	211424	133891	63	106396	60617	23.0	10.7	12.7
2012	66	34951	11687	288	243425	141037	105	111645	67161	22.9	14.4	8.3
2013	65	36923	15498	258	260080	160597	103	125052	88744	25.2	14.2	9.7
截止到2013年累计	3479	1062967	509430	12021	4438430	2288530	3227	1445188	773238	28.9	23.9	22.3

数据来源：2002 年至 2014 年《烟台统计年鉴》。

3. 外国游客。

在烟台市接待的外国游客中，来自韩国的游客超过一半，最高年份超过 60%；烟台接待的韩国游客占山东省接待韩国游客的比重超过 15%，个别年份接近 20%；烟台接待韩国游客占中国接待韩国游客的比重在 6% 左右，个别年份达到 6.5%。这表明，烟台接待外国游客中主要是韩国游客，韩国游客到中国也有很大的比例选择到烟台。表 5-18 给出了烟台市接待韩国游客的情况。

表 5-18 烟台市接待韩国游客人数及占比

年度	烟台市接待外国游客人数（人）	烟台市接待来自韩国的外国游客人数（人）	烟台市接待外国游客中韩国游客占比（%）	烟台市接待韩国游客占山东省接待韩国游客占比（%）	烟台市接待韩国游客占中国接待韩国游客占比（%）
2000	53353	21904	41.1	11.9	1.6
2001	75967	36872	48.5	15.1	2.2
2002	95082	39414	41.5	13.1	1.9
2003	114060	46053	40.4	15.1	2.4
2004	129473	63691	49.2	14.1	2.2
2005	154819	82753	53.5	12.9	2.3
2006	196756	113712	57.8	14.0	2.9
2007	255014	132893	52.1	12.2	2.8
2008	295110	161831	54.8	15.4	4.1
2009	311370	186677	60.0	16.2	5.8
2010	390028	228267	58.5	17.7	5.6
2011	444674	267836	60.2	19.3	6.4
2012	416891	265445	63.7	17.3	6.5
2013	415628	244123	58.7	16.3	6.2

数据来源：山东省统计局 2001 年至 2014 年各年的统计年鉴。

（三）威海市

威海市的统计年鉴中没有与韩国贸易的数据，也没有利用外资的分国别（地区）数据。表 5-19 给出了威海市接待外国游客中韩国游客的数量和比例。表 5-19 显示，威海接待外国游客中有 80% 以上来自韩国，威海接待的韩国游客占山东省的 20% 多，占全国的比例达到 9%。这表明，韩国是到威海的外国游客的主要来源地；同时，威海也是韩国游客到中国的主要目标城市，突出了两地的密切联系和关系。

表 5-19 威海市接待韩国游客人数及占比

年度	威海市接待外国游客人数（人）	威海市接待来自韩国的外国游客人数(人)	威海市接待外国游客中韩国游客占比（%）	威海市接待韩国游客占山东省接待韩国游客占比（%）	威海市接待韩国游客占中国接待韩国游客占比（%）
2000	80740	71642	88.7	39.0	5.3
2001	86360	72992	84.5	29.9	4.3
2002	88311	74929	84.8	24.9	3.5
2003	89230	67711	75.9	22.1	3.5
2004	113582	92875	81.8	20.5	3.3
2005	159171	129870	81.6	20.3	3.7
2006	194172	156805	80.8	19.4	4.0
2007	255015	208355	81.7	19.2	4.4
2008	275464	226010	82.0	21.5	5.7
2009	306109	255042	83.3	22.1	8.0
2010	355989	292959	82.3	22.7	7.2
2011	388471	327385	84.3	23.6	7.8
2012	428464	371375	86.7	24.2	9.1
2013	412663	358188	86.8	23.9	9.0

数据来源：山东省统计局 2001 年至 2014 年各年的统计年鉴。

（四）潍坊市

1. 对外贸易。

从 2011 年和 2013 年的数据来看，韩国是潍坊的第三大贸易伙伴，潍坊与韩国之间的进出口总额占潍坊进出口总额的 7% 左右。由于潍坊市对外贸易顺差较大，对韩国也是贸易顺差。对韩出口位居第 3、4 位，占比 6% 左右，2011 年占比 6.6%，2013 年占比 5.7%；从韩国的进口位居第二位，占比 9% 多，仅次于从美国的货物进口。表 5–20 给出了潍坊市 2011 年和 2013 年与韩国的对外贸易状况。

表 5–20 潍坊市与韩国之间的贸易状况

年份	进出口					
	总额（万美元）	韩国			与美国、日本等的比较	
		金额（万美元）	占比（%）	位次	国别	金额（万美元）
2011	1409317	103250	7.3	3	日本	207723
					美国	183141
2013	1616173	109704	6.8	3	日本	211700
					美国	216474
年份	出口					
	总额（万美元）	韩国			与美国、日本等的比较	
		金额（万美元）	占比（%）	位次	国别	金额（万美元）
2011	1036751	68135	6.6	3	日本	179641
					美国	131678
2013	1160588	65855	5.7	4	日本	187631
					美国	168154
					中国香港地区	76781
年份	进口					
	总额（万美元）	韩国			与美国、日本等的比较	
		金额（万美元）	占比（%）	位次	国别	金额（万美元）
2011	372566	35115	9.4	2	日本	28082
					美国	51463
2013	455585	43849	9.6	2	日本	24069
					美国	48320

数据来源：2012 年和 2014 年《潍坊统计年鉴》。

2. 外国游客。

在潍坊市接待的外国游客中，来自韩国的游客占比接近一半，其中 2009 年超过一半。潍坊市接待的韩国游客占山东省接待韩国游客的接近 9%，占全国的 3% 多。这表明，韩国是潍坊市接待外国游客的主要来源地，潍坊市是韩国游客到达中国的主要目标地之一。表 5–21 给出了潍坊市接待韩国游客的人数及其比例。

表 5-21 潍坊市接待韩国游客人数及占比

年度	潍坊市接待外国游客人数（人）	潍坊市接待来自韩国的外国游客人数（人）	潍坊市接待外国游客中韩国游客占比（%）	潍坊市接待韩国游客占山东省接待韩国游客占比（%）	潍坊市接待韩国游客占中国接待韩国游客占比（%）
2000	11895	2408	20.2	1.3	0.2
2001	11957	2453	20.5	1.0	0.1
2002	14145	2891	20.4	1.0	0.1
2003	21455	3035	14.1	1.0	0.2
2004	19453	5459	28.1	1.2	0.2
2005	24587	5027	20.4	0.8	0.1
2006	33178	12399	37.4	1.5	0.3
2007	58844	27866	47.4	2.6	0.6
2008	105923	52858	49.9	5.0	1.3
2009	125842	69004	54.8	6.0	2.2
2010	181276	86950	48.0	6.7	2.1
2011	235899	120204	51.0	8.7	2.9
2012	284089	133926	47.1	8.7	3.3
2013	274002	129257	47.2	8.6	3.3

数据来源：山东省统计局 2001 年至 2014 年各年的统计年鉴。

（五）日照市

1. 对外贸易。

韩国是日照最为重要的贸易伙伴之一，日照与韩国之间的进出口总额约占日照进出口总额的 8% 左右。韩国是日照主要的出口市场，出口额占比为 15% 左右，位居第二位。韩国实际上也是日照最为重要的进口来源地，虽然只位居第四位，占比也只有 7% 左右。这主要是因为日照从澳大利亚、巴西等进口铁矿石才使韩国位次下降。在 2009 年之前，日照对韩国的出口额大于进口额，是顺差；在 2009 之后，日照对韩国的出口额小于进口额，为逆差。表 5-22 给出了日照与韩国之间的进出口额及其占比情况。

表 5-22 日照市与韩国的进出口贸易情况

年份	进出口			出口						进口					
	总额（万美元）	韩国		总额（万美元）	韩国			与主要出口对象的比较		总额（万美元）	韩国			与主要进口来源国的比较	
		总额（万美元）	占比		金额（万美元）	占比（%）	位次				金额（万美元）	占比（%）	位次	国别	金额（万美元）
2007	575907	62493	10.9	196423	37415	19.0	2	日本	42933	379848	25078	6.6	4	澳大利亚	59213
								美国	19193					巴西	31228
														美国	26551
2008	926758	72020	7.8	252525	42235	16.7	2	日本	60373	674233	29785	4.4	4	澳大利亚	116020
								美国	26536					巴西	49838
														美国	45268
2009	857045	45776	5.3	162672	13611	8.4	3	日本	39184	694373	32165	4.6	4	澳大利亚	160672
								美国	21853					巴西	92130
														美国	53327
2011	2075731	152632	7.4	390654	72777	18.6	1	日本	67462	1685077	79855	4.7	5	澳大利亚	310706
								美国	47893					巴西	287445
														美国	179474
														印度	163389
2012	2525138	199761	7.9	388456	56443	14.5	2	日本	62523	2136682	143318	6.7	4	澳大利亚	359332
								美国	34350					巴西	444071
														美国	320015

续前表

年份	进出口			出口						进口					
	总额（万美元）	韩国		总额（万美元）	韩国			与主要出口对象的比较		总额（万美元）	韩国			与主要进口来源国的比较	
		总额（万美元）	占比		金额（万美元）	占比（%）	位次				金额（万美元）	占比（%）	位次	国别	金额(万美元)
2013	3303931	269985	8.2	387918	54316	14.0	2	日本	56406	2916013	215669	7.4	4	澳大利亚	625528
								美国	39476					巴西	718252
														美国	381979

数据来源：日照市 2008、2009、2011、2012、2013、2014 年统计年鉴。

2. 外国直接投资。

韩国也是日照外商直接投资的主要来源国。根据 2013 年和 2014 年的数据，韩国都是位居第 3 位，占比 20% 左右。2013 年和 2014 年，日照最主要的外资都来源于新加坡，分别占比 50.5% 和 38.6%。其次是中国香港地区，分别占比为 22.5% 和 27.5%。表 5–23 给出了日照主要的外资来源地情况。

表 5–23 日照吸收韩国直接投资及其占比

年份	实际到账（亿美元）	韩国			与其他主要外资来源地的比较		
		数额（亿美元）	占比（%）	位次	国别	数额（亿美元）	占比（%）
2013	5.30	1.04	19.7	3	新加坡	2.67	50.5
					中国香港地区	1.19	22.5
2014	5.73	1.51	26.4	3	新加坡	2.21	38.6
					中国香港地区	1.58	27.5

数据来源：日照市 2013 年和 2014 年的经济和社会发展统计公报。

3. 外国游客。

韩国也是日照所接待外国游客的主要来源地。在日照接待的外国游客中，来自韩国的游客超过 60%。日照也是韩国游客到中国旅游的主要目的地之一，从 2008 年开始，日照接待的韩国游客占山东省接待韩国游客的比例都在 10% 以上；占全国的比例在 4% 左右。表 5–24 给出了日照接待韩国游客的人数及其占比。

表 5–24 日照市接待韩国游客人数及占比

年度	日照市接待外国游客人数（人）	日照市接待来自韩国的外国游客人数（人）	日照市接待外国游客中韩国游客占比（%）	日照市接待韩国游客占山东省接待韩国游客比例（%）	日照市接待韩国游客占中国接待韩国游客比例（%）
2000	14594	3727	25.5	2.0	0.3
2001	18193	7464	41.0	3.1	0.4
2002	20558	6151	29.9	2.0	0.3

续前表

年度	日照市接待外国游客人数（人）	日照市接待来自韩国的外国游客人数（人）	日照市接待外国游客中韩国游客占比（%）	日照市接待韩国游客占山东省接待韩国游客比例（%）	日照市接待韩国游客占中国接待韩国游客比例（%）
2003	28782	14944	51.9	4.9	0.8
2004	46895	36310	77.4	8.0	1.3
2005	59357	44695	75.3	7.0	1.3
2006	75498	61960	82.1	7.6	1.6
2007	111579	86375	77.4	7.9	1.8
2008	150909	117096	77.6	11.1	3.0
2009	156252	119599	76.5	10.4	3.7
2010	211243	127038	60.1	9.8	3.1
2011	247255	150090	60.7	10.8	3.6
2012	277083	170050	61.4	11.1	4.2
2013	266467	173764	65.2	11.6	4.4

数据来源：山东省统计局 2001 年至 2014 年各年的统计年鉴。

（六）东营市

1. 对外贸易。

东营市对韩国的出口额总体上逐年增加，占东营市出口额的比重不太高，在2%左右，2013年仅为1.3%，韩国是东营市第10位左右的出口对象国。表 5-25 给出了东营对韩国的出口额及其占比和地位情况。

表 5-25 东营对韩国的出口数额及其占比

年份	出口总额（万美元）	对亚洲出口额（万美元）	韩国			与其他主要出口对象国或地区的比较	
			出口额（万美元）	占比（%）	排名	国别 / 地区	数额（万美元）
2007	140140	64378	2839	2.0	5	美国	23762
						中国香港	7388
						俄罗斯	6247
						澳大利亚	3507
2008	197233	75652	3332	1.7	10	美国	47612
						加拿大	5117
						澳大利亚	4367
						巴西	4282
						德国	4228
						英国	3800
						中国香港	3714
						日本	3643
						俄罗斯	3591
2009	175539	80748	3962	2.3	4	美国	24168
						德国	6186
						英国	4544
						中国台湾	4517
2010	275809	102408	5885	2.1	9	美国	33220
						德国	15232
						意大利	11548
						中国台湾	8526
						英国	7843
						南非	6544
						俄罗斯	6209
						澳大利亚	6062

续前表

年份	出口总额（万美元）	对亚洲出口额(万美元)	韩国			与其他主要出口对象国或地区的比较	
			出口额（万美元）	占比（%）	排名	国别 / 地区	数额（万美元）
2011	435919	168073	6198	1.4	10	美国	51396
						俄罗斯	19095
						英国	16991
						德国	15597
						澳大利亚	11202
						意大利	10752
						加拿大	10100
						南非	8758
						日本	7288
						巴西	7183
2012	498346	183714	8196	1.6	10	美国	63542
						俄罗斯	19946
						英国	17729
						澳大利亚	14263
						加拿大	10685
						德国	9630
						意大利	9510
						中国台湾	9197
						南非	8646
2013	580290	224826	7716	1.3	7	美国	102947
						俄罗斯	29481
						英国	19806
						澳大利亚	14355
						中国台湾	10233
						加拿大	8134
						南非	7902

数据说明:《东营统计年鉴》中仅给出了东营市主要出口市场情况，未给出进口来源市场情况。

数据来源：东营市统计局 2012 年和 2014 年的《统计年鉴》。

2. 外商直接投资。

东营市基本上没有来自韩国的外商直接投资，根据东营市 2012 年、2013 年、2014 年的统计年鉴，这三年实际利用韩国外商直接投资为零。东营市的外商直接投资主要来自中国香港和新加坡等国家或地区。

3. 外国游客。

东营市每年接待的外国游客中，韩国游客基本上都在 10%–20%。占比最高年份虽然很高，达到了 28.8%，但是来自韩国的游客人数仅为 341 人。从 2000 年一直到 2012 年，来自韩国的外国游客数量一直不断增加，2012 年突破了 6000 人，占东营市接待外国游客比重为 16.3%。东营市接待的韩国游客数量占山东省接待韩国游客数量不足 0.5%，可见东营不是韩国游客到中国的主要旅游目的地。表 5–26 给出了东营市接待韩国游客人数及其比例情况。

表 5–26 东营市接待韩国游客人数及占比

年度	东营市接待外国游客人数（人）	东营市接待来自韩国的外国游客人数（人）	东营市接待外国游客中韩国游客占比（%）	东营市接待韩国游客占山东省接待韩国游客比例（%）	东营市接待韩国游客占中国接待韩国游客比例（%）
2000	844	50	5.9	0.0	0.0
2001	1230	196	15.9	0.1	0.0
2002	2229	350	15.7	0.1	0.0
2003	1910	125	6.5	0.0	0.0
2004	1724	113	6.6	0.0	0.0
2005	1182	341	28.8	0.1	0.0
2006	2630	408	15.5	0.1	0.0
2007	8248	1563	19.0	0.1	0.0
2008	14526	2323	16.0	0.2	0.1
2009	16737	3309	19.8	0.3	0.1
2010	22152	5448	24.6	0.4	0.1
2011	31835	4364	13.7	0.3	0.1
2012	38633	6289	16.3	0.4	0.2
2013	34010	2124	6.2	0.1	0.1

数据来源：山东省统计局 2001 年至 2014 年各年的统计年鉴。

（七）滨州市

1. 对外贸易。

韩国是滨州市的主要出口对象国。2007 年到 2013 年间，韩国基本上是滨州市的第三大出口对象国，其中 2007 年为第二大出口对象国，2011 年为第一大出口对象国。占比基本上在 10% 左右，2012 年和 2013 年下降到 7.4%。滨州市从韩国的进口数量比较少，2011 年和 2012 年，滨州市从韩国的进口仅占其进口量的 2.32% 和 1.57%，分别居第六位和第十一位。表 5–27 和表 5–28 给出了滨州市与韩国的进出口数额等情况。

表 5–27 滨州对韩国的出口数额及其占比

年份	出口总额（万美元）	对亚洲出口额（万美元）	韩国			与其他主要出口对象国或地区的比较		
			出口额（万美元）	占比（%）	排名	国别 / 地区	数额（万美元）	占比（%）
2007	187833	117625	24977	13.3	2	中国香港地区	33907	18.1
2008	227800	126005	25478	11.2	3	中国香港地区	34621	15.2
						美国	30139	13.2
2009	175757	97586	18341	10.4	3	中国香港地区	33120	18.8
						美国	24200	13.8
2010	255073	146656	28818	11.3	3	中国香港地区	37918	14.9
						美国	32211	12.6
2011	284659	155445	33692	11.8	1	中国香港地区	20379	7.2
						美国	27716	9.7
2012	282933	150527	20834	7.4	3	中国香港地区	27032	9.6
						美国	27757	9.8
2013	354473	199959	27748	7.4	3	中国香港地区	38937	11
						美国	34070	9.6

数据来源：滨州市统计局，2009 年至 2014 年的《滨州统计年鉴》。

表 5-28 滨州从韩国的进口额及其占比和地位

年份	进口总额（万美元）	韩国			与主要进口来源地的比较		
		进口额（万美元）	占比（%）	位次	国别 / 地区	进口额（万美元）	占比（%）
2011	384609	8907	2.32	6	美国	109580	28.49
					印度尼西亚	89144	23.18
					巴西	48167	12.52
					印度	37333	9.71
					澳大利亚	24243	6.3
2012	345716	5424	1.57	11	印度尼西亚	65542	18.96
					巴西	63817	18.46
					美国	51315	14.84
					印度	43700	12.64
					澳大利亚	32249	9.33
					乌克兰	12488	3.61
					德国	11391	3.29
					加拿大	9437	2.73
					乌拉圭	7276	2.1
					阿根廷	5612	1.62

数据来源：滨州市商务局：《2011 年滨州市商务发展概况》和《2012 年滨州市商务发展概况》，http://www.bbz.gov.cn/news_more.asp?page=3&word=&lm=23&lm2=&lmname=&open=&n=&hot=&tj=

2. 外商直接投资。

滨州市利用韩国外商直接投资数量较少。根据 2011 年和 2012 年的统计[①]，2011 年和 2012 年都不到 0.1%，分别为 0.08% 和 0.06%；2011 年 98% 来自中国香港地区；2012 年 93% 来自中国香港地区。

3. 外国游客。

滨州市接待的外国游客中，来自韩国的游客占比在 10% 到 20% 之间，最高年份超过 30%，其中 2002 年为 32.7%，但是由于滨州当年接待外国游客只有 294 人，接待的韩国游客仅为 96 人。从 2007 年开始，滨州市接待

① 滨州市商务局：《2011 年滨州市商务发展概况》和《2012 年滨州市商务发展概况》，http://www.bbz.gov.cn/news_more.asp?page=3&word=&lm=23&lm2=&lmname=&open=&n=&hot=&tj=

外国游客数量不断增加，韩国游客数量也逐年增加。从滨州接待韩国游客占山东省接待韩国游客的比例来看，滨州显然不是山东省接待韩国游客的主要旅游地。表 5-29 给出了滨州市接待韩国游客数量及占比情况。

表 5-29 滨州市接待韩国游客人数及占比

年度	滨州市接待外国游客人数（人）	滨州市接待来自韩国的外国游客人数（人）	滨州市接待外国游客中韩国游客占比（%）	滨州市接待韩国游客占山东省接待韩国游客比例（%）	滨州市接待韩国游客占中国接待韩国游客比例（%）
2000	428	120	28.0	0.1	0.0
2001	318	70	22.0	0.0	0.0
2002	294	96	32.7	0.0	0.0
2003	561	61	10.9	0.0	0.0
2004	907	112	12.3	0.0	0.0
2005	3510	314	8.9	0.0	0.0
2006	5693	742	13.0	0.1	0.0
2007	8237	1990	24.2	0.2	0.0
2008	16637	2785	16.7	0.3	0.1
2009	22137	4724	21.3	0.4	0.1
2010	28899	8052	27.9	0.6	0.2
2011	35531	6173	17.4	0.4	0.1
2012	44374	7106	16.0	0.5	0.2
2013	42422	5500	13.0	0.4	0.1

数据来源：山东省统计局 2001 年至 2014 年各年的统计年鉴。

（八）山东半岛蓝色经济区与韩国经贸关系情况小结

1. 对外贸易。

根据前面的数据分析，总结如下[①]：第一，韩国是山东半岛蓝色经济区各地市主要的贸易伙伴，是青岛市、烟台市的第三大出口对象国，是潍坊市第三位或第四位的出口对象国，是日照第一位或第二位的出口对象国，是滨州第二位或第三位的出口对象国；是烟台第一大进口来源国，是潍坊

① 需要说明：这里的总结是根据能够找到的数据来总结的规律，由于威海市的统计年鉴中没有相关的数据，所以这里没有说明威海的情况，但是从已有的资料来看，威海与韩国具有密切的贸易关系，威海的进口来源国主要是韩国。

第二大进口来源国，是日照的第四大进口来源国。第二，山东半岛蓝色经济区各地市对韩国的贸易总体上是逆差，但也有一些城市是顺差，如滨州市、潍坊市以及2008年之前的日照等。第三，山东半岛蓝色经济区各地市与韩国的对外贸易不平衡，青岛、烟台、潍坊、日照、威海等是与韩国贸易关系密切的城市，而且韩国是其最主要贸易对象国之一，而东营和滨州则与韩国的贸易密切程度要低得多。

2. 外国直接投资。

山东半岛蓝色经济区各地市吸收的外商直接投资中，韩国基本上是最重要的来源地之一。主要有以下特征①：第一，韩国是青岛、烟台、日照所利用外商直接投资的主要来源地，韩国投资基本上占当地外商直接投资的第二位或第三位，而往往位居第一位的是中国香港地区；滨州和东营利用韩国外资几乎没有。第二，青岛、烟台、日照也是韩国投资中国特别是山东的主要目的地，每个地市的韩国直接投资占山东省吸收韩资的比重较高，仅青岛就超过了50%。这表明，韩国对山东的直接投资主要集中于山东半岛蓝色经济区。

3. 旅游人数。

山东半岛蓝色经济区规划主体区各地市是山东省接待韩国游客的主要城市，占山东省接待韩国游客的80%以上，占全国接待韩国游客的30%以上。在各地市接待外国游客中，来自韩国的游客最多，从2000年到2013年间基本上都在50%以上，其中2007年达到59.8%。从七个地市的情况来看：（1）青岛市、烟台市、威海市、日照市和潍坊市每年接待的韩国游客都超过10万人，其中青岛市和威海市都超过30万人，烟台市超过20万人，日照市和潍坊市都超过10万人。（2）在青岛市、烟台市、威海市、日照市和潍坊市接待的外国游客中，韩国游客占最大比重，青岛市接待的外国游客中韩国游客在40%左右，烟台市接待的外国游客中韩国游客在60%左右，威海市接待的外国游客中韩国游客超过80%，日照市接待的外国游客中韩国游客超过60%，个别年份超过80%，潍坊市接待的外

① 需要说明：这几个特征的概括没有提到威海市和潍坊市，是因为从统计资料中未能够找到相关数据。但是，从公开的资料中看出，威海是韩国在山东省外国直接投资的主要目的地之一，威海所吸收的外商直接投资也主要是来自韩国。由于没有找到相关的公开数据，因此只能够进行不全面的分析。

国游客中韩国游客占 50% 左右。这说明：第一，山东半岛蓝色经济区规划主体区各地市是韩国游客到中国、到山东省的主要目的地；第二，山东半岛蓝色经济区规划主体区各地市的对外旅游业主要依靠韩国游客。表 5–30 给出了山东半岛蓝色经济区各地市接待韩国游客的总体情况；图 5–7 和图 5–8 给出了山东半岛蓝色经济区各地市接待韩国游客的变化情况。

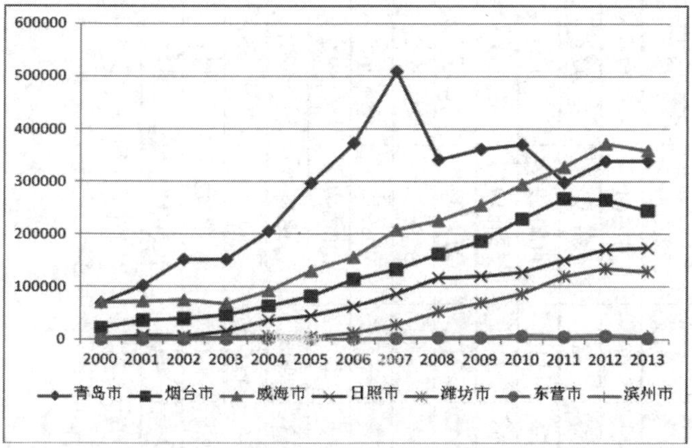

数据来源：根据表 5–15、5–18、5–19、5–21、5–24、5–26、5–29 中的数据做出。

图 5–7 山东半岛蓝色经济区规划主体区各地市接待韩国游客人数变化（人）（2000–2013 年）

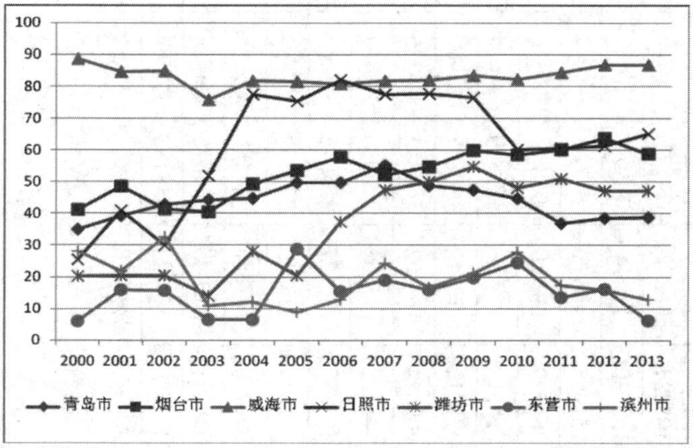

数据来源：根据表 5–15、5–18、5–19、5–21、5–24、5–26、5–29 中的数据做出。

图 5–8 山东半岛蓝色经济区各地市接待外国游客中韩国游客比重（%）（2000–2013 年）

表 5-30 山东半岛蓝色经济区规划主体区各地市接待韩国游客人数及占比

年度	青岛市	烟台市	威海市	日照市	潍坊市	东营市	滨州市	总数	占接待外国游客的比重（%）	占山东省比重（%）	占全国比重（%）
2000	69787	21904	71642	3727	2408	50	120	169638	46.9	92.4	12.6
2001	103327	36872	72992	7464	2453	196	70	223374	48.8	91.6	13.3
2002	152530	39414	74929	6151	2891	350	96	276361	47.9	91.9	13.0
2003	151963	46053	67711	14944	3035	125	61	283892	47.4	92.8	14.6
2004	204799	63691	92875	36310	5459	113	112	403359	52.4	89.2	14.2
2005	296519	82753	129870	44695	5027	341	314	559519	56.0	87.4	15.8
2006	373712	113712	156805	61960	12399	408	742	719738	57.2	88.9	18.3
2007	509624	132893	208355	86375	27866	1563	1990	968666	59.8	89.0	20.3
2008	341012	161831	226010	117096	52858	2323	2785	903915	58.1	86.0	22.8
2009	361823	186677	255042	119599	69004	3309	4724	1000178	58.7	86.9	31.3
2010	369649	228267	292959	127038	86950	5448	8052	1118363	55.5	86.5	27.4
2011	297770	267836	327385	150090	120204	4364	6173	1173822	53.6	84.6	28.0
2012	338351	265445	371375	170050	133926	6289	7106	1292542	54.6	84.3	31.8
2013	337976	244123	358188	173764	129257	2124	5500	1250932	54.0	83.6	31.5

数据来源：各地市接待韩国游客人数来自 2001 到 2014 年的《山东省统计年鉴》；总数为加总得出；后三列计算得出。

四、中国在韩国对外经济关系中的地位

中国是韩国最为重要的贸易伙伴、投资对象国。据韩国关税厅统计，2013 年，韩国进出口总额 10752 亿美元，其中出口 5596 亿美元，进口 5156 亿美元，而韩国与中国的进出口总额达到 2288.4 亿美元，其中出口 1458 亿美元，进口 830.4 亿美元①。进出口总额占比 21.28%，出口占比 26.1%，进口占比 16.1%。中国是韩国最大的贸易伙伴、最大的出口对象国、最大的进口国来源国。中国虽然直到 2015 年 6 月才与韩国签署《中韩自由贸易协定》，但是 2013 年韩国与中国的进出口远远超出与韩国签署了自由贸易协定的美国、欧盟、东盟等国家或地区。

表 5-31 2013 年韩国主要的出口对象和进口来源国家或地区

排名	出口			进口		
	国家或地区	出口额（亿美元）	占比（%）	国家或地区	进口额（亿美元）	占比（%）
1	中国	1458	26.1	中东	1262.1	24.5
2	美国	621	11.1	中国	830.4	16.1
3	日本	347	6.2	东南亚	698.9	13.6
4	中国香港	278	5	日本	600.2	11.6
5	新加坡	223	4	欧盟	562.2	10.9
6	越南	211	3.8	美国	415.1	8.1
7	中国台湾	157	2.8	澳大利亚	207.7	4.0
8	印度尼西亚	116	2.1	拉美	183.7	3.6
9	印度	114	2	CIS（前独联体国家）	123.1	2.4
10	俄罗斯	112	2	加拿大	47.2	0.9

数据来源：韩国关税厅的数据来自商务部《对外投资合作国别（地区）指南：韩国（2014 年版）》，http://fec.mofcom.gov.cn/gbzn/gobiezhinan.shtml?COLLCC=2328503116&

2013 年，中国是韩国的第二大对外投资对象国、第六大外国直接投资来源国。据韩国企划财政部统计，2013 年，韩国对外直接投资额为 531.2

① 韩国关税厅的数据来自商务部《对外投资合作国别（地区）指南：韩国（2014 年版）》，http://fec.mofcom.gov.cn/gbzn/gobiezhinan.shtml?COLLCC=2328503116&

亿美元，对中国的投资为48亿美元，仅次于对美国投资的53.6亿美元；韩国吸收外国直接投资96.8亿美元，其中中国投资4.81亿美元。

表5-32 2013年韩国对外直接投资和吸收外商直接投资的主要目标和来源国家或地区

排名	对外直接投资			吸收外国或地区直接投资		
	国家或地区	数额（亿美元）	占比（%）	国家或地区	进口额（亿美元）	占比
	总额	531.2		总额	96.8	
1	美国	53.6	10.1	美国	35.35	36.5
2	中国	48	9.0	日本	26.9	27.8
3	开曼群岛	27.9	5.3	中国香港	9.76	10.1
4	秘鲁	24.2	4.6	荷兰	6.18	6.4
5	澳大利亚	16.9	3.2	法国	5.3	5.5
6				中国	4.81	5.0

数据来源：韩国关税厅的数据来自商务部《对外投资合作国别（地区）指南：韩国（2014年版）》，http://fec.mofcom.gov.cn/gbzn/gobiezhinan.shtml?COLLCC=2328503116&

第三节 《中韩自由贸易协定》对山东半岛蓝色经济区的影响：理论分析

按照经济一体化程度和水平，区域经济一体化可以分为优先贸易安排、自由贸易区、关税同盟、共同市场、经济同盟和完全的经济一体化六种形式（冯悦、夏辉，2012；缪东玲，2011；等等）。国家之间建立自由贸易区是地区经济一体化的一种重要形式，它是通过达成自由贸易协议，取消或降低关税和非关税壁垒等，促进货物、服务和投资等活动。在自由贸易区内，国家之间的关税或非关税壁垒取消或大幅度降低，货物、人员等的流动更加自由；在自由贸易区之外，各个国家分别针对非自由贸易区的第三国制定或采取各自的贸易政策。那么，两个国家之间签署自由贸易协定，会对两个国家产生什么样的经济影响？这里分几个层次来分析：一是宏观经济影响，主要是自由贸易协定对贸易、投资和宏观经济等产生的影响；

二是对企业的影响，主要是对不同类型企业产生的有利影响和不利影响；三是对消费者的影响，总体上讲，自由贸易协定对国内的纯消费者具有积极影响；四是结合《中韩自由贸易区》中地方经济合作的条款，具体分析对山东省威海市的影响。这里必须要强调的是，由于山东省、山东半岛蓝色经济区各地市是中国与韩国的经贸往来最密切的地区，所以这里的宏观层次影响、对企业的影响、对消费者的影响也都直接体现为对山东省和山东半岛蓝色经济区的影响。

一、宏观影响

借鉴对关税同盟经济影响的理论分析，自贸协定的宏观影响可以分为三个层次：静态效应、动态效应和长期影响。静态效应主要体现为贸易创造效应和贸易转移效应；动态效应主要体现为规模经济效应、竞争效应、投资效应和资源配置效应；长期影响则体现为静态效应和动态效应最终对经济增长和经济发展的影响。在宏观影响分析的基础上，这里进一步分析对政府收入的影响，因为关税取消或大幅度降低意味着政府关税收入的下降，但是静态效应、动态效应和对长期增长的影响等却会带来所得税等的提高，如果政府要保持税收水平不变，就要在关税与国内税收之间维持平衡。

（一）静态效应

静态效应是假定其他条件不变，国家之间取消关税或降低关税对贸易的影响。这里假定其他条件不变包括国内的需求不变、供给不变以及对自贸区之外其他国家的贸易政策不变等。

1. 贸易创造效应。

贸易创造效应是指国家之间签订自由贸易协定之后由于关税降低或取消而增加对对方国家或地区产品的需求进而增加贸易量，并由此带来双方产品产量的提高和产值提高。比如两个国家甲和乙，甲国从乙国进口 A 产品，乙国从甲国进口 B 产品，原来两个国家在没有签署自由贸易协定之前对对方产品的进口征收关税，在两个国家之间相互取消关税之后，在其他条件不变的前提下，关税取消意味着甲国 A 产品的消费者面对的 A 产品价格下降，所以甲国会增加对 A 产品的需求量，即增加对 A 产品的进口。同样的逻辑，乙国也会增加对B产品的进口量。所以，甲、乙两个国家之间的贸易量会增加。由于两个国家对对方国家产品的进口量增加，从而就会促使两个国家相应产品的生产商分别增加产量等，进而带来产值的增加。如图5-9所示，甲国对某种产品的国内需求曲线为D，供给曲线为S，如果没有进出口贸易，国内供求均衡时的产量为Q0，价格为P0；而这种产品在乙国的价格为P1。如果甲国与乙国进行贸易并征收T的关税，这种产品的国内价格为P1+T，需求量为Q2，国内产量为Q1，进口量为Q1Q2。如果甲国与乙国签署了自由贸易协定而取消了关税，甲国这种产品的价格与乙国相同也为P1，那么甲国对这种产品的需求量将上升为Q4，而国内的产量则下降为Q3，进口量上升为Q3Q4。因此，相比于关税取消之前，甲国对这种产品的进口将增加Q3Q1+Q2Q4，即为贸易创造。由于自由贸易协定是国家之间取消（至少是大幅度降低）对绝大多数产品的关税，因此

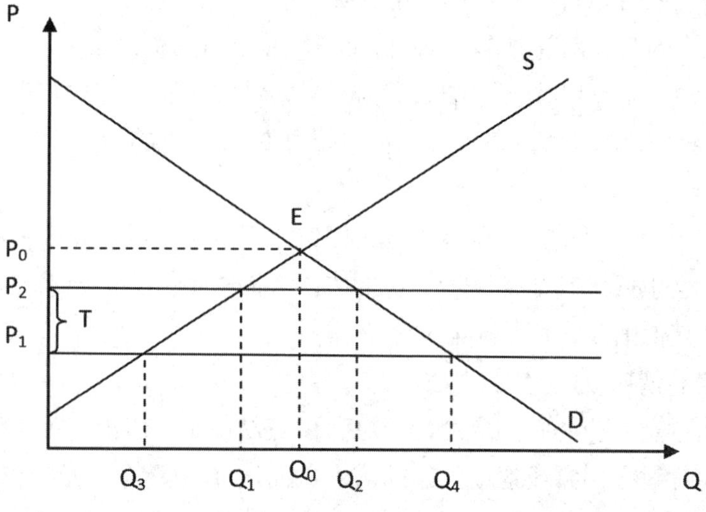

图5-9 贸易创造效应：甲国为例

凡是双方存在贸易关系的产品的贸易量都会有所增加，使得贸易额总体上增加，甚至大幅度增加。

2. 贸易转移效应。

贸易转移效应是指国家之间由于签署自由贸易协定取消或降低关税而

将与其他国家之间的贸易转移到签署了自由贸易协定的国家。比如有甲、乙、丙三个国家，甲国可以从乙国或丙国进口 A 产品，如果甲国对从乙国和丙国进口 A 产品的关税相同，那么正常情况下甲国将更多地从价格比较低的国家进口，比如丙国 A 产品的价格比较低，将主要从丙国进口。如果甲国与乙国签署了自由贸易协定，取消了关税，那么甲国对 A 产品的进口将会从丙国转移到乙国，因为乙国的这种产品在甲国市场上价格更低。由于自由贸易协定是将从对方国家进口的全部或绝大多数产品取消关税，这就会使得很多产品的进口将从其他国家或地区转移到签署了自由贸易协定的国家或地区，大幅度增加签署自由贸易协定国家或地区之间的贸易额。如图 5–10 所示，甲国从乙国或丙国进口某种产品，乙国该种产品的价格为 P3，丙国为 P1（P3> P1），甲国从乙国或丙国进口该产品都征收 T 的关税，乙国生产的该种产品在甲国的价格为 P4（= P3+T），丙国生产的该种产品在甲国的价格为 P2（= P1+T< P4），甲国从丙国进口该产品，进口量为 Q1Q2。如果甲国与乙国签署自由贸易协定，取消对该种产品的进口关税，那么乙国生产的该种产品在甲国的销售价格就与乙国在本国的销售价格相同，为 P3，远低于丙国生产的该种产品的销售价格 P2（= P1+T），所以甲国对该产品的进口将从丙国转移到乙国，并且进口量将上升为 Q3Q4。因此，国家之间建立自由贸易区，取消或降低大多数产品的关税将可能把与其他国家之间的贸易转移到自由贸易区内的国家之间。

3.《中韩自由贸易协定》的贸易创造和贸易转移。

《中韩自由贸易协定》的核心内容是大幅度取消和降低货物贸易的关税和非关税壁垒。中韩自贸区建成后，韩国 92% 的产品将对我国实行零关税，我国 91% 的产品将对韩国实行零关税，这意味着两个国家生产的产品在对方国家的价格将会下降（下降的幅度为关税水平），需求量增加，带来贸易额的提高。在韩国和中国出口增长速度都有所下降甚至出口下降的情况下，这将有利于双方出口的增加，在一定程度上降低出口增长速度下降的速度甚至避免出口下降。从贸易转移效应来看，《中韩自由贸易协定》的签署已经引起了相关国家或地区的关注，比如与中国和韩国都具有密切贸易往来的日本（中国第二大贸易伙伴、韩国第三大贸易伙伴）就担心中国与日本某些产品的贸易、日本与韩国某些产品的贸易会转移到中韩之间，中国台湾的企业也担心中国与中国台湾某些产品的贸易会转移到中韩之间。

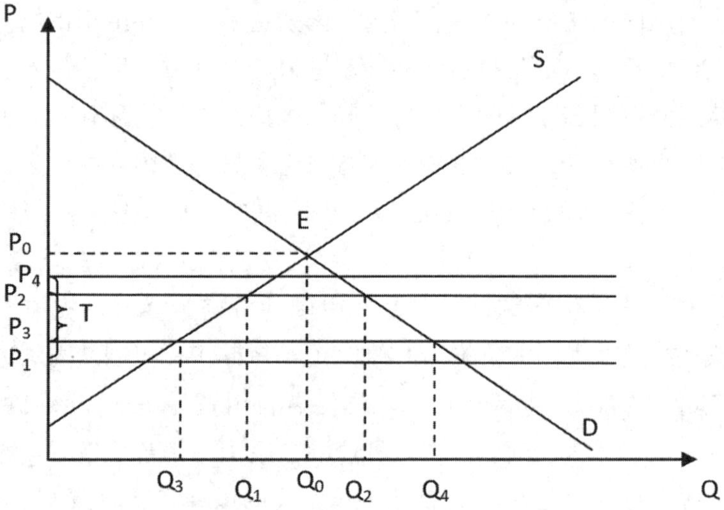

图 5-10 贸易转移效应：甲国为例

（二）动态效应

动态效应主要体现为规模经济效应、竞争效应、投资效应和资源配置效应。所谓规模经济效应是指建立自贸区的国家之间相互开放市场进而扩大了市场范围，使得各国家具有绝对优势或相对优势的产品产量增加，产生规模经济。竞争效应是指由于建立自贸区的国家之间相互开放市场而使得生产同种产品或替代产品的企业面临着外部竞争而不得不改进技术、管理等，从而提高生产效率。投资效应可以体现为四个方面：一是市场范围扩大之后，各国家的生产企业扩大投资；二是建立自贸区后国家面临的关税或非关税壁垒风险降低而扩大投资；三是竞争效应促使企业扩大规模提高竞争力；四是自贸区建立后国家之间的投资壁垒下降进而扩大相互之间的对外直接投资。资源配置效应是自贸区的建立扩大市场范围和市场规模，使得劳动、资本等生产要素配置到本国具有更高生产率的部门。

《中韩自由贸易协定》将会产生的规模经济效应主要体现为中国和韩国市场规模扩大带来的产量增加会在一定程度上降低产品的平均生产成本。中国是世界上人口最多的国家和第二大经济体，是世界最大的市场之一，韩国是世界第15大经济体，人均GDP位居世界第33位，人口5000多万，位居世界第26位或27位，中国和韩国由于建立自贸区而扩大市场产生规模经济。从竞争效应来看，中国和韩国企业将面临共同的市场、相同的市场，企业面临的竞争对象不仅仅只是国内的，还有来自对方国家的，国家通过关税和非关税壁垒等贸易政策手段对国内产业的保护将取消或大大降低，企业要想生存就必须提高技术水平、提高经营管理水平。从投资效应来看，中韩之间的相互投资会进一步增加。韩国是山东省、山东半岛蓝色经济区各地市除中国香港之外的最大的外资来源地，中国对韩国的投资采取准入前国民待遇和负面清单管理，对许多行业和产业的投资不再限制，国民待遇不再限制，基本上是只要条件许可，不涉及国家安全等重大问题的领域都开放。中国对韩国的投资也在逐年增加，是韩国的第六大外资来源国，韩国对中国投资的开放程度也有较大幅度提高，对许多行业和产业的投资不再限制、国民待遇不再限制，这将极大地促进中国企业“走出去”，走到韩国去。从资源配置效应来看，中韩自贸区意味着劳动、资本等在一国范围内进行的市场配置将在两个国家进行配置，将会提高两国的劳动生产率和资本利用效率。

（三）长期效应

国家之间建立自贸区目的是促进各国家经济的共同增长，是一种合作，实现共赢。通过前面分析中提到的静态效应和动态效应，自贸区内的每个国家能够从中获得的收益至少与不建立自贸区一样。《中韩自由贸易协定》的签署是要实现两个国家的合作共赢，是互利的。因为中韩之间的产业链具有很强的互补性，中韩通过建立自贸区，是要促进两国经济和产业链的全面融合，充分发挥各自的优势，共同提升在全球市场的竞争力，迈向全球价值链的更高端，在互利共赢的基础上实现共同发展。

然而，无论是中国还是山东省还是山东半岛蓝色经济区规划主体区内与韩国具有密切经贸往来的各地市，与韩国的贸易都是逆差，中国从韩国的进口远大于对韩国的出口。这对于以出口作为促进经济增长重要手段和途径之一的中国、山东省和山东半岛蓝色经济区规划主体区内的各地市来讲，是否意味着中韩自贸区建立之后将会出现更大的逆差进而对增长产生不利影响呢？如果静态地看，以中韩建立自贸区作为一个封闭系统看，这不无道理。然而，中国与韩国建立自贸区能够给中国带来的收益不能够仅仅从中韩之间的贸易来看。这是因为：第一，中国总体上出口是大于进口的，是顺差国；第二，中国与韩国建立自贸区从本质上是以开放促改革，是与韩国进行产业合作，共同迈向全球价值链的更高端，韩国在制造业方面总体上比中国的技术水平更高，在全球价值链中处于更高端，中国需要借助韩国的技术、品牌等促进转方式、调结构，实现产业升级；第三，中国与韩国建立自贸区之后，中国与韩国仍然具有各自独立的针对第三国的贸易政策，可能会增加对其他国家的出口，所以中国总体上仍然可以保持顺差，甚至带来更大的顺差。所以，从长期来看，中韩自贸区的建立无论对中国、对山东省、对山东半岛蓝色经济区各地市都将具有深远影响。

（四）对政府收入的影响

中韩建立自贸区取消或削减大部分货物贸易的关税和非关税壁垒，对政府来讲直接的损失就是关税收入。按照《中韩自贸协定》，在协定实施20年内，中方将取消从韩国进口的91%的产品的关税，韩国将取消从中国进口的92%的产品的关税。取消关税之后，政府将不能够从进口货物中获得税收。按照中国的税法，政府还可以征收船舶吨税和进口增值税、消费税，其中船舶吨税属地税，关税、增值税和消费税属国税。我们通过一个简单的模型，分析自贸区建设对政府税收的影响。

假定甲国消费者对某种进口产品的需求函数为 $P=f(Q)$，甲、乙两国建立自贸区之前对该种产品征收关税为从价税，税率为 τ，征收增值税和消费税也为从价税，税率为 t，进口价格为 p_0，所以消费者购买该产品的价格为 $p_0(1+\tau+t)$，所以需求量为 $q_0=f'[p_0(1+\tau+t)]$，政府能够征收的

税收为 $T_0=q_0 p_0(\tau+t)$。现在，由于两国建立自贸区而取消该种商品的进口关税，那么价格就按照进口价格加增值税和消费税，即为 $p_0(1+t)$，需求量为 $q_1=f'[p_0(1+t)]$，政府能够征收的税收为 $T_1=q_1p_0t$。由于关税取消，$p_0(1+t)< p_0(1+\tau+t)$，但是取消关税后需求量大增，即 $q_1>q_0$，所以 T_1 仍然有可能大于 T_0，也就是说，关税取消未必一定降低政府能够得到的税收。政府虽然不能够征收关税，但是仍然可以通过需求量和进口量的增加而征收更多的增值税和消费税。

二、对国内企业的影响

中韩自贸区的建立影响最大的是企业，几乎所有有关货物贸易、服务贸易和投资的协议最终都影响企业，但是这种影响并非是中性的，即并非对所有企业的影响都相同。对于外贸类企业，中韩自贸区的建立将提高货物的进出口量，这是最直接的影响；对于生产性企业，中韩自贸区的建立对其生产、销售和利润的影响是不确定的。

一是生产出口韩国产品及其补充品和原材料等产品的企业。只要这类企业生产的是正常品，中韩自贸区的建立将增加对这类企业产品的需求，进而可能会增加其销售额和利润。但是，由于不同产品关税减免的程度存在差别，同样是出口韩国产品的企业，能够增加的销售额和利润也不确定，而且如果相同类型企业之间生产的产品具有替代性，也可能会使得需求量能否增加存在不确定性。

二是生产进口替代产品及其补充品和原材料等的企业，可能会受到冲击。中韩自贸区的建立，将大幅度取消和降低中国进口的韩国产品的关税，关税取消之后，意味着韩方生产的产品在中国销售的价格将不再含有关税，会带来价格的下降甚至是大幅度下降，这会形成对进口替代产品生产企业的冲击。但是，中韩自贸协定对双方的特别敏感产品也有所保护。

三是中国对韩国开放投资市场，包括很多产业的国民待遇和准入等都不再受到限制，这会对国内相关产业的企业产生竞争，既有有利影响也有不利影响。从有利影响看，有助于国内企业提高经营管理能力、技术水平等，进而促进企业的转型升级；从不利影响看，外资企业的进入对国内企业形成竞争，比如中国对韩国金融、电信等行业的进入实行准入前国民待遇，一方面是加剧了国内民营资本进入的竞争程度，另一方面是加剧了对国内金融业和电信业的竞争。当然，韩国也对中国资本进入韩国市场采取准入前国民待遇等，一定程度上为中国投资者进入韩国市场创造了条件，对中国企业是有利的。

所以，中国企业、山东省企业和山东半岛蓝色经济区的企业最重要的是研究、了解中韩自贸区的建立涉及到所在行业、所在产业的关税、非关税壁垒等中方的承诺、韩方的承诺，对服务贸易和投资等中方的承诺和韩方的承诺内容，根据可能会对本企业带来的机遇和可能产生的影响采取相应的对策。

三、对消费者的影响

总体上看，中韩自贸区的建立对消费者是有利的，然而能够给消费者带来多大的好处还要取决于消费者所消费的从韩国进口商品的类别、比例等。

第一，消费者购买和消费从韩国进口的商品的价格会下降。在中韩自贸区建立之后，由于大幅度取消和降低从韩国进口的商品的关税，消费者购买从韩国进口的商品将不再支付关税，价格下降，能够获得消费者剩余。每个消费者能够从中获得多少收益要根据所购买的韩国商品中关税是否取消、降低的程度、购买了多少韩国商品等来确定。

第二，消费者购买和消费中国生产的出口韩国的商品的价格可能会上升。从供求规律来讲，中国出口韩国的商品可能会因为韩国取消或降低关税而增加，在其他条件不变的前提下，相当于需求增加，国内消费者购买这种商品的价格可能会上升。当然，在生产者由于出口增加而扩大生产等条件下，商品的价格也未必会上升。

第三，消费者可以更便宜的价格和更便利的条件享受韩国服务。由于服务贸易采取准入前国民待遇和负面清单管理，中国对韩国的服务贸易将更加便利，韩国企业进入中国服务行业的限制将取消或大幅度降低。比如，韩国企业可以在中国开展美容业等，韩国医生可以在中国的医院执业，中国消费者不需要到韩国也能够购买相应服务。

第四，消费者可以购买更多韩国企业在中国投资生产的商品和服务。由于中国将对韩方开放许多领域的投资，实行准入前国民待遇和负面清单管理，将进一步推动韩国投资者到中国投资，许多本来在韩国生产的产品将会到中国进行生产。这会为消费者带来更多韩资企业生产的产品，由于产品生产成本、运费以及进口消费税和增值税等的降低，会给消费者带来好处。

所以，中韩自贸区的建立对消费者来讲总体上是有利的，但是对不同消费者的影响会存在差别。

第四节 山东半岛蓝色经济区积极抢抓中韩自贸区机遇：现实做法与存在的问题

《中韩自由贸易协定》对山东半岛蓝色经济区各地市具有重要而深远的影响。山东省、山东半岛蓝色经济区各地市是中国与韩国经贸往来最频繁、最密切的地区，其中青岛、烟台、威海所占份额最大，其外贸中有很大比例是与韩国的贸易、其吸收外商直接投资也主要来自韩国，特别是《中韩自由贸易协定》将中国威海和韩国仁川自由经济区作为地方经济合作的示范区，在贸易、投资、服务、产业合作等领域进行探索，开展合作，更是引起了山东省和山东半岛蓝色经济区规划主体区各地市的广泛关注，各地市积极开展行动，以尽快抓住中韩自贸区的战略机遇。其实，早在2012年，山东省为落实《山东半岛蓝色经济区发展规划》中提出的打造中日韩区域经济合作试验区的规划，制定了《关于在山东半岛蓝色经济区建设中日韩地方经济合作示范区的框架方案》（鲁政办发【2012】111号），建设“中日韩地方经济合作示范区”，将功能定位于“地方经济合作的平台”、“产业合作高地”、“东北亚国际航运物流枢纽”和“经贸交流会展中心”，在山东半岛蓝色经济区规划主体区的七个地市合作共建“中韩产业园”，分别由青岛中韩创新产业园、东营中韩装备产业园、烟台中韩新能源汽车产业园、潍坊中韩海洋化工产业园、威海中韩信息技术产业园、日照中韩汽车零部件产业园、滨州中韩现代产业园等七个特色产业园构成。这表明，山东省不仅仅有威海与韩国仁川自由经济区作为地方经济合作的示范区，而且有山东省全省特别是山东半岛蓝色经济区规划主体区七地市作为与韩国开展地方经济合作的示范区。因此，中韩自贸协定的签署、中韩自贸区的建立，影响最大、最直接的就是山东半岛蓝色经济区。这里，总结山东半岛蓝色经济区规划主体区各地市在《中韩自由贸易协定》前后制定的政策、采取的措施。

一、现实做法

（一）青岛市①

早在2012年，青岛市就提出在经济技术开发区内规划建设青岛中韩创新产业园，重点加强与韩国在健康医疗、绿色居住、对外贸易、跨境电商、海洋科技等领域的合作，在金融合作、服务贸易、知识产权保护等领域开展先行先试。2014年，青岛市在黄岛新区（青岛西海岸新区）获得国务院批复成为全国第九个国家级新区之后，就开始着力在中韩创新产业园内先行规划建立“中韩贸易合作区”。2014年8月15日，青岛市举行新闻发布会，青岛中韩贸易合作区在黄岛新区正式启动。青岛中韩贸易合作区的建立既是青岛市黄岛新区规划的一部分，更是青岛市应对中韩自贸区建立的积极举措。2014年国家发改委印发的《关于印发青岛西海岸新区总体方案的通知》明确指出：“规划建设青岛中韩创新产业园，在海洋产业合作、投资贸易便利化、跨国交通物流等方面先行先试，深化管理、技术、人才、制度

①沈俊霖．中韩贸易区在青岛黄岛正式启动先行先试[N].青岛日报，2014-08-15；白晓，宋弢．中韩自贸区下的青岛机遇[N].大众日报，2015-06-10；杨瑶．申梅梅．青岛启动建设中韩创新产业园贸易合作区[N].人民日报海外版，2014-08-21（2）；青岛打造中韩经济合作示范城[N].中华工商时报，2014-08-28.

等方面的国际合作交流，构筑我国参与全球海洋开发合作的示范平台。”青岛中韩贸易合作区作为中韩创新产业园的启动区，一期规划面积 3.76 平方公里。目标是要“率先把青岛打造成中韩地方经济合作示范城市、中韩高端产业合作集聚城市、东北亚国际航运物流枢纽港城市。”根据规划，青岛中韩贸易合作区重点突出五大功能定位：

一是突出以贸易便利化为中心的中韩创新合作，重点在 AEO 互认、金融合作、服务贸易、知识产权保护等领域开展先行先试。

二是突出健康产业和蓝色海洋经济发展，着力打造中韩新产业集聚区。

三是突出人员往来自由化和便利化，力争在会议、会展、商务及旅行便利、离区免税、货币互换、自驾旅游等政策上争取先行先试。

四是突出以中韩优秀文化为重心的中韩人文交流，积极探索开展与韩国在影视、动漫、创意设计、会展等文化领域的合作。

五是突出以绿色智慧生活为特色的中韩生态化示范城 U-city，按照韩国新都市开发的先进理念，充分利用绿色生态环境优势，打造宜居宜业的国际新城。

2015 年 6 月 1 日，在《中韩自贸协定》签署当天，青岛市就发布了《青岛市抢抓中韩自贸区新机遇提升对韩开放合作水平行动计划》，将与韩国加强高端产业合作推动转型升级，深化高端产业互利合作，特别是海洋和金融领域的合作；当日，青岛市政府还与韩国釜山市签署了《青岛市与釜山市经济通商和金融领域交流合作备忘录》。

（二）烟台市[①]

早在 2012 年，烟台市就推进建设中日韩地方经济合作示范区先行区等制定了工作方案和实施方案。2012 年 6 月 3 日，烟台市政府印发《烟台市推进建设中日韩地方经济合作示范区先行区工作方案的通知》；11 月 12 日，烟台市又印发《关于推进中日韩地方经济合作示范区建设的实施方案》，提出了烟台市与日本和韩国合作的领域、方式及目标等，其中涉及

① 贾楚航 . 烟台倾力打造产业园 成韩企进军中国桥头堡 [EB/OL]. 盖鹏 . 中韩产业园重点打造“一园三区”空间布局 [EB/OL]. 盖鹏 . 中韩产业园涵盖高端装备制造等 11 大行业 [EB/OL]. 史伟斑 . 烟台中韩产业园发布会韩国首尔成功举办 [EB/OL]. 贾楚航 . 烟台抢抓中韩产业园建设路径图曝光 [EB/OL]. 胶东在线特别报道, http://www.jiaodong.net/news/system/2015/06/02/012729624.shtm.

到建立"中韩产业园"的问题。同年，中韩自贸区谈判正式启动，烟台市一直高度关注中韩自贸区谈判的进程，并积极争取烟台成为中韩自贸区地方经济合作的先行试点城市。2014年7月，习近平主席访问韩国，烟台市作为唯一的代表城市随同出访。随后，为落实两国元首达成的"共建中韩（韩中）产业园"的共识，烟台市提出了规划建设烟台中韩产业园的构想。接着，烟台市积极探讨"两国双园"合作模式，编制完成了《烟台中韩产业园可行性研究报告》，并得到了国家商务部的明确支持，被以多种形式多次推介给韩国。2015年4月，烟台市印发了《关于推进烟台中韩产业园建设的工作方案》。2015年6月1日，《中韩自由贸易协定》在韩国首尔签署；当日，烟台市在韩国举行了烟台中韩产业园新闻发布会暨项目签约仪式；6月3日，烟台市又在北京举行了烟台中韩产业园新闻发布会，目标是将烟台中韩产业园建设成为中韩自贸区产业合作示范区①。

烟台市中韩产业园规划面积349平方公里，分别位于开发区和高新区，位于开发区的部分称为西区，面积289平方公里，位于高新区的部分称为东区，面积60平方公里。根据规划，烟台市中韩产业园涵盖11个行业，分别是：高端装备制造、新能源及节能环保、电子信息、海洋、物流、商贸、金融、电商、文化、医疗、养老，致力于将其打造成为韩国企业投资中国的最佳目的地、韩国商品进军中国市场的最大集散地、韩国医疗、美容等优势产业国际转移的最优承接地。

（三）威海市②

威海市被明确写入了《中韩自由贸易协定》第十七章经济合作的第25条"地方经济合作"中，从而成为中国第一个被写进"自贸协定"的城市，成为自贸协定的一个创举。威海市早在2012年中韩自贸区谈判启动时就力争成为中韩地方经济合作示范区。中韩自贸区谈判中，威海市于2012年承办了中韩自贸区第三轮谈判和首次中韩自贸区推动地方经济合作座谈

① 鞠传江．烟台中韩产业园——中韩自贸区合作的范例[EB/OL].http://news.sdchina.com/show/3450888.html

② 王玲，邹良丽．威海，中韩自贸区地方经济合作示范区[N].威海日报，2015-02-27；威海出台加快推动中韩自贸区地方经济合作第一批实施方案[N].威海日报，2015-03-17。山东省人民政府办公厅关于建立威海中韩自贸区地方经济合作示范区联席会议制度的通知，鲁政办字【2015】125号；连涛．威海－仁川中韩自贸区经济合作示范区说明会举行[N].威海日报，2015-07-27.

会；2013 年 6 月，威海市又承办了中日韩自贸区研讨会、中韩两国副部长级磋商和中韩自贸区推动地方经济合作研讨会。从 2014 年 1 月中韩自贸区第九轮谈判开始，威海市作为中国唯一城市代表参加中韩自贸区谈判，并最终成功地将威海写进了中韩自贸协定。2015 年 2 月，在中韩自贸协定草签之后，威海市下发了《威海市人民政府关于加快建设中韩（威海）经济合作示范区的实施意见》；在《中韩自由贸易协定》于 2015 年 6 月 1 日正式签署后，山东省于 7 月 15 日印发了《关于建立威海中韩自贸区地方经济合作示范区联席会议制度的通知》，以加快推进威海中韩自贸区地方经济合作示范区建设，召集了包括商务厅、发改委、公安厅、财政厅、金融办、人民银行等 20 个部门的联席会议。

威海市与韩国仁川市的地方经济合作早在 2012 年就已经开始。山东省政府于 2012 年 7 月印发的《关于在山东半岛蓝色经济区建设中日韩地方经济合作示范区的框架方案》就将山东省的威海市、韩国的仁川市和日本的福冈市作为地方经济合作伙伴；同年 8 月，威海市与仁川市签署了《经济合作谅解备忘录》，环翠区与仁川市中区、文登市与仁川市西区建立了友好合作伙伴关系。在中、韩两国于 2015 年 2 月草签《中韩自由贸易协定》后，3 月 25 日，威海与韩国仁川自由经济区在韩国举行了第一轮中韩 FTA 地方经济合作谈判，双方签署了《中国威海市与韩国仁川自由经济区加强地方经济合作备忘录》，加强在服务、贸易、投资、产业、通关、旅游、电子商务等领域的合作，着力推动中韩地方经济合作实现新的突破；随后，4 月 24 日，威海市与韩国仁川自由经济区在威海进行了中韩自贸区地方经济合作第二轮谈判，在旅游、医疗美容、双边投资、跨境电商、口岸互联互通、产业合作等领域进行磋商；7 月 27 日，威海 – 仁川中韩自贸区地方经济合作示范区说明会在韩国首尔举行。

为尽快抓住《中韩自由贸易协定》的机遇，威海市在 2015 年 3 月就出台了《加快推动中韩自贸区地方经济合作第一批实施方案》，争取旅游业合作先行先试，打造韩国商品交易集散平台，推动服务业重点领域深度开放合作，打造中韩自由贸易先试平台、中韩产业融合先行高地、中韩地方合作示范先进城市、中韩双边合作创新试验田。

在旅游业合作先行先试方面，威海市以2015年和2016年中韩互办旅游年为契机，加强同仁川的合作，互设旅行社，力促将双方城市作为本国游客赴对方国家旅游的第一站；争取威海与仁川之间的旅游团队落地签证政策，并探索争取两地居民免签政策，方便人员往来；将美容、医疗、健康、养生和旅游结合起来。

在货物贸易方面，威海市致力于打造韩货集散"大本营"。2014年初，威海市就出台了《关于建设韩国食品日用品交易集散中心的实施意见》，规划建设经区韩乐坊、环翠区金桥国际购物广场、临港区盛文韩国新城、荣成中韩边贸城、文登长江汇泉国际商贸城等5个韩国食品日用品展示交易中心，专门经营韩国食品日用品。

在现代服务业方面，威海市争取在医疗、金融业、文化创意、跨境电子商务等领域先行先试。在医疗方面，争取成为韩资独资医院试点城市，探讨设立韩式医疗美容中心；在金融方面，推动办理个人本外币兑换特许业务，积极开发本外币结算产品、贸易融资产品、汇率避险工具等，扩大个人货物贸易、服务贸易项下跨境人民币结算业务规模，探讨引进韩资或中韩合资保险机构；在文化创意方面，推动韩国服装设计中心建设，打造山东半岛首个服装创新创意时尚标志性基地和产业集群，探讨建设中韩影音拍摄基地；在跨境电子商务方面，建立跨境电商服务平台，设立网上产品展示中心，促进威海产品与韩国商品互通。

（四）日照市①

日照市早在2011年就规划建设了中韩汽车零部件产业园，并在2012年被山东省列入山东半岛蓝色经济区建设中日韩地方经济合作示范区框架方案中韩产业园的特色产业园。日照抢抓中韩自贸区机遇，重点是把中韩汽车零部件产业园提升为国家层面的中韩产业园区，争取国家层面的政策支持。中韩汽车零部件产业园一期3平方公里已经填满，新拓展的5公里

① 刘珅，李剑桥．融入自贸区"一带一路"，日照加速"走出去"[N]．大众日报，2015-04-02；日照市政府口岸办公室．日照口岸系统出台加快口岸改革支持园区发展10条措施[EB/OL].http://www.rizhao.gov.cn/ContShow.php?category_id=184&aiticle_id=43714.

园区正在进行基础设施建设，形成了发动机、变速箱、汽车模具、车桥四大产业链条[①]。日照中韩企业零部件产业园已经成为现代汽车集团在海外最重要的零部件生产基地，其汽车配件产品已经全部纳入现代汽车集团全球供货系统。同时，为推进中韩产业园建设，日照积极参与“中韩食品安全示范区”建设，支持园区打造韩国进口食品、日用品交易等集散中心。

（五）潍坊市[②]

2013 年 9 月 3 日，中韩自贸区第七轮谈判在潍坊市举行；9 月 4 日，潍坊市举行了中韩自贸区政策宣讲会。在《中韩自由贸易协定》草签和正式签署后，潍坊市对抢抓中韩自贸区机遇进行了规划。潍坊市政府于 2015 年 3 月份印发的《2015 年全市对外开放工作计划》中多次提到与韩国的经贸合作。一是推进中韩仓储物流产业园、峡山中韩养生产业园建设。在滨海开发区建设的中韩仓储物流产业园面积 5000 亩，重点是引进服务跨境电商的现代物流、通信技术和先进装备制造业等韩国企业入驻；峡山养生产业园规划面积 5000 亩，以健康养老养生服务为主题，致力于打造具备生态农业、医疗保健、旅游观光等主要功能的新型产业园。二是举办中韩产业合作（潍坊）峰会、中日韩产业博览会等进行园区推介、产品展示、招商引资等。2015 年 4 月，商务部投资促进事务局与潍坊市政府共同举办了 2015 中韩产业合作（潍坊）峰会，双方签订了共同推进韩国产业园建设框架的战略合作协议。6 月 29 日，潍坊市与韩国京畿道代表团在潍坊举行了中韩产业园建设对接洽谈会，双方签署了共建潍坊——韩国产业园合作框架协议。2015 年 9 月，中日韩产业博览会在潍坊举行，举办中日韩优势产品展览展示交易、投资贸易便利化论坛、企业合作对接会等经贸活动，打造三国优势产业合作新平台。三是推进与韩国友好城市的合作。2013 年 7 月，潍坊市与韩国牙山市缔结友好城市关系，潍坊市将推进与牙山市政府、

① 杜传志 . 设立中韩（日照）产业园和自贸区大有可为 [N/OL] 现代物流报，2015-03-20（A6）.http://news.xd56b.com/shtml/xdwlb/20150320/313166.shtml.

② 潍坊市抢抓中韩自贸区建设机遇深化对韩经贸合作 [EB/OL].http://www.shandongbusiness.gov.cn/public/html/news/201505/343491.html；我市与韩国京畿道代表团中韩产业园建设对接洽谈会举行 [EB/OL].http://xxgk.weifang.gov.cn/sfzb/201507/t20150713_318834.htm；2015 中韩产业合作（潍坊）峰会潍坊举行 [EB/OL].http://sd.ifeng.com/weifang/yaowenjujiao/detail_2015_04/20/3803779_0.shtml；潍坊市人民政府 .2015 年全市对外开放工作计划 [EB/OL].http://www.weifang.gov.cn/WFZW/ZFWJ/WZBZ/201503/t20150330_791836.htm.

地方经贸组织和投资促进机构常态化对接。

（六）东营市①

东营市与韩国的经贸往来不是非常密切。从东营市 2013 年主要的进、出口对象来看，韩国都不在前十位，所占份额都不足 2.5%②。但是，东营市也一直重视与韩国的经贸往来，并且按山东半岛蓝色经济区建设中日韩地方经济合作示范区框架方案的要求，积极规划建设中韩产业园。东营市在经济技术开发区专门规划了中韩产业园，总面积 17.03 平方公里，起步区项目面积 175.8 亩，总建筑面积 127690 平方米，包括 17 栋标准厂房、1 栋综合服务楼和 1 栋停车楼，主要发展电子及通信设备、仪器仪表、汽车零部件、食品及药品、纺织、服装、文体用品、工艺品等高科技及制造业企业。2015 年 5 月 27 日，东营中韩产业园起步区高科技走廊工业坊项目已经通过竣工验收。2012 年和 2013 年，东营市政府代表团曾经多次到韩国宣传推介东营中韩产业园规划和优惠政策等。

（七）滨州市③

韩国是滨州市主要的贸易伙伴之一，是第二位或第三位的出口对象国。2014 年，滨州市有 173 家企业开展对韩贸易，进出口总额达到 18.3 亿元，占滨州市外贸总额的5%，其中出口 14.9亿元，进口 3.3亿元，顺差 11.6亿元。在中国和山东省对韩进出口总体逆差、而且逆差还比较大的背景下，滨州对韩贸易顺差是滨州市对韩国贸易的一个重要特点。滨州市出口韩国的商品主要是纺织品、钢材和农产品，分别占比达到 45.2%、26.1% 和 10.6%。中韩自贸协定的签署，将会进一步提升滨州对韩国出口商品的竞争力，这对于对韩国贸易存在顺差的滨州市将带来巨大的机遇。

① 李玲．东营：中韩产业园起步区高科技走廊工业坊通过验收 [EB/OL].http://dongying.dzwww.com/dyxw/201505/t20150531_12473066.htm；中韩产业园情况简介 [EB/OL].http://www.dyedz.gov.cn/queneidaohang/guojijingjihezuobangongshi/zhonghanchanyeyuan/2013-06-21/19634.html.

② 根据东营市政府发布的 2013 年东营市的商务情况来看，韩国都不在东营市前十位的进出口对象中。出口对象国第十位是委内瑞拉，出口额占比 2.5%；进口来源国第十位是印度，进口额占比 2.4%。见 www.dongying.gov.cn.

③ 李洪林．中韩自贸区带给“滨州机会”[N]. 滨州日报，2015-01-12；中韩自贸协定签署为滨州带来“福利”[EB/OL].http://www.binzhou.gov.cn/work/html/?24813.html.

二、所存在的问题

山东半岛蓝色经济区各地市由于与韩国经贸往来密切，将成为中韩自贸协定的最大受益者，通过总结山东半岛蓝色经济区各地市对中韩自贸协定的反应和采取的行动，分析存在的问题，以便提出山东半岛蓝色经济区更好地抢抓中韩自贸区机遇、避免不利影响的政策建议。

第一，各地市对中韩自贸协定的反应差别较大。由于山东半岛蓝色经济区各地市与韩国经贸关系的密切程度不同，中韩自贸协定能够带来的机遇和收益存在较大差别，从而对中韩自贸协定的反应存在较大差别。其中，青岛市、烟台市和威海市的反应最为及时和迅速。威海市被列为中韩地方经济合作的示范区，对中韩自贸协定先行先试，早在中韩自贸协定正式签署之前，威海市先是承办中韩自贸区的谈判，后来又作为城市代表加入中韩自贸区谈判，无疑抢占了先机。青岛市和烟台市也积极要求成为中韩自贸区的先行区和试点城市，在中韩自贸协定签署的当天就出台相关文件抢抓机遇。烟台市代表还参加了中韩自贸协定的签署仪式，举行了烟台市中韩产业园新闻发布会。日照市和潍坊市也积极采取行动，尽可能抢抓中韩自贸协定带来的机遇，日照市的中韩产业园、潍坊市的中韩仓储物流产业园、中韩养生产业园建设等都是为了抢占中韩自贸区建设的机遇。相比之下，东营和滨州的反应相对平淡。

第二，不同城市之间的竞争激烈，重点发展产业重复。比较竞争激烈的青岛市、烟台市和威海市等城市为抢抓中韩自贸区所出台的文件和政策可以看出，都试图打造所谓的韩国食品日用品交易集散中心、成为韩国商品进入中国的集散中心和大本营，而且都强调成为最大的韩国货物集散中心等。各地市都强调港口升级，不仅仅只是装载重心，而且要成为仓储中心、物流中心等，这对于产业升级无疑是重要的，然而竞争过度可能会导致基础设施的重复建设，以及为争取进口韩货或出口韩国商品的运输而展开竞争。

第三，“中韩产业园”建设推进力度不够。早在 2012 年 7 月，山东省人民政府就印发《关于在山东半岛蓝色经济区建设中日韩地方经济合作示范区的框架方案》中，就提出了在山东半岛蓝色经济区各地市建设“中韩产业园”、“中日产业园”的构想，并且按照各地市的特色为各地市规划了不同的特色产业园。当然，这是山东省为了建设中日韩自贸区进行的规划试点。然而，截止到2015年，除了烟台、青岛、日照的中韩产业园初步建设成功并初具特色和规模之外，其他地市的中韩产业园还有待进一步建设。

第四，与韩国经济合作伙伴关系城市不够密切。《关于在山东半岛蓝色经济区建设中日韩地方经济合作示范区的框架方案》中提出了山东省和山东半岛蓝色经济区各地市与日本和韩国建立经济合作伙伴关系的城市，然而山东半岛蓝色经济区各地市与这些城市之间的合作并不十分密切。比如，潍坊市的推荐合作城市为韩国的水原市，然而潍坊在《中韩自贸协定》正式签署后提出加强合作的韩国城市并非水原市，而是2013年与潍坊缔结友好城市关系的牙山市。

第五节 山东半岛蓝色经济区抢抓中韩自贸区机遇的对策建议

鉴于山东半岛蓝色经济区各地市与韩国的经贸往来、中韩自贸区建设对山东半岛蓝色经济区企业和消费者产生的影响以及山东半岛蓝色经济区各地市为抢抓中韩自贸区机遇中所存在的问题，提出几点建议：

一、对政府层面

《中韩自由贸易协定》是中央政府的顶层设计，山东省和山东半岛蓝色经济区各地市是这一协定的执行者和实施者，是具体实施方案的制定者。

第一，在山东省省级层面进行总体规划，明确山东半岛蓝色经济区各地市抢抓《中韩自由贸易协定》机遇的重点方向，避免重复和过度竞争。2012年山东省印发的《关于在山东半岛蓝色经济区建设中日韩地方经济合作示范区的框架方案》明确了各地市建设中日韩地方经济合作示范区的重点，从本质上是为了落实《山东半岛蓝色经济区发展规划》中提出的“打造中日韩区域经济合作试验区”的构想。《中韩自由贸易协定》已经签署，会在2015年底到2016年初正式实施，各地市同样需要明确抢抓《中韩自由贸易协定》机遇的重点，至少在山东省内各地市之间要避免重复建设和过度竞争。

第二，各地市政府制定抢抓机遇、应对冲击的措施。根据本地市产业基础、与韩国的经贸往来和投资关系，根据《中韩自由贸易协定》关于货物贸易、服务贸易和投资等的内容，明确可能从中得到的收益以及可能面临的冲击，制定抢抓机遇、应对冲击的措施。各地市与韩国的经贸往来密切程度存在很大差别，与韩国的贸易在本地市对外贸易中的地位不同，韩国外商直接投资在本地市外商直接投资中的地位不同。因此，一是已经与韩国有密切经贸往来的地市要继续扩大与韩国的贸易、更多的吸引韩国外商直接投资；二是与韩国经贸往来不太密切的地市可以借助《中韩自由贸易协定》的机遇扩大与韩国的贸易，更多地吸引韩国外商直接投资。《中韩自由贸易协定》实施后，由于中方对韩商品关税的大幅度取消和降低，将会有更多的韩国商品——特别是食品和日用品等——进入中国，在各地市与韩国的贸易除了滨州是顺差，其他地市都是逆差的背景下，可能会对当地的某些产业形成冲击。因此，各地市在抢抓中韩自贸区机遇的同时，还要应对可能面临的冲击。

第三，各地市要加快中韩产业园的建设和规划，打造中韩经贸合作与往来的平台。山东半岛蓝色经济区各地市都有中韩产业园的规划，烟台中韩产业园已经初具规模，成为商务部、山东省等推介的重点和典型，青岛市、威海市、日照市的中韩产业园建设也取得了重要的进展，而潍坊市、东营市和滨州市的中韩产业园建设还需要进一步加强，要将其建设成为与韩国经贸往来密切、承接韩国直接投资的重要基地。

第四，各地市要加强与韩国经济合作伙伴关系城市和友好城市、友好合作关系城市等的沟通和衔接，至少要与这些城市成为经贸关系往来密切的伙伴。山东省在中日韩地方经济合作示范区的框架方案中，推荐了各地市与日本和韩国的经济合作伙伴关系城市，并且提出要建立地方政府行政长官定期会晤制度等，有些地市合作比较密切，如威海市和仁川市。同时，山东省的许多地市还与韩国的许多城市缔结了友好关系和友好合作关系[①]，这都可以成为各地市在韩国宣传和推介本地产业、产品的窗口和平台。

① 山东省外事工作办公室2013年印发的《山东省友城工作手册》给出了山东省和各地市友好城市和友好合作城市的详细情况。

第五，建立以政府主导的多层次的联席会议制度。山东省与韩国经贸往来密切，山东半岛蓝色经济区各地市是山东省与韩国经贸往来最密切的地区。在《中韩自由贸易协定》签署之后，为了推进威海中韩自贸区地方经济合作示范区建设，山东省建立了“威海中韩自贸区地方经济合作示范区联合会议制度”，以山东省分管商务的副省长为总召集人，以商务厅为牵头单位，商务厅厅长为召集人，各成员单位主要是省直发改委、编办等20个单位。这主要是从省级层面来推动，解决威海地方经济合作示范区建设中的问题。实际上，可以建立多个层次的联席会议制度：第一个层次是部、省联合，威海建立地方经济合作示范区不只是威海市的事情，也不只是山东省的事情，而是中国与韩国共同的事情，虽然最直接的效果应该是推动威海市的经济社会发展，这就需要商务部等国家部委与山东省作为威海市的上级单位和管理部门建立联席会议制度，定期进行沟通和交流，总结经验教训和问题。第二个层次是山东省与威海市的联席会议制度，山东省虽然建立了以省主要领导为总召集人，涵盖了山东省主要厅局单位的联席会议制度，但是没有包括威海市相关部门，而威海市是中韩地方经济合作示范区建设的直接操作者，需要进行定期的交流和沟通。第三个层次是威海市与仁川市的联席会议制度，形成定期会晤、交流和沟通机制，以便更快、更及时的解决地方经济合作示范区建设中的问题。

第六，威海市的开放水平需要进一步提高，争取建设威海自贸区（Free Trade Zone），至少是综合保税区或保税港区。韩国整体的经济开放水平比中国高，被看作是亚洲自由度最高的经济体[①]。与威海市地方经济合作示范区相对应的韩国仁川自由经济区（Incheon Free Economic Zone，IFEZ）作为韩国的首个自由经济区，它是要“通过与国内其他地区差别化的制度和条件，保障外国投资者的企业活动与经济活动的区域”，通过给予入驻企业“优惠的税务、金融、土地使用等政策，以及有力的知识产权保

① 中韩自贸区样本调查：山东威海韩企5年来撤离一半[R/OL].http://news.e23.cn/content/2015-07-08/2015070800401.html.

护”，以确保入驻企业“来得了”、“留得下”、“干得好”[①]。因此，仁川自由经济区是韩国的一个经济特区，相当于中国的“上海自贸区（China (Shanghai) Pilot Free Trade Zone）”。而威海市的经济开放程度要低得多，截止到2015年还仅是保税区，没有建成综合保税区或保税港区，其综合保税区地位还在规划申报中[②]。所以，如果威海市要与仁川自由经济区在经济开放和经济市场化程度上相对应，还需要获得更多的优惠政策、先行先试的政策，尽早建成类似于上海自贸区的“威海自贸区”，至少是要建成“综合保税区”或“保税港区”，提高其经济开放的程度。

二、对企业层面

《中韩自由贸易协定》的实施影响最直接的是企业，企业也是对《中韩自由贸易协定》最敏感的经济主体。

第一，要研究《中韩自由贸易协定》可能会对本企业、产业产生的影响、有多大的影响。企业要清楚《中韩自由贸易协定》在货物贸易、服务贸易和投资等方面的内容，特别是涉及到本企业所在产业或行业的内容，比如货物贸易条款中，中方和韩方对对方产品取消或降低关税的条款，这可能会增加本企业所生产产品的出口，也可能会由于韩国商品的大量进口而冲击本企业所生产的产品。对于前者，企业要抓住机遇，扩大出口；对于后者，企业要主动应对，要么转产其他产品，要么提高本企业生产产品的竞争力。特别是生产中方承诺对韩方产品取消或大幅度降低关税产品的企业，在未来的过渡期要及时转型，积极应对。对于投资，中方和韩方都承诺采用准入前国民待遇和负面清单管理，为中国企业“走出去”创造了条件，同时也对中国国内企业形成了冲击，比如要对韩资开放的金融、电信、医疗等。

第二，根据韩国经济社会特点、产业特点等选择适合的投资领域。《中韩自由贸易协定》的签署和实施，中国与韩国之间的货物贸易、服务贸易

① 勇庆威，冯慧颖．探访韩国首个自由经济区仁川自由经济区[N].威海日报，2015-04-08.
② 临近港口的称为“保税港区”，设立在内陆的称为“综合保税区”。

和投资等都将更加开放，中国企业将会更加便利地进入韩国市场，只有对韩国经济社会情况有深入的了解，才能够清楚韩国需求的特点，才能够更好地提供货物和服务。比如，针对韩国社会的老龄化特点和韩国人均收入水平远高于中国的特点（2013 年韩国的人均 GDP 是中国的 3.6 倍），可以发展对韩养老产业，利用山东半岛蓝色经济区各地市与韩国自然环境相似的特点，建立适合韩国老年人的养老机构，发展针对韩国的养老产业。

第三，未雨绸缪，人才先行。企业既要抢抓机遇，也要适应《中韩自由贸易协定》可能产生的冲击，因此需要提前规划、提前布局，培育、储备能够承接韩国产业、企业的科技人才，培育、储备会韩语、了解韩国经济社会文化特点的人才。

参考文献：

刘宇 . 中韩贸易发展与展望 [J]. 商业研究，2012（9）.

祁怀高 .21 世纪中国地方政府在中韩关系中的作用 [J]. 当代韩国，2012（1）.

冯跃，夏辉 . 国际贸易理论、政策与案例分析 [M]. 北京大学出版社，2012.

缪东玲 . 国际贸易理论与实务 [M]. 北京大学出版社，2011.

刘群 . 中韩关系：二十年的回顾与展望 [J]. 当代韩国，2013（4）.

曹文振，谭涛 . 中韩合作 20 年与青岛的角色扮演 [J]. 山东行政学院学报，2013（2）.

刘鹏，赵丽敏 . 山东与韩国贸易现状的实证分析 [J]. 特区经济，2007（1）.

荀克宁，王爱华 . 山东与韩国贸易现状及发展对策 [J]. 当代亚太，2004（10）.

/ 第六章 /

"一带一路"与山东半岛蓝色经济区建设*

李增刚**

2013年9月和10月，中国国家主席习近平在出访中亚和东南亚国家期间，先后提出了共建"丝绸之路经济带"和"21世纪海上丝绸之路"（简称"一带一路"）的倡议，得到了国际社会的广泛关注和回应。之后，"一带一路"在领导人的讲话、中共中央的决议、政府工作报告等中广泛出现，成为2014年中国政治经济中的热点。2015年3月28日，国家发改委、外交部和商务部共同发布《推动共建丝绸之路经济带和21世纪海上丝绸之路的愿景与行动》（简称《愿景与行动》），全面阐述了中国政府共建"一带一路"的时代背景、共建原则、框架思路、合作重点、合作机制、中国各地方开放态势、中国政府的行动和目标等，提供了"一带一路"战略的规划蓝图。

中国与"一带一路"沿线国家有着广泛的经贸往来。据统计，2013年中国与沿线国家的贸易额约为1万亿美元，占我国对外贸易额的大约1/4；对该区域的对外直接投资127亿美元，占我国当年对外直

* 本章的研究还得到国家社科基金一般项目"双层博弈框架下的国际经济关系研究"（批准号：12BJL051）、山东大学人文社科重大研究项目"海洋产权、海洋主权与维护我国海洋权益研究"（批准号：12RWZD13）的资助。特此致谢！

** 李增刚，经济学博士，山东大学经济研究院教授。

接投资的28%[①]。

山东省和山东半岛蓝色经济区各地市与“一带一路”沿线国家也有着比较密切的经贸往来。2014年，山东省对“一带一路”沿线国家出口373.5亿美元，增长11.9%，占山东省出口总额的25.8%；对“一带一路”沿线国家投资27.8亿美元，新签合同额68.7亿美元，完成营业额49亿美元，分别占比48%、64.8%、52.9%[②]。2015年1月–7月，山东省与“一带一路”沿线国家的进出口额为341.2亿美元，出口201.0亿美元，进口140.2亿美元[③]，分别占比25.2%、25.6%和24.7%。山东省在2015年的《政府工作报告》中有三次提到“一带一路”：一是强调主动融入“一带一路”战略，并将其视为与京津冀协同发展、和长江经济带并列的战略；二是指出“必须抓住‘一带一路’战略实施和中韩、中澳达成自由贸易协议的机遇”；三是要求“加强与‘一带一路’沿线国家或地区基础设施互联互通建设合作”。这表明，山东省要融入“一带一路”战略、抢抓“一带一路”战略机遇，并且重点是要加强基础设施的互联互通建设合作。在发改委、外交部和商务部共同发布的《愿景与行动》中，山东半岛蓝色经济区的青岛和烟台被列为支点港口城市。各地市也在积极推动融入“一带一路”战略，如2015年7月1日山东青岛首列中亚班列“青岛号”开出，运送汽车配件、电子产品和轮胎等货物到哈萨克斯坦和乌兹别克斯坦等中亚国家[④]；8月28日，山东潍坊中亚国际货运班列“鲁新欧·青州号”开出，运送机械设备、轮胎、汽车配件等货物至哈萨克斯坦阿拉木图[⑤]。本报告重点研究“一带一路”沿线国家或地区的经济社会发展情况，并与山东省及山东半岛蓝色经济区各地市进行比较，以提出山东省和山东半岛蓝色经济区各地市融入“一带一路”战略的思路和政策建议。

①国家有关“一带一路”战略规划的基本情况［EB/OL］.http://www.doc88.com/p-1754603815021.html.

②山东省商务厅.关于2014年全省商务运行情况通报［EB/OL］.http://www.shandongbusiness.gov.cn/Office-430-1501.htm.

③山东省商务厅.关于1-7月全省商务运行情况的通报［EB/OL］.http://www.shandongbusiness.gov.cn/Office-430-1501.htm.

④山东青岛至中亚货物班列开行［EB/OL］.http://www.sd.xinhua.org/tpzx/2015-07/01/c_1115783658.htm.

⑤山东青州至中亚货物班列开行［EB/OL］.http://www.sd.xinhuanet.com/tpzx/2015-08/29/c_1116411530_2.htm.

第一节 “一带一路”的内涵、内容和目标

国家发改委、外交部和商务部已经于2015年3月28日共同发布了《推动共建丝绸之路经济带和21世纪海上丝绸之路的愿景与行动》，对“一带一路”的内涵、内容和目标等都有详细阐述，这里只是简要概述。

一、“一带一路”的内涵

“一带一路”是“丝绸之路经济带”和“21世纪海上丝绸之路”的简称。根据发改委、外交部和商务部共同发布的《愿景与行动》，“一带一路”的内涵至少可以从三个方面理解：

第一，“丝绸之路”是古代中国连接亚欧非几大文明的贸易和人文交流通路，包括“陆上丝绸之路”和“海上丝绸之路”。“陆上丝绸之路”开始于公元前200年左右的汉代，主要是古代中国经内陆与当时的中亚、中东、甚至欧洲和非洲进行经贸文化交流等形成的陆上通道和地理区域；“海上丝绸之路”是从中国沿海经海路与东南亚、南亚以及欧洲等经贸文化交流所形成的海上通道和地理区域（张灼华，陈芃，2015）。

第二，“一带一路”是“开放的、包容的”。《愿景与行动》指出，“相关的国家基于但不限于古代丝绸之路的范围，各国和国际、地区组织均可参与，让共建成果惠及更广泛的区域”。“一带一路”究竟包含、涉及哪些国家或地区并不会有一个确切的官方版本，原因就在于它对相关国家是开放的、动态的。正如国家发改委相关负责人在中联部于2015年4月16日举办的一带一路专题吹风会上所表示的，“一带一路”建设面向所有国家开放①。

第三，“一带一路”的重点方向是通过陆上和海上贯穿亚欧非三大洲。“丝绸之路经济带重点畅通中国经中亚、俄罗斯至欧洲（波罗的海）；中国经中亚、西亚至波斯湾、地中海；中国至东南亚、南亚、印度洋”；“21世纪海上丝绸之路重点方向是从中国沿海港口过南海到印度洋，延伸至欧洲；从中国沿海港口过南海到南太平洋”。陆上重点打造六条国际经济合作走廊：新亚欧大陆桥、中蒙俄、中国－中亚－西亚、中国－中南半岛、

①国家发改委．域外国家也可参与“一带一路”建设[EB/OL].http://news.xinhuanet.com/fortune/2015-04/16/c_1114996687.htm.

中巴和孟中印缅。海上沿着两个方向：一是从中国沿海港口经过南海、马六甲海峡，到达印度洋，并延伸到欧洲；二是从中国沿海港口经过南海，到达南太平洋[①]。

二、“一带一路”的内容

“一带一路”的核心内容可以从对外和对内两个层面来理解，对外就是“五通”，对内就是加强中国东西互动合作，全面提升对外开放水平。

（一）对外以“五通”为主要内容

按照《愿景和行动》，“五通”是“一带一路”建设的主要内容，包括政策沟通、设施联通、贸易畅通、资金融通和民心相通。其中，政策沟通是重要保障，设施联通是优先领域，贸易畅通是重点内容，资金融通是重要支撑，民心相通是社会根基。

政策沟通，主要“加强政府间合作”，“构建多层次政府间宏观政策沟通交流机制”，对经济发展战略和对策进行交流对接，制定共同的区域合作规划和措施，协商解决合作中的问题。基础设施互联互通就是通过加强沿线国家基础设施的建设实现货物、人员、能源、信息等通过海陆空、管道和光纤等的无障碍运输和传输。贸易畅通主要实现投资贸易便利化，消除投资和贸易壁垒，一是通过加强信息互换、监管互认、执法互助以及检验检疫、认证认可、标准计量、统计信息等的双边和多边合作实现贸易便利化；二是通过加强双边投资保护协定避免双重征税、协定磋商等消除投资壁垒，实现投资便利化。资金融通主要是通过扩大沿线国家双边货币互换、结算的范围和规模、亚投行（亚洲基础设施投资银行）、金砖国家开发银行以及丝路基金等解决一带一路建设中的资金结算与资金需求等问题。民心相通主要是通过各种各样的文化交流、学术往来、人才交流合作、媒体合作、青年和妇女交往、志愿者服务等，为深化双边、多边合作奠定坚实的民意基础。

所以，“一带一路”对外主要是通过“五通”加强“一带一路”沿线

① 陆上六大经济走廊在《愿景与行动》中比较明确，而海上通道则不太明确，特别是通向南太平洋的通道，因为在对“一带一路”主要沿线国家或地区的研究中基本上都不包括南太平洋的国家。

国家或地区的全方位合作，既包括双边合作，也包括多边合作；既是双边关系的发展，也是多边关系的发展；既是传统的区域或地区合作，也是以经济和贸易往来等为基础的新型合作。

（二）对内通过中国东西部的互动合作，全面提升对外开放水平

《愿景与行动》将国内各地区划分为四大部分，分别阐述了融入、参与"一带一路"的思路。四大区域划分：一是西北、东北地区；二是西南地区；三是沿海和港澳台地区；四是内陆地区。一是各地区如何融入、参与到"一带一路"中，比如新疆和福建要分别打造成丝绸之路经济带核心区和21世纪海上丝绸之路核心区；二是各地区的定位，对于许多省份、许多地市要在一带一路中发挥的作用，是建设贸易通道、交通枢纽、物流中心还是其他什么角色定位等进行部署。

在《愿景与行动》出台后，有些媒体和研究①指出，国内有18个省市被提及，对其地位和定位进行了清晰界定，还有一些省市虽然不是以"省"的名义强调，但是被提及到了"节点城市"和"沿海港口"，如四川、湖北、湖南、江西、安徽、河南诸省的省会被确定为节点城市，山东的青岛和烟台被确定为要加强建设的"沿海港口城市"，还有些省份落选，如江苏②。我们认为，《愿景与行动》提到的省份甚至给予明确定位的省份也有可能不会成为"一带一路"的亮点，而没有提到的省份却可能恰恰是"一带一路"的亮点和重要省份，关键是各省份如何将这一国家的对外战略、构想和规划付诸实施。比如，就山东省来说，一带一路沿线国家或地区是山东省主要的对外贸易伙伴，大约占山东省对外贸易的1/4（无论是进出口总额还是出口额或进口额）；山东省也是中国与一带一路国家或地区经贸往来比较密切的省份，如山东省对一带一路国家或地区的对外直接投资占中国对相关国家对外直接投资的20%，无论如何都不能够认为山东省对中国建设实施"一带一路"不重要，山东省更不能够因为"一带一路"规划或倡议没有明确定位就减少或取消与"一带一路"沿线国家或地区的贸易、

①一带一路涉及哪些省份："一带一路"里没被点名的省份做什么？[EB/OL].http://stock.591hx.com/article/2015-04-05/0000873403s.shtml.

②一带一路规划出炉 山东、江苏等落选[EB/OL].http://www.guancha.cn/Industry/2015_03_31_314365.shtml.

投资等经贸往来。

三、“一带一路”的目标

“一带一路”到底要实现什么目标？这个问题可谓众说纷纭。储殷和高远（2015）总结了国内外对“一带一路”战略的四种解读：第一种是从经济的视角来解读，主要是从密切中国与“一带一路”国家或地区的经济关系，推动中国过剩产能输出的角度来解释；第二种是从中美博弈的角度来解读，认为“一带一路”是对美国重返亚太战略的反制；第三种是从中欧关系来解读，认为“一带一路”是要联接中欧，把两大市场、两大力量、两大文明联接在一起；第四种是周边视角，认为“一带一路”是为了建设周边命运共同体，创造中国和平发展的周边环境。这些不同的解读都有道理，从本质上涉及到“一带一路”的对外目标和对内目标。这里重点是从经济角度来阐述，这也是《愿景与行动》中的重点阐述，至于“一带一路”背后是否是对美国重返亚太的反制、是否发挥在中亚、中东、西亚的影响力，这只能够是猜测和推断，这里不做评述。

按照《愿景与行动》，“共建‘一带一路’旨在促进经济要素有序自由流动、资源高效配置和市场深度融合，推动沿线各国实现经济政策协调，开展更大范围、更高水平、更深层次的区域合作，共同打造开放、包容、均衡、普惠的区域经济合作架构”；“实现沿线各国多元、自主、平衡、可持续的发展”。这两句话基本上就是“一带一路”目标的经济学概括。具体来说，最终目标是实现发展，实现一带一路沿线国家的共同发展；中间目标是要素的自由流动、资源的高效配置和市场的深度融合，因为市场规模决定分工的程度，市场的开放程度决定生产要素和资源能否配置到最有效率的领域；方式就是区域经济合作，无论是经济政策协调，还是共同打造区域经济合作架构。这可以说是“一带一路”的对外目标，也可以概括为国家之间的“互利共赢”。

对内，“一带一路”包含着多重目标，根本的目标是推动中国经济的持续增长和发展。大体上包括几个方面：一是中国需要新的经济增长点，特别是中国经济从高速增长进入中低速增长之后，中国需要培育新的经济增长点；二是中国过剩产能的对外转移，比如 2012 年中国工业有 22 个行业产能相对过剩，产业产能过剩率达到 80% 以上，尤其是钢铁、水泥、电解铝、平板玻璃等（储殷，高远，2005），通过一带一路的基础设施建设等转移、消化过剩产能；三是中国的产业升级和结构调整，中国由于要素成本与比较优势结构的变化，需要根据发展阶段进行产业升级和结构调整（卢锋等，2015），通过与一带一路沿线国家或地区的合作，通过中国的对外直接投资，将不再具有比较优势的产业转移到其他国家，既促进中国的产业升级，又帮助有关国家或地区的经济发展；四是实现中国不同地区的平衡发展，中国东西部经济发展不平衡是不争的事实，"一带一路"重点放在西北、西南、东北等经济相对较弱的省份，在一定程度上是为了促进这些地区通过边境贸易、过境贸易等实现经济增长和经济发展。

第二节 "一带一路"沿线国家或地区的经济社会情况

"一带一路"沿线国家或地区没有官方版本，政府部门和学术界也没有达成一致的意见。正是由于这一点，"一带一路"沿线国家或地区到底有多少人口或年生产总值占世界产值多大的比重也就没有定论。一种测算认为，"一带一路"沿线国家或地区总人口约 44 亿，占全球的 63%，年生产总值约占全球的 29%①；还有一种测算认为，"一带一路"沿线国家或地区（包含欧盟成员国）覆盖近 50 亿人口，经济总量约为 39 万亿美元，分别占全球总量的 70% 和 52%②。

2014 年 12 月 21 日，商务部部长助理王受文在"中国经济年会 (2014-2015)"表示，商务部正在研究确定 65 个"一带一路"沿线国家的自贸区战略重点和布局③。据此，我们不妨以这 65 个国家或地区为样本，对"一带一路"沿线国家或地区的经济社会情况做以分析。这 65 个国家或地区包括：东亚 1 国，即蒙古国；东盟 10 国，有新加坡、马来西亚、印度尼西亚、缅甸、泰国、老挝、柬埔寨、越南、文莱和菲律宾；西亚 18 国，包括伊朗、

①"一带一路"战略引领中国开放经济新格局 [EB/OL].http://news.xinhuanet.com/fortune/2014-12/16/c_1113666080.htm.
②李广宇."一带一路"沿线国家经济总量约 39 万亿美元 [N]. 中国保险报，2015-08-17.
③济南市商务局网，http://www.jinanbusiness.gov.cn/html/2014/business_1223/19568.html.

伊拉克、土耳其、叙利亚、约旦、黎巴嫩、以色列、巴勒斯坦、沙特阿拉伯、也门、阿曼、阿联酋、卡塔尔、科威特、巴林、希腊、塞浦路斯以及埃及的西奈半岛；南亚8国，有印度、巴基斯坦、孟加拉、阿富汗、斯里兰卡、马尔代夫、尼泊尔和不丹；中亚5国，有哈萨克斯坦、乌兹别克斯坦、土库曼斯坦、塔吉克斯坦和吉尔吉斯斯坦；独联体7国，包括俄罗斯、乌克兰①、白俄罗斯、格鲁吉亚、阿塞拜疆、亚美尼亚和摩尔多瓦；中东欧16国，有波兰、立陶宛、爱沙尼亚、拉脱维亚、捷克、斯洛伐克、匈牙利、斯洛文尼亚、克罗地亚、波黑、黑山、塞尔维亚、阿尔巴尼亚、罗马尼亚、保加利亚和马其顿（王永中，李曦晨，2015）。本节将从多个方面对这65个“一带一路”沿线国家或地区的经济社会特征进行概括和总结。

一、“一带一路”沿线国家或地区的总体经济情况

“一带一路”沿线国家或地区的经济发展情况差别比较大。从总量上讲，中国无疑是“一带一路”沿线最大的经济体。根据2014年IMF的数据计算，中国GDP约占世界各国GDP总量的13.4%，约占“一带一路”沿线所有国家或地区GDP总量的43.9%。在“一带一路”沿线经济体中的第二位和第三位分别是印度和俄罗斯，分别为世界第9和第10大经济体。在“一带一路”经济体中，按照在世界各国GDP的排名，位居第11位至第50位的经济体有17个；第51位至100位的经济体有26个；100位以后的经济体有20个。各国家GDP，中国已经达到10万亿美元，印度和俄罗斯超过1万亿美元，超过5000亿美元的经济体有4个，在1000亿美元到5000亿美元的经济体有20个，500亿美元到1000亿美元的经济体有10个，在100亿美元到500亿美元的经济体有22个，还有7个经济体的GDP不到50亿美元。

①乌克兰因为克里米亚和乌东部问题与俄罗斯关系紧张，坚定推进加盟、入约、融欧进程。2014年9月16日乌议会正式批准同欧盟签署的联系国协议，12月23日乌议会以绝对多数票通过放弃不结盟地位法案，决定加强与北约的合作。不过，截至2015年12月31日，乌克兰仍然是独联体成员国。

表 6-1 “一带一路”沿线各国家或地区生产总值的基本情况

GDP 区间	数量	国家或地区名称
10 万亿美元以上	1	中国
1 万亿美元到 10 万亿美元	2	印度、俄罗斯
5000 亿美元到 1 万亿美元	4	印度尼西亚、土耳其、沙特阿拉伯、波兰
1000 亿美元到 5000 亿美元	20	伊朗、阿联酋、泰国、马来西亚、新加坡、以色列、埃及、菲律宾、巴基斯坦、希腊、伊拉克、哈萨克斯坦、卡塔尔、捷克、罗马尼亚、越南、孟加拉国、科威特、匈牙利、乌克兰
500 亿美元到 1000 亿美元	10	斯洛伐克、阿曼、白俄罗斯、斯里兰卡、阿塞拜疆、缅甸、乌兹别克斯坦、叙利亚、克罗地亚、保加利亚
100 亿美元到 500 亿美元	22	黎巴嫩、斯洛文尼亚、立陶宛、土库曼斯坦、塞尔维亚、也门、约旦、巴林、拉脱维亚、爱沙尼亚、塞浦路斯、阿富汗、尼泊尔、波黑、柬埔寨、格鲁吉亚、文莱、阿尔巴尼亚、蒙古国、老挝、马其顿、亚美尼亚
50 亿美元到 100 亿美元	4	塔吉克斯坦、摩尔多瓦、吉尔吉斯斯坦、巴勒斯坦
10 亿美元到 50 亿美元	3	黑山、马尔代夫、不丹

资料来源：根据附表 6-1 整理。

从人均 GDP 来看，2014 年，中国的人均 GDP 为 7589 美元，位居世界第 80 位，低于世界平均水平①。在“一带一路”沿线国家或地区中，中国的人均 GDP 处于中等水平，有 31 个国家或地区的人均 GDP 高于中国；有 34 个国家或地区的人均 GDP 低于中国。图 6-1 给出了“一带一路”沿线国家或地区人均 GDP 比较情况。其中红线为中国的人均 GDP 水平，人均 GDP 在红线以上的高于中国的人均 GDP 水平。表 6-2 按照人均 GDP 水平对各国家或地区进行分类。

①未能够找到 2014 年的世界平均 GDP，但是找到了 2013 年的世界人均 GDP，为 10486 美元，因为世界平均水平是在不断提高的，如果中国 2014 年的人均 GDP 都低于世界 2013 年人均 GDP 水平的话，肯定是低于 2014 年的。

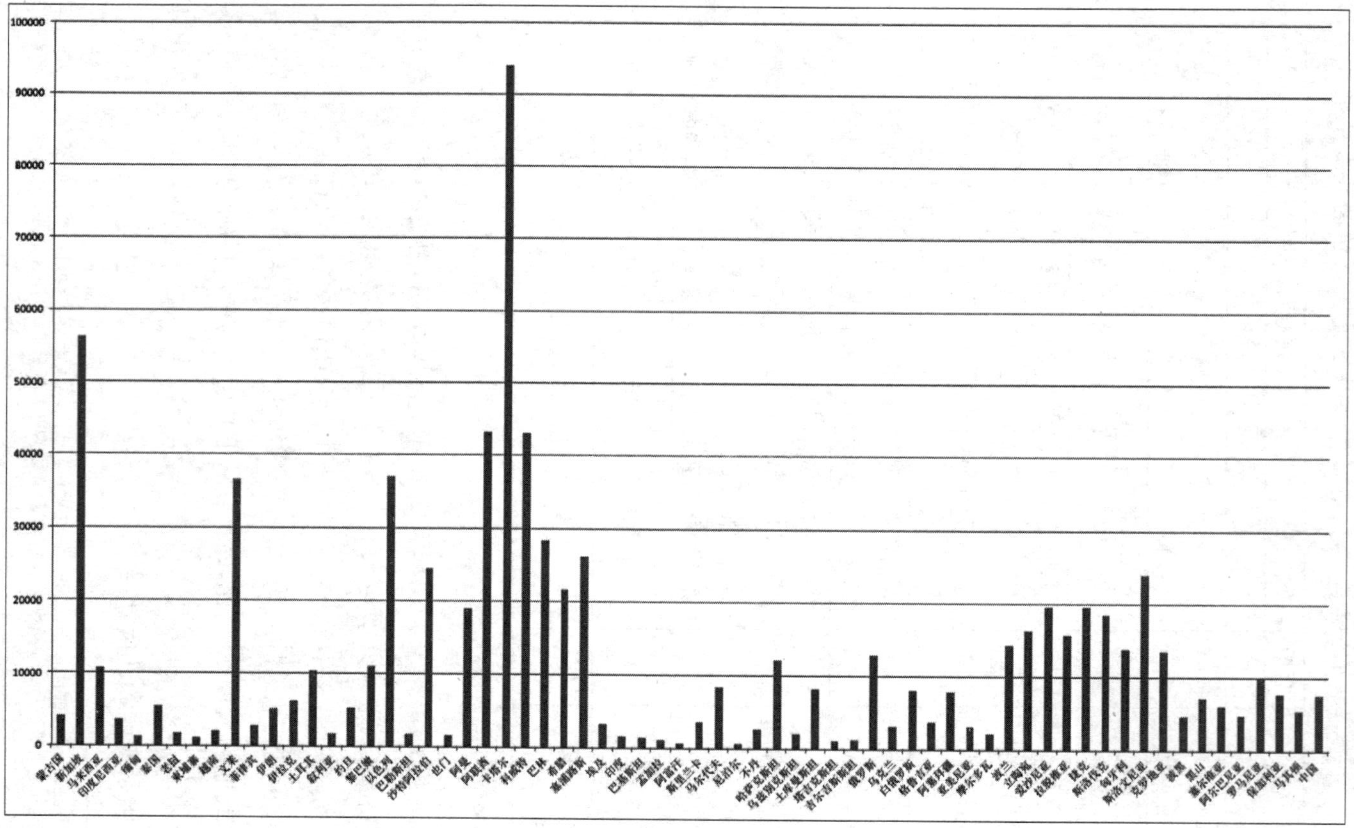

数据来源：附表6-1。

单位：美元

图 6-1 “一带一路”沿线国家或地区人均 GDP 比较

表 6-2 “一带一路”沿线国家或地区人均 GDP 分布

收入水平区间	数量	国家或地区名称
5 万美元以上	2	新加坡、卡塔尔
2 万美元至 5 万美元	9	文莱、以色列、沙特阿拉伯、阿联酋、科威特、巴林、希腊、塞浦路斯、斯洛文尼亚
1 万美元至 2 万美元	15	马来西亚、土耳其、黎巴嫩、阿曼、哈萨克斯坦、俄罗斯、波兰、立陶宛、爱沙尼亚、拉脱维亚、捷克、斯洛伐克、匈牙利、克罗地亚、罗马尼亚
7590 美元至 1 万美元	5	马尔代夫、土库曼斯坦、白俄罗斯、阿塞拜疆、保加利亚
7589 美元	1	中国
5000 美元至 7588 美元	7	泰国、伊朗、伊拉克、约旦、黑山、塞尔维亚、马其顿
3000 美元至 5000 美元	9	蒙古国、印度尼西亚、埃及、斯里兰卡、乌克兰、格鲁吉亚、亚美尼亚、波黑、阿尔巴尼亚
1000 美元至 3000 美元	16	缅甸、老挝、柬埔寨、越南、菲律宾、叙利亚、巴勒斯坦、也门、印度、巴基斯坦、孟加拉、不丹、乌兹别克斯坦、塔吉克斯坦、吉尔吉斯斯坦、摩尔多瓦
1000 美元以下	2	阿富汗、尼泊尔

数据来源：根据附表 6-1 整理。

按照联合国、国际货币基金组织和经济合作与发展组织（OECD）对发达国家的划分，在“一带一路”沿线国家或地区中，公认的发达国家为新加坡、以色列；被有些国际组织划分为发达国家但是并非完全公认的国家或地区有希腊、塞浦路斯、斯洛文尼亚、捷克、斯洛伐克、爱沙尼亚、拉脱维亚等经济体。按照 2014 年 12 月 15 日联合国推出的《2014 年最不发达国家报告》，“一带一路”沿线国家或地区中在列的有阿富汗、孟加拉国、不丹、柬埔寨、老挝、缅甸、尼泊尔、也门以及东帝汶①；绝大多数国家或地区为发展中国家或地区，有着巨大的经济发展潜力。

①有的文献中将东帝汶列为“一带一路”沿线国家或地区，联合国《2014 年最不发达国家》报告给出了全球 48 个最不发达国家名单（《联合国公布 <2014 年最不发达国家报告>，http://www.mofcom.gov.cn/article/i/jyjl/k/201412/20141200837021.shtml》），其中亚洲 9 个国家全部都在“一带一路”沿线国家或地区名单中。

二、“一带一路”沿线国家或地区的社会总体情况

（一）人口数量

“一带一路”沿线国家或地区涵盖了世界一半以上的人口大国，其中包括世界上人口最多的两个超级人口大国（超过10亿）：中国和印度；4个超过1亿的人口大国；6个超过5000万的人口大国。“一带一路”沿线国家或地区人口总量超过43亿，超过世界总人口的60%；仅人口超过1亿的国家或地区就占“一带一路”沿线所有国家或地区人口总数的75%以上；人口超过5000万的国家或地区占“一带一路”沿线所有国家或地区人口总数的86%还多。当然，在“一带一路”沿线国家或地区中，也有人口不足100万的袖珍国家7个，人口不足500万的人口小国25个，人口不足1000万的国家36个。表6-3总结了不同人口数量区间的国家或地区数量。

表6-3 “一带一路”沿线国家或地区人口情况

人口数量区间	数量	国家或地区名称
10亿以上	2	中国、印度
1亿至10亿	4	印度尼西亚、巴基斯坦、孟加拉国、俄罗斯
5000万至1亿	6	菲律宾、越南、埃及、土耳其、伊朗、泰国
1000万至5000万	18	马来西亚、缅甸、柬埔寨、伊拉克、叙利亚、巴勒斯坦、沙特阿拉伯、也门、希腊、阿富汗、斯里兰卡、尼泊尔、哈萨克斯坦、乌兹别克斯坦、乌克兰、波兰、捷克、罗马尼亚
500万至1000万	11	老挝、约旦、以色列、塔吉克斯坦、吉尔吉斯斯坦、白俄罗斯、阿塞拜疆、斯洛伐克、匈牙利、塞尔维亚、保加利亚
100万至500万	18	蒙古国、新加坡、黎巴嫩、阿曼、阿联酋、科威特、土库曼斯坦、格鲁吉亚、亚美尼亚、摩尔多瓦、立陶宛、爱沙尼亚、拉脱维亚、斯洛文尼亚、克罗地亚、波黑、阿尔巴尼亚、马其顿
100万以下	7	文莱、卡塔尔、巴林、塞浦路斯、马尔代夫、不丹、黑山

数据来源：根据附表6-1整理。

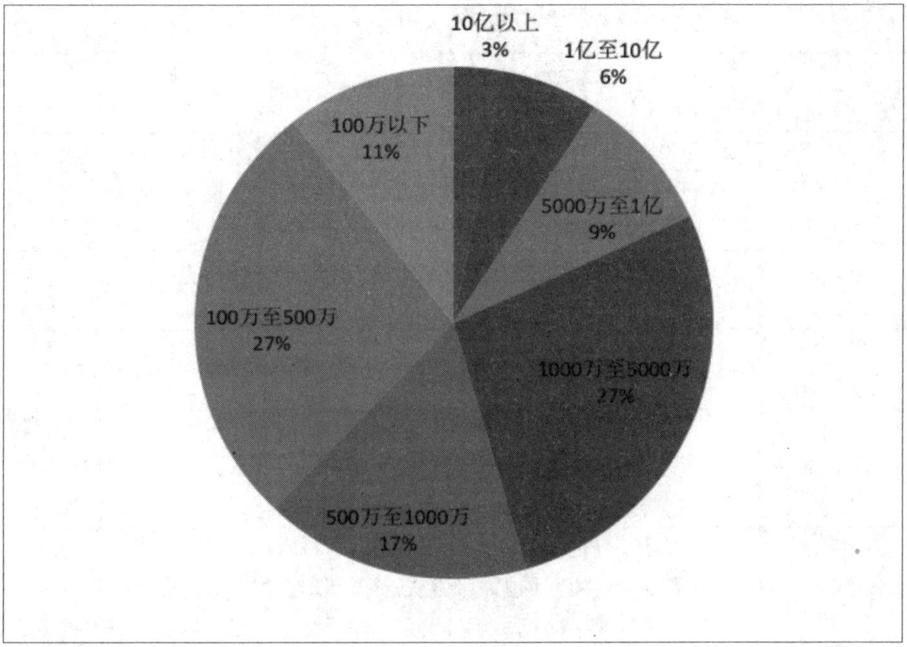

数据来源：表 6–3

图 6–2 "一带一路"沿线国家或地区不同人口规模国家或地区数量分布

（二）国土面积

"一带一路"沿线国家或地区中，各国家面积差别很大，有世界上面积最大的国家有俄罗斯，也有世界上面积不到 1000 平方公里的国家或地区，如马尔代夫、新加坡等。绝大多数国家的面积在 1 万平方公里到 50 万平方公里。表 6–4 给出了"一带一路"沿线国家或地区面积情况。

表 6-4 “一带一路”沿线国家或地区面积情况

面积（平方公里）区间	数量	国家或地区名称
500 万以上	2	俄罗斯、中国
100 万至 500 万	7	蒙古国、印度尼西亚、伊朗、沙特阿拉伯、埃及、印度、哈萨克斯坦
50 万至 100 万	7	缅甸、泰国、土耳其、也门、巴基斯坦、阿富汗、乌克兰
面积（平方公里）区间	数量	国家或地区名称
10 万至 50 万	19	马来西亚、老挝、柬埔寨、越南、菲律宾、伊拉克、叙利亚、阿曼、希腊、孟加拉、尼泊尔、乌兹别克斯坦、土库曼斯坦、塔吉克斯坦、吉尔吉斯斯坦、白俄罗斯、波兰、罗马尼亚、保加利亚
1 万至 10 万	24	约旦、以色列、阿联酋、卡塔尔、科威特、斯里兰卡、不丹、格鲁吉亚、阿塞拜疆、亚美尼亚、摩尔多瓦、立陶宛、爱沙尼亚、拉脱维亚、捷克、斯洛伐克、匈牙利、斯洛文尼亚、克罗地亚、波黑、黑山、塞尔维亚、阿尔巴尼亚、马其顿
1 万以下	7	新加坡、文莱、黎巴嫩、巴勒斯坦、巴林、塞浦路斯、马尔代夫

数据来源：根据附表 6-1 整理。

（三）经济自由化指数：来自美国传统基金会的数据

“一带一路”沿线国家或地区数量较多，各国家或地区的政治制度、经济制度差别较大，很难对各国家或地区政治制度、经济制度等进行准确的概括。我们根据美国传统基金会（The Heritage Foundation）的研究，总结了各国家或地区的经济自由化指数的分布情况，如表 6-5。可以看到，在“一带一路”沿线国家或地区中，既有经济自由化程度较高的，也有经济自由化程度较低的，其中经济自由化指数比中国高的国家或地区有 50 个；比中国低的国家或地区有 10 个，还有 1 个国家与中国持平。

表 6–5 “一带一路”沿线国家或地区经济自由化程度分布

经济自由化指数区间	数量	国家或地区名称
80–90	1	新加坡
70–80	9	马来西亚、以色列、阿联酋、卡塔尔、巴林、格鲁吉亚、立陶宛、爱沙尼亚、捷克
60–70	25	泰国、文莱、菲律宾、土耳其、约旦、沙特阿拉伯、阿曼、科威特、塞浦路斯、哈萨克斯坦、吉尔吉斯斯坦、阿塞拜疆、亚美尼亚、波兰、拉脱维亚、斯洛伐克、匈牙利、斯洛文尼亚、克罗地亚、黑山、塞尔维亚、阿尔巴尼亚、罗马尼亚、保加利亚、马其顿
50–60	21	蒙古国、印度尼西亚、老挝、柬埔寨、越南、黎巴嫩、也门、希腊、埃及、印度、巴基斯坦、孟加拉、斯里兰卡、马尔代夫、尼泊尔、不丹、塔吉克斯坦、俄罗斯、摩尔多瓦、波黑、中国
40–50	6	缅甸、伊朗、乌兹别克斯坦、土库曼斯坦、乌克兰、白俄罗斯、
数据缺失	4	伊拉克、叙利亚、巴勒斯坦、阿富汗

数据来源：根据附表 6–1 整理。

三、中国与“一带一路”沿线国家或地区的政治关系和经济关系

（一）外交关系

“一带一路”沿线国家或地区都与中国有比较良好的关系，除了不丹之外，其他64个国家或地区都与中国建立了外交关系。不丹虽然没有与中国建立外交关系，但是也与中国有密切的往来，比如从1979年起两国领导人每年都互致国庆贺电。“一带一路”沿线国家或地区与中国的外交关系的密切程度由于各种原因存在差别，有的建立了各种各样的关系，如全面战略伙伴关系、全面战略合作伙伴关系、战略合作关系等，也有的没有建立类似的这种关系；有的国家或区域联盟与中国签署了双边自由贸易协定，如巴基斯坦、新加坡和东盟；有的国家或区域联盟正与中国谈判双边自由贸易协定，如斯里兰卡、马尔代夫、东盟升级版、巴基斯坦第二阶段；正在研究的有印度、格鲁吉亚、摩尔多瓦三个国家。表6–6总结了2015年6月以前已经与中国建立各种比较密切关系国家或地区的情况。

表6–6 中国与“一带一路”沿线国家或地区的密切政治关系（截至2015年6月）

国家或地区名称	关系类型
俄罗斯	全面战略协作伙伴关系
巴基斯坦	全天候战略合作伙伴关系
泰国、老挝、柬埔寨、缅甸	全面战略合作伙伴关系
蒙古国、马来西亚、印度尼西亚、埃及、哈萨克斯坦、白俄罗斯	全面战略伙伴关系
越南	全面战略合作关系
孟加拉、克罗地亚	全面合作伙伴关系
罗马尼亚	全面友好合作伙伴关系
尼泊尔	世代友好的全面合作伙伴关系
阿富汗	战略合作伙伴关系
文莱	战略合作关系
沙特阿拉伯	合作和战略性友好关系
卡塔尔、乌兹别克斯坦、土库曼斯坦、塔吉克斯坦、吉尔吉斯斯坦、乌克兰、波兰、塞尔维亚	战略伙伴关系
印度	更加紧密的发展伙伴关系
菲律宾	致力于和平与发展的战略性合作关系

数据来源：根据中国外交部对中国与各国家双边关系情况整理（截止到2015年6月）。

（二）领土和边界争端

"一带一路"国家中，有 13 个[①]国家与中国接壤，有 5 个[②]国家与中国隔海相望。与中国接壤的 13 个国家中，大部分存在边界和领土争端，这些争端有的已经解决，有的搁置，基本上比较平稳；与中国隔海相望的 5 个国家都对南海、南沙群岛主张领土、领海主权以及其他各种海洋权益，甚至直接占领中国的南沙群岛中的某些岛礁沙滩，存在相对比较严重的冲突。

与中国接壤的 13 个国家有俄罗斯、蒙古、哈萨克斯坦、吉尔吉斯斯坦、塔吉克斯坦、印度、尼泊尔、不丹、越南、阿富汗、巴基斯坦、缅甸和老挝。有些国家的边界和领土争端已经解决，比如中国与越南的陆地领土划界问题已经基本解决；有的国家的边界和领土争端已经解决了大部分，但是仍然有一部分搁置争议，保持边界现状，如中国与俄罗斯的领土争端问题大部分已经解决了，但是仍然有几处还未解决[③]；有的是暂不解决，以保持边界和边境的和平和安宁，如中国与不丹的边界，通过双边协议，保持和平与安宁。同时，由于中国与大多数的周边国家存在着比较密切的政治关系、经贸关系，甚至已经达成或签署相关的国际协定或协议[④]，通过比较理性的方式谈判、和平解决。

与中国存在海洋争端或者声称对中国南海存在领土和领海主权并实际占领南沙群岛部分岛礁沙滩的越南、菲律宾、印度尼西亚、马来西亚却存在发生严重冲突的可能性，特别是菲律宾和越南。在实际占领了中国南沙群岛的部分岛礁沙滩的国家中，菲律宾实际占领和控制了 9 个，越南实际占领和控制了 29 个，马来西亚实际占领和控制了 10 多个，印度尼西亚和文莱虽然没有实际占领但是存在声索。在菲律宾和越南实际占领和控制的南沙岛屿上有驻军，有民用开发，甚至有居民、幼儿园、酒店等。另外，

①与中国陆地接壤的国家共有 14 个，由于朝鲜不在"一带一路"国家范围内，因此这里只讨论 13 个。
②与中国隔海相望或存在海洋争端的国家有 7 个，还有日本和韩国，但是它们都不在"一带一路"国家范围内，因此这里不予讨论。
③中国与周边国家的领土问题 [EB/OL].http://www.huaxia.com/js/jsgc/00130866.html.
④比如中国与俄罗斯、哈萨克斯坦、吉尔吉斯斯坦、塔吉克斯坦等共同建立"上海合作组织"，并于 1996 年和 1997 年共同签署了《关于在边境地区加强军事领域信任的协定》和《关于在边境地区相互裁减军事力量的协定》，一定程度上解决了边境冲突问题。

美国重返亚太战略的实施，更增加了这一地区局势的复杂性和不确定性。

（三）经济关系

中国与“一带一路”沿线国家或地区的经贸往来一直比较密切，中国已经成为许多国家最大的贸易伙伴和外资来源国，有些国家也是中国最重要的贸易伙伴。

1. 自由贸易协定。

截至2015年6月，中国已经与东盟签署了自由贸易协定，与新加坡和巴基斯坦也签署了自由贸易协定；与斯里兰卡和马尔代夫的自由贸易协定正在谈判中，与东盟自由贸易协定的升级正在谈判中，与巴基斯坦自由贸易协定第二阶段的谈判正在进行中，与印度、格鲁吉亚、摩尔多瓦的自由贸易协定已经进入研究阶段。

表6-7 中国与“一带一路”沿线国家或地区已经签署、正在谈判或正在研究自贸协定的情况汇总（截至2015年6月）

自贸协定进展	国家或地区名称
已经签署	东盟 新加坡 巴基斯坦
正在谈判	东盟升级 斯里兰卡 巴基斯坦第二阶段 马尔代夫
正在研究	印度 格鲁吉亚 摩尔多瓦

数据来源：根据商务部中国自由贸易区服务网（http://fta.mofcom.gov.cn/index.shtml）整理。

2. 对外贸易。

中国与"一带一路"沿线国家或地区的贸易额不断增加，这些国家在中国对外贸易中的地位不断提高。从 1998 年到 2013 年间，中国与"一带一路"沿线国家的贸易额占中国对外贸易额的比重不断提高，从 1998 年的 14.1% 上升到 2013 年的 25.1%，上升了 11 个百分点；出口额占比从 13.0% 上升到 25.9%，基本上增加了一倍；进口额占比从 15.6% 上升到 24.2%。表 6–8 给出了中国与"一带一路"沿线国家或地区的贸易额占中国对外贸易额的比重。

表 6–8 中国与"一带一路"沿线国家或地区贸易额占中国对外贸易额的比重（%）

年份	进出口额占比（%）	出口额占比（%）	进口额占比（%）
1998	14.1	13.0	15.6
1999	14.3	13.2	15.5
2000	16.5	14.4	18.8
2001	16.6	14.7	18.7
2002	17.3	15.7	18.9
2003	18.2	16.4	20.0
2004	18.4	16.8	20.1
2005	19.4	17.6	21.4
2006	20.2	19.3	21.5
2007	21.8	21.8	21.7
2008	23.4	23.6	23.1
2009	22.8	23.6	21.8
2010	23.4	23.6	23.1
2011	24.7	24.2	25.3
2012	25.0	24.7	25.2
2013	25.1	25.9	24.2

数据来源：根据国家统计局年度数据计算得出。

2013 年，中国与"一带一路"沿线国家或地区的贸易额占比约为 1/4，总体上中国为顺差。中国对大部分国家也实现了贸易顺差，在 65 个国家中，中国只对 13 个国家为逆差，占比为 20%，而这些国家主要为能源生产国，如伊朗、伊拉克、科威特、沙特阿拉伯、阿曼、卡塔尔、哈萨克斯坦等。

表 6-9 2013 年“一带一路”沿线各国家或地区与中国贸易额占中国对外贸易额的比重

国家或地区	进出口额		出口额		进口额		进出口差额（出口－进口）
	数额（万美元）	占比（%）	数额（万美元）	占比（%）	数额（万美元）	占比（%）	数额（万美元）
蒙古国	595914	0.143	244959	0.111	350955	0.180	-105996
新加坡	7589638	1.825	4583187	2.075	3006452	1.542	1576735
马来西亚	10608338	2.551	4593059	2.079	6015279	3.085	-1422220
印度尼西亚	6835475	1.644	3693049	1.672	3142426	1.612	550623
缅甸	1019556	0.245	733869	0.332	285687	0.147	448182
泰国	7124055	1.713	3271790	1.481	3852265	1.976	-580475
老挝	273266	0.066	172258	0.078	101008	0.052	71250
柬埔寨	377314	0.091	340951	0.154	36364	0.019	304587
越南	6547819	1.574	4858630	2.199	1689189	0.866	3169441
文莱	179358	0.043	170378	0.077	8980	0.005	161398
菲律宾	3804994	0.915	1986813	0.899	1818181	0.932	168632
伊朗	3942651	0.948	1403665	0.635	2538986	1.302	-1135321
伊拉克	2487885	0.598	689409	0.312	1798476	0.922	-1109067
土耳其	2223323	0.535	1774699	0.803	448623	0.230	1326076
叙利亚	69486	0.017	69015	0.031	471	0.000	68544
约旦	360443	0.087	343456	0.155	16988	0.009	326468
黎巴嫩	253641	0.061	249083	0.113	4558	0.002	244525
以色列	1082662	0.260	764530	0.346	318132	0.163	446398
巴勒斯坦	9086	0.002	9068	0.004	19	0.000	9049
沙特阿拉伯	7219053	1.736	1873981	0.848	5345071	2.741	-3471090

续前表

国家或地区	进出口额		出口额		进口额		进出口差额（出口－进口）
	数额（万美元）	占比（%）	数额（万美元）	占比（%）	数额（万美元）	占比（%）	数额（万美元）
也门	520012	0.125	213882	0.097	306130	0.157	-92248
阿曼	2294146	0.552	190084	0.086	2104061	1.079	-1913977
阿联酋	4623482	1.112	3341130	1.513	1282353	0.658	2058777
卡塔尔	1017426	0.245	171091	0.077	846335	0.434	-675244
科威特	1226215	0.295	267551	0.121	958664	0.492	-691113
巴林	154411	0.037	123893	0.056	30518	0.016	93375
希腊	365224	0.088	321898	0.146	43327	0.022	278571
塞浦路斯	102453	0.025	97173	0.044	5280	0.003	91893
埃及	1021428	0.246	836268	0.379	185161	0.095	651107
印度	6540266	1.573	4843241	2.192	1697025	0.870	3146216
巴基斯坦	1421644	0.342	1101960	0.499	319684	0.164	782276
孟加拉	1030745	0.248	970509	0.439	60237	0.031	910272
阿富汗	33785	0.008	32826	0.015	960	0.000	31866
斯里兰卡	361911	0.087	343655	0.156	18256	0.009	325399
马尔代夫	9783	0.002	9741	0.004	42	0.000	9699
尼泊尔	225414	0.054	221089	0.100	4325	0.002	216764
不丹	1741	0.000	1741	0.001	1	0.000	1740
哈萨克斯坦	2859596	0.688	1254512	0.568	1605084	0.823	-350572

续前表

国家或地区	进出口额		出口额		进口额		进出口差额（出口－进口）
	数额（万美元）	占比（%）	数额（万美元）	占比（%）	数额（万美元）	占比（%）	数额（万美元）
乌兹别克斯坦	455145	0.109	261336	0.118	193809	0.099	67527
土库曼斯坦	1003090	0.241	113764	0.052	889326	0.456	–775562
塔吉克斯坦	195812	0.047	186936	0.085	8875	0.005	178061
吉尔吉斯斯坦	513770	0.124	507535	0.230	6235	0.003	501300
俄罗斯	8925900	2.146	4959117	2.245	3966783	2.034	992334
乌克兰	1112209	0.267	784923	0.355	327287	0.168	457636
白俄罗斯	145267	0.035	87216	0.039	58051	0.030	29165
格鲁吉亚	91655	0.022	86209	0.039	5446	0.003	80763
阿塞拜疆	110215	0.027	86857	0.039	23358	0.012	63499
亚美尼亚	19299	0.005	11985	0.005	7314	0.004	4671
摩尔多瓦	13122	0.003	11263	0.005	1859	0.001	9404
波兰	1480667	0.356	1257488	0.569	223180	0.114	1034308
立陶宛	181096	0.044	168618	0.076	12479	0.006	156139
爱沙尼亚	130940	0.031	110982	0.050	19958	0.010	91024
拉脱维亚	147343	0.035	137427	0.062	9916	0.005	127511

续前表

国家或地区	进出口额		出口额		进口额		进出口差额（出口－进口）
	数额（万美元）	占比（%）	数额（万美元）	占比（%）	数额（万美元）	占比（%）	数额（万美元）
捷克	945272	0.227	683780	0.310	261492	0.134	422288
斯洛伐克	654259	0.157	308444	0.140	345816	0.177	–37372
匈牙利	840743	0.202	569228	0.258	271515	0.139	297713
斯洛文尼亚	213561	0.051	183281	0.083	30280	0.016	153001
克罗地亚	149421	0.036	138994	0.063	10427	0.005	128567
波黑	11221	0.003	9133	0.004	2088	0.001	7045
黑山	10253	0.002	8638	0.004	1614	0.001	7024
塞尔维亚	61204	0.015	43191	0.020	18013	0.009	25178
阿尔巴尼亚	55944	0.013	32460	0.015	23484	0.012	8976
罗马尼亚	403004	0.097	282254	0.128	120750	0.062	161504
保加利亚	207373	0.050	111698	0.051	95674	0.049	16024
马其顿	17145	0.004	6348	0.003	10797	0.006	–4449
合计	104508569	25.128	57317198	25.947	47191379	24.201	10125819
世界	415899347	–	220900400	–	194998947	–	25901453

数据来源：绝对量数字来自国家统计局网站，比重和进出口差额计算得出。

3. 外国直接投资和对外直接投资。

中国从“一带一路”沿线国家吸收的外国直接投资约占中国吸收外国直接投资的7%左右，其中新加坡是中国主要的外资来源国或地区之一。2013年，新加坡对中国的外商直接投资占中国吸收外商直接投资的5.83%①。在中国的对外直接投资中，中国对“一带一路”沿线国家或地区的对外直接投资约占5%，2013年的对外直接投资占比为5.43%，存量占比4.79%，其中中国对新加坡的对外直接投资约占中国对“一带一路”沿线国家或地区对外直接投资的50%，在有些年份甚至达到60%。表6-10给出了中国与“一带一路”沿线国家或地区的相互对外直接投资情况。

表6-10 中国与“一带一路”沿线国家或地区的外国直接投资和对外直接投资占比（%）

年份	外国直接投资	对外直接投资	
		净额	存量
1997	7.77	–	–
1998	9.49	–	–
1999	8.35	–	–
2000	7.35	–	–
2001	6.80	–	–
2002	6.58	–	–
2003	5.97	–	–
2004	5.88	–	–
2005	5.85	–	–
2006	6.00	–	–
2007	6.55	4.38	–
2008	6.74	4.09	3.63

①中国外资统计[M].2014:13.

续前表

年份	外国直接投资	对外直接投资	
		净额	存量
2009	5.74	3.8	3.68
2010	6.84	4.2	3.81
2011	6.36	6.69	4.39
2012	6.70	5.12	4.53
2013	7.38	5.43	4.79

数据来源：根据国家统计局年度数据计算得出。需要说明：在国家统计局公布的年度数据中，列出的外国直接投资来源国或地区中没有完全包含"一带一路"沿线的65个国家或地区，对外直接投资的数据更是只列出其中的印度尼西亚、新加坡、泰国、越南和俄罗斯，但是这已经足够说明问题，因为没有列出来的国家或地区对中国的投资和中国对其投资都非常少。

4. 对外经济合作。

中国与"一带一路"沿线国家或地区的经济合作比较密切。在中国对外承包工程中，"一带一路"沿线国家或地区占比一半左右，从工程完成额指标来看，到2013年已经基本接近50%；对外承包工程派出人数占比超过50%；对外承包工程年末在外劳务人数占比接近50%。对外劳务合作中，"一带一路"沿线国家或地区的占比接近1/4。表6-11给出了中国与"一带一路"沿线国家或地区对外经济合作的详细情况。

表6-11 中国与"一带一路"沿线国家或地区的对外经济合作情况

年份	对外承包工程完成额占比(%)	对外承包工程派出人数占比(%)	对外承包工程年末在外劳务人数占比(%)	对外劳务合作派出人数占比(%)	对外劳务合作年末在外人员占比(%)
1998	37.41	–	–	–	–
1999	29.31	–	–	–	–
2000	33.41	–	–	–	–
2001	36.26	–	–	–	–

续前表

年份	对外承包工程完成额占比 (%)	对外承包工程派出人数占比 (%)	对外承包工程年末在外劳务人数占比 (%)	对外劳务合作派出人数占比 (%)	对外劳务合作年末在外人员占比 (%)
2002	35.27	–	–	–	–
2003	34.23	–	–	–	–
2004	34.42	–	–	–	–
2005	37.68	–	–	–	–
2006	42.89	–	–	–	–
2007	46.72	–	–	–	–
2008	49.56	–	–	–	–
2009	50.15	–	–	–	–
2010	47.26	–	–	–	–
2011	49.97	53.8	47.41	25.83	26.48
2012	46.88	51.01	45.74	22.77	24.48
2013	47.70	50.07	46.39	19.39	23.35

数据来源：根据国家统计局对外经济合作原始数据计算得出，由于没有给出巴勒斯坦、拉脱维亚、克罗地亚和黑山的数据，计算结果不含这四个国家。

在对外承包工程中，“一带一路”沿线国家或地区中有许多国家是中国对外经济合作的主要对象。按照对外承包工程完成额来看，沙特阿拉伯占比达到 4.29%，印度达到 3.85%，印度尼西亚达到 3.44%，分别位居“一带一路”沿线国家中的第一、二、三位；巴基斯坦占比 2.70%，越南占比 2.62%，伊拉克占比 2.47%，哈萨克斯坦占比 2.13%，新加坡占比 2.0%，分别位居第四至八位。按照对外承包工程派出人数占比，沙特阿拉伯占比 7.25%，老挝占比 4.13%，伊拉克占比 3.63%，分别位居第一、二、三位；按照对外承包工程年末在外劳务人数来看，沙特阿拉伯占比 7.50%，伊拉克占比 4.11%，老挝占比 2.95%，分别位居第一、二、三位。表 6-12 给出了“一带一路”沿线国家或地区中中国对外承包工程的主要国家或地区的总体情况。

表 6-12 "一带一路"沿线国家或地区中中国对外承包工程的主要国家或地区

国家或地区	对外承包工程完成额		对外承包工程派出人数		对外承包工程年末在外劳务人数	
	数额（万美元）	占比（%）	人数（人）	占比（%）	人数（人）	占比（%）
缅甸	126126	0.92	2373	0.88	8701	2.35
柬埔寨	143077	1.04	4060	1.50	5410	1.46
印度	528189	3.85	1628	0.60	2828	0.76
印度尼西亚	471874	3.44	7985	2.95	9816	2.65
伊朗	218133	1.59	1016	0.37	1719	0.46
伊拉克	338070	2.47	9826	3.63	15223	4.11
科威特	104947	0.77	3254	1.20	3490	0.94
老挝	196887	1.44	11203	4.13	10912	2.95
马来西亚	253013	1.84	5615	2.07	8017	2.17
蒙古	107163	0.78	7951	2.93	4297	1.16
巴基斯坦	370093	2.70	3541	1.31	5586	1.51
卡塔尔	166010	1.21	2594	0.96	2578	0.70
沙特阿拉伯	588411	4.29	19648	7.25	27756	7.50
新加坡	280991	2.05	2917	1.08	7109	1.92
斯里兰卡	209186	1.53	5223	1.93	5840	1.58
泰国	131931	0.96	1561	0.58	1735	0.47
土耳其	194266	1.42	3398	1.25	4528	1.22
阿联酋	133959	0.98	5972	2.20	6954	1.88
越南	359283	2.62	5746	2.12	9542	2.58
哈萨克斯坦	291714	2.13	7109	2.62	5803	1.57
吉尔吉斯斯坦	71188	0.52	3258	1.20	2440	0.66
塔吉克斯坦	44456	0.32	2032	0.75	2306	0.62
土库曼斯坦	209852	1.53	334	0.12	554	0.15
乌兹别克斯坦	70579	0.51	2505	0.92	2469	0.67
白俄罗斯	164638	1.20	3037	1.12	1579	0.43
俄罗斯	137161	1.00	4705	1.74	5518	1.49

数据来源：根据国家统计局对外经济合作原始数据计算得出。

从对外劳务合作情况来看，在“一带一路”沿线国家或地区中，中国主要的合作国家是新加坡，对新加坡的劳务合作派出人数占中国对外劳务合作派出人数的10%还多，占对“一带一路”沿线国家或地区全部劳务合作派出人数的50%多。

表6-13 “一带一路”沿线国家或地区中中国对新加坡劳务合作派出人数及占比

年份	对外劳务合作派出人数			对外劳务合作年末在外人员		
	人数（人）	占世界比重（%）	占“一带一路”沿线国家或地区比重（%）	人数（人）	占世界比重（%）	占“一带一路”沿线国家或地区比重（%）
2011	26582	12.71	49.23	71463	14.63	55.25
2012	34577	12.42	54.55	68749	13.60	55.54
2013	29880	11.69	60.29	66805	13.84	59.27

数据来源：根据国家统计局对外经济合作原始数据计算得出。

第三节 山东省和山东半岛蓝色经济区各地市与“一带一路”沿线国家或地区的经贸往来情况

一、山东省和山东半岛蓝色经济区各地市与“一带一路”沿线国家或地区的友好关系

（一）山东省总体情况

山东省及各地市与“一带一路”沿线中的许多国家或地区建立了各层级的友好关系，有友好城市关系、友好合作关系等。这会成为山东省及各地市抢抓“一带一路”机遇的有利条件，利用友好城市关系、友好合作关系进行宣传，加强贸易、投资和对外经济合作。

1. 山东省友好城市关系。

根据山东省人民政府外事办公室和山东省人民对外友好协会2013年11月公布的《山东省对外友好城市》中列出的名单，山东省及各地市与“一

带一路”沿线国家或地区的友好城市关系如表 6–14 所示。山东省各级政府与“一带一路”沿线国家或地区签署的友好城市关系城市达到 41 个，与山东省各级政府签署有友好城市关系的“一带一路”沿线国家或地区有 21 个，这为山东省扩大与“一带一路”沿线国家或地区的合作奠定了基础。表 6–14 给出了“一带一路”沿线国家或地区中与山东省各级政府签署了友好城市关系的情况。

表 6–14 山东省各级友城在各国家的分布情况　　单位：对

国别	省级	市级	县（市、区）级	总计
俄罗斯	1	8		9
乌克兰	1	2		3
以色列		3		3
菲律宾	1	1		2
泰国		3		3
土耳其		2		2
白俄罗斯		2		2
印尼		2		2
罗马尼亚	1		1	2
越南	1			1
亚美尼亚			1	1
格鲁吉亚		1		1
柬埔寨		1		1
保加利亚		2		2
立陶宛		1		1
斯里兰卡	1			1
希腊		1		1
伊朗	1			1
巴基斯坦	1			1
克罗地亚		1		1
匈牙利		1		1
合计	8	31	2	41

资料来源：根据山东省人民政府外事办公室和山东省人民对外友好协会于 2013 年 11 月公布的《山东省对外友好城市》整理。

表 6-15 山东省省级友城在各国家的分布情况

国别	省（州、县、道、大区等）	签字日期
斯里兰卡	西北省	待签
乌克兰	赫尔松州	1995.8.9
越南	广南岘港省	1996.4.5
罗马尼亚	克鲁日县	1997.11.10
菲律宾	北伊洛戈省	2002.10.21
伊朗	胡泽斯坦省	2008.11.1
俄罗斯	鞑靼斯坦共和国	2008.12.10
巴基斯坦	旁遮普省	待签

资料来源：根据山东省人民政府外事办公室和山东省人民对外友好协会于 2013 年 11 月公布的《山东省对外友好城市》整理。

2. 山东省合作城市关系。

在“一带一路”沿线国家或地区中，有些国家的省（州）级政府与山东省构建了合作城市关系，共有 6 个国家的 9 个省（州）级政府，其中俄罗斯有 3 个、马来西亚有 2 个。表 6–16 给出了与山东省建立有省（州）合作城市关系的国家省（州）情况。

表 6-16 山东省省（州）级合作城市关系的分布情况

国别	省（州、县、道、大区等）	批准日期
马来西亚	澎亨州	1993
俄罗斯	奥伦堡州	1999.4
俄罗斯	彼尔姆州	1999.4
匈牙利	巴奇基什孔州	1999.7
印度尼西亚	东爪哇省	2002.9.19
希腊	比爱利亚省	2004.12
马来西亚	沙捞越州	2005.5.7
捷克	兹林州	2007.5.15
俄罗斯	托木斯克州	2008.9.20

资料来源：根据山东省人民政府外事办公室和山东省人民对外友好协会于 2013 年 11 月公布的《山东省对外友好城市》整理。

（二）山东半岛蓝色经济区各地市情况

1. 友好城市关系。

山东半岛蓝色经济区各地市与"一带一路"沿线国家或地区的城市也建立了友好城市关系，有的为市级关系、有的为县级关系，其中青岛市建立友好城市关系的伙伴城市最多，达到7个，烟台市为3个，潍坊市为2个，东营市、威海市、日照市各有1个，共计15个。表6-17给出了山东半岛蓝色经济区各地市与"一带一路"沿线国家或地区建立的友好城市关系情况。

表 6-17 山东半岛蓝色经济区各地市的友好城市情况

中方	国别	省（州、县、道、大区等）	城市	签字日期
青岛市	乌克兰	敖德萨州	敖德萨市	1993.4.29
	以色列	中央区	耐斯茨奥纳市	1997.3
	立陶宛	克莱佩达县	克莱佩达市	2004.5.30
	俄罗斯	列宁格勒州	圣彼得堡市	2007.7.16
	泰国	清迈府	清迈府	2008.4.1
	克罗地亚	海山省	里耶卡市	待签
青岛市胶南市	亚美尼亚	阿保夫扬市	阿保夫扬市	1993.8.30
东营市	印度尼西亚	加里曼丹省	巴里巴班市	待签
烟台市	俄罗斯	萨马拉州	陶利亚蒂市	待签
	泰国	普吉府	普吉府	1997.11.3
	保加利亚	布尔加斯州	布尔加斯市	待签
潍坊市	以色列	内盖夫省	贝尔谢巴市	待签
	泰国	清莱府	清莱府	待签
威海市	俄罗斯	克拉斯诺达尔边疆区	索契市	1996.10.18
日照市	土耳其	特拉布松省	特拉布松市	1991.12.13

资料来源：根据山东省人民政府外事办公室和山东省人民对外友好协会于2013年11月公布的《山东省对外友好城市》整理。

2. 合作城市关系。

在“一带一路”沿线国家或地区中，有些国家的城市与山东半岛蓝色经济区各地市构建了合作城市关系，共有8个国家的9个城市，其中俄罗斯有2个。在山东半岛蓝色经济区各地市中，青岛市建立的合作城市关系最多，有8个，烟台市有1个。表6-18给出了与山东半岛蓝色经济区各地市建立有合作城市关系的城市情况。

表6-18 山东半岛蓝色经济区各地市的合作城市情况

中方	国别	省（州、县、道、大区等）	城市	批准日期
青岛市	摩尔多瓦	基希纳乌市	基希纳乌市	1997.5
	越南	岘港市	岘港市	2000.6.9
	塞浦路斯	尼科西亚市	尼科西亚市	2001.2.5
	菲律宾	怡郎省	怡朗市	2003.10.15
	俄罗斯	彼尔姆州	彼尔姆市	2006.12.12
	泰国	春武里府	帕塔亚市	2012.4.6
	以色列	特拉维夫-雅法大都市区	拉马特甘市	2012.5.2
青岛市胶南市	波兰	小波兰省	新松奇市	2011.11.21
烟台市	俄罗斯	滨海边疆区	符拉迪沃斯托克	1994.7.29

资料来源：根据山东省人民政府外事办公室和山东省人民对外友好协会于2013年11月公布的《山东省对外友好城市》整理。

二、山东省与“一带一路”沿线国家或地区的经贸合作情况

根据山东省商务厅的有关数据，2014年，山东省对“一带一路”沿线国家出口373.5亿美元，增长11.9%，占山东省出口总额的25.8%；对“一带一路”沿线国家投资27.8亿美元，新签合同额68.7亿美元，完成营业

额49亿美元，分别占比48%、64.8%、52.9%[①]。2015年1-7月，山东省与"一带一路"沿线国家进出口额为341.2亿美元，出口201.0亿美元，进口140.2亿美元[②]，分别占比25.2%、25.6%和24.7%。这表明，山东省与"一带一路"沿线国家或地区的经贸往来非常重要，"一带一路"沿线国家或地区是山东省重要的对外经济贸易合作对象。

1. 对外贸易。

在"一带一路"沿线国家或地区中，中国主要的进出口对象是东盟和俄罗斯。2013年，山东省与东盟的进出口占山东省进出口总额的比例达到11.59%，出口占比为9.16%，进口占比达到14.05%；俄罗斯的占比分别为2.91%、2.56%和3.27%。中国对东盟和俄罗斯的进出口都为逆差，其中对东盟的逆差达到63亿美元，与俄罗斯的逆差近9亿美元。表6-19给出了2013年山东省与"一带一路"沿线国家和地区的进出口情况。

表6-19 2013年山东省与"一带一路"沿线部分国家或地区的进出口情况

国家或地区	进出口		出口		进口		进出口差额（出口－进口）（万美元）
	数额（万美元）	占比（%）	数额（万美元）	占比（%）	数额（万美元）	占比（%）	
东盟	3096498	11.59	1232772	9.16	1863725	14.05	-630953
马来西亚	684083	2.56	248076	1.84	436007	3.29	-187931
印度尼西亚	899070	3.37	248494	1.85	650576	4.90	-402082
新加坡	264641	0.99	168201	1.25	96440	0.73	71761
印 度	563730	2.11	295735	2.20	267995	2.02	27740
泰 国	685568	2.57	205458	1.53	480110	3.62	-274652
俄罗斯	778534	2.91	344766	2.56	433768	3.27	-89002

数据说明：《山东省统计年鉴（2014）》只给出了部分国家的数据，这里选择出了"一带一路"沿线国家或地区的数据。

数据来源：数额数据来自山东省统计局：《山东省统计年鉴（2014）》；占比数据和进出口差额数据计算得出。

①山东省商务厅．关于2014年全省商务运行情况通报[EB/OL].http://www.shandongbusiness.gov.cn/Office-430-1501.html.

②山东省商务厅．关于1-7月全省商务运行情况的通报[EB/OL].http://www.shandongbusiness.gov.cn/Office-430-1501.html.

2. 外国直接投资。

在“一带一路”沿线国家或地区中，新加坡是山东省最为重要的外资来源地，实际利用外商直接投资占比高达4.1%，是仅次于中国香港、韩国、维尔京群岛的第四大外资来源地。表6–20给出了2013年山东省吸收“一带一路”沿线国家或地区外国直接投资的情况。

表6–20 2013年山东省吸收“一带一路”沿线国家或地区外国直接投资情况

国家或地区	合同项目		合同外商投资		实际使用外商投资	
	个数(个)	占比(%)	金额(万美元)	占比(%)	金额(万美元)	占比(%)
东盟	66	4.7	131332	7.42	70981	5.05
新加坡	54	3.84	112164	6.33	57553	4.1
马来西亚	5	0.36	12577	0.71	12021	0.88
泰国	5	0.36	5897	0.33	677	0.05
菲律宾	0	0	0	0	0	0
印度尼西亚	1	0.07	–274	–0.02	317	0.02
俄罗斯	9	0.64	980	0.06	816	0.06

数据说明：《山东省统计年鉴（2014）》只给出了部分国家的数据，这里选择出了“一带一路”沿线国家或地区的数据。

数据来源：数额数据来自山东省统计局：《山东省统计年鉴（2014）》；占比数据计算得出。

3. 对外直接投资。

“一带一路”沿线国家或地区是山东省对外直接投资的重要目的地。2013年，山东省对外直接投资的30%投向“一带一路”沿线国家或地区，其中投资比较多的国家或地区有柬埔寨（7.61%）、新加坡（6.06%）、马来西亚（2.56%）和印度尼西亚（5.6%）。表6–21给出了山东省对“一带一路”沿线各国家或地区投资的情况。

表 6-21 山东省对"一带一路"沿线国家或地区的对外直接投资情况

国家或地区	项目数		核准投资		核准中方投资	
	个数（个）	占比（%）	金额（万美元）	占比（%）	金额（万美元）	占比（%）
总计	443	100	556082	100	451205	100
阿联酋	7	1.58	5074	0.91	4281	0.95
巴基斯坦	5	1.13	8530	1.53	6436	1.43
菲律宾	2	0.45	1000	0.18	1000	0.22
哈萨克斯坦	1	0.23	0	0.00	0	0.00
吉尔吉斯斯坦	1	0.23	0	0.00	0	0.00
柬埔寨	16	3.61	35715	6.42	34325	7.61
老挝	1	0.23	7280	1.31	6298	1.40
马来西亚	12	2.71	11538	2.07	11529	2.56
蒙古	3	0.68	2790	0.50	1590	0.35
孟加拉	2	0.45	1180	0.21	1180	0.26
缅甸	3	0.68	4180	0.75	4180	0.93
沙特阿拉伯	2	0.45	47	0.01	32	0.01
斯里兰卡	1	0.23		0.00		0.00
泰国	4	0.90	1189	0.21	940	0.21
乌兹别克斯坦	3	0.68	310	0.06	256	0.06
新加坡	16	3.61	32074	5.77	27327	6.06
伊朗	2	0.45	515	0.09	358	0.08
印度	5	1.13	1780	0.32	1780	0.39
印度尼西亚	19	4.29	31338	5.64	25245	5.60
越南	7	1.58	1910	0.34	1830	0.41
伊拉克	1	0.23	500	0.09	500	0.11
埃及	1	0.23	0	0.00	0	0.00
波黑	1	0.23	16000	2.88	1600	0.35
波兰	1	0.23	200	0.04	200	0.04
俄罗斯	6	1.35	2246	0.40	1897	0.42
捷克	1	0.23	257	0.05	206	0.05
土耳其	3	0.68	300	0.05	300	0.07
乌克兰	2	0.45	2600	0.47	2600	0.58
小计	128	28.89	168553	30.31	135890	30.12

数据说明：《山东省统计年鉴（2014）》只给出了部分国家的数据，这里选择出了"一带一路"沿线国家或地区的数据，去掉全部数据为零的国家或地区。

数据来源：数额数据来自山东省统计局：《山东省统计年鉴（2014）》；占比数据计算得出。

4. 接待外国游客人数。

在山东省接待外国游客中，来自“一带一路”沿线国家或地区的游客数量占比在10%左右，2013年达到12%。其中，山东省接待游客比较多的国家主要是马来西亚、新加坡和俄罗斯。表6-22给出了山东省接待“一带一路”沿线国家或地区外国游客的情况。

表6-22 山东省接待“一带一路”沿线国家或地区外国游客情况 单位：人

	1995	2000	2005	2010	2011	2012	2013
总计	304280	480090	1247842	2778699	3123264	3422261	3273678
印度	0	2762	6759	23932	28861	29010	31113
印度尼西亚	3378	6319	6881	24835	29759	30022	33275
马来西亚	5581	10700	22534	40230	55282	62954	63466
蒙 古	0	851	1155	7064	8869	10550	11211
菲律宾	14015	14906	16327	42487	45599	40721	41097
新加坡	9275	16182	25509	70126	86383	99630	94525
泰国	1781	2545	7281	13387	17400	18006	21601
俄罗斯	10566	8926	19484	63036	86748	103432	97171
小计	44596	63191	105930	285097	358901	394325	393459
占比（%）	14.66	13.16	8.49	10.26	11.49	11.52	12.02

数据说明：《山东省统计年鉴（2014）》只给出了部分国家的数据，这里选择出了“一带一路”沿线国家或地区的数据。

数据来源：来自山东省统计局：《山东省统计年鉴（2014）》，小计和占比数据计算得出。

三、山东半岛蓝色经济区各地市与“一带一路”沿线国家的经贸合作情况

山东半岛蓝色经济区各地市高度重视“一带一路”战略，在2015年的政府工作报告中，有5个地市提到“一带一路”战略，其中日照市的政府工作报告提到了5次。各地市政府工作报告提及“一带一路”战略，一是表明本地市在“一带一路”战略中的地位，如青岛市为新亚欧大陆桥经

济走廊主要节点城市和海上合作战略支点城市；烟台市"一带一路"战略支点城市；日照市为新亚欧大陆桥经济走廊主要节点城市；二是表明融入、参与"一带一路"战略的决心，青岛市提出"率先融入"；烟台市提出"积极融入"；日照市提出"融入"、"抢抓"、"着力用好"、"积极参与"；潍坊市提出"主动融入"；东营市提出"积极参与"。表 6-23 给出了各地市 2015 年政府工作报告中对"一带一路"的阐述。

表 6-23 山东半岛蓝色经济区各地市政府工作报告中的"一带一路"战略

各地市	次数	内容
青岛市	2 次	纳入国家"一带一路"战略规划，被确定为新亚欧大陆桥经济走廊主要节点城市和海上合作战略支点城市 率先融入国家"一带一路"战略，积极参与沿线国家或地区基础设施互联互通建设，开展全方位交流与合作
烟台市	2 次	积极融入国家"一带一路"战略 深入谋划建设"一带一路"战略支点城市的工作措施
日照	5 次	瓦(塘)日(照)铁路建成通车，打通了我市向西开放、融入"一带一路"的新干线 抢抓"一带一路"国家战略机遇，我市被列为新亚欧大陆桥经济走廊主要节点城市，与国外 7 个城市建立了友城关系或签署友好合作意向书。日照港口岸获得国际联运过境货物运输业务资质，开通了至韩国釜山港集装箱班轮和至中亚集装箱跨境海铁联运、至蒙古海陆联运业务 着力用好"蓝红金"和"一带一路"国家战略机遇 积极参与"一带一路"建设，着力打造"五通"示范区 做好第三届中国—中亚合作论坛承办工作，扩大我市在"一带一路"国家或地区的影响
潍坊	1 次	主动融入国家"一带一路"、互联互通和中韩、中澳自贸区建设，办好中(日)韩产业博览会，规划建设好中外产业合作园区
东营	1 次	全面推进对外交流合作，加强对自由贸易区政策的研究，引导企业积极参与"一带一路"和东亚海洋合作平台建设，加快"走出去"步伐

说明：威海市和滨州市的政府工作报告未提及。

资料来源：根据各地市 2015 年的政府工作报告整理。

这里根据各地市 2014 年《统计年鉴》总结与“一带一路”沿线国家或地区的经济贸易往来情况。

1. 对外贸易。

山东半岛蓝色经济区各地市与“一带一路”沿线国家或地区有比较密切的贸易关系。根据能够找到的数据，2013 年，“一带一路”沿线的东盟与潍坊市的进出口总额占潍坊市进出口总额的 10.54%，其中印度一个国家就占 3.31%；在日照市的出口对象中，东盟占比达到 16.81%，中近东占比 7.2%，俄罗斯占比 8.36%，如果将三个国家或地区加总的话，占比超过 30%；在滨州市的出口对象中，东盟占比 15.9%，中近东占比 11.1%，俄罗斯占比 1.2%，三个国家或地区加总占比接近 30%。表 6–24 给出了山东半岛蓝色经济区部分地市与“一带一路”沿线部分国家或地区的进出口情况。

表 6–24 山东半岛蓝色经济区部分地市与“一带一路”沿线部分国家或地区的进出口情况

（a）潍坊市

国别（地区）	进出口		出口		进口		进出口差额（出口 – 进口）（万美元）
	总值（万美元）	占比（%）	总值（万美元）	占比（%）	总值（万美元）	占比（%）	
总计	1616173	100	1160588	100	455585	100	705003
东盟	170349	10.54	109872	9.47	60477	13.27	49395
印度	53441	3.31	30438	2.62	23003	5.05	7435
阿联酋	20285	1.26	17697	1.52	2588	0.57	15109
独联体及东欧	43429	2.69	38397	3.31	5032	1.10	33365

（b）日照市

国别（地区）	出口	
	总值（万美元）	占比（%）
总计	387918	100
东盟	65219	16.81
南亚	11254	2.90
中近东	27945	7.20
俄罗斯	32426	8.36

（c）滨州市

国别（地区）	出口		
	总值（万美元）	比上年增长（%）	占比（%）
总计	354473	25.3	100.0
东盟	56355	48.9	15.9
南亚	10721	17.3	3.0
中近东	39299	22.7	11.1
俄罗斯	4209	–6.5	1.2

数据来源：潍坊市统计局：《潍坊统计年鉴（2014）》；日照市统计局：《日照统计年鉴（2014）》；滨州市统计局：《滨州统计年鉴（2014）》。

2. 外国直接投资和对外直接投资。

“一带一路”沿线国家或地区是山东半岛蓝色经济区各地市主要的外资来源地和主要的对外直接投资目标地。根据《青岛市统计年鉴（2015）》，青岛市 2014 年对“一带一路”沿线国家或地区的直接投资占到青岛市对外直接投资的 36.1%，其中投资比较多的国家有印度尼西亚、马来西亚、蒙古和泰国，占比分别为 13.21%、7.36%、6.18% 和 5.82%。表 6–25 给出了 2014 年青岛市对“一带一路”沿线国家或地区的投资情况。

表 6–25　2014 年青岛市对“一带一路”沿线国家或地区的投资情况

国别（地区）	项目		比上年增长（%）	中方投资额		比上年增长（%）
	个数	占比（%）		数额（万美元）	占比（%）	
总计	145	100	101	146983	100	24.6
印度尼西亚	6	4.14	200	19412	13.21	90.6
马来西亚	5	3.45	400	10820	7.36	1832.1
泰国	3	2.07	200	8553	5.82	1374.6
柬埔寨	3	2.07	200	1700	1.16	70.0
巴基斯坦	2	1.38	–	285	0.19	–
新加坡	2	1.38	–	1278	0.87	–84.2
越南	2	1.38	–33.3	680	0.46	–25.3
蒙古	1	0.69	–50	9080	6.18	558
孟加拉	1	0.69	–	–	–	–100
俄罗斯	2	1.38	–	1250	0.85	–
小计	27	18.62		53058	36.10	

数据来源：青岛市统计局：《青岛统计年鉴（2015）》。

根据《烟台统计年鉴（2014）》，2013年，烟台市从“一带一路”沿线国家或地区吸收的外国直接投资占到烟台市实际利用外资的7%到8%，1984年到2013年的累计数字占比为6.59%，2013年占比8.64%，其中最为主要的是新加坡，占比达到8.6%。表6-26给出了2013年烟台市利用“一带一路”沿线国家或地区的外资情况。

表6-26 2013年烟台市利用“一带一路”沿线国家或地区外资情况

国别（地区）	合同外资				实际利用外资（万美元）	
	1984-2013年累计		2013年		1984-2013年累计	2013年
	项目（个）	金额（万美元）	项目（个）	金额（万美元）		
合计	12021	4438430	258	260080	2288530	160597
泰国	40	12896	0	0	3169	10
马来西亚	50	12291	0	0	5653	2
菲律宾	28	8117	0	0	4613	0
新加坡	312	172383	13	27175	114197	13818
印度尼西亚	35	13774	0	-400	7643	40
柬埔寨	5	1765	0	0	662	0
越南	2	60	0	0	0	0
巴基斯坦	1	7	0	0	7	0
缅甸	2	115	0	0	58	0
孟加拉	9	2729	0	0	1536	0
印度	5	369	0	0	71	0
伊朗	6	46	0	0	17	0
土耳其	5	3088	0	0	499	0
叙利亚	1	10	0	0	10	0
以色列	7	1911	0	0	1425	0
埃及	1	29	0	0	120	0
斯里兰卡	1	920	0	0	500	0
阿联酋	10	1610	0	0	886	0
蒙古	1	46	0	0	31	0
波兰	5	236	0	0	148	0
匈牙利	13	3722	0	0	567	0
捷克	11	2057	0	-14	990	0
斯洛伐克	1	10	0	0	0	0
罗马尼亚	3	69	0	0	17	0

续前表

国别（地区）		合同外资				实际利用外资（万美元）	
		1984–2013 年累计		2013 年		1984–2013 年累计	2013 年
		项目（个）	金额（万美元）	项目（个）	金额（万美元）		
拉脱维亚		1	16	0	0	0	0
俄罗斯		62	11416	1	700	6880	0
塔吉克斯坦		1	38	0	0	0	0
乌兹别克斯坦		4	204	0	0	18	0
乌克兰		5	1021	1	705	500	0
立陶宛		1	20	0	0	21	0
白俄罗斯		1	14	0	0	0	0
南斯拉夫		2	23	0	0	28	0
文莱		2	221	0	0	552	0
塞浦路斯		0	80	0	0	64	0
斯洛文尼亚		1	10	0	0	7	7
小计	加总	634	251323	15	28166	150889	13877
	占比	5.27	5.66	5.81	10.83	6.59	8.64

数据来源：烟台市统计局：《烟台统计年鉴（2014）》。

3. 接待外国游客情况。

在山东半岛蓝色经济区各地市接待的外国游客中，来自"一带一路"沿线国家或地区的外国游客占比在 10% 左右，是各地市主要的外国游客来源地之一；各地市接待的各国家外国游客总和占山东省接待各国家外国游客的比重在 50% 左右。在各国家或地区中，来自俄罗斯和新加坡的外国游客数量最多，都接近 10 万人。表 6–27 给出了山东半岛蓝色经济区接待"一带一路"沿线国家或地区外国游客人数情况。

表 6-27 山东半岛蓝色经济区接待"一带一路"沿线国家或地区外国游客人数情况 单位：人

地 区	合 计	马来西亚	新加坡	菲律宾	印尼	泰国	印度	俄罗斯	小计	占比
全省	3273678	63466	94525	41097	33275	21601	31113	97171	382248	11.68
青岛市	870554	16429	17138	10478	10011	3692	8176	26579	92503	10.63
东营市	34010	450	2145	53	38	1375	97	68	4226	12.43
烟台市	415628	3529	10449	5005	3186	1080	3376	5334	31959	7.69
潍坊市	274002	4687	6811	3414	2213	2276	1899	6460	27760	10.13
威海市	412663	383	816	598	263	225	113	22928	25326	6.14
日照市	266467	1461	5360	9387	1510	1024	853	11178	30773	11.55
滨州市	42422	659	868	396	404	20	388	1151	3886	9.16
小计	2315746	27598	43587	29331	17625	9692	14902	73698	216433	–
占比	70.74	43.48	46.11	71.37	52.97	44.87	47.90	75.84	56.62	–

数据来源：山东省统计局：《山东省统计年鉴（2014）》。

第四节 对山东省和山东半岛蓝色经济区融入"一带一路"战略的政策建议

2014 年，山东省地区生产总值为 59426.6 亿元，按照年均汇率折算为 9674.55 亿美元；人均生产总值 60879 元，按年均汇率折算为 9911 美元；常住人口 9789.43 万人；面积 15.79 万平方公里[①]。如果与"一带一路"沿线各经济体进行比较，从地区生产总值总量看，山东省是仅次于印度和俄罗斯的经济体；从人均地区生产总值来看，比山东省人均地区生产总值高的国家或地区有 26 个，其他 39 个国家或地区的人均 GDP 低于山东省；从人口数量看，有 6 个经济体人口数量比山东多，分别是印度、印度尼西亚、

①山东省地区生产总值总量数据、人均地区生产总值、常住人口数据来自 2014 年山东省经济和社会发展统计公报；国土面积来自《山东省统计年鉴（2014）》。

巴基斯坦、孟加拉国、俄罗斯和菲律宾；从土地面积看，有 28 个经济体比山东省面积大，还有 37 个经济体面积小于山东省。

山东半岛蓝色经济区各地市的经济发展水平差异较大，表 6-28 给出了各地市的地区生产总值总量和人均地区生产总值水平。从地区生产总值总量来看，青岛市的地区生产总值超过 1000 亿美元，500 亿美元的地市有东营市、烟台市、潍坊市；威海市、日照市和滨州市都低于 500 亿美元，如果与“一带一路”沿线国家或地区进行比较的话，基本上都属于中等偏下的经济体。从人均地区生产总值水平来看，各地市差别较大，人均地区生产总值最高的东营市为人均地区生产总值最低的潍坊市的 3 倍多，达到 26605 美元；其次为威海市，达到 16170 美元；再次为青岛市，达到 15643 美元；还有三个地市的人均地区生产总值低于 10000 美元。如果与“一带一路”沿线国家或地区进行比较的话，有的地市处于较高的水平，如东营市，大多数处于中等偏上水平。山东半岛蓝色经济区的青岛市、东营市、烟台市、潍坊市、威海市的人均地区生产总值水平都高于山东省的平均水平，这也为各地市加强与“一带一路”沿线国家或地区的经济合作奠定了较好的基础。

表 6-28 2014 年山东半岛蓝色经济区各地市的地区生产总值和人均地区生产总值情况

地区名称	地区生产总值		人均地区生产总值	
	亿元	亿美元	元	美元
青岛市	8692.1	1415.1	96085.7	15642.6
东营市	3430.5	558.5	163426.7	26605.6
烟台市	6002.1	977.1	85715.8	13954.4
潍坊市	4786.7	779.3	51764.2	8427.1
威海市	2790.3	454.3	99328.6	16170.5
日照市	1611.9	262.4	56152.9	9141.6
滨州市	2277.0	370.7	59303.0	9654.4

数据来源：人民币计价的原始数据来自各地市 2014 年的经济和社会发展统计公报；美元计价的数据根据人民币数据计算得出。

第一、“中央搭台、地方唱戏”；“政府搭台、企业唱戏”。

“一带一路”是中国国家级的战略和倡议，是政府的顶层设计。由于“一带一路”战略涉及到多个国家或地区，首先是国家的外交战略，这需要中央政府与“一带一路”沿线国家或地区进行谈判、磋商和共同治理，形成“一带一路”的合作机制。但是，“一带一路”战略的最终目的是推动中国经济持续增长和持续发展，对于地方政府来讲最重要还是利用“一带一路”战略和倡议搭建起来的平台发展经济，让其成为带动和推动地方经济增长的一个引擎和动力来源。所以，从中央和地方关系的角度来看，“一带一路”战略是“中央搭台，地方唱戏”。虽然“一带一路”战略是顶层设计，其具体的规划实施细则（《愿景与行动》）由外交部、发改委和商务部共同制定和发布，但是从“一带一路”促进贸易便利化、投资便利化等角度来看，主要是为企业搭建平台，通过贸易、投资等各种手段，让企业“走出去”，利用“一带一路”的大市场，为企业发展创造更多的机会。所以，从政府和企业关系的角度来看，“一带一路”战略是“政府搭台，地方唱戏”。

根据中央和地方关系、政府和企业关系的这两个判断，对于山东省和山东半岛蓝色经济区各地市来讲，要积极融入、参与到“一带一路”战略，虽然《愿景和行动》没有将山东省作为整体功能区进行定位，但是提到了青岛和烟台作为重要节点和支点城市的定位，而且山东省和山东半岛蓝色经济区各地市与“一带一路”沿线国家或地区都有着密切的贸易投资等往来，比如与东盟、南亚、中近东、新加坡、俄罗斯等国家或地区。所以，山东省不但要参与、融入“一带一路”战略，而且要积极参与、积极融入。政府的参与和融入是为企业创造平台，山东省特别是山东半岛蓝色经济区各地市的企业才是参与和融入的主力。一是积极扩大与“一带一路”沿线国家或地区的贸易；二是积极寻找投资机会，到“一带一路”沿线国家去投资；三是积极承包“一带一路”沿线国家或地区工程，派出劳务，未来为构建“一带一路”沿线国家或地区基础设施的互联互通，需要进行大量的基础设施建设，这为企业走出去积极承包基础设施建设的工程创造了条件和机会。因此，政府最重要的是寻找信息、提供信息，促成企业“走出去”，与“一带一路”沿线国家或地区进行合作。

第二、通过自身基础设施建设，成为重要的战略支点和节点城市。

《愿景和行动》将基础设施的互联互通定位为“一带一路”建设的优先领域，确定了陆上六大经济走廊，包括新亚欧大陆桥、中蒙俄、中国—中亚—西亚、中国—中南半岛、中巴和孟中印缅；而海上丝绸之路的重点是从中国沿海港口过南海到印度洋、延伸到欧洲和过南海到南太平洋。山东省虽然不是其中任何一个国际经济合作走廊的起点，但是也有许多结合点：一是与新亚欧大陆桥起点的连云港紧邻，新亚欧大陆桥的陇海线、兰新线，山东省的铁路也完全可以联接起来；二是山东省已经开通了中亚班列，2015 年 7 月和 8 月从青岛和潍坊青州开出的中亚班列“青岛号”和“鲁新欧・青州号”，终点都为中亚的哈萨克斯坦和乌兹别克斯坦等中亚国家，这实际上已经非常清楚地显示山东省与中亚可以通过铁路互联互通；三是山东省具有丰富的港口资源，山东半岛蓝色经济区各地市都有港口，其中青岛港、烟台港和日照港是大港，青岛港是国际大港，是国内第一个国际集装箱中转港；日照港是中国沿海十大港口之一；烟台港是我国沿海运输的主枢纽港、是中国海上南北大通道的重要节点①，这为青岛港、日照港和烟台港成为中国“一带一路”的主要出海港奠定了基础，同时可以成为东北亚国家货物通过陆上经济走廊比如新亚欧大陆桥直接运输到欧洲的中转港和承接港，比如韩国、日本的货物可以通过海陆联运到青岛港、烟台港或日照港，然后经新亚欧大陆桥等运输到欧洲。同时，中国中西部的货物也可以通过青岛港、烟台港或日照港作为出海港，经南海运输到印度洋或南太平洋。这需要山东省和山东半岛蓝色经济区各地市加强基础设施建设，特别是港口基础设施建设，如将山东省的港口整合成为具有国际竞争力的大港、强港，避免山东省内部各港口之间的无序竞争和过度竞争。

第三、通过各种方式，扩大对“一带一路”沿线国家或地区的贸易。

山东省和山东半岛蓝色经济区各地市与“一带一路”沿线国家或地区有着密切的贸易往来，特别是与东盟、俄罗斯等国家或地区。中国与东盟、

①张卫国，等．山东港口业的整合与发展[M]. 黄少安，李增刚．山东半岛蓝色经济区发展报告（2012）[M]. 北京：中国人民大学出版社，2012.

巴基斯坦等国家或地区已经建成自贸区，并且与东盟正在进行自贸区的升级谈判、与巴基斯坦正在进行自贸区第二阶段谈判等，山东省要充分利用中国与东盟、巴基斯坦已经建立自贸区的条件，以及未来正在谈判并很可能建成的中国－斯里兰卡自贸区、中国－马尔代夫自贸区等，扩大与相关国家或地区的贸易。同时，中国在《愿景与行动》中提出“积极同沿线国家或地区共同商建自由贸易区”，我们的判断是：中国可能会加快与个别国家或地区自贸区建设的进度，会增加与个别国家或地区的自贸区建设。但是中国与“一带一路”沿线所有国家或地区建成自贸区的可能性不大，至少短期内可能性不大。所以，山东省和山东半岛蓝色经济区各地市既要充分利用好已有的自贸区，又要充分利用中国与个别国家在贸易便利化等方面的条件，扩大贸易形态。具体来讲，包括几个方面：

一是利用中国与有关国家或地区已经建立的自贸区，积极扩大贸易。其中，最大的是东盟，无论是山东省全省还是山东半岛蓝色经济区个别地市，东盟都是最大的贸易伙伴之一，进出口额能够占到10%或更多，因此山东省和山东半岛蓝色经济区各地市要继续保持与东盟的贸易关系，利用“一带一路”可能带来的更加便利、更加有利的贸易条件，扩大与东盟的贸易关系。

二是积极创新贸易方式，发展跨境电子商务等。根据《国务院关于大力发展电子商务加快培育经济新动力的意见》和《国务院办公厅关于促进跨境电子商务健康快速发展的指导意见》，山东省制定了《跨境电子商务发展行动计划》，提出了促进山东省跨境电子商务发展的思路、目标、任务等，其中关键的是山东省和山东半岛蓝色经济区各地市要创造支持、鼓励和促进跨境电子商务发展的环境和平台，比如要加快建设跨境电子商务公共海外仓，在“一带一路”沿线国家或地区中，提前布局；要根据国家的有关政策，创新提升贸易便利化水平。

第四、扩大对“一带一路”沿线国家或地区的直接投资，转移、消化过剩产能。

“一带一路”沿线国家或地区是山东省对外直接投资的目标地。2013

年，山东省对外直接投资的 30% 投向“一带一路”沿线国家或地区，特别是东盟国家，既有经济发达的国家如新加坡（人均 GDP 比中国和山东省都高得多），也有经济比较不发达的国家如柬埔寨和印度尼西亚（人均 GDP 比中国和山东低得多）。山东省和山东半岛蓝色经济区各地市可以利用“一带一路”所提出的消除投资壁垒、投资便利化等，进一步扩大对“一带一路”沿线特别是已经具有良好投资基础的国家或地区的投资。具体来讲，有三个方面：

一是按照经济发展水平、资源禀赋和产业状况等对“一带一路”沿线国家或地区进行分类，明确对各国家或地区投资的目标、方向和领域等。“一带一路”沿线国家或地区经济发展水平差别巨大，既有经济发达国家，也有经济落后国家，甚至有些国家的人均 GDP 还不到 1000 美元。山东省和山东半岛蓝色经济区各地市要根据各国家或地区的特点，选择投资的方式和领域。比如新加坡是发达国家，而柬埔寨是相对比较落后的国家，新加坡既是我们对外直接投资的重要目标地，也是我们吸收外国直接投资的重要来源地。投资新加坡主要是利用其优良的投资环境等，而柬埔寨主要是对外直接投资的目标地，可以成为产业梯度转移的重要目标地。

二是继续扩大对已有良好投资基础的国家或地区的投资。山东省和山东半岛蓝色经济区各地市在“一带一路”沿线有些国家或地区已经具有良好的投资基础，如新加坡、马来西亚、柬埔寨、印度尼西亚等，要继续密切与这些国家的投资关系，进一步扩大投资的领域和数额；有些国家还没有投资或投资很少，在“一带一路”战略的引领下可以成为未来投资的目标地。作为地方政府要关注有关国家或地区的投资需求，逐渐与其建立经贸合作关系，成为企业对外直接投资的引领者和指导者。

三是利用对外直接投资实现山东省的产业升级。山东省在 2015 年 4 月发布了《山东省推进工业转型升级行动计划（2015–2020 年）》，对山东省工业发展状况进行了总结，指出了推进工业转型升级的路径，培植发展 4 大新兴产业，改造提升 18 个传统优势行业，化解淘汰 6 大领域低效落后产能，对于需要改造提升的传统优势产业和要淘汰的落后产能，转移到经济发展水平比山东省、比中国落后得多的国家或地区，既帮助相关国家实现经济发展，又推进山东省的产业升级。

第五、通过工程承接、劳务派出等扩大与“一带一路”沿线国家或地区的经济合作。

“一带一路”沿线国家或地区是中国对外承包工程和劳务派出的主要目标地，约占中国对外承包工程的一半。在“一带一路”建设中，作为优先领域的基础设施建设将不断增多。山东省是人口大省，具有丰富的劳动力资源，可以通过承包“一带一路”沿线国家或地区的基础设施建设等加强经济合作。具体来讲：

一是收集了解“一带一路”沿线国家或地区基础设施建设、对外承包工程等信息，分门别类，主动提供给山东省及山东半岛蓝色经济区各地市的建筑企业和其他各类企业。山东省是全国基础设施建设比较好的省市，具有良好的基础设施建设的经验，要积极承包“一带一路”沿线国家或地区基础设施建设的工程。同时，山东省在石油开采、机械装备等领域都在全国领先，具有良好的基础和经验，要积极承包“一带一路”国家或地区相关产业建设和发展的工程。

二是分不同类型派出劳务。对外劳务派出一是随承包工程向外派出，二是对外劳务合作，山东省是人口大省，关键是要组织好，并且保障派出劳务的人身安全、财产安全等。山东省和山东半岛蓝色经济区各地市的劳动和社会保障部门可以通过组织、宣传等方式扩大山东省劳务派出的数量和水平，从而加强与“一带一路”沿线国家或地区的经济合作。

第六、利用友好城市、合作城市关系等加强对山东省和山东半岛蓝色经济区各地市的宣传与合作。

山东省和山东半岛蓝色经济区各地市与“一带一路”沿线的许多国家或地区建立了友好或者合作关系，这完全可以成为进一步加强合作的基础。

一是通过友好城市、合作城市加强对山东省和山东半岛蓝色经济区各地市的经济社会等的宣传，至少要让友好城市、合作城市对山东省和山东半岛蓝色经济区各地市的经济、产业、产品等有所了解，为贸易、投资等奠定基础。

二是形成地方官员或领导的定期互访、联谊或联席机制，加强沟通和交流，为更好的了解对方的经济社会发展情况、产业产品需求等，为扩大贸易、投资等领域的合作奠定基础。

第七、通过承办或主办等形式举办各种中外论坛、展览会，扩大影响和知名度。

山东省和山东半岛蓝色经济区各地市要积极主办或承包各种形式的论坛、展览会，扩大山东省和山东半岛蓝色经济区各地市的影响和知名度。比如，2015 年 6 月，第三届中国 – 中亚合作论坛在日照举行，中国和中亚国家的领导人出席了论坛，并参加了中亚（日照）航贸服务中心、中亚（日照）物流园区的揭牌仪式，为日照市利用“一带一路”战略扩大对中亚的经贸合作赢得了先机。再比如，潍坊市在 2015 年 9 月 23 日举办 2015（首届）中日韩产业博览会，同时举办 2015 东亚贸易投资便利化论坛、中日韩企业采购对接会、2015 中日韩自贸区农业合作论坛、2015 中日韩节能环保产业论坛、2015 中日韩科技合作论坛暨高新技术成果推介会、中日韩产业博览会招商项目签约仪式、2015 中日韩健康养老产业论坛等七个配套活动①，为潍坊市深入对接国家“一带一路”、自由贸易区战略创造了条件。

第八、预期在“一带一路”沿线国家或地区投资的风险并进行防范。

“一带一路”沿线涉及到的国家或地区数量较大，各国家的经济发展水平各异，政治、文化、宗教、法律、语言等差别甚大，这就加大了在该地区投资的风险。所以，山东省和山东半岛蓝色经济区各地市的投资者要到“一带一路”沿线国家或地区投资，必须对该地区的风险有充分的认识并提前防范。

一是预期并防范投资失败的风险及各区域的投资风险。王永中和李曦晨（2015）对中国在“一带一路”沿线国家或地区的投资风险进行了评估，一是分析了中国对“一带一路”沿线国家或地区大型项目投资失败的两种类型：“一是在投资准入壁垒等因素的作用下，项目投资活动被迫取消，

①张伟 .2015（首届）中日韩产业博览会在山东潍坊开幕 [EB/OL].http://business.sohu.com/20150923/n421938683.shtml.

如并购失败、绿地投资取消等；二是项目的收购或投资过程已完成，但项目经营因政治动荡、社会不稳定或市场环境变化而失败。”根据王永中和李曦晨（2015），中国对“一带一路”沿线国家或地区大型投资项目失败的区域主要分布在东盟和西亚，中国在东盟经历投资失败的国家包括菲律宾、缅甸、越南、新加坡、柬埔寨、泰国、印度尼西亚等，其中在菲律宾投资失败的项目最多，金额最大；中国在西亚地区投资失败的大型项目主要分布在伊朗、叙利亚和沙特阿拉伯等国家；在南亚投资失败的项目主要分布在阿富汗、印度和巴基斯坦；在中亚投资失败的项目主要位于哈萨克斯坦和乌兹别克斯坦等。从投资行业分布来看，中国在“一带一路”沿线国家投资失败的行业主要是能源、金属矿石行业。王永中和李曦晨（2015）还计算了中国在“一带一路”沿线各国家或地区投资受阻项目的总价值与对其投资总额的比率，作为衡量投资风险水平的指标。结果显示，中国在西亚地区的投资风险水平最高，比率达到3.78；南亚地区次之，为1.26；中东欧、东盟和蒙古等地区的投资风险水平相对较低，比率介于0.44到0.67之间；而中亚地区投资风险水平最低，比率仅为0.21。所以，山东省和山东半岛蓝色经济区各地市要预期到中国在“一带一路”沿线国家或地区的投资风险水平，注意防范，避免不必要的损失。

二是注意“一带一路”沿线国家的政治、文化、宗教、法律、语言等存在的巨大差别。“一带一路”沿线除中国之外的其他65个国家或地区几乎每个国家或地区都有自己的语言，有的国家甚至不止一种语言，有国语、官方语言还有通用语言等，宗教有伊斯兰教、佛教、基督教、印度教、藏传佛教、天主教、东正教等（具体可见附表6-2，给出了各国家的官方语言和宗教），这就加大了语言沟通的难度，加大了不同宗教之间交流的难度。所以投资者要注意和意识到在语言、宗教、文化等各方面可能存在的问题，特别是要防范由于语言、宗教和法律的差异而造成的不必要麻烦和损失。

三是重视“一带一路”沿线有些国家或地区的内战、战争等，避免在这些国家或地区的投资遭受风险。中东是“一带一路”沿线的一个重要区域，然而这个地区在过去及现在战争不断，既有国家内部不同宗教派别之间的内战，也有国家之间的战争，还有地区之外大国为反恐而发动的战争（杨元勇，2015），在这些国家或地区进行投资很可能会由于战争等原因而血本无归，特别是叙利亚、阿富汗、巴勒斯坦、以色列等国家。

参考文献：

张灼华，陈芃 . 中国香港：成为"一带一路"版图中的持续亮点 [J]. 国际经济评论 ,2015（2）.

储殷，高远 . 中国"一带一路"战略定位的三个问题 [J]. 国际经济评论，2015（2）.

卢锋，等 . 为什么是中国？——"一带一路"的经济逻辑 [J]. 国际经济评论，2015（3）.

王永中，李曦晨 . 中国对"一带一路"沿线国家投资的特征与风险 [D]. 中国社会科学院世界经济与政治研究所工作论文，2015.

杨元勇 . 中东当前动荡局势的成因及未来走向 [J]. 当代世界，2015（6）.

附表 6-1 “一带一路”沿线国家或地区经济社会发展情况总览

国家或地区	GDP 总量		人均 GDP		人口数量		国土面积		经济自由化指数		与中国的政治关系		备注
	总量（百万美元）	排名	数量（美元）	排名	人数（万人）	排名	数量（万平方公里）	排名	得分	排名	建交时间	伙伴关系情况	
蒙古国	11981	130	4096	109	304	136	156.7	18	59.2	96	1949	全面战略伙伴关系	
新加坡	308051	36	56319	9	466	117	0.1	164	89.4	2	1990	中新自由贸易协定	
马来西亚	326933	35	10804	65	2572	46	33.0	65	70.8	31	1974	全面战略伙伴关系	
印度尼西亚	888648	16	3534	118	24027	4	190.5	15	58.1	105	1950	全面战略伙伴关系	
缅甸	62802	71	1221	155	4814	26	67.7	39	46.9	121	1950	全面战略合作伙伴关系	
泰国	373804	32	5445	96	6591	20	51.3	49	62.4	75	1975	全面战略合作伙伴关系	
老挝	11676	133	1693	142	683	102	23.7	80	51.4	150	1961	全面战略合作伙伴关系	
柬埔寨	16551	114	1081	160	1449	65	18.1	87	57.5	110	1958	全面战略合作伙伴关系	
越南	186049	56	2053	135	8697	13	33.2	64	51.7	148	1950	全面战略合作关系	

续前表

国家或地区	GDP 总量		人均 GDP		人口数量		国土面积		经济自由化指数		与中国的政治关系		备注
	总量（百万美元）	排名	数量（美元）	排名	人数（万人）	排名	数量（万平方公里）	排名	得分	排名	建交时间	伙伴关系情况	
菲律宾	284927	40	2865	130	9798	12	30.0	70	62.2	76	1975	致力于和平与发展的战略性合作关系	
伊朗	404132	29	5183	99	6643	19	163.3	17	41.8	171	1971	–	
伊拉克	221130	47	6165	90	2895	41	43.8	57	–	–	1958	–	
土耳其	806108	18	10482	68	7681	17	77.5	36	63.2	70	1971	–	
叙利亚	60043	76	1666*	–	2018	57	18.5	86	–	–	1956	–	
约旦	35765	93	5358	97	634	104	8.9	109	69.3	38	1977	–	
黎巴嫩	49919	81	11068	63	402	126	1.0	156	59.3	94	1971	–	
以色列	303771	37	36991	25	723	97	2.1	143	70.5	33	1992	–	
巴勒斯坦	7008*	–	1696*	–	1100*	–	0.6*	–	–	–	1988	–	
沙特阿拉伯	752459	19	24454	34	2869	42	215.0	13	62.1	77	1990	合作和战略性友好关系	
也门	43229	90	1574	146	2382	48	52.8	48	53.7	133	1956	–	
阿曼	77755	65	19002	43	342	133	21.2	82	66.7	56	1978	–	
阿联酋	401647	30	43180	22	480	115	8.4	111	72.4	25	1984	–	
卡塔尔	210002	50	93965	3	83	158	1.1	153	70.8	32	1988	战略伙伴关系	

续前表

国家或地区	GDP 总量		人均 GDP		人口数量		国土面积		经济自由化指数		与中国的政治关系		备注
	总量（百万美元）	排名	数量（美元）	排名	人数（万人）	排名	数量（万平方公里）	排名	得分	排名	建交时间	伙伴关系情况	
巴林	33862	97	28272	30	73	162	0.1	164	73.4	18	1989	–	
塞浦路斯	23269	106	26115	32	80	159	0.9	157	67.9	45	1971	–	
埃及	286435	39	3304	121	8308	15	100.1	29	55.2	124	1956	全面战略伙伴关系	
印度	2049501	9	1627	145	116608	2	328.8	7	54.6	128	1950	更加紧密的发展伙伴关系	
巴基斯坦	250136	43	1343	152	17624	6	79.6	35	55.6	121	1951	全天候战略合作伙伴关系	
孟加拉	185415	57	1172	156	15605	7	14.4	92	53.9	131	1975	全面合作伙伴关系	
阿富汗	20312	107	649	174	3361	37	65.2	40	–	–	1955	战略合作伙伴关系	
斯里兰卡	74588	67	3558	116	2132	53	6.6	118	58.6	101	1957	真诚互助、世代友好的战略合作伙伴关系	
马尔代夫	2854	161	8342	72	40	174	0.03*	–	53.4	134	1972	–	

续前表

国家或地区	GDP 总量		人均 GDP		人口数量		国土面积		经济自由化指数		与中国的政治关系		备注
	总量（百万美元）	排名	数量（美元）	排名	人数（万人）	排名	数量（万平方公里）	排名	得分	排名	建交时间	伙伴关系情况	
不丹	2092	163	2730	131	69	163	4.7	126	57.4	115	未建交		
乌兹别克斯坦	62619	72	2046	136	2761	44	44.7	55	47.0	160	1992	战略伙伴关系	
土库曼斯坦	47932	87	8271	73	488	114	48.8	51	41.4	172	1992	战略伙伴关系	
塔吉克斯坦	9242	138	1113	159	735	96	14.3	93	52.7	140	1992	战略伙伴关系	
吉尔吉斯斯坦	7402	145	1299	153	543	112	19.9	84	61.3	82	1992	战略伙伴关系	
俄罗斯	1857461	10	12926	58	14004	9	1707.5	1	52.1	143	1949	全面战略协作伙伴关系	
乌克兰	130660	60	3055	128	4570	27	60.4	43	46.9	162	1992	战略伙伴关系	
白俄罗斯	76139	66	8042	76	965	86	20.8	83	49.8	153	1992	全面战略伙伴关系	
格鲁吉亚	16535	115	3699	113	462	118	6.9	117	73.0	22	1992	–	
阿塞拜疆	74145	68	7902	78	824	91	8.7	110	61.0	85	1992	–	
亚美尼亚	10279	137	3121	125	297	137	3.0	133	67.1	52	1992	–	

续前表

国家或地区	GDP 总量		人均 GDP		人口数量		国土面积		经济自由化指数		与中国的政治关系		备注
	总量（百万美元）	排名	数量（美元）	排名	人数（万人）	排名	数量（万平方公里）	排名	得分	排名	建交时间	伙伴关系情况	
波兰	546644	23	14379	53	3848	34	32.3	67	68.6	42	1949	战略伙伴关系	
爱沙尼亚	25953	104	19671	41	130	152	4.5	127	76.8	8	1991	–	
拉脱维亚	31970	98	15729	48	223	141	6.5	119	69.7	37	1991	–	
捷克	205658	52	19563	42	1021	80	7.9	113	72.5	24	1949	–	
斯洛伐克	99971	64	18454	44	546	111	4.9	124	67.2	50	1949	–	
匈牙利	137104	59	13881	56	991	82	9.3	107	66.8	54	1949	–	
斯洛文尼亚	49506	82	24019	36	201	145	2.0	145	60.3	88	1991	–	
克罗地亚	57159	77	13494	57	449	121	5.7	122	61.5	81	1991	全面合作伙伴关系	
波黑	17977	110	4644	104	461	119	5.12*	–	59.0	97	1992	–	
黑山	4462	153	7149	83	67	164	1.38*	–	64.7	66	2006	–	
塞尔维亚	43866	88	6123	91	738	95	8.83*	–	60.0	90	1955	战略伙伴关系	
阿尔巴尼亚	13262	126	4781	101	364	129	2.9	135	65.7	63	1949	–	

续前表

国家或地区	GDP 总量		人均 GDP		人口数量		国土面积		经济自由化指数		与中国的政治关系		备注
	总量（百万美元）	排名	数量（美元）	排名	人数（万人）	排名	数量（万平方公里）	排名	得分	排名	建交时间	伙伴关系情况	
罗马尼亚	199950	54	10035	70	2222	51	23.8	7.9	66.6	57	1949	全面友好合作伙伴关系	
马其顿	11342	134	5481	95	207	144	2.6*	–	67.1	53	1993	–	
中国	10380380	2	7589	80	136920	1	960	3	52.7	139			
中国台湾	529550	26	22598	37	2297	49	3.6#	–	75.1	14			
中国澳门	4135#	–	83706#	–	56	167	0.003#	–	70.3	34			
世界	77301958	–		–	721231	–	–	–	–	–			

数据来源：（1）标注 * 的数字均来自外交部对各国家情况的介绍，标注 # 的数字根据搜索资料整理；（2）未特殊标记数字来自：各国家GDP 总量及其排名、人均 GDP 及其排名来自 IMF；各国人口数量及排名来自世界卫生组织：《2014–2015 年世界各国人口数量最新排名》，http://www.renkou.org.cn/world/general/2014/1684.html，需要说明，在世界卫生组织的网站上，有多个各国家人口数量及排名的信息，不完全相同，但是也相差不太大，这里选择的这个文件人口数量是精确到个位的，经过四舍五入后精确到万；国土面积及排名，根据百度的结果可以查到几个不同的资料，这里采用了百度文库中的《世界各国国家国土面积排名与人口排名》；经济自由化指数来自 The Heritage Foundation, 2015 Index of Economic Freedom；与中国建交时间和伙伴关系情况，均根据外交部网站对各国家双边关系的介绍总结。

附表 6-2 “一带一路”沿线国家的语言和宗教

国别 / 地区	官方语言	宗教
蒙古国	喀尔喀蒙古语	藏传佛教
新加坡	马来语为国语 英语、华语、马来语、泰米尔语为官方语言 英语为行政用语	主要宗教为佛教、道教、伊斯兰教、基督教和印度教
马来西亚	马来语为国语，通用英语， 华语使用较广泛	伊斯兰教为国教，其他宗教有佛教、印度教和基督教等
印度尼西亚	民族语言共有 200 多种， 官方语言为印尼语	约 87%的人口信奉伊斯兰教, 6.1%的人口信奉基督教, 3.6%信奉天主教, 其余信奉印度教、佛教和原始拜物教等
缅甸	各少数民族均有自己的语言，其中克钦、克伦、掸和孟等 族有文字	全国 85% 以上的人信奉佛教，约 8% 的人信奉伊斯兰教
泰国	泰语为国语	90％以上的民众信仰佛教，马来族信奉伊斯兰教，还有少数民众信仰基督教、天主教、印度教和锡克教
老挝	通用老挝语	居民多信奉佛教
柬埔寨	高棉语为通用语言， 与英语、法语同为官方语言	佛教为国教，93％以上的居民信奉佛教，占族信奉伊斯兰教，少数城市居民信奉天主教
越南	越南语（官方语言、通用语言、主要民族语言）	佛教、天主教、和好教与高台教
文莱	马来语为国语，通用英语， 华语使用较广泛	伊斯兰教为国教, 其他还有佛教、基督教、道教等

续前表

菲律宾	国语是以他加禄语为基础的菲律宾语， 英语为官方语言	国民约 85% 信奉天主教，4.9% 信奉伊斯兰教，少数人信奉独立教和基督教新教，华人多信奉佛教，原住民多信奉原始宗教
伊朗	官方语言为波斯语	伊斯兰教为国教，98.8% 的居民信奉伊斯兰教
伊拉克	官方语言为阿拉伯语和库尔德语	居民中 95% 以上信奉伊斯兰教，少数人信奉基督教等其他宗教
土耳其	土耳其语为国语	99% 的居民信奉伊斯兰教
叙利亚	阿拉伯语为国语	居民中 85%信奉伊斯兰教，14% 信奉基督教
约旦	官方语言为阿拉伯语， 通用英语	国教为伊斯兰教
黎巴嫩	阿拉伯语为官方语言， 通用法语、英语	居民 54% 信奉伊斯兰教；46% 信奉基督教
以色列	希伯来语和阿拉伯语均为官方语言 通用英语	大部分居民信奉犹太教，其余信奉伊斯兰教、基督教和其他宗教
巴勒斯坦	通用阿拉伯语	伊斯兰教
沙特阿拉伯	通用阿拉伯语	伊斯兰教
也门	官方语言为阿拉伯语	伊斯兰教为国教
阿曼	官方语言为阿拉伯语，通用英语	伊斯兰教
阿联酋	阿拉伯语为官方语言，通用英语	伊斯兰教
卡塔尔	阿拉伯语为官方语言，通用英语	伊斯兰教
科威特	阿拉伯语	伊斯兰教为国教
巴林	官方语言阿拉伯语，通用英语	伊斯兰教
希腊	官方语言为希腊语	东正教为国教

续前表

塞浦路斯	主要语言为希腊语和土耳其语，通用英语	希腊族信奉东正教，土耳其族信奉伊斯兰教
埃及	阿拉伯语	伊斯兰教为国教
印度	官方语言为英语和印地语	约有 80.5% 的居民信奉印度教，其他宗教有伊斯兰教（13.4%）、基督教（2.3%）、锡克教（1.9%）、佛教（0.8%）和耆那教（0.4%）
巴基斯坦	乌尔都语为国语，英语为官方语言	伊斯兰教
孟加拉	孟加拉语为国语，英语为官方语言	伊斯兰教为国教
阿富汗	普什图语和达里语	伊斯兰教
斯里兰卡	僧伽罗语、泰米尔语同为官方语言和全国语言，上层社会通用英语	居民 70.2% 信奉佛教，12.6% 信奉印度教，9.7% 信奉伊斯兰教，此外还有天主教和基督教
马尔代夫	民族语言和官方语言为迪维希语（Dhivehi），上层社会通用英语	伊斯兰教为国教
尼泊尔	尼泊尔语为国语，上层社会通用英语	居民 86.2% 信奉印度教，7.8% 信奉佛教，3.8% 信奉伊斯兰教，信奉其他宗教人口占 2.2%
不丹	不丹语“宗卡”为官方语言	藏传佛教（噶举派）为国教，尼泊尔族居民信奉印度教
哈萨克斯坦	哈萨克语为国语，官方语言为哈萨克语和俄语	50% 以上居民信奉伊斯兰教（逊尼派）。此外，还有东正教、天主教和佛教等
乌兹别克斯坦	乌兹别克语为官方语言，俄语为通用语言	多数居民信奉伊斯兰教（逊尼派），其余多信奉东正教
土库曼斯坦	国语为土库曼语，俄语为通用语	伊斯兰教（逊尼派）

续前表

塔吉克斯坦	塔吉克语为国语，俄语为通用语	伊斯兰教
吉尔吉斯斯坦	国语为吉尔吉斯语，俄语为官方语言	70% 居民信仰伊斯兰教，多数属逊尼派，其次为东正教和天主教
俄罗斯	俄语是俄罗斯联邦全境内的官方语言，各共和国有权规定自己的国语	主要宗教为东正教，其次为伊斯兰教
乌克兰	官方语言为乌克兰语，俄语广泛使用	主要信奉东正教和天主教
白俄罗斯	白俄罗斯语和俄语	主要信奉东正教（70% 以上），西北部一些地区信奉天主教及东正教与天主教的合并教派
格鲁吉亚	官方语言为格鲁吉亚语，居民多通晓俄语	主要信奉东正教，少数信奉伊斯兰教
阿塞拜疆	官方语言为阿塞拜疆语，居民多通晓俄语	伊斯兰教
亚美尼亚	官方语言为亚美尼亚语，居民多通晓俄语	基督教
摩尔多瓦	官方语言为摩尔多瓦语，俄语为通用语	主要信仰东正教
波兰	官方语言为波兰语	全国约 90% 的居民信奉罗马天主教
立陶宛	官方语言为立陶宛语，多数居民懂俄语	主要信奉罗马天主教，此外还有东正教、新教路德宗等
爱沙尼亚	官方语言为爱沙尼亚语。英语、俄语亦被广泛使用	主要信奉基督教路德宗、东正教和天主教
拉脱维亚	官方语言为拉脱维亚语，通用俄语	主要信奉基督教路德教派和东正教

续前表

捷克	官方语言为捷克语	主要宗教为罗马天主教
斯洛伐克	官方语言为斯洛伐克语	居民大多信奉罗马天主教
匈牙利	官方语言为匈牙利语	居民主要信奉天主教（66.2%）和基督教（17.9%）
斯洛文尼亚	官方语言为斯洛文尼亚语	居民主要信奉天主教
克罗地亚	官方语言为克罗地亚语	主要宗教是天主教
波黑	官方语言为波什尼亚语、塞尔维亚语和克罗地亚语	三族分别信奉伊斯兰教、东正教和天主教
黑山	官方语言为黑山语	主要宗教是东正教
塞尔维亚	官方语言塞尔维亚语	主要宗教东正教
阿尔巴尼亚	官方语言为阿尔巴尼亚语	70%的居民信奉伊斯兰教，20%信奉东正教，10%信奉天主教
罗马尼亚	官方语言为罗马尼亚语，主要少数民族语言为匈牙利语	主要宗教有东正教（信仰人数占总人口数的86.7%）、罗马天主教（4.7%）、新教（3.2%）
保加利亚	保加利亚语为官方和通用语言，土耳其语为主要少数民族语言	居民主要信奉东正教，少数人信奉伊斯兰教
马其顿	官方语言为马其顿语	居民多信奉东正教，少数信奉伊斯兰教

资料来源：根据外交部对各国家基本情况的介绍整理。

后 记

《山东半岛蓝色经济区发展报告》已经连续编写、发布、出版了 3 年，每年在编写和发布的时候，都得到了广大领导和相关单位的支持和帮助，受到了国内外媒体的广泛关注，在此我们表示诚挚的感谢！

《山东半岛蓝色经济区发展报告（2015）》是第 4 年编写的报告。在完稿之际，我们特别感谢对本报告给予指导和支持的领导！他们是：山东省人民政府原省长、山东大学山东发展研究院理事长、院长韩寓群同志，他对报告的编写给予了全面指导，对专题报告的选题提出了专门意见，还欣然为本报告撰写序言；山东省人大常委会副主任宋远方，山东省人民政府副省长夏耕、季缃绮，山东省人民政府党组原成员、山东省发改委原主任、山东大学山东发展研究院副理事长、副院长费云良，他们对该发展报告的编写提出了许多有价值的意见，并参加了该发展报告的发布会。

感谢教育部哲学社会科学发展报告建设（培育）项目的支持，感谢山东大学专项配套经费的支持！

本报告虽然是第 4 年编写，但是仍然经验不足，错误和疏漏之处在所难免，敬请不吝赐教。

山东大学山东发展研究院、经济研究院
"山东半岛蓝色经济区年度发展报告"课题组
2015 年 11 月 20 日